アジア地域文化学叢書 8

近現代内モンゴル東部の変容

モンゴル研究所 編

近現代内モンゴル東部の変容　目次

地図１　清代および現代内モンゴル東部図

吉田順一作成

凡例	………	清代の内モンゴル東部の範囲と、それを構成するジリム盟、ジョウオダ盟、ジョソト盟の範囲を示す。
	――	現在の内モンゴル東部の範囲と、それを構成する盟、市の範囲を示す。
	········	内モンゴルを構成する旗と県の範囲を示す。
	○　◎	現在の旗、県、市の名称と所在場所を示す。
	●	かつての旗の名称と所在場所を示す。

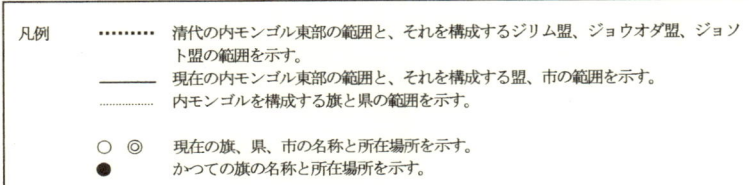

地図２　内モンゴル自治区図

（『内蒙古自治区地図冊』（中国地図出版社、1999年）によりアルタンガラグが作成）

序論　近現代内モンゴル東部とその地域文化

吉田順一

1　内モンゴル東部の範囲と現状

「内モンゴル東部」とは、清代内モンゴルの東三盟すなわちジリム（哲木里）盟、ジョーオダ（昭烏達）盟、ジョソト（卓索）盟を指す。この三つの盟はかつて、巻頭に載せてある図1「清代および現代内モンゴル東部図」において太い点線で示されている地理的範囲を有していた。その範囲は現在、同図において実線で示されている三つの盟・市すなわち興安盟、通遼市、赤峰市の範囲に縮小し、中華人民共和国の内モンゴル自治区（巻頭の図2「内モンゴル自治区図」参照）の東部を構成している。図1からみてとれるように、内モンゴル東部三盟の領域は、半分程度にまで縮小してしまったのである。一九四七年には、縮小したジリム盟から興安盟が分立し、一九九九年にはジリム盟の名が通遼市と改められ、ジリムの名は失われた。ジョーオダ盟は、東部が通遼市に組み込まれたり、南部にジョスト盟の一部を抱え込んだりするなどのことがあったものの、その広さに大きな変化を被ることはなかった。だが、一九八三年に赤峰市と改称され、ジョーオダの名は失われた。ジョソト盟は、一九五〇年に盟そのものが撤廃されてしまった。

失われた部分の行方をみると、ジョソト盟領の大半は遼寧省管下に入り、その西部を構成している。ジリム盟から外された地域は、大半は吉林省の管下に入り、その西部を構成している。そしてジリム盟北部のジャライド旗から外された部分は黒竜江省と吉林省の管下に入り、その西南部を構成している。すなわち清代内モンゴル東部三盟の半分が、東北三省に移ってしまったのである。[1] そこには前述の図1に記した多数の県が設置されている。県は漢人を治める行政組織であるから、同地に漢人が集住していることを示している。盟は旗から構成されている。県は旗と同格である。

とはいえ、東北三省に組み込まれた内モンゴル東部の地域には、今もモンゴル族がかなりいて、モンゴル人集住地域には、阜新モンゴル族自治県、前ゴルロス＝モンゴル族自治県、ドルベド＝モンゴル族自治県といったモンゴル族の自治県が設けられている。またモンゴル族自治県以外のふつうの県にもモンゴル人が集住している場所がある。そういうところにはモンゴル民族郷（郷＝シャン）が置かれている。例えば黒竜江省の泰来県には、江橋郷モンゴル族シャンなど三つのモンゴル族シャンがある。

新中国ができた一九四九年当時、遼寧省に二一万人、吉林省に四万二千人がいた。[2] 黒竜江省に組み込まれた旧ジャライド旗モンゴル人のこの年の人口は不明だが、これより一〇年前の一九三九年の統計によると、旧ジャライド旗の景星県、泰賚県、太賚県に合計二万九千人のモンゴル人が住んでいた。[3] あまりにもおおまかではあるが、この数をそのまま加えると、一九四九年当時内モンゴル東部に組み込まれていたモンゴル族人口は約二八万人となる。一九四九年の内モンゴル自治区のモンゴル族は約八四万人であった。[4] 一九八二年当時、内モンゴル自治区東部三盟のモンゴル族の数は、内モンゴル自治区のモンゴル族の七一%を占めていたから、[5] かりにこの割合をそのまま一九四九年に遡らせると、当時内モンゴル東部のモンゴル人は約六〇万人となる。すなわち東北三省在住のモンゴル人はその半分に迫るほどもいたことになる。東北三省のモンゴル族人口はその後増えており、一九九〇年の統計では、遼寧省五九万人、吉林省一

表1　清代初期における内モンゴル東部三盟と所属旗

盟	旗
ジリム（哲木里）盟	ホルチン（科爾沁）6旗〔右翼の前・中・後旗、左翼の前・中・後旗〕 ゴルロス（郭爾羅斯）2旗〔前・後旗〕 ジャライド（扎賚特）旗、ドルベド（杜爾伯特）旗　【計 10 旗】
ジョーオダ（昭烏達）盟	ジャロード（扎魯特）2旗〔左・右旗〕、アルホルチン（阿魯科爾沁）旗 バーリン（巴林）2旗〔左・右旗〕、ヘシクテン（克什克騰）旗 オンニュード（翁牛特）2旗〔左・右旗〕、オーハン（敖漢）2旗〔左・右旗〕 ナイマン（奈曼）旗、ハルハ（哈爾哈）左翼旗　【計 12 旗】
ジョスト（卓索図）盟	ハラチン（喀喇沁）3旗〔左・右・中旗〕、トメト（土默特）2旗〔左・右旗〕 シレート=フレー=ジャサク=ラマ（錫埒図庫倫扎薩克喇嘛）旗　【計 6 旗】

六万人であったとされる[6]。これに黒龍江省のドルベド=モンゴル族自治県や旧ジャライド旗の泰来県のモンゴル族人口を加えると、軽く八〇万人を超えるであろう[7]。

以上のような現状もあって、東北三省に組み込まれた地域のモンゴル人の多くは、自らをモンゴル族として意識し、自らの祖先が所属していた盟・旗（および今の興安盟・通遼市・赤峰市）とそこに住んでいるモンゴル人とのつながりを意識している。また逆に、現在興安盟・通遼市・赤峰市に住んでいるモンゴル人も、東北三省に取り残されて暮しているモンゴル人の存在を意識し、歴史的なつながりを知っている。両者の間に、文化的差異が生じ、その差異は広がりつつあるが、東北三省のモンゴル人は、なお戸籍上モンゴル族であり、モンゴル族とその文化に対する強い自覚をもっている[8]。従って両地域を、今もひとまとめに内モンゴル東部地域として考察の対象として扱うことが、この地域の諸問題を視野広くかつ奥深く理解することを可能にすると考えられる。

さて旗は清代に、モンゴル人のための行政組織として設置されたものである。そして当初、内モンゴル東部三盟には旗しかなかった。それらは、表1に示した二八旗であった。

それらが統廃合されて、現在は、表2の一五旗に減少した。そして県が四つ含まれている。これらの県も当然、漢人集住地域である。つまり内モンゴル内に留まった盟・市の中にも漢人集住地が存在しているのである。付け加えると、

表2　現代における内モンゴル東部三盟・市と所属旗

盟	所属する旗	所属する県
ジリム盟 ― 興安盟	ホルチン右翼2旗〔前旗・中旗〕、ジャライド旗	突泉県
ジリム盟 ― ジリム盟→通遼市	ホルチン左翼2旗〔中旗・後旗〕、ジャロード旗 ナイマン旗、フレー旗	開魯県
ジョーオダ盟→赤峰市	バーリン2旗〔左旗・右旗〕、ヘシクテン旗 アルホルチン旗、オンニュード旗、オーハン旗 ハラチン旗	寧城県 林西県

近年、これら通遼市、赤峰市以外に、通遼市の一部にホーリンゴル市が設置され、興安盟の一部にアラシャン市が設置された。市は盟と同格であり、これら新設の二つの市も漢人集住地である。

県・市の問題にとどまらない。内モンゴル東部の三つの盟・市の中にある一五の旗にも漢人集住地が多数含まれているからである。そして一九九五年の統計によると、一五旗中、モンゴル人が漢人より多いのは、ホルチン右翼中旗、ホルチン左翼の中旗と後旗、フレー旗の四旗に過ぎないのである。その他の旗は漢人がモンゴル人の数を圧倒している[9]。この状態は、旗の下級行政組織の構成に反映されている。

旗と県の下級行政組織はソム（蘇木）と郷（シャン）であり、両者同格であるが、ソムがモンゴル人集住地域に置かれるのに対して、シャンは漢人が集住している地域に置かれる（省においては、モンゴル族集住地に対して、モンゴルという民族名を付した上で、県、シャンと称されている）。別に鎮もある。鎮は、旗政府、県政府の所在地および人口二万人前後以上で、そのうち非牧畜人口と非農業人口が一〇％以上または二〇〇〇人以上のソムやシャンに設置が認められる。モンゴル人の集住地か漢人の集住地かに関係はないが、この条件を充たすのはシャンに多い。

かつて旗にはソムだけがあった。しかし今や、興安盟ではソム三六、シャン二一、鎮一二、通遼市ではソム八六、シャン四五、鎮三六、赤峰市ではソム四三、シャン一二四、鎮五八で、合計すると、ソム一六五、シャン一九〇、鎮一〇六であり、シャンの方が多いのである。鎮も一〇六とかなり数が多いが、鎮にもシャンから昇格

表2　現代における内モンゴル東部三盟・市と所属旗

	総人口	モンゴル族人口	モンゴル族の占める割合
興安盟	158.3	61.7	38.98%
ジリム盟（通遼市）	291.9	123.4	42.27%
赤峰市	426.5	71.0	16.66%
合　計	876.7	256.1	29.2%

『中国蒙古族人口』、内蒙古大学出版社、1997、92-95頁。

したものが多いから、その点も考慮に入れると、漢人集住地は、モンゴル人集住地よりずっと多いということが言えよう。シャンがないのはホルチン右翼中旗のみであり、赤峰市のオーハン旗のごときは、旗制をとっていても、ソムはひとつだけで、シャンは二三もある。ハラチン旗はすべてシャンである。(10)

このような状態であるから、表3に示したように、内モンゴル東部には二〇世紀末の統計によると、漢人人口の方がモンゴル人より断然多い。これを旗レベルでみると、一五旗のうちモンゴル人が漢人より多いのは、興安盟のホルチン右翼中旗と通遼市のホルチン左翼の中旗と後旗、そしてフレー旗だけである。他の旗はすべて漢族人口の方が多い。町においては、漢人が圧倒的である。要するに漢人は、内モンゴルの他の地域に比べると圧倒的に多い内モンゴル東部のモンゴル族人口をも圧しており、町から農村まですべてのところに深く入り込んでいるのである。

以上、盟・旗の変化の内容を細かく述べたのは、清代前期からはじまった内モンゴル東部の変容の程度を説明するためである。それは、モンゴル人集住地である旗・ソムに漢人集住地がつぎつぎに生まれ、そこに県・シャンが設置される過程であったが、旗とソムが県とシャンに転換する過程あるいは旗とソムが県とシャンに侵食された過程とも言い換えられる。その背景には漢族の増加があり、漢人の大部分は農耕民であるから、それはステップが彼らによって農地に転換された過程でもあった。そして漢人が増えると、商業・工業を営む漢人が入り込むから、商業化と工業化の過程でもあり、商人や職人は都会に集るし、農民・商人・職人を治める役人も町の住民であるから、都市化の過程でもあった。これらの変化が県と市そしてシャンの出現と密接に関連していたのである。

漢人の行うような農業も、本書にあるナマクタリヤに関する拙稿に記したように、モンゴル人にとって異質のものであり、商業も、工業も、そして都会も、モンゴル人のものではなかったから、それらが内モンゴル東部に入り込んだということは、要するに清代以後、モンゴル人社会にとって対極的で異質な漢人社会の諸要素が進入し、次第に深く食い込み、勢力を強めてきたことを意味する。すなわち内モンゴル東部地域に二元的な経済、社会、文化が並び立つようになり、漢人社会とその要素が優位に立つようになってきたのである。二元的な行政システムはこれらの状況の反映である。

しかしながら、内モンゴル東部地域に存在するようになった、対立する二つの文化は、そのままの状態で続いてきたわけではない。双方の接触は、双方、特にモンゴル側に妥協を強いたからである。妥協の最初の段階は遊牧の定着化であった。そして定着牧畜の存在を前提として生まれたのが半農半牧である。さらには半農半牧の民から純農耕の民に変わった者も多数存在するようになった。これらの中で、内モンゴル東部の地域的特色をよく現しているのが半農半牧である。そこで以下に、このことについて述べることにしたい。

2　内モンゴル東部の自然環境と地域文化としての半農半牧

内モンゴル東部地域は、大興安嶺山脈の東斜面とそれに続く平原の西部に存在する。ここは、乾燥地帯である中央アジアのステップの最も東の部分を形成し、植生上は森林ステップが優勢である。そのため、古くは烏桓・鮮卑・契丹・奚など、ステップを生活の舞台とする遊牧民が居住し、清朝が勃興した一六世紀には、同じ遊牧の民であるモンゴル族が居住していた。彼等の遊牧は、中央アジアのステップにおいて一般的である騎馬遊牧であり、彼等の遊牧文化は、中央アジアの騎馬遊牧文化と同質のものであった。

彼等の生活舞台は、中央アジアのステップの東の端に位置していたから、中央アジアの中では太平洋に最も近く、外洋の影響によって比較的湿潤な森林ステップが発達している。そのため、牛が多く飼われるという、森林ステップ型の遊牧が営まれてきた。遊牧に並ぶものとして、狩猟が重要な位置を占めていた。遊牧と狩猟という動物を対象とするこれらの生業のほかに、自家食用分の糜子、それに蕎麦を栽培する農耕（ナマグタリヤ農耕）も広く営まれてきた。[11]これも比較的湿潤な森林ステップが展開するこの地方ならではの特徴であった。

近現代において、漢人移住者の進出によって、以上のような内モンゴル東部地域の経済は変容し、遊牧は大部分が定着牧畜と化し、さらに定着牧畜が押しのけられる形で、半農半牧経済と農業経済の地域が広く形成された。その結果、一九九〇年代半ばにおいて、

① 半農半牧経済の地域も農業経済の地域も、牧畜地域より面積が広い。最も広いのは半農半牧経済の地域である。

② この両地域において経済を担っているモンゴル人の数は、牧畜地域のモンゴル人の数を圧倒するほどになっている。両地域それぞれのモンゴル族人口も、牧畜地域のそれより多い。中でも、半農半牧地域にモンゴル人の大部分が居住している。

③ 両地域それぞれの総人口に対するモンゴル人の割合は、三〇％台であって、これは内モンゴルの他のいかなる地域にも見出せないほど、その割合が高い。言うまでもなく、残りはほとんどすべて漢人である。[12]

これらの三つの特徴のいずれも、内モンゴルの中部や西部の地域と比べると、際立つ特色である。それらの地域では、ウラーンチャブ盟やフフホト市郊外などを除くと、モンゴル人の大部分は、牧畜地域に居住しており、モンゴル人の半農半牧経済と農耕経済へのかかわりの度合が低い。要するに、内モンゴル東部地域の変容とは、この地域のモンゴル人

の大半が半農半牧化し農耕化したことを内容とすると特徴づけることができるのである。これがこの地域の地域的特色であり、地域文化の根底である。

内モンゴル東部地域にこのような変化をもたらした最大の原因は、清代前期にはじまる漢人の進出と開墾である。清代前期から開始された内モンゴル東部への漢人の移住は、内モンゴル東部だけに見られた動きではなく、「中国西南部では湖広から四川へ、更に四川から貴州・雲南へ、東南部では広東から広西、福建から台湾、更に東南アジアへ、北部では山東を中心とする華北から東北へと、周辺部へ拡大していく移住動向」の一部であった。そしてその原因については「これらはいずれも相対的先進地区における内部辺境の狭小化と商業化戦略を移民析出の主因として、従来入植困難であった地域にも適応可能なトウモロコシ・ジャガイモなどの新作物の導入—即ち農学的適応を副因として顕在化したと考えられる」(13)。

清代における内モンゴル東部地域を含む内モンゴルへの漢人の入植について、矢野仁一の見解を記すと、漢人が最も早く入植したのは呼和浩特の一帯であり、チャハル、ジョソト盟、ジョーオダ盟がこれに次いだ。乾隆の末頃(一七〇〇年代末)になると、ジリム盟に属するモンゴル各旗にも漢人が出かけて開墾していることが清朝政府の注目を引くようになった。それまでは、ジョソト盟のハラチン旗とトメド旗、ジョーオダ盟のオーハン旗、オンニュード旗、ヘシクテン旗にとどまっていたのである(内蒙古東部以外では、開墾はイフジョー盟、帰化城トメド、チャハル八旗の牧地にとどまっていた)。このように漢人の入植が進む中で、最初康熙、雍正両帝は、漢人やモンゴル人による耕地化を奨励していたが、乾隆時代にジョソト盟、ジョーオダ盟における漢人の入植がモンゴル人牧民の牧地に影響を及ぼしたため、入植に厳しく対応するようになった。しかし入植の勢いは減退することはなく、嘉慶年間(一八〇〇年代)に入ると、オーハン旗などで、漢人集居の勢いは益々盛んとなり、人口日ましに多く、墾種の面積は月ごとに加わり、モンゴルの牧畜が妨げられる形勢は明確となったのである(14)。

内モンゴルに漢人農民の入植と開墾がこのように進んだ大きな理由は、ジャサグ王公等が彼等を招墾したことにある。漢人農民から小作料を取れるからであった。そのため一般モンゴル人は反対したが、王公等は自らの力を恃み積極的に公地を占拠し漢人に開墾させ小作料を徴収し、懐を豊かにした。(15) もしジャサグ王公等が一般モンゴル人と同じように漢人が入ってくることに反対していたならば（一般モンゴル人にも小作料を取る者もいたであろうが）、内モンゴルの開墾は、清末新政以後の開放蒙地の設定による開墾が行われるまで、ずっと遅れ、かつ抑制されたものとなっていたであろう。ともかく、山東方面の漢人の人口圧がかなりのものであったし、その人口圧を吸引するようなモンゴル人側の対応があって、内モンゴルの開墾は清朝時代に大いに進んだのである。

漢人農民の入植が激化し、耕地が牧地を急速に蝕み、漢人の集落が至るところに作られると、第一段階としてモンゴル牧民は、季節的移動をやめたり、限定的に行ったりする定着的な牧畜に転じた。しかし牧地の不足が日に日に深刻となり、十分な数の家畜を飼うことが難しくなると、第二段階として、古来行っていた糜子と蕎麦だけを自家用に栽培する農耕（ナマグタリヤ農耕）から、糜子と蕎麦以外に、高粱や豆類、トウモロコシなども栽培し、収穫も増やすことが可能な漢人の農耕（漢式農耕と称したい）に乗り換え、半農半牧へ移行した。(16) 農耕の質的転換が行われたことを意味する。家畜は、共同で小人数の牧夫に託して集落共用の牧地で放牧するようになった。定着化の段階で飼われるようになっていた豚・鶏以外に、驢馬、騾馬も飼われるようになった。冬には作物収穫後の耕地が牧地となった。これが半農半牧の姿である。そして牧地がますます狭くなると、第三段階として、彼らの間に農耕に大部分依存する純農耕を営む者が現れ、その数は次第に増えた。この段階では作物の種類はますます増え、家畜が更に逆に減少し、羊が群れとして飼われなくなり、共同牧地での共同放牧が行われなくなり、豚・鶏・驢馬・騾馬が一層多くなる。以上は、漢人の進出を最初に被ったジョソト盟及びその北隣のジョーオダ盟南部において、内モンゴル東部の他の地域に先立って踏まれた過程であると推測される。

これら内モンゴル東部地域の南部に位置する地方のモンゴル人の遊牧から半農半牧そして純農耕への移行過程をうかがうに足る資料は、現在ほとんど残されていない。その中で満洲国時代、なお存在していたジョソト盟の原資料を現地で使って研究することのできた及川三男は、同盟の一般モンゴル人について次のように記している。王府隷属地、旗公署隷属地、閑散王公私有地、タイジ、タブナン等貴族の私有地、箭丁私有地以外の「各旗蒙人が私有地を有するに至りたる経過は各旗共同様なり、即ち雍正初葉借地養民制実施以来漢佃の流入激増せし為漸く牧地の減少を来たし、牧畜を以てしては生計を営み得ぬ状態となり、勢い半牧、半農或は農耕せざるべからざる状態を誘致せり。茲に彼等は旗民として許されし彼等の放牧地の内一定の土地を占拠し該地を開墾して生計を営むに至りそれが後年彼等にとり唯一の生計地となれり[17]。」

以上のジョソト盟およびジョーオダ盟南部において見られたであろう遊牧の変容の過程は、その後、これらの地域の北部に位置する内モンゴル東部の他の諸地域においても、細部においては種々異なる点があったにしても、繰り返されることになる。その場合、これらの諸地域に対して一八世紀末という早い時期からはじまった漢人移民の入植以外に、ジョソト盟およびジョーオダ盟南部のモンゴル人の移住が変容促進要素として新たに加わる。これらのモンゴル人の移住は、一九世紀末までは小規模ながら漢人の入植のあおりを受けて玉突き的に行われていたであろうが、その実態は把握し難い。大規模な、そしてその後内モンゴル東部の変容に大きな意味を持ったのは一八九一（光緒一七）年に起こった金丹道の暴動である[18]。

この金丹道暴動によって彼らの多数が殺戮され略奪されると、ジリム盟やジョーオダ盟北部の各旗に続々と避難・移住し、移住先で農耕に従事した。これらのモンゴル人は、移住先の諸旗のモンゴル人にとっては他旗からの来住者であったから、一般に外旗人あるいは外旗モンゴル人と称された。彼らは、これらの旗にも入り込んでいた漢人とともに、移住先の諸旗の原住モンゴル人が漢式農耕を受容するのに重要な役割を果たしたのである。

間もなく、内モンゴル東部とりわけジリム盟の諸旗のモンゴル人の遊牧の定着と農耕の受容に決定的な影響を与えた清朝の対モンゴルの新政が一九〇一年から実施された。これは、清朝が自らの藩屏であるモンゴルを保護するため行ってきた諸施策（封禁政策）を全面的に改めるものであり、新政のひとつに、ロシアの南下のおそれがある地域に多数の漢人移民を入れて開墾して住まわせて防備とするという殖民実辺政策があり、それが急速に実行された。[19]これは、内モンゴルの開墾の第二段階への突入を意味した。それまで内モンゴルは、清朝の封禁政策によって守られ、漢人の入植は、実は、そのなかで非合法的状態のもとで進行していたのであるが、ここに至って、内モンゴル東部の開墾と漢人の入植が清朝の政策として積極的に進められたのである。そしてジリム盟の牧地がつぎつぎと漢人の開墾のために開放されると、漢人農民が道路に列を成して続々入植し、開放地は短日月で開墾され、漢人集住地と化した。逆に、開放地を設定された旗の牧地は急速に半減して狭められたのである。この時期、内モンゴルの他の地域でも開墾が政策として強力に推し進められており、内モンゴル東部の開墾は、その一環としての意味ももった。

開放地が設定されると、モンゴル人の生計のために残された土地（生計地）に留まったモンゴル人もいたが、農耕地あるいは漢人集落のそばで生活すること嫌って、旗内の開放されていない土地（非開放地）に移住する者も相当いた。そのため開放地の設定によって狭められた状態の非開放地のモンゴル人の数が増える結果となった。非開放地に住んでいたモンゴル人の中には移住してきた漢人・外旗モンゴル人を避けて西北部の山岳地帯に移り住む者も少なくなかった。[20]

一九世紀後半から二〇世紀前半にかけて、内モンゴル東部は、モンゴル人の移動・移住の時代を迎えたといってよい。外旗モンゴル人と原住モンゴル人は、上述の理由による移住を行ったが、それらの理由以外に、貧困、戦乱や激しく跋扈跳梁した匪族の害から逃れるためにも、転々と移住せざるを得なかった。[21]興安局のホルチン左翼中旗、ナイマン旗、ジャライド旗の実態調査報告書および実態調査統計篇の「農家略歴表」を見ると、そのことがよくわかるし、私の現地調査によっても、外旗モンゴル人が故郷から移住した先でそのまま過して今に至っているという例は少なく、多くは二、三度移動している。その原因は、これらの貧困や災難から逃れるためであったのである。この移住において、漢式の農耕を身につけていた外旗モンゴル人が内モンゴル東部の各地に拡散して移り住んだことが、漢式農耕を内モンゴル東部に広めるのに重要な役割を演じた。アルタンガラグは、そのジャライド旗にみられたそのような事例を指摘している(22)。

このようにして、とくに二〇世紀初頭からの漢人と外旗モンゴル人の移住と開墾の結果、二〇世紀前半において、モンゴル人に残されていた地域で季節的移動が地域的なまとまりあるいは地域的な広がりをもってなお行われていたのはジャロード旗とアルホルチン旗の北部、ヘシクテン旗の北部と西部だけとなり(23)、多くは定着的牧畜となり、かつ半農半牧が広がってきていた。内モンゴル東部は、現在、内モンゴル自治区の中で、最も半農半牧が広く営まれている地域なのである。内モンゴル自治区の研究者の中には、半農半牧経済を「モンゴル人民の一大創造物である」と称揚し、それが「内蒙古東部、南部の農地に適した地帯と農牧の過渡的地帯において、最もその自然生態環境に適している」とまで述べる者もいる(24)。

ブレンサインは、「内モンゴル地域では、漢人の入植に対してモンゴル人は地域によって二つの対応を取った。中西部のチャハル、ウランチャプ地域では、モンゴル人が入植してくる漢人に牧地を譲り、絶え間なく北部へ撤退し続けた。それにより、農業と牧畜の境界線がつねに明確にわかる状態にあった。彼らは、牧畜経営を放棄して漢人型の農業経営を受け入れることを拒否した代償に広大な牧地を喪失した。その代わり、彼らは自らの生活や文化の伝統の保持にある程度成功した。(省略) しかし、これと対照的に内モンゴル東部地域のモンゴル人は、牧畜経営と伝統文化の犠牲を前提に、土地基盤の保持に執着して、全く別の形で生き残りをはかった。彼らは、漢人型の農耕社会の要素を積極的に取り入れながら、押し寄せてくる漢人社会に対抗できるような定住文化を築くことに努めた。その結果として誕生したのは遊牧の伝統とかけはなれた新たなモンゴル人社会、つまり農耕モンゴル人村落社会である。(省略) 換言すれば、農耕モンゴル人村落社会は漢人社会と遊牧モンゴル人社会との間の衝突の産物であり、妥協の産物でもある」と述べた。[25]ここに農耕モンゴル人村落社会の農耕とは、半農半牧を指す。

ブレンサインは内モンゴル東部地域のモンゴル人がチャハル地方やウラーンチャブのモンゴル人と異なる道を歩んだ理由を説明していない。[26]この点について私は、内モンゴル東部のモンゴル人がナマグタリヤ農耕を営んでいたことが、対応の違いを生んだひとつの理由であると考えている。私の調査によると、チャハルではごく貧弱なナマグタリヤ農耕を行っていたところもあったようだが、それは内モンゴル東部のナマグタリヤ農耕に及びもつかない程度のものであった。それに対して内モンゴル東部では、本書所載の私の論稿に記したように、広く、そして盛んにナマグタリヤ農耕が営まれてきた。それ故に、漢人の農耕に反発する気持ちがあっても、切羽詰った状況におかれた場合、妥協して受け入れたのであろう。

ところで内モンゴル東部地域では、遊牧を営んでいたモンゴル人が傍らでナマグタリヤ農耕も行なっていたとすれば、この遊牧とナマグタリヤ農耕の組み合わせをどのようにみるべきであろうか。これを半農半牧のあり方のひとつの牧主農従と称しても誤りと言い切れないが、この地域のモンゴル人にとって遊牧のつぎに経済的価値を有していたのがナマグタリヤ農耕であったとは言い難かった。なぜなら狩猟が盛んに行われていたからである。モンゴル高原の遊牧民は、モンゴル族を含めて、古来遊牧と並んで狩猟を重要な生業のひとつとしてきたことは、すでに論じたとおりであり、[27]内モンゴル東部のモンゴル人も、一九世紀後半から二〇世紀初めまで、大興安嶺山中では二〇世紀半ばまで、盛んに狩猟を行い、狩猟の経済的価値は非常に大きかったとみてよい。[28]とすれば、その狩猟を無視してナマグタリヤ農耕を伴う遊牧の状態を、単純に半農半牧とか牧主農従とか称するのは妥当とは言えない。

半農半牧に移行する前提としては、牧地の不足のほかに、つぎのような条件も考慮されなければならない。遊牧から定着的牧畜に転換していて、[29]農耕に従事する時間が遊牧を営んでいた時代より多く取れるようになったこと、ステップの開墾や漢人による乱獲の結果、野生動物が減って狩猟の獲物に依存できなくなったこと、そして日露戦争などの戦乱や軍閥の圧迫、匪賊の害、天災などのため家畜が著しく減少していたことなどである。これらの諸条件が、生きるために本格的な農耕すなわち漢式農耕を受容する刺激あるいは契機となったと考えられる[30]。

現在、内モンゴルの変化は激しく、半農半牧の構成要素である牧畜も変質しつつある。すでに二〇世紀前半には大部分が騎馬遊牧民族でなくなっていた内モンゴル東部のモンゴル族であるが、さらに近年馬が極度に減り、環境問題を理由に羊を飼うことを難しくする政策が実施され、牛飼育が奨励されている。内陸アジアの遊牧の特徴である騎馬遊牧が過去のものとなり、遊牧が定着してからもなお牧畜の重要な家畜である馬が、そして羊も、その地位を失いつつあるのである。この地域ではステップの条件から、牛が重要ではあったから、牛飼育が存続すればそれなりに牧畜は意義をもち続けるであろうが、注目されるのはその飼育の方法が、モンゴル伝統の遊牧はもちろん、定着牧畜の方法ともかなり異なるものとなってきているのである。一言でいえば、畜産化が進められている[31]。それ故に、やはり半農半牧の将来は不確定な状況にあると考えざるを得ない。また少数民族としてのモンゴル族の存立そのものが、他の少数民族同様に揺らぎ、漢化政策の勢いが増している。しかしながら、二〇世紀の前半から、内モンゴル東部の地域文化を代表するものとして半農半牧が存在してきたことを指摘することには、大きな問題はないであろう。

注

（1）これらの地域は、漢人に開放さて開墾された旗の土地に多い。漢人に開放された後も、しばらくは開放地に対して徴税する権利などがモンゴル旗に認められていたが、満洲国時代に至って国に奉上させられた（これを「蒙地奉上」という）。その結果、開放地が旗外とされたことが実質化した。蒙地奉上の問題については、広川佐保『蒙地奉上―満洲国の土地政策』（汲古書院、二〇〇五年）がある。

(2) 王鎮等主編『中国蒙古族人口』、内蒙古大学出版社、一九九七年、五六頁。
(3) 『康徳六年末満洲帝国現在戸口統計』、満洲国治安部警務司、一九四〇年、一〇～一一頁。
(4) 『中国蒙古族人口』、五六頁。この当時、アラシャン盟は内モンゴル自治区に含まれていなかった。自治区に加わったのは一九五六年である。ただしアラシャン盟のモンゴル族人口は、一九八二年の段階で、自治区のモンゴル族中一・三九％を占めるに過ぎなかった。
(5) 『中国人口・内蒙古分冊』、中国財政経済出版社、一九八七年、三五一頁。一九九五年の統計でも、内モンゴル自治区のモンゴル族三五六・五万人に対して東部三盟・市のモンゴル族は二五六・一万人で、自治区全体のモンゴル族の七二％を占めている（『中国蒙古族人口』、一〇五頁）。
(6) 『中国蒙古族人口』、八一頁。
(7) 近年のモンゴル族人口の増加の一因は、少数民族優遇策に便乗してモンゴル族の戸籍を取った漢族がかなりいることにもあるとされる。けれども、モンゴル族が相当増えたことは事実であるし、このような便乗による増加は、内モンゴル東部にのみ当てはまるわけではない。
(8) 吉田順一「阜新モンゴル族自治県訪問記」、『日本とモンゴル』第三六巻第二号（一〇四号）、二〇〇二年三月、一〇六～一一八頁。吉田順一「ゴルロス紀行」、『東方』二五七号、二〇〇二年七月、二～六頁。ボルジギン＝ブレンサイン「瀋陽郊外のモンゴル人」『日本とモンゴル』一一〇、日本モンゴル協会、二〇〇五年、一〇九～一一四頁。
(9) 『中国蒙古族人口』、九二～九五頁。
(10) 『内蒙古自治区地図集』（内蒙古自治区測絵局、一九九九年）に基づく。
(11) 吉田順一「興安嶺南山地の経済構造―ハラトクチンの経済の分析を手掛かりに」、『北東アジア研究』第七号、島根県立大学北東アジア研究センター、二〇〇四年三月、二五～四一頁。

吉田順一「内モンゴル東部地域の経済構造」、二〇〇六年三月、平成一四～一七年度科学研究費補助金基盤研究（A）成果報告書『モンゴル草原環境変動と遊牧生産の関係に関する研究』（課題番号一四二五二〇一四）、（研究代表者 東北大学東北アジア研究センター助教授岡 洋樹）、一五〇～一六五頁。

(12)『中国蒙古族人口』、一一〇～一二八頁。

(13) 山田 賢『移住民の秩序』、名古屋大学出版会、一九九五、はしがき。斯波義信「移住と流通」『東洋史研究』第五一巻第一号、一九九二年。

(14) 矢野仁一『近代蒙古史研究』、一九三一年、弘文堂、一〇九～一一〇頁、一一二～一一三頁、一一六～一一七頁、一二一頁、一二五頁、一四五～一四六頁。

(15) 矢野、同上、一二五～一二六頁、一三〇～一三一頁。

(16) ブレンサインは、ナマグタリヤという「伝統的なナマグタリヤという自然農法のうえに、漢人型の農耕技術を取り入れたのである。農耕モンゴル人村落における農業にはこのような伝統農業の要素がある程度残っているところが漢人の農業とことなる点である」と述べている（ボルジギン＝ブレンサイン『近現代におけるモンゴル人農耕村落社会の形成』、風間書房、二〇〇三年、三三七頁）。この見解は妥当な点もあるが、基本的には質的な転換がなされたと見るべきである。

(17) 及川三男「熱河蒙旗の概要」1、『（満洲国）民政部調査月報』第一巻第一〇号、一九三六年、八頁。

(18) ボルジギン＝ブレンサイン、前掲書、第四章第四節。

(19) 矢野仁一「清朝の殖民実辺策」、「清朝末の蒙古新政施行」など参照。矢野前掲書、二六八～二九八頁、三〇八～三一六頁。

(20) 柏原孝久・濱田純一『蒙古地誌』下、大正八年、冨山房、四七七頁。

(21) 日露戦争のさいのモンゴル人の避難のための移住の例については、柏原孝久・濱田純一の記述が参考になる(同右)。
(22) アルタンガラグ『近現代内モンゴル東部地域における牧畜と農耕の受容―ジャライド旗における事例の分析―』(博士学位請求論文)、二〇〇七年二月、二章～四章。
(23)『満洲帝国内旧蒙古地帯民族分布図』、国務院興安局調査科、康徳七年。ジャロード旗、アルホルチン旗の大興安嶺山脈山中、ヘシクテン旗の北部と西部。
(24) 王龍耿「近代内蒙古農業的興起与蒙古族人民対農業的貢献」『内蒙古墾務研究』、一九九〇年、四三頁。色音、前掲書、一一〇～一一一頁。
(25) ボルジギン=ブレンサイン、前掲書、三三六頁。
(26) チャハル地方は、現在はシリーンゴル盟南部のショローンフフ(正藍)旗、タイブス(太僕寺)旗、フブートシャル(鑲黄)旗、ショローンフブートチャガーン(正鑲白)旗、ドローンノール(多倫)県から成る。もとは、これら以外に、西隣のウラーンチャブ盟の集寧市、チャハル右翼前旗、チャハル右翼中旗、チャハル右翼後旗、化徳県、商都県、興和県、豊鎮市、涼城県、卓資県も、もとはチャハルであり、また南隣の河北省の張北、康保、沽源、尚義等の一部分も、もとはチャハルの地であった。
(27) 吉田順一「モンゴル族の遊牧と狩猟―一一～一三世紀の時代を中心に」、一九八一年一二月、『東洋史研究』第四〇巻第三号。
(28) 前掲の吉田順一「興安嶺南山地の経済構造―ハラトクチンの経済の分析を手掛かりに」『北東アジア研究』(島根県立大学北東アジア地域研究センター)七、二〇〇三年、三二～三四頁、三六～三七頁。吉田順一「内モンゴル東部地域の経済構造」平成一四～一七年度科学研究費補助金基盤研究(A)成果報告書『モンゴル草原環境変動と遊牧生産の関係に関する研究』(研究代表者岡　洋樹)、一五三～一五七頁。

（29）当時跳梁していた匪賊から家畜を守る必要も、定着化の一因であった。

（30）Lobsangčoidan ǰokiyaba, Qa. Dambiǰalsan čoqulba. *Mongγol ǰang aγali oilaburi*, 内蒙古人民出版社、一九八一年、二九一～二九二頁。内蒙古自治区畜牧業庁修志編史委員会編著『内蒙古畜牧業発展史』、内蒙古人民出版社、二〇〇〇年、五八～五九頁。アルタンガラグは、一九三〇年代においてジャライド旗のモイルト屯のモンゴル人が半農半牧へ転換した一因を当時における家畜の減少に求めている（前掲博士学位請求論文、二〇〇七年二月、第四章）。なお内蒙古自治区畜牧庁修志編纂委員会『内蒙古自治区志―畜牧志』（内蒙古人民出版社、一九九九年）には、『蒙古鑑』に基づいた一九一九年の家畜数と満洲国の統計に基づいた一九三六年の家畜数を比較した数字を出している。一応それに従うと、ジリム盟の家畜総数は、一九一九年に一〇八・二五万頭、一九三六年に二一・九九万頭である。フルンボイル地区は一九一九年に一六〇・八八万頭、一九三六年に一五二・九三万頭、シリーンゴル盟は一九一九年に一一三・八六万頭、一九三六年に二一一・五八万頭である（四四～四五頁）。

（31）内モンゴルの牧畜の畜産化とそれに伴う問題については、吉田順一（アルタンガラグ漢訳）「游牧及其改革」、『内蒙古師範大学学報』（哲学社会学版）三三―六、二〇〇四年、三七～三八頁。

“内モンゴル東部”という空間
―東アジア国際関係史の視点から―

中見立夫

1　はじめに、本稿の課題と視角

早稲田大学モンゴル研究所では、「近現代における内モンゴル東部地域の変容」に焦点をあてた研究プロジェクトを組織し、幾多の成果をあげてきた。当該研究プロジェクトが対象とする「内モンゴル東部地域」とは、研究代表者である吉田順一教授によると、清代内モンゴル「東四盟」のなかで、シリーン・ゴル盟を除く地域、つまり「清代東三盟」(1)を、ほぼ想定しているという。このプロジェクトへも参加し、対象とする地域に関して、すぐれた業績を発表している、ブレンサイン氏によれば、その地域は「興安嶺東南麓の広範囲に広がり、伝統的な遊牧社会とことなる農耕モンゴル人村落社会(2)」であるという。さらに「遊牧を伝統にもつ東部内モンゴル地域のモンゴル人が、如何にしてこのような二〇万㎢も足らない狭い土地で密集して暮らすようになったのか。これはモンゴル近現代史研究の重要な課題であるのみならず、中国の少数民族居住地域の近現代における社会変容の諸相を捉えるうえでも欠かせない研究課題の一つ(2)」と指摘する。

このような内モンゴル東部におけるモンゴル人社会の変容と、そこに暮らすモンゴル人の状況については、すでに第二次世界大戦前においても、後年、二〇世紀のモンゴル研究を代表する学者となった、オーウェン・ラティモア(3)、ワルサー・ハイシッヒ(4)らにより注目されていた。一方、これよりまえ、二〇世紀初頭の日本人のあいだでは、「東部内蒙古」という、特異な地域概念が形成されていた。当時、つまり清朝時代から中華民国時期への交替期においては、そもそも「内モンゴル」という名の行政区域は存在していない。では、その「東の部分」とは、どこをさすのか。本稿では、〃内モンゴルの東部地域〃が東アジア国際関係の文脈のなかで、どのように登場し、あるいは認知されてきたかについて考察する。

2 「モンゴル」という地域

本題に入るまえに、「モンゴル」という地域がどのように認識されてきたかについて検討する。モンゴル人にとって、つまり「モンゴル」と自称する集団が登場して以降は、その「モンゴル人」が暮らし、支配する空間が「モンゴル人の(土)地」であった。しかし、そのことをもって、「モンゴル」という地域名が登場したことを意味しない。中央ユーラシア遊牧民のあいだで「地名」の創生には、農耕民とはきわだって異なる特色がみられる。すなわち身近な山川の類には、名称を付与するが、居住空間に関しては、〇〇族の土地といった呼び方をする。これは、中央ユーラシア遊牧民にとって、生活空間、さらには支配領域の識別においては、その地に暮らす人びとが構成する集団名で区別することが重要であって、土地そのものに対する識別と支配、つまり土地に境界を定め、そこへ名をつけて把握することは余り意味がない、といった伝統にもとづく。したがって農耕民のように、地名、地方名が独自に発達することもみられない。この事実は、中央ユーラシアにおいて、牧地の設定と軍団を編成することを契機として、政治権力が発生していたこととも関連する。

それでは、歴史上、地名としての「モンゴル」、つまり英語形の場合は〝Mongolia〟が登場したのはいつのころであろうか。プリンストン大学図書館のマーチン・ヘイドラ博士の示唆により、ロンドン大学ゴールドスミス文庫所蔵文献を中核として作成されたデーターベース、〝The Making of the Modern World〟を使い、〝Mongolia〟の検索を試みた。実は、このデーターベースを活用することをおもいつくまでは、なんとなくパラスの著作［Pallas, Peter Simon, *Sammlungen historischer Nachrichten über die mongolischen Völkerschaften* (St. Petersburg, 1776-1801)］あたりに、最初の用例が現れるのではないかと予想していた。ところが上記パラス著書には、〝Mongolei〟の用例はみられない。さらに、おなじパラスの、*An Account of the Different Kinds of Sheep Found in the Russian Dominions, and Among the Tartar Hordes of Asia* (Edinburgh, 1794)の索引部分には、〝Mongolian Tartary〟という語が採録されている。いずれも「モンゴル族の」といった用法であり、地名として用いられている訳ではない。

データーベース、〝The Making of the Modern World〟のうえで、〝Mongolia〟の用例が最初にみられるのは、William Tooke, *View of the Russian Empire During the Reign of Catharine the Second, and to the Close of the Eighteenth Century* (London, 1799)である（同書、九二頁）。一方、ドイツ語形〝Mongolei〟は、Hassel, Georg, *Statistischer abriss des Russischen Kaiserturms nach seinen neuesten politischen beziehungen* (Nürunberg und Leipzig, 1807)に現れる（同書、三二頁）。この検索結果をもって、ウイリアム・トゥークの著作において、地名としての「モンゴル」、つまり〝Mongolia〟が、欧米語文献のなかで最初に登場すると論証しうる根拠はない。ただ、一般的な用例の傾向を検証することが可能である。

注目すべきは、地名としての「満洲」、すなわち英語形では〝Manchuria〟、ドイツ語形では〝Mandschurei〟も、一九世紀初頭のヨーロッパで作製・出版された地図、文献に登場していることである。「満洲」の地域名としての用法に関しては、ヨーロッパ製地図で掲示される〝集団名〟としての「満洲」を、一八世紀末の日本においては、日本語では集団名と地名との語形態での区別（たとえば英語の場合は、〝the Manchus〟と〝Manchuria〟というような）がないために、地名として使いはじめ、ついでシーボルトの手をへて日本製地図がヨーロッパに紹介され、欧米諸語にも地名形としての「満洲」が成立したと考えられることを、筆者はすでに論証した。(5)

一八世紀末から一九世紀初頭において、ヨーロッパ人の中央ユーラシアから東北アジアに関する地理認識のなかに、〝Mongolia〟、ついで〝Manchuria〟と呼ばれる地域が登場したという事実は、なにを意味するのであろうか。それは、とりもなおさず、ヨーロッパ人のアジア内陸部に対する地域認識の変化と深化、つまり、アジア図のなかでの〝Tartary〟の消滅と結びついている。ロシア帝国は一八世紀を通して、シベリア統治の強化へ向けた改編を模索した。まず一七二四年、広大なシベリアを支配する拠点を、トボリスク、イェニセイスク、イルクーツクへと三分割したが、一七六四年にはトボリスクとイルクーツクの二拠点に改め、最終的には一八〇三年、イルクーツクへシベリア総督を置いた。(6)支配を強化するとは、統治機構を整備し、非ロシア系をもふくめて住民を管理下に置き、ロシア帝国近隣地域をも描いた、詳細な地図を作成することを意味する。これまで、ネルチンスク、キャフタ両条約により定められた露清「国境」を越えて、漠然と〝Tartary〟と呼ばれていた、おもにアルタイ系遊牧民の生活する空間は、このような背景のなかで、ヨーロッパで作製される地図上からは消え、〝Mongolia〟と〝Manchuria〟へ取って替わられた。

一方、元朝崩壊以降、モンゴル高原では、オイラート系とモンゴル系の抗争がくりひろげられていたことは、ヨーロッパへも伝わっていた。それゆえに「西のモンゴル（族）」＝オイラート系、と「東のモンゴル（族）」＝モンゴル系というように、モンゴル族を東西で二分する呼び方も存在した。この用法の典型例は、アイザック・シュミットによる「蒙古源流／Erdeni-yin tobči（いわゆる、シュミット本「蒙古源流」）」出版に際するタイトル(7)や、ポコティロフの「明史韃靼伝」ロシア語訳のタイトル(8)で確認できる。

3　清朝統治下における「蒙古」と、日本人が認識する「東（部）蒙古」

清朝統治下において「モンゴル」は決して一元的に支配されていた訳ではない。むしろ清朝への来降の事情によって、各モンゴル旗と清朝との関係は多様であった。ゴビ沙漠の南、いわゆる「漠南蒙古」においては、八旗制へ改編されたモンゴル旗は別として、東側の四盟（「東四盟」）、つまりジリム（jirim／哲里木）盟、ゾスト（josutu／卓索図）盟、ゾー・オダ（juu uda／昭烏達）盟、シリーン・ゴル（Šiliyin ɣoul／錫林郭勒）盟と、西側の二盟（「西二盟」）、すなわちオラーンチャブ（Ulaɣančab／烏蘭察布）盟、イフ・ゾー（Yeke juu／伊克昭）盟に、およそ二分されていた。もっとも〝盟〟は強固な求心性をもつ統合体ではなく、それゆえに一九一一年の辛亥革命に際して、内モンゴル諸旗は、盟単位で統一行動をとることができなかった。さらに清朝末期には漢人農民の入殖が進み、〝牧地〟の〝農地〟化が進行しており、そのような農耕地化した地域には、漢人住民を対象とする行政機構、「府」、「州」、「県」が設置されて、モンゴル王侯の支配から離れた。たとえばゾスト盟といっても、清末に刊行された地図には、その名も領域も明示されず、さらに「内蒙古」という名称はあるものの、それがどの地理範囲をさすかさえも不明瞭な状況となっていた。この点は、ハルハ地方、ないしは「外モンゴル」とは著しい対照をなしていた。

日本が、このような内モンゴルへ関心をしめすようになるのは、日清戦争以降、具体的には義和団事件のあと、ロシア軍の「満洲」占領ののちのことである。この時点では、日本が直接的に帝国主義的利害をもつ地域は朝鮮半島に絞られていたが、その対抗勢力であるロシアの動向如何によっては、ロシアとの戦争は避けられず、仮に戦闘がおこった場合、戦場は「満洲」になることは自明であった。その「満洲」と「内蒙古」は明確に区分できず、それゆえに日本側はモンゴル人の動向をふくむ現地情報を、戦略的観点から収集に努めた。一九〇四―一九〇五年の日露戦争の勝利によって、日本は「南満洲」でのロシア権益をロシアから受け継ぎ、ついで清朝政府に承認させた。(9) さらに一九〇七年に締結された第一次日露協商では、ロシアが朝鮮半島における日本の優越的地位を認める代わりに、日本は「外蒙古」での、ロシアの「特殊利益」を承認した。

一九一〇年、日本は朝鮮半島を植民地化するが、それまでの日本人のあいだに存在した、「大陸問題」への〝引照基準（frame of reference）〟、すなわち「満鮮問題」のなかで「朝鮮」の部分が「日韓併合」によって抜け落ち、結果的には「満洲問題」、といっても具体的には「南満洲」における日本の権益を、いかにして維持強化するかが課題となった。日本側の立場からみると、

日露戦役ノ結果帝国ハ実際ニ於テ韓国ニ対スル主権ヲ掌握シ併セテ満洲南部ニ於テ特殊ノ関係ヲ有スルニ至リタル処韓国ニ於ケル帝国ノ地歩ハ今ヤ既ニ確立セルニ拘ラス満洲ニ対スル地位ハ薄弱ナルモノアルヲ免レス日露両国カ南北満洲ニ特殊利益ヲ有スルノ事実ハ争フヘカラスト雖両国間ニハ未タ明確ニ勢力範囲ヲ協定シタルコトナキヲ以テ両国ノ利害ハ将来如何ナル衝突ヲ見ルコトアルヤモ之レヲ保シ難キ状態ニ在リ。(10)【傍線は中見による、以下同様】

との状況であったので、一九一〇年に締結された第二次日露協商では、「満洲」における日露それぞれの「勢力範囲」を明確化させた。

「北満洲」をロシアの「勢力範囲」として日本は承認し、かつ日本は、英国との「同盟」のうえに、フランス、ロシアとの「協商」関係を外交の機軸とする以上、日本がつぎに勢力を浸透させうる地域は「南満洲」の西方、つまり「内蒙古」の東部であったが、前述したとおり「南満洲」と「内蒙古」の境界は曖昧とした状況にあった。そのような状況

のなかで、一九一一年、辛亥革命がおこり清朝体制は崩壊したが、ハルハ・モンゴル地方のモンゴル王侯・仏教僧は独立を宣言し、いわゆるボグド・ハーン政権を樹立、ロシアに対して救援を求めていた。

それでは、一九一〇年代前半の時期、日本が勢力の拡大をめざす内モンゴルの東部地域に関して、日本側は、どのように認識していたのであろうか。たとえば、一九一三年に刊行された松本雋『東蒙古の真相』では、

【蒙古は】行政の系統により、内外蒙古、青海蒙古、内属蒙古に分たる。中就南満洲と最も密接且つ重要の関係を有するは、東部蒙古即ち内蒙古中の東四盟と、内属蒙古中の一部たる察哈爾部の東方地域なりとす。(11)

と略述している。

また後述するように、ロシアとの勢力範囲画定のため、日本軍部は関東都督府陸軍部を中心に精力的に地誌作成につとめていた。その成果のひとつが、一九一五年に公刊された、関東都督府陸軍部編纂『東蒙古』であるが、その冒頭「蒙古及東蒙古ノ定義」の箇所では、

所謂東蒙古トハ内蒙古及外蒙古中車臣汗土謝特汗ノ二部ヲ指シタルモノナルモ本書ノ主トシテ説述セル内蒙古ノ東四盟ニシテ其他ノ部分即チ西二盟、帰化城土默特、察哈爾八旗及外蒙古部ハ之ヲ概説スルニ留メタリ。(12)

としるす。したがって「東（部）蒙古」という地域へと関心が注がれるのであったが、日本側が直接、重視しているのは、「南満洲と最も密接且つ重要の関係を有する」ところの「内蒙古中の東四盟」であって、そもそも「東蒙古」とは、どの地理的範囲をさすのか、確たる根拠をもっていなかった。この間の事情を、前記『東蒙古』では、「因ニ東蒙古ナ

ル地理的若クハ政治的固有ノ名称アルニアラス単ニ記述ノ便宜上ニ名ケシモノナルヲ以テ従テ西方蒙古ニ対シテ確然タル分界ヲ附シ難キ(13)」と説明していた。

4　第三次日露協商交渉と「東部内蒙古」の出現

辛亥革命による清朝の崩壊、ハルハ・モンゴルにおける独立宣言といった事態をうけて、内モンゴルにおける日露勢力範囲の画定へ向け動きだしたのは、内田康哉外務大臣であった。一九一二年一月一〇日に、内田外相は在露本野一郎大使に対して、

日露秘密協約追加約款ニ依リ定メラレタル南北満洲ノ分界線ハ托羅河ト東経百二十二度ノ交叉点ニ止マリ其以西ニ及ハサルコト竝ニ帝国政府カ同協約第三條ニ依リ外蒙古ニ於ケル露国ノ特殊利益ヲ承認シタリト雖モ内蒙古ニ対スル日露両国ノ利害関係ニ付キテハ何等ノ規定ヲ設ケ居ラサルコトハ御熟知ノ通リナリ然ルニ日露両国ニ於テ適当ノ時機ヲ以テ東経百二十二度以西ノ分界線ヲ協定シ且内蒙古ニ於ケル両国ノ勢力範囲ヲ劃シ置クハ将来ニ於ケル一切ノ誤解ヲ根絶シ両国永遠ノ親交ヲ計ル為最モ望マシキ義ト思考セラル……例ヘハ東経百二十二度以西ニ付テハ托羅河ヲ遡リテ興安嶺分水嶺ニ到リ同河及分水嶺ヲ以テ南北満洲分界線ノ延長トナシ又内蒙古ニ付テハ張家口ヨリ庫倫ニ達スル大道ヲ界トシ内蒙古ヲ東西ニ両分シ東部ヲ我勢力範囲トナスカ如キ案ヲ同政府ニ提出スルコトヲ得サルヘキヤ右ハ本大臣一箇ノ私見ニ属シ閣僚ニモ諮リタルコトナキ次第ナリト雖モ先ツ之ニ対スル貴官限リノ御意見承知致シタシ(14)。

と「私見」と断りながらも照会を発していた。ところが東京から、この公電が送付された翌一一日、サンクト・ペテルブルグでは、モンゴル独立問題に関するロシア外務省コミュニケ[15]が発表されたが、その文中で言及される「モンゴル(Монголия)」の地理的範囲に関して、日本側は、ロシア側に対して「特殊利益」の存在を認めている「外モンゴル」に限定されているのか、「内モンゴル」をもふくむのか、注視しロシア側へ確認した。この日本側の照会が発端となり、結果的に内モンゴルにおける日露勢力範囲分割に関する日露交渉が開始される。

さきの一九一二年一月一〇日付け内田外相私案は、「満蒙日露勢力分界線協定案」(一月二二日)となり、本野大使宛に訓令された。日本提案に対する、ロシア側の見解は、

直隷省の北に位置する、内モンゴルにおける現状にはなんらの変化も生じなかったにもかかわらず、日本帝国政府はこの地域すべてが日本の特殊利益圏にあり、ロシアとのあらゆる誤解の原因を避けるため、この利益圏の境界を定める必要性を予見している。ロシアの利益の見地からは、内モンゴルの最も重要な部分は、ウルガ【庫倫】とカルガン【張家口】、北京、天津をつなぐ道路が通るところ以上はない。この道路をロシアのキャラバンが通い、まさにこの道を通じて、ロシアは中国内陸部との郵便業務を維持している。……帝国政府は日本政府に対して、通告案でしめされている範囲で特殊利益を承認することができない以上、ロシアが中国との条約の基本に属する状況を最重要点で放棄しない。

帝国政府は、長城の北方、内モンゴルにおける、あらゆる政治的活動を今日まで控えていた。この地域の現状維持で満足しつつ、帝国政府は同地におけるロシア貿易の保護に限定していた。それにもかかわらず、日本政府が内モンゴルにおける、ロシアと日本の利益圏を区分すべき時期がきたと認識している以上、両国政府が現在の中国が遭遇している危機の初期から、その中国政策の指針としている理念、つまり行動の平行性(parallélisme/параллелизма)

の理念にもとづき、境界の設定をおこなうことを、帝国政府は主張せざるをえないと考える。ロシア政府は日本政府の要求に誠実かつ好意的に応ずるゆえに、南満洲鉄道と自然に結びつく内モンゴルの部分を、満洲における日本の利益圏のなかに広げることに異議を申し立てていない。しかし日本の利益圏がこのように直隷省の境界に接するならば、上述の平行性の原則にもとづき、ロシアの利益圏も中国の首都が位置するこの省の境まで広げざるをえない(16)。

というものであったが、ここで注目されるべきは、ロシア側は「内モンゴルにおける現状にはなんらの変化」が生じていないと主張するものの、「南満洲鉄道と自然に結びつく内モンゴルの部分を、満洲における日本の利益圏のなかに広げること」に「異議申し立て」をしないと明言していることである。そしてロシア側が重要視するのは「ウルガ（庫倫）とカルガン（張家口）、北京、天津をつなぐ道路」がロシア側の勢力範囲内に確保されることであり、「行動の平行性（parallélisme/параллелизма）の理念」にもとづき、日本との勢力範囲が設定されるべきことを提案していた。つまり、ロシア側の対応は日本側へ妥協的・宥和的なものであり、日露双方の利益が「行動の平行性の理念」にもとづき保障される限りは、合意に達するであろうことを示唆していた。

ロシアの回答に対する日本外務省の対応は、

【本野の上記公電に対して】目下陸軍側ヲシテ地図ノ調査ヲナサシメ居ルニ付右結了ノ上ニテ回答ヲ発送スベク……我提議ニ係ル内蒙古ノ分界線ニ対シテハ露国政府ノ異議アルヲ以テ当方ニ於テハ我ヨリ幾分ノ譲歩ヲナシ分界線ヲ稍東方ニ変更シ内蒙古ニ於ケル東部四盟ト西部二盟トノ境界ヲ以テ分界線トナスコトトナサントシ右ノ方針ニテ地図上ノ調査ヲナサシメ居ル次第ナリ右ノ新分界線ニ依レハ露国政府ノ重キヲ措ケル街道ハ全部露国ノ勢力範囲ニ

入ルヘク露国政府ニ於テモ強チ異存ナカルヘキヤニ思考セラルル[17]。

日本側としては、「東四盟」と「西二盟」の境界線をもって、日露勢力範囲の分界線とすることで妥結をめざして、陸軍側に調査を依頼していたが、在露日本大使館からは、

露国政府ニ於テ分界線ニ関シ如何ナル腹案ヲ有スルヤ判明セサルモ先日「コザコフ【外務省アジア局長】」カ小田ニ向ヒ同人ハ北京ヲ経過スル経度ヲ以テ分界線ト為スノ意見ヲ外務大臣ニ提出スル考ナリト内話シタルニ徴スレハ御来示ノ新分界線ニテハ露国政府ニ於テ尚異議ヲ唱フヘキコトト預想セラル[18]。

との情報が伝わってきた。

四月二日には、日本側回答案が用意され、ペテルブルグの日本大使館へ送付されていたが、執行されなかった。その理由は、「【東四盟と西二】盟ノ境界線ニ付テハ其後当方ニ於テ引続キ調査ヲ遂ケタルモ該線ノ張家口街道ノ東ニアルノ確證ヲ発見セサルニ付[19]」との事情があったからである。日本側は必死で「東四盟」の境界を確認しようとしたが、「州」「県」が次々と設置されている状況のなかでは、境界を確認することは困難をきわめた。しかしロシア側の督促をうけて、日本外務省は四月二日案をもとに覚書を四月一九日に伝達することを訓令し、二〇日に本野大使より、サゾーノフ外相に渡されるが、この日本側対案（官庁符号では「往電第八二号」）は日本外務省記録には残されておらず、したがって『日本外交文書』にも収録されていない。だが、ソヴィエト時代になって刊行された、ロシア帝国時代の外交文書集、『帝国主義時代の国際関係』には、日本側提出の英語原テクストが掲載されている。その主要部分は以下のとおり、

With regard to the question of Inner Mongolia, the Imperial Government wish to assure the Russian Government that in suggesting the line of division which appears in the project now under examination, they had no intention or desire to do anything in impairment of the freedom and security of the existing Ourga-Kalgan caravan route or to the prejudice of the treaty rights of Russia.

…………

But in consequence of natural gravitation and propinquity Japan has in recent years acquired special rights and interests in eastern Inner Mongolia. Accordingly, Inner Mongolia has become a region where the interests of Japan and Russia may be said to meet. In these circumstances the Imperial Government earnestly desiring at all times to take suitable measures to remove every possible cause of misunderstanding, considered that the moment was opportune for the conclusion of an arrangement on the subject. Guided by the principle of parity of advantages, which presided over the negotiations which resulted in the convention of 1907 and 1910, and whishing to confine the discussions at this time entirely to the question of the Western Manchuria and Inner Mongolia, they put forward their present proposals, in which Inner Mongolia is divided and the provisions of article III of the secret convention of 1907 are reciprocally applied in respect of two parts.[20]

この覚書伝達時のサゾーノフ外相の反応は、本野によると「大体ノ主義ニ於テハ最早日露両国政府間ニ於テ其ノ意見ヲ一ニスルニ至リタルヲ以テ右分界線ヲ定ムルコトハ蓋困難ニ非ラサルヘシ」[21]との口吻であった。この日本側覚書に対するロシア側対案は五月一日に渡されたが、

図　第三次日露協商における秘密協約による日露勢力範囲

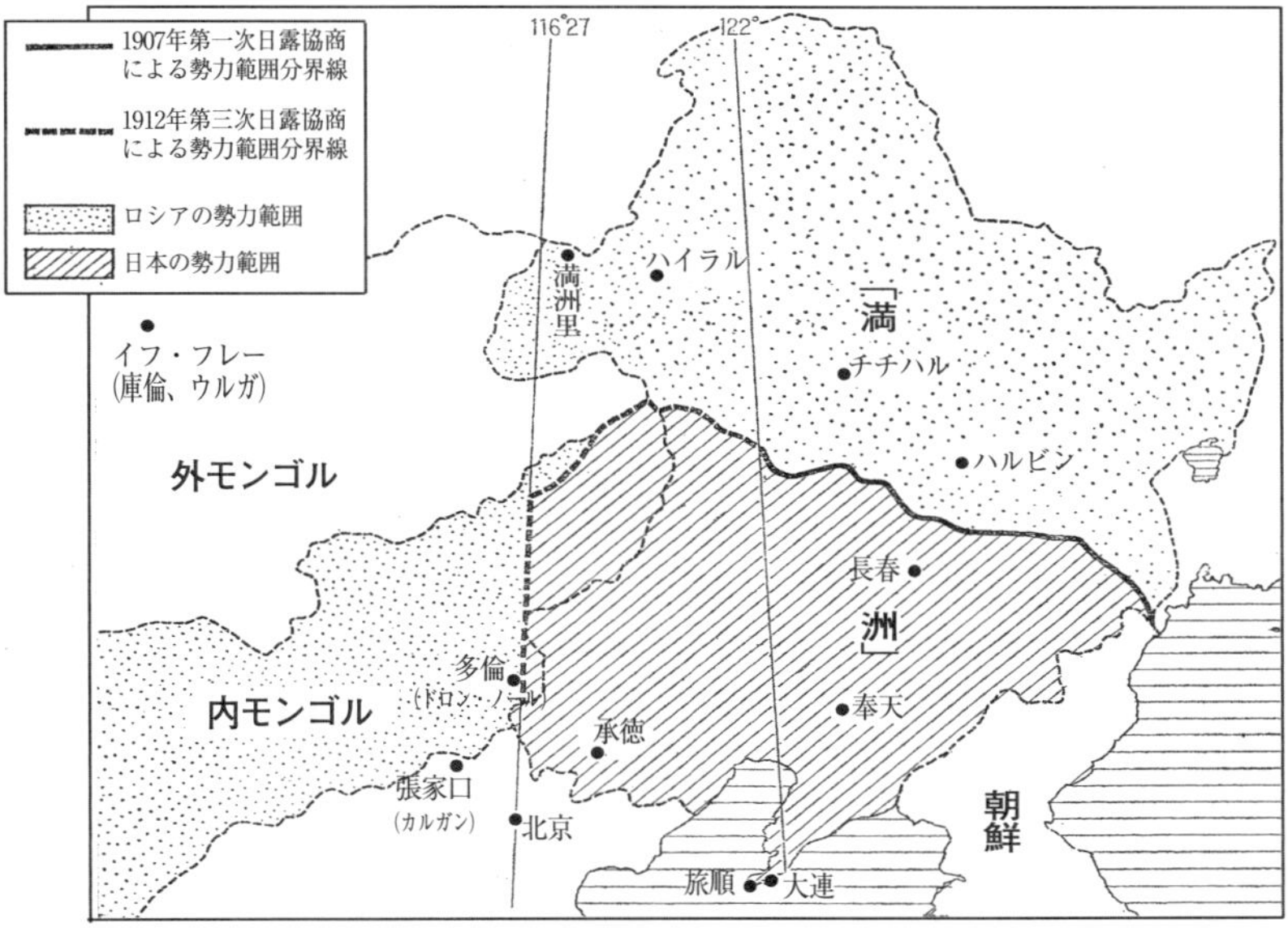

鹿島守之助『日本外交史第9巻：第三回日英同盟とその時代』（鹿島研究所出版会、昭和45年）171頁掲載図をもとに作成。

> ロシア政府は、一九一二年二月七［二〇］日付けの覚書において、内モンゴルにおける利益圏分界設定へ前記【平行性の】原則を適用することは、結果的に、直隷省およびこの省に位置する中国の首都との関係で、ロシア、日本にとって等しく好適な状況に置かれなければならないとの注意を喚起した。この観点に立つと、ロシア政府は北京の子午線にそって走る境界線が、上述の平行性の原則に最も合致していると考える。[22]

とのべていた。

日本側が内モンゴルの東部へと勢力範囲を拡大しようとしたのは、「南満洲」との接壌地区を確保するねらいであったが、その地域は同時に北京へと至る回廊地帯であり、北京に向けて北方から勢力を浸透させることに意図があった。一方、ロシア側が「ウルガとカルガン、北京、天津をつなぐ道路」を重視したのも、外モンゴルから北京へと至るルートの確保をめざしたからであった。日露両国とも、北京との位置関係をにらみながら、内モンゴルにおける勢力範囲を画定しようとするのであったならば、北京の子午線をもって分界線を引くとの、カザーコフ局長のアイデアは、「平行性の原則に最も合致」した、双方が受け入れ可能な、公平な解決案でもあった。

締結された第三回日露協約の「秘密協約」第二條においては、

内蒙古ハ北京ノ経度（「グリニッチ」東経百十六度二十七分）ヲ以テ之ヲ東西ノ二部ニ分割ス日本帝国政府ハ前記経度ヨリ西方ノ内蒙古ニ於ケル露西亜国ノ特殊利益ヲ承認シ且之ヲ尊重スルコトヲ約シ露西亜帝国政府ハ該経度ヨリ東方ノ内蒙古ニ於ケル日本国ノ特殊利益ヲ承認シ且之ヲ尊重スルコトヲ約ス。(23)

と勢力範囲の分界線が決められた。【地図参照】この内モンゴルにおける日露勢力範囲の画定は、日本の「大陸問題」、つまり東アジアへの進出に関する〝引照基準（frame of reference）〟に対しても変化をもたらした。外務省の阿部守太郎政務局長は、一九一二年に起案した「対支那（満蒙）政策概要」のなかで、

従来往々満洲問題解決論ナルモノ漠然世人ニ唱道セラルルアリ又近頃第三回日露協約ニ依リ我勢力圏ヲ内蒙古東部ニ拡張シタルニ伴ヒ所謂満洲問題ヨリ更ニ一歩ヲ進メ満蒙問題解決ナルモノ人口ニ上ルニ至リ(24)。

とふれている。つまり、それまでの「満洲問題」から、「更ニ一歩ヲ進メ」、「満蒙問題」が登場する(25)。だが「満蒙」といっても、その地理的範囲は、「満洲」と「蒙古」全域ではなく、日露協商により承認された「南満洲」と「東部内蒙古」が実情であった。

五 「対華二十一ケ条要求」と「東部内蒙古」

第三次日露協商により、日本の内モンゴルにおける勢力範囲はロシア、ついで同盟・協商関係にある、英国、フランスにも認められた。ただし「第三回日露協約」のなかの該当条項は「秘密協約」のはずだったが、海外の新聞に報道され、北京政府もその存在を知るところとなる。国内においても、官僚、軍人、政治家さらに対外硬団体においては周知の事実であった。その内モンゴルにおける、日本の勢力範囲とは「東部内蒙古」である。その間の事情を、参謀本部編『東蒙事情』第一号（一九一五年）では、

蒙古ノ東部即チ内蒙古ノ大半及内属遊牧蒙古ノ一部ハ満洲ニ接スルニヨリ日支露ノ接触地点トシテ最モ我邦ニ関係アル地域トナレリ是レ即チ世ニ云フ東部内蒙古ト称スル地域ニシテ従来慣用セラレタル呼称ニアラサルモ近時漸ク世人ノ視聴ニ熟スルニ至レリ……東部内蒙古ハ……西ハ略東経百十六度ノ線ヲ以テ限ル所謂内蒙古東四盟ノ地ニシテ。(26)

と総括する。つまり「東部内蒙古」とは「東経百十六度」、すなわち第三次日露協商で決められた勢力範囲分界線以東の「東四盟」と定義していた。

第三次日露協商により、「東部内蒙古」において日本は「特殊利益」(special interests) を有することが関連列強間で承認された。しかし、そのことをもって、「東部内蒙古」で日本が「特殊権益」(special rights and interests) を保持していることを意味しない。「特殊権益」とは、当該国（この場合は中国）から付与される、排他的な法的権利を行使する

ことにより生ずる、独占的利益をさすが、こと「東部内蒙古」においては日本の「特殊権益」は存在していない。この「特殊権益」を獲得しようとしたのが、「対華二十一ケ条要求」であり、交渉の結果、締結されたのが「南満洲及東部内蒙古に関する条約」[27]である。

この「対華二十一ケ条要求」に関する外交交渉は、その開始に際して日置益在華日本公使が、直接、袁世凱総統のもとへ赴き、「要求」を突きつけるなど、日本側の外交慣例を無視した強硬な態度で悪名が高く、のちの時代までも日本に対する、中国官民の不信感を決定的なものとしたことでも知られる。「対華二十一ケ条要求」項目のなかで、「東部内蒙古」に係わる要求は、一九一二年の露蒙協定附属商業議定書の影響をうけて作成されたものであった。北京政府側は「南満洲ト東部内蒙古ト其地位ヲ異ニスル」との理由から「東部内蒙古」の除外を提案した。これに対して加藤高明外務大臣は、以下の指示を日置公使へ送っている。

第二号（甲案）第二條及第三條ハ露暦千九百十二年十二月二十一日ノ露蒙協約附属商業議定書第一條及第六條ノ趣旨ニ倣ヒタルモノナルハ御承知ノ通リニシテ即チ支那ハ露国ニ対シテハ外蒙古ニ関シ既ニ承認セル所ニ係リ又支那政府ニ於テハ独リ南満洲ニ限リ右第二條及第三條ノ趣旨ヲ承認セントスル口吻ノ如クナルモ別電第五八号ノ通南満洲及東部内蒙古両地方ノ密接ナル関係ニ顧ミ斯ノ如ク分離スルコトハ事実到底不可能ナリト認ム

………………

（別電）

東部内蒙古ト南満洲トノ関係ハ密接不可分離ナル件

東部内蒙古ハ地理上南満洲ト分離スヘカラサル一地域ヲ形成シ且歴史上、行政上、経済上、竝ニ交通上互ニ密接ナル関係ヲ有ス元来奉天省ノ西部ハ其開墾進歩シテ移住民ノ数増加スルト共ニ漸次内蒙古ヨリ同省ノ行政区域ニ編入セラレタルモノ尠カラス現ニ洮南府設置ノ如キ近年ノ事実ニ属スルヲ以テ今後ニ於テモ開墾ノ進歩ト共ニ東部内蒙古ニ属スル地域カ随時奉天省ノ行政区域内ニ置カルルニ至ルヘキハ之ヲ預想スルニ難カラス斯ノ如キ事情アルヲ以テ両地域間ノ境界ノ如キモ甚タ明確ナラサル状況ニアリ。(28)

「要求」の発案者であり、東京で交渉を指揮していた加藤外相の姿勢はきわめて強硬であった。ひとくちでいえば、ロシアが外モンゴルで獲得した利権と同様の利権を、なぜに日本は「東部内蒙古」でえられないか、との論法である。一九一五年二月一二日における陸宗輿中国公使との会談においては、以下のやりとりが両者間でおこなわれた。

大臣
貴方ニテハ東部内蒙古ヲ南満洲ヨリ引離シテ我交渉ニ応ズベシトノコトナルガ東部内蒙古カ南満洲ト密接ノ関係アルハ勿論貴国ハ既ニ外蒙古ニ於テ大ナル利権ヲ露国ニ許シタニ非ズヤ
公使
外蒙古ニ於テ露国ニ特別ノ利権ヲ与ヘタルハ事実ナルモ露国ハ素ト西洋遠隔ノ国ナリ日本ハ隣好ノ誼ニ依リ特別ノ考ヲ以テ支那ニ対セラレタシ
大臣
貴意毫モ明ナラス日本ハ支那ニ対シ十分ノ好意ヲ有スルモ其好意ノ表彰ハ他方法ヲ以テ之ヲナスベク決シテ西洋諸国カ支那ヨリ受クル利害ニ比シヨリ少ナキ利益ニ甘ンズルコトヲ得ズ。(29)

しかし「対華二十一ケ条要求」交渉において注目すべきことは、日本側が執拗に「利権」付与を求める「東部内蒙古」

なる地域が、どの地理的範囲をさすかについて、日本側は一度も説明せずに、一方的に要求のみしている点である。「東部内蒙古」とは、日露協商で日本が認められた勢力範囲ではあるが、それは「秘密協約」であり、北京政府側も察知してはいたが、中国・日本双方とも公式にはそれを確認できない立場にあった。この点、ロシアの「権益」を受け継ぎ、かつ中国側からも承認を受けている「南満洲」における日本の「権益」とは前提条件が異なっていた。第五回会談において、中国側は、

日本今回ノ要求ハ何等條約上ノ根拠ナク支那トシテハ南満洲ノ事ハ南満洲ニ関スル條約ニ基キ日本国ノ要求ヲ斟酌スルコトニ応ジタル次第ナルモ東部内蒙古ノ事ハ何等斯クノ如キ條約上ノ関係モナキコトナレバ是亦何分ニモ要求ニ応シ難ク(30)。

と発言している。第二十五回会談で中国側は、この「東部内蒙古」の地理的範囲について衝いている、

陸【徴祥外交総長】ハ東部内蒙古ノ区域ニ論及シ支那政府ニ於テハ南満洲接壌地域ヲ以テ東部内蒙古ト看做シ北満洲及直隷省ニ接近スル地域ハ之ヲ看做シ居ラサル所日本側ノ東部内蒙古ニ対スル見解ハ如何ト質問セルニ付本使ハ帝国政府ノ意見トシテハ請訓ノ上ナラデハ明言シ難キニ付追テ請訓ノ上何分ノ義申述ブベシト答ヘ置ケリ(31)。

これに対する日本外務省からの訓令は、

東部内蒙古ノ範囲ニ付テハ第三回日露協約ノ関係モアリ「デリケート」ナル問題ナルニ付貴官ハ支那側ニ対シ左ノ

通リ説明シ置カルルコトト致度モ

「南満洲ト云フモ東部内蒙古ト云フモ共ニ素ト漠然タル地理的名称ナルガ我方ノ所謂東部内蒙古ハ長城以北ニシテ南満洲ニ接壌セル地域ヲ指シ普通ニ所謂内蒙古東四盟ノ大部分ヲ包括シ西方多倫諾爾辺迄ヲ含ム地方ヲ謂フモノナリ」右地域ニツキ直隷省内長城以北ノ地方ニ就テハ支那側ニ於テ或ハ之ヲ東部内蒙古ト為スコトニ反対スルヤモ測リ難キニ付其場合ニハ確タル境界ハ本交渉決定ノ後改メテ両国間ニ協定スルコトトナスモ差支ナキニ付今日ハ主義上ノ取極ヲ為スニ止ムルコトト致度。(32)

となっている。交渉は難航したが、五月七日、日本側は最後通牒を発動し、九日に北京政府はこれを受諾し、二五日に調印された。なお、この日中交渉の過程で、事態を憂慮した米国側は三月一三日付け国務省のメモランダム(33)を日本政府に送るが、英文では「東部内蒙古」に相当する箇所を、〝East Mongolia〟としている。一方、日本側、および締結された条約の日、英、漢語テクストは、いずれも「東部内蒙古」、〝Eastern Inner Mongolia〟と表記されている。

結局のところ、日本側の「対華二十一ケ条要求」にもとづき締結された諸条約において、「東部内蒙古」とは、どこをさすのか明記されることはなかった。交渉妥結後に、北京政府部内では「中日満蒙條約善後会議」をおこなったが、一九一五年七月二五日に開催された、第十一次会議で、この「東部内蒙古」の地理的範囲が検討されている。

東部内蒙古亦以会議時不獲機会、未及定明界線。然従前定東蒙開埠地点、多在哲里木、昭烏達、卓索図三盟、而錫林郭勒及察哈爾諸部、則並無開埠之地。足見東蒙区域、当以哲里木等三盟為限(34)。

というのが、北京政府の見解であり、ジリム、ゾー・オダ、ゾストの三盟を「東部内蒙古」と解釈しようとしていた。

一方、西川虎次郎関東都督府陸軍参謀長から大島健一陸軍次官宛、一九一五年八月一日づけ「南満洲及東部内蒙古ノ境界ニ関スル意見」(35)では、「今回日支交渉ノ結果締結セラレタル条約中南満洲及東部内蒙古ノ境界ニ付テハ各部ノ所見自ラ一致セサルモノアルカ如シ」との前提に立ち、関東都督府陸軍部の見解を具申している。まず、「第一　内蒙古ノ境界」については、

内蒙古トハ南ハ長城ヲ界トスル東四盟、西二盟及察哈爾部ノ総称トス東四盟、西二盟ノ内蒙古タルコトハ支那刊行ノ各種地誌殊ニ印鋳局刊行ニ係職員録ノ内蒙古職員表ニ由リ明ナリ。

と根拠をしめす。ついで「第二　東西内蒙古ノ境界」に関しては、

東西内蒙古ノ名称ハ支那地誌ニ記スルモノナク唯我カ邦人ノ著書ニ散見スルノミナルヲ以テ此名称ハ我カ邦人之ヲ命名スト言フヲ得ヘシ

我邦人所謂東部内蒙古ハ前章東四盟及察哈爾部ノ一部ヲ加ヘタル総称ニシテ即チ左ノ如シ

東四盟

哲里木盟、卓索図盟、昭烏達盟、錫林郭勒盟察哈爾ノ左翼四旗

満洲トハ東三省ノ総称ナルコトハ支那刊行ノ各種ノ地誌ニ依テ明ナリ。

と定義している。だが、「東部内蒙古」をこのようにとらえると、一部、ロシアの勢力範囲と抵触することとなる。この点については、「第五　南満洲及東部内蒙古ノ境界ト日露密約トノ関係」において、

以上ノ如ク南満東蒙ノ境界ヲ定ムルトキハ日露密約ニヨリ定メタル露国ノ勢力範囲内ニ侵入スルヲ以テ露国之ヲ承認スル筈ナシトノ論起ルヘキモ是レ杞憂ニシテ露国ハ寧ロ此解釈ヲ歓迎スルナラン何トナレハ我カ帝国カ条約上ノ信義ヲ守ルコト正確ニシテ露国ノ勢力範囲ニ嫁シタル部分（附図量湰ノ部）ニ指ヲ染メサルハ露国ノ信シテ疑ハサル所ナリ故ニ露国若シ最恵国条款ニヨリ我新条約ニ均霑スルトキハ附図量湰ノ部ハ露国独占ノ殖民区域トナルヲ以テナリ。

と楽観的にロシアの予想される反応を分析している。ともあれ、「東部内蒙古」とは、日本人が創出した地理的空間であることを自認していた。

六　終わりに―日本人がみいだした「東部内蒙古」という空間の特異性―

「東部内蒙古」という地域名は、その根拠ともいうべき日露協商が、革命によるロシア帝国の崩壊とともに消滅し、さらに「対華二十一ケ条要求」の結果として締結された「南満洲及東部内蒙古に関する条約」も、中国におけるナショナリズムの高揚のなかで空文化すると同時に、あまり使われることがなくなる。一九二二年のワシントン会議極東委員会では、日本側は「南満洲および東部内蒙古」における経済投資や顧問派遣の優先権を放棄することを声明した。ただし「満蒙問題」ないしは「満蒙権益」は実体が検討されることなく、さらに「南満洲」のみならず「満洲」全域へと拡大していった。その一挙解決をめざしたのが「満洲事変」である。矢内原忠雄は、空文化せられたる我が既得特殊権益を活かし、更に権益を擁護発展せしむるが為には、尋常の外交手段を以ては足らず、実力的解決を必用とすると感ずる者が起るに至つた。而して事の起りたる後に於ては、もはや三十一種の個々の特殊権益が問題たるにあらず却つて満蒙全体が一の特殊権益と見らるるに至つた。(36)

と、日本側の背景を説明している。

「東部内蒙古」という名称や空間は、日本が第三次日露協商で、内モンゴルへと勢力範囲を拡大し、さらに「対華二十一ケ条要求」で「特殊権益」を獲得しようとするまで、存在しなかったものである。「東部内蒙古」という空間認識が日本人のあいだで形成される過程をみると、当該地方の地域的一体性や社会的同質性への注目ではなく、日本側の戦略上の要因から生じたものであった。ただ、ハルハ・モンゴルにおける独立宣言とロシアの関係、露蒙協定など、ロシア帝国の対外モンゴル政策の展開が、日本側においては「東部内蒙古」という空間をつくりだす契機となっていることは注目される。つまり対内モンゴル政策というよりも、ロシア側がいう「行動の平行性（parallélisme/параллелизма）」の観点から、日本側でも浮上したのであった。

注

（1）後述するように、清朝統治下においては、「東四盟」という呼称、ないしは地域枠組はみられるが、「東三盟」の用例は、まずみられない。ただ最近の中国では閻光亮『清代内蒙古東三盟史』（北京：中国社会科学出版社、二〇〇六年）という本まででているが、これは近年の用法であろう。

（2）ボルジギン・ブレンサイン『近現代におけるモンゴル人農耕村落社会の形成』（風間書房、二〇〇三年）、二一―三頁。

（3）ただしラティモアおよびハイシッヒが対象とするのは、執筆当時の満洲国におけるモンゴル人と、その生活領域である。Lattimore, Owen, *The Mongols of Manchuria; their tribal divisions, geographical distribution, historical relations with Manchus and Chinese, and present political problems* (New York: The John Day Company, 1934), 311 p.

（4）Heissig, Walther, *Der mongolische Kulturwandel in den Hsingan-Provinzen Mandschukuos* (Wien: W. Exner, 1944), 97 S.

（5）拙稿「地域概念の政治性」、溝口雄三・浜下武志・平石直昭・宮嶋博史編『アジアから考える［一］交錯するアジア』（東京大学出版会、一九九三年）、二七三―二九五頁。同「〝北東アジア〟からみた〝東アジア〟」、浜下武志編『東アジア世界の地域ネットワーク』（山川出版社、一九九九年）、五七―七〇頁。同「〝北東アジア〟はどのように、とらえられてきたか」『北東アジア研究』第七号（二〇〇四年三月）、四三―五六頁。

（6）Igor V.Nauman, edited by David N.Collins, *The History of Siberia* (London and New York: Routledge, 2006), pp.91-98.

（7）*Geschichte der Ost-Mongolen und ihres fürstenhauses, verfasst von Ssanang Ssetsen Chungtaidschi der Ordus,* herausgegeben von Issac Jacob Schmidt (St. Petersburg, 1829).

（8）Покотилов, Дмитрий Дмитриевич, *История восточных монгилов в период династий Мин* (СПб, 1893).

（9）以下、日露戦争の「モンゴル」地域に対する影響に関しては、拙稿“Qing China's Northeast Crescent: The Great Game Revised”, *World War Zero: Russo-Japanese War in Global Perspective*, Volume II, edited by David Wolff, Steve Marks, Bruce W. Menning, David Schimmelpenninck van der Oye, John W. Steinberg and Shinji Yokote, (Leiden: Brill, 2006), pp.513-529.を参照。

（10）「第二回日露協約の件」、明治四十三年三月廟議決定、外務省編纂『日本外交年表竝主要文書』上（外務省、昭和四〇年）、三三二頁。

（11）松本雋『東蒙古の真相』（兵林館、大正二年）、三頁。

（12）関東都督府陸軍部編纂『東蒙古』（関東都督府陸軍部、大正四年）、一頁。

（13）同右書、三頁。

（14）内田外務大臣ヨリ在露国本野大使宛（電報）、一九一二年一月一〇日、外務省編纂『日本外交文書』第四五巻第一冊［「第三回日露協約締結一件」No.四〇］（財団法人日本国際連合協会、昭和三十八年）、四三頁。

（15）Sir G.Buchanan to Sir Edward Grey, St.Petersburg, Jan. 11, 1912, ***Further Correspondence respecting the Affairs of China; Presented to Both Houses of Parliament by Command of His Majesty***, Nov.1912, China No.3 (1912), No.34, p.40.

（16）"Вербальная нота министерства иностранных дел японскому послу в Петербурге Мотоно",20/7 февраля 1912г. ［本野日本大使宛ロシア外務省口上書、一九一二年二月二〇日］, *Международные отношения в эпоху империализма. документы из царского и временного правительств* серия 2 том 19 часть 2(Москва, 1938)No. 499, стр. 158-160. 以下、本外交文書集は*МОЭИ*と略記する。なお、当該「口上書」の原文はフランス語。

（17）内田外務大臣ヨリ在露国本野大使宛（電報）、一九一二年三月一九日、前掲『日本外交文書』第四五巻第一冊［「第三回日露協約締結一件」No.六五］、七二―七三頁。

（18）在露国本野大使ヨリ内田外務大臣宛（電報）、一九一二年三月二〇日、前掲『日本外交文書』第四五巻第一冊［「第三回日露協約締結一件」No.六六］、七三頁。

（19）内田外務大臣ヨリ在露国本野大使宛（電報）、一九一二年四月一九日、前掲『日本外交文書』第四五巻第一冊［「第三回日露協約締結一件」No.七〇］、七六―七七頁。

（20）"Меморандум японского министерства иностранных дел российскому министру иностранных дел," 20/7 апреля 1912г. ［ロシア外務省宛日本外務省覚書、一九一二年四月二〇日］, *МОЭИ* серия 2 том 19 часть 2 No. 787, стр. 430-431.

（21）在露国本野大使ヨリ内田外務大臣宛（電報）、一九一二年四月二一日、前掲『日本外交文書』第四五巻第一冊［「第三回日露協約締結一件」No.七二」、七七頁。

(22) "Памятная записка министерства иностранных дел японскому послу в Петербурге Мотоно", 1 мая/18 апреля 1912г.［本野大使宛ロシア外務省覚書、一九一二年五月一日］、МОЭИ серия 2 том 19 часть 2 No. 834, стр. 480-482.当該「覚書」の原文はフランス語。

(23)「第三回日露協約」、明治四十五年七月八日、前掲『日本外交年表竝主要文書』上、三六九頁。

(24)「支那に関する外交政策の綱領」、大正元年稿、前掲『日本外交年表竝主要文書』上、三六九―三七〇頁。

(25) 日本の大陸進出に関する地域概念の展開に関しては、拙稿「地域概念の政治性」、溝口雄三・浜下武志・平石直昭・宮嶋博史編『アジアから考える［一］交錯するアジア』（東京大学出版会、一九九三年）、二七三―二九五頁を参照。

(26) 参謀本部編『東蒙事情』第一号（参謀本部、大正四年）、二頁。

(27)「南満洲及東部内蒙古に関する條約」、大正五年五月二十五日調印、前掲『日本外交年表竝主要文書』上、四〇六―四一三頁。なお「対華二十一ヶ条要求」をめぐる日中間外交交渉過程に関しては、最近、拙稿「最近のG・E・モリソン関係文献」『東洋文庫書報』第三八号（二〇〇七年三月）で考察したので参照されたい。

(28) 加藤外務大臣ヨリ在中国日置公使宛（電報）、一九一五年二月七日、外務省編纂『日本外交文書』大正四年第三冊上巻［「対中国諸問題解決ノ為ノ交渉一件」No.一六九］（外務省、昭和四三年）、一三八―一四〇頁。

(29) 加藤外務大臣在本邦中国公使会談「支那公使来省会談ノ要領」、一九一五年二月一二日」、前掲『日本外交文書』大正四年第三冊上巻［「対中国諸問題解決ノ為ノ交渉一件」No.一七九」、一四九―一五一頁。

(30) 在中国日置公使ヨリ加藤外務大臣宛（電報）、一九一五年三月一日、前掲『日本外交文書』大正四年第三冊上巻［「対中国諸問題解決ノ為ノ交渉一件」No.二一九」、一九四―一九七頁。

(31) 在中国日置公使ヨリ加藤外務大臣宛（電報）、一九一五年四月二六日、前掲『日本外交文書』大正四年第三冊上巻

［「対中国諸問題解決ノ為ノ交渉一件」No.三四七］、三四四頁。

（32）加藤外務大臣ヨリ在中国日置公使宛（電報）、一九一五年四月二七日、前掲『日本外交文書』大正四年第三冊上巻［「対中国諸問題解決ノ為ノ交渉一件」No.三四八］、三四五頁。

（33）The Secretary of State to the Japanese Ambassador, March 13, 1915, File No.793.94/240, *Papers Relating to the Foreign Relations of the United States with the Address of the President to Congress, December 7, 1915* (Washington: Government Printing Office, 1924), p.108.；「日華交渉ニ対スル米国覚書」、大正四年三月十三日付、前掲『日本外交年表竝主要文書』上、三八五―三九四頁。

（34）「六八四：中日満蒙條約善後会議第十一次会議録」、民国四年七月二十七日、中央研究院近代史研究所編『中日関係史料、二十一條交渉（下）』（台北：中央研究院近代史研究所、民国七十四年）、五九六―六〇〇頁。

（35）「南満洲及東部内蒙古ノ境界ニ関スル意見送付ノ件」、関東都督府陸軍参謀長西川虎次郎、大正四年八月一日、陸軍省密大日記大正四年第三冊、防衛庁防衛研究所所蔵（アジア歴史資料センター・レファレンスコード：C03022402500）。

（36）矢内原忠雄『満洲問題』（岩波書店、昭和九年）、三〇―三一頁。

＊本稿は、早稲田大学モンゴル研究所主催21世紀ＣＯＥ関連シンポジウム「近現代における内モンゴル東部地域の変容Ⅳ」（二〇〇六年一二月一六日）における発表を、改訂・補筆したものである。

清初、「外藩王公」成立過程におけるホルチン王家の地位について

岡洋樹

問題の所在

清朝によるモンゴル統治の歴史的意義を、清代以前からの継承面と、清朝の支配によって新たに生み出された側面の両面から理解することが重要と思われる。清朝支配がもたらした最大の変化は、謂うまでもなく大ハーンの地位の消滅である。満洲皇帝（ハン）の統治権が大ハーンのそれを継承するものであったか否かという論点はさておくとしても、チンギス・ハーン以来曲がりなりにも継承されてきた大モンゴル国（イヘ・モンゴル・ウルス）大ハーンの消滅自体は疑問の余地のない事実である。その一方で、清朝が大モンゴル国から継承したのは、ボルジギン氏王族の支配身分としての地位である。一七世紀初頭のモンゴルは、大ハーンの存在にも拘らず事実上の分裂状態にあったが、多くの遊牧集団（ウルス、アイマグ、オトグ等と呼ばれる）は、均しくボルジギン氏族を支配身分としていた。清朝による征服は大ハーンの地位を消滅させたが、ボルジギン氏王族に外藩の王公タイジとしての制度上の位置づけを付与することによって、服

属前のタイジとハルツ（平民）の身分関係を継承したのである。以後外モンゴルでは一九二〇年代初頭の人民革命まで、内モンゴルでは一九三〇年代まで王公タイジの支配身分としての地位は維持された。

ただ、支配身分としてのボルジギン氏族王公タイジの地位が維持され、安定したとは言え、その存在様態がそのまま清代に持ち越された訳ではないことに注意が必要である。

そもそも大モンゴル国においては、ダヤン・ハーンの六トゥメンを分与され継承したダヤン系王族諸分枝と、その東に隣接したチンギス諸弟系の諸分枝の間に明確な階層差が存在した。モンゴル文年代記が伝えるホルチン王ウネボロドの求婚を拒絶したマンドハイ・セツェン・ハトンの説話は、その象徴的な表現にほかならない。また「黄金氏族」の歴史としての一七世紀の年代記における王族系譜は、諸弟系分枝の系譜をほとんど含まない。清代におけるボルジギン氏族の存在様態において最も印象的なのが、この諸弟系諸分枝、特にホルチン部王族の地位の上昇なのである。例えば清朝は、宗室女性の通婚対象として「備指額駙」の制度を有したが、この制度の対象となった一三旗（ホルチン左翼中旗・右翼中旗・左翼前旗・左翼後旗・右翼前旗・オンニウド右翼旗、ハラチン右翼旗・中旗・左翼旗、バーリン右翼旗、ナイマン旗、トゥメド右翼旗、アオハン旗）の内、実に六旗がホルチンとオンニウドの諸弟系ウルスであり、ハラチン三旗はボルジギン氏族でさえなく、ダヤン・ハーン系の分枝はバーリン以下の四旗に過ぎない。(1) このようなホルチン系王族に対する突出した優遇は、清朝のモンゴル政策の顕著な特徴となっている。

ボルジギン氏族中におけるホルチン部王族諸分枝の地位の上昇は、清初の満洲の対モンゴル政策に淵源する。清朝はいかにしてモンゴルに存在した氏族内部の階層構造を逆転していったのであろうか。従来初期の満蒙関係に関する研究は、通婚の問題を中心に多くの研究があるが、モンゴル諸部間の階層差の変化に着目したものは見あたらないようである。(2) 本報告では、清初太祖・太宗朝における満洲の対ホルチン政策の変化を追うことによって、モンゴル王族諸分枝間の階層秩序の逆転が実現されていった経緯を明らかにしたい。

第一章　太祖ヌルハチ期の満蒙関係

ヌルハチとモンゴルの最初の接触は、周知のごとく癸巳（一五九三）年のグレ山におけるオンゴタイ、マングス、ミャンガン率いるホルチン部を含む九国連合との戦いであった。甲午（一五九四）年、ミャンガンは内ハルハのロウサと共にヌルハチに遣使した(3)。壬子（一六一二）年四月にミャンガンが娘をヌルハチに嫁がせ(4)、また甲寅（一六一四）年六月にはミャンガンの兄マングスが娘をホンタイジの妻として嫁がせ(5)、乙卯（一六一五）年一月には弟ホンゴルが娘をヌルハチに嫁がせている(6)。

一方内ハルハ諸部もヌルハチとの交渉に積極的だった。乙巳（一六〇五）年、内ハルハ・バヨド・オトグのダルハン・バートルの子エンゲデルが来朝し(7)、翌丙午（一六〇六）年一二月、内ハルハ諸王を引き連れてヌルハチにフンドゥレン・ハーン号を捧呈した(8)。

ホルチン部左翼と競うかのように、癸丑（一六一三）年一二月に内ハルハ・ジャルード・オトグのジョノンが娘を後金に嫁がせることを申し出(9)、甲寅（一六一四）年四月にグイェン・バートル・ベイレに嫁がせた(10)。同年四月二〇日には、ネイチ・ハンの妹がマングルタイに(11)、一二月にはジャルードのハラ・ババイの娘がデゲレイに嫁いでいる(12)。ジャルードは内ハルハ諸部中の長兄の分枝にあたる。ここからヌルハチに対するハーン号捧呈によって当初バヨド部が先導したヌルハチとの関係が内ハルハ全体に拡大していたことが知られる。

一六一六年にヌルハチがゲンギイェン・ハンに即位すると、満蒙関係は新たな段階に進む。天命二（一六一七）年正月、ホルチンのミャンガンが初めて来朝し、盛大な歓迎を受けた(13)。ところがその直後の二月、内ハルハ・バヨド部のエンゲデルに、ヌルハチの弟シュルガチの娘が嫁いだ(14)。エンゲデルにとってもこれは重大な事柄だったのだろう。七月彼は「もとの妻を他人に与え、ハンの娘をその地に連れて行く」と言って出かけ、一〇月には結局この約束を果たせずに戻ってきたことが記されている[15]。

天命四（一六一九）年、ヌルハチとハルハ諸王は盟約を結んだ。同六（一六二一）年一二月、エンゲデルの従兄弟にあたるバヨド部のグルブシが来降し、エンゲデルの弟マングル・タイジにはヌルハチ一族のジベリ・ドゥジホの娘が与えられた[16]。天命一〇（一六二五）年正月にソンゴト・ゲゲがグルブシに[17]、天命七（一六二二）年にはシュルガチの第一〇女がババイに、天命一〇（一六二五）年にはムルハチの第一〇女がグルブシの弟ダライに嫁いでいる[18]。一方バヤド部からは天命六年にエンゲデルの娘がシュルガチの第八子フィヤングに嫁ぎ[19]、さらに天命八年にはホンギラド部のジャイサイの娘がダイシャンの妻となっている[20]。

このようにヌルハチは、ホルチンばかりでなく、内ハルハ部とも盛んに通婚した。特にハン即位後は、圧倒的にバヨド部に対する満洲側からの降嫁が先行していることが注目されるのである。ホルチン部への皇女の降嫁は、天聰元（一六二七）年にオオバに降嫁したジュンジェ・ゲゲを嚆矢とする。ここから、ヌルハチにおける内ハルハ部重視は明らかである。このような内ハルハ部重視は、正月の朝賀儀礼にも反映されている。『旧満洲档』に見える天命七（一六二二）年の元旦朝賀の記事には、以下のごとく見える[21]。

元旦、Hanは八旗の諸王・諸大臣を率いて城を出て、堂子と廟に叩頭した。それから帰還して役所に座すと、八旗の諸王は衆諸大臣を率いて、Hanに正旦を賀すと叩頭した。諸王に続いて蒙古のEnggeder Efu、Manggol Efu、Gurbusi Taijiは衆蒙古人を率いて叩頭した。それに続いてFusi Efu（李永芳）、Si Uli Efu（佟養性）は漢人の衆諸官人を率いて叩頭した。それに続いてTanggūt国の喇嘛二人と朝鮮の官人四人が叩頭した。

この年の朝賀儀礼では、まず満洲の官員を率いた満洲宗室諸王の次にモンゴルの王族がエンゲデルとグルブシに率いられて行礼を行っている。

続く天命八（一六二三）年の行礼では、文字に欠損があるものの、癸亥年、元旦早朝、ハンは多くの…堂子に赴き拝した後、家に来て八角殿に座した。八王がそれぞれ旗…大臣を率いて新年の礼を行った。年を増した礼によりそれに続いてチャハル・ハルハから背いて来たモンゴルの貝子…それに続いて八旗の新旧のモンゴル人をウネゲ・バグシが…それに続いてfusi efu, si uli efuが遼東の…を率いて拝した。

と見える。(22) ここでは「チャハル・ハルハから背いて来たモンゴルの貝子」とのみあって、行礼した人物の名は見えないものの、ホルチン部の名は明示されていない。

さらに天命九（一六二四）年の朝賀を見ると、

甲子年、元旦の卯の刻に、Hanは堂子に叩頭しに行き、それから家に引き返して家内神に叩頭した。辰の刻に八角殿に出坐すると、Amba Beileが先ず叩頭し、ついでEnggeder Efu が蒙古の衆王を率いて叩頭した。三番目にAmin Beile、四番目にManggūltai Beile、五番目にHong Taiji Beile、六番目にAjige Age、七番目にDodo Age、八番目にAbatai Age、Dudu Age、九番目にYoto Age、Šoto Age、十番目にFusi efu, Si Uli efuが朝鮮の官人、漢人の官人を率いて叩頭した。十一番目に八旗の多くのモンゴル人をUnege Baksiが率いて叩頭した。

と見え、再び内ハルハのエンゲデルがモンゴルの貝子を率いて行礼している。(23) このように、天命期の正月元旦朝賀儀礼でモンゴル諸王を率いて行礼するのはダヤン・ハーン系王族であって、ホルチン王族ではないのである。これはハサル系王族に対するダヤン・ハーン系王族の権威の優越を反映したものと考えられる。

第二章　ホルチン王族の地位の上昇

ヌルハチ期におけるダヤン・ハーン系王族、とくにバヨド系王族に対する待遇の優位は、ヌルハチの最晩年になって根本的な転換を迎える。それはホルチン右翼の王族オオバに対するハーン号の授与である。『旧満洲档』と『満文老档』

天命一一（一六二六）年六月七日条は、これについて次のように記している[24]。

> 七日、八旗で卓八十基を整えて羊八頭を殺して酒宴を張り、KorcinのOoba Hūwang Taijiに書を読み上げて名を与えた。その書の言。「不正を天が憎めば政道を衰えさせて滅ぼし、正義を天が愛しめば政道を栄えさせてhanとする。それは総じて天意であるぞ。CaharのHanはOoba Hūwang Taijiを殺そうと出征して来たが、天はOoba Hūwang Taijiを愛しんだ。天の愛しんだ者をhanといいたいと、我は天道に従いOoba Hūwang TaijiにTusiyetu Hanの名を与えた。TumeiにはDai Darhan、ButaciにはJasaktu Dureng、HorhotuiにはCing Joriktuの名を与えた」彼等は皆Tusiyetu Hanの兄弟である。

チャハル・ハルハの王族に対してより高い待遇を与えてきたヌルハチが、ここに及んでハサル系ホルチン部のオオバにハーン号を与えたのはなぜなのだろうか。上掲の記事にも言及があるが、前年一〇月半ば、チャハルのリグデン・ハーンはホルチンに出兵した。これに対してヌルハチは、一一月一〇日にマングルタイ、ホンタイジ等に兵を与えてホルチンに派遣し、農安塔に到ったが、これを察知したチャハル軍は戦うことなく退いた。ところがこのリグデンの行動に内ハルハから呼応する動きが現れた。『満文老档』天命一〇（一六二五）年一一月一八日条に、ハルハのバフン・タイジからの通報が記録されている。

> 十八日、KalkaのBahūnの使者三人が来た。その言。「Genggiyen Hanと八王に書を上る。本当は五部の使者を行かせようとしたのであった。ところがJaisai、Sebunの二人がCaharのHanと共に攻めて行くというので、Hūng Baturuが怒ってBombotaiをJaisaiに、NangnukをBagadarhanに遣わして、止めよといったのであったが、その諸王はきかずに行ったので、Kalkaの半分がCaharのHanと攻めて行った。そこでGenggiyen Hanはどうして我と行動を共にすることが出来ようかというだろうと、我は思って使者を送らなかった。また止めてもきかずに行った。この二つの事を敢えて語ろうとするのである。秋に送ろうといった使者も、先月に行こうといった使者も、この書

の言も、皆Hūng Baturuの言によって語るのである。もしも五部の使者が来なくなれば、すなわちHūng Baturuが嘘をついて約束を破れば、和親は破れるであろう。汝等が致せといった言は、Hanに使者を遣わして伝えたが、悉く伝えたかどうかは知らない。力の及ぶ限り両勢力の間で悉くよく言い答えるならば、Hanや諸王がこの上にも愛しむだろうと思うぞ。我が身が嘘つきとならぬようにと説明するのである。(25)

これによれば、ホンギラド・オトグのジャイサイとジャルード・オトグのセブンがリグデンのホルチン攻撃に参加しようとした。内ハルハを率いるホン・バートルはこれを阻止しようとしてジャイサイとジャルード部のバガ・ダルハンに使者を派遣したが説得に失敗し、ハルハの半分がリグデンに同行したというのである。ホン・バートルは天命四(一九一九)年の内ハルハとヌルハチの同盟においても筆頭に名を連ねており、いわばこの盟約に責任を負う立場を期待されていたのであろう。ところがその説得にも拘らず、ハルハの中からリグデンへの同調者が現れた事実は、ヌルハチをしてホン・バートルの指導力に疑問を抱かせたであろう。ましてこの造反の中心となったジャルード・ホンギラド両オトグを信頼することは論外だったろう。そもそもハルハの離反はこれに始まったことではなく、盟約の翌年の天命五年にもホン・バートルは「我等五部の長幼の諸王、衆taiji等は皆我を咎める。我が子等、孫等は皆変心している」と述べており、これに対してヌルハチも「我は汝Dureng Hūng Baturuを信じてこの親善の道を執ったのだった。汝自身が弟等、子等を説得出来ないのに、今我は誰を信じて使者を送ろうかと考えて、使者を送らなかった」と書き送っている。(26)度重なる違約は、ハルハへの期待を失わせたのである。『旧満洲档』の天命一〇年一〇月三日条には、ハルハの諸王から話し合いを求めてきたのに対してこれを拒絶する返書を送ったことが記されている。その中でヌルハチは、

今後政道について話し合うとすれば、BakやBahūnの言には信頼するが、他人の言には信頼しない。明を我等と和睦させたいなどと言うな。汝等が我の味方となって語るならば、汝等を中立の者としてその言に従うだろう。明の味方となって語るのならば、汝等の言に誰が従おうか。

と言って不信を露わにしている。(27) ハルハの一部が背き、ホン・バートルがこれを阻止できなかったことでヌルハチの信頼を失い、ハルハ諸部中忠誠を維持したバヨド部は既に満洲側に移住している以上、ヌルハチの期待は、ホルチン部に移らざるをえなかったのである。

チャハルの退却後、天命一一（一六二六）年六月六日、ヌルハチとオオバは盟約を交わし、誓文を「衆人に読み聞かせて焼いた」(28)。その上で翌日七日、ヌルハチはオオバにトシェート・ハーン号を与え、さらにシュルガチの第四子トゥルン・タイジの娘ジュンジェ・ゲゲをオオバに嫁がせている。(29) 通婚の面でも、内ハルハ・バヨド部に与えられた待遇に匹敵する待遇を、オオバは与えられたと言えるだろう。

その上で天命一一（一六二六）年閏六月一九日、アジゲ等率いる後金軍はハルハに出征し、(30) また二二日にはジャルードのウルジート・ダイチンに対して講和の勧告がなされている。(31)

以上述べてきたように、オオバへのハーン号授与は、ホン・バートルを長老とする内ハルハの結束が破れて一六一九年の盟約が崩壊したのを受けて、ヌルハチを頼るホルチン諸王を統合する者としての役割をオオバに期待したものであると思われる。ここに後金国のモンゴル諸王に対する待遇は、それまでのダヤン・ハーン系王族優遇からハサル系の優遇へと転換した。しかもそれは、ホルチンを率いるオオバにハーン号を与えるという思い切った措置によってであった。ここに満洲・内ハルハの同盟は解消し、それに代わるものとして、後金のハンたるヌルハチと、ホルチンを中心とするモンゴルのトシェート・ハーン・オオバの同盟関係として再編された。ただ以上の経緯を見ても、それが後金国側の思惑によるもので、両者の実力を反映したものではないことは明らかである。まもなく天命一一（一六二六）年八月一一日、ヌルハチが没し、ホルチンとの関係は太宗ホンタイジに引き継がれる。

第三章　天聰期の満蒙関係におけるホルチンの地位

すでに楠木賢道氏が明らかにしたように、ホンタイジは天聰二（一六二八）年に実施したチャハル遠征に際して単独行動をとったオオバを厳しく譴責し、謝罪させている[32]。称号こそ満洲ハンと対等なオオバであったが、現実の力関係からして両者の関係は対等ではあり得なかった。ただかかるホンタイジの態度にも拘らず、オオバのハーンとしての地位は維持されている。オオバ叱責のきっかけとなったチャハル遠征の際の単独行動を報告したヒフェ・バグシの報告にも、「ホルチンの多くのノヤン達は来ない。トシェート・ハン、ハタン・バートル、マンジュシリは彼らの兵を率いて出馬した。我等の兵と合流しにやっては来ない。彼らは別に攻め込む。攻め込んだ後で合流しようと言う」とあって、オオバをハンと呼んでいるし[33]、オオバ譴責の文書も「スレ・ハンの書。トシェート・ハンに送る」となっている[34]。また天聰三年一〇月一五日条に見える明国遠征に際してのホルチン諸侯の合流記事でも、オオバはトシェート・ハンと呼ばれている[35]。

ハーンとしてのオオバの地位は、太宗ホンタイジ期に入って最初に確認される天聰五（一六三一）年正月元旦朝賀における行礼序次にも反映されている。

天聰五年辛未正月初一日、上率衆貝勒大臣、詣廟行禮。既而還宮、拜祖先。臨朝。兩大貝勒東西側坐。衆貝勒諸臣、兩班侍立。蒙古廓兒沁國吐舍兎額夫・敖漢部智濃額夫、各率所屬官爲首班、八固山貝勒、各率本固山官爲次班。恩格得里額夫、率蒙古揷漢兒・胯兒胯衆貝勒爲三班、總兵官十屋裡額夫佟養性、率漢人官生爲四班、總兵官兀内革、率八固山蒙古官爲五班。蒙古阿祿部爲六班。各依次序朝賀[36]。（下線部報告者）

ここでオオバ（蒙古廓兒沁國吐舍兎額夫）は、満洲諸王に先立ち、アオハン部のジノン・エフ、すなわちソノム・ドゥーレンとともに最初に行礼している。エンゲデル率いるチャハル・ハルハ諸王の行礼序次は、満洲諸王の次であった。ここでオオバは「額夫」と呼ばれているが、『旧満洲档』同年四月一一日条に「セツェン・ハーンの前でトシェート・

ハーン、ハタン・バートル、ウグシャン、イルドゥチ、ダグル・ハタン・バートル、ムジャイ、ガルト・バートル、バンディ・イルドゥチ、大小のノヤンが小禁令を定めた」との記事が見えるから[37]、彼がハーン号を維持していたことは明らかである。つまりオオバは、天聰五年になってなお、ハーンとしてモンゴル諸部中最高の位置づけを与えられ、宗室諸王に先立つ行礼序次を与えられている。

その一方で、天聰元年には、チャハル系のアオハン・ナイマン両部が後金に降っている。上掲の天聰五年の朝賀記事においても、オオバと共にアオハン部のソノム・ドゥーレンが行礼している。アオハン部は、ダヤン・ハーンの長子トゥルボロドの第二子エルメグ・ノヤンの子ボイマの二子中、長子トゥジン・ドラルを祖としている。次子エセン・ウイゼンはナイマン部の祖となる。すなわち内ハルハにまさる歴代ハーン直系分枝に次ぐ地位にあったと思われる[38]。オオバとソノム・ドゥーレンが、「各々所属官を率いて首班と爲る」とあることから見ると、オオバがホルチン部を、ソノムがアオハン部(とおそらくナイマン部)を代表する形で行礼したものであろう。『太宗実録』では両者が均しくエフとされているが、上述のようにオオバはハーンの称号を維持しており、行礼の序次上も、ジノン号を有するソノムの上に位置づけられている。つまりオオバをハーンとしたヌルハチの政策が形式的に維持されているばかりでなく、ダヤン・ハーン系のアオハン部を超える待遇を与えられているのである。天聰元(一六二七)年のジュンジェ・ゲゲのオオバへの降嫁記事からも、ヌルハチのホルチンに対する待遇を維持しようとする態度が読みとれる。同年八月一八日、ホンタイジは、ヌルハチがオオバに与えたジュンジェをホルチンに送り出すに際して、ゲゲを受け取りに来たサンガルジャイ・ヒヤに次のように述べている[39]。

チャハルのハンが貴国に出兵した時、父たるハンは少しく援助した。トシェート・エフは自ら援助したことを思い、父たるハンに自ら会いに来るので、兄たる者の弟、弟たる者の兄として、子とした。子としてもなお満足せず、通婚して子を与えた。父たるハンの与えたものを断つことなく、少しばかりだが送り出す。我々が父ハンの打ち立てた政を守ることができず政を壊してどうしようか。天が慈しみ、このようにまた暮らせば、与えた子をどのように養うかを、トシェート・（ハン）エフは知るべし。（下線部筆者）

ここから、ヌルハチの約束の執行がホンタイジによって重視されていたことが知られる。

しかしホンタイジは、オオバの実質的な地位を低下させることにも努めた。楠木賢道氏が既に詳細に明らかにしたように、ホンタイジは、天聰二年のチャハル遠征におけるオオバの単独行動を咎め謝罪させた。これによりオオバのハーン号なるものの実質的な権威は、決定的に満洲のハンたるホンタイジの下位に置かれることとなったのである(40)。

一方天聰元年七月にアオハン・ナイマン両部が服属すると、一二月二二日にアオハンのソノム・ドゥーレンにフォンゴシ公主を与えてエフとし(41)、二七日にはセツェン・ゾリグトにドラル・ホン・バートルの称号を与え(42)、翌天聰二年四月三日には、ソノム・ドゥーレンにジノン号を与え(43)、さらに同年八月七日には、ナイマンのホン・バートルにダルハン号を授与した(44)。また、五月五日にはアミン・ベイレの娘が内ハルハ・バーリン部のセテルに与えられている(45)。さらに天聰七年一月一六日にはセツェン・ゾリグトの子バンディにホンタイジの長女が降嫁し(46)、天聰五（一六三一）年にはシュルガチの第六子ジルガランの長女が既に内属したバヨド部エンゲデルの子エルヘ・ダイチンに降嫁している(47)。このように天聰期にもダヤン・ハーン系王族に対する満洲側からの公主降嫁が先行している。

一方のホルチンからは、天聰二（一六二八）年八月にダイシャンの子ワクダがブタチの娘を娶り(48)、同年九月にオオバの娘がエルヘ・ツォーフル（ドド）に嫁いでおり、やはりホルチン部と満洲との通婚はホルチン側から満洲側へ娘が嫁ぐ形を取っている。

このように天聰期においては、ハーンとしてのオオバの高い待遇にも拘らず、通婚関係においては、やはりダヤン・ハーン系への公主の降嫁が先行していたのである。

天聰年間にオオバにあてがわれた役割を示すのが、天聰五年四月七日(49)に満洲側とオオバが、アルのオンニウド、アルホルチン、ドゥルベン・フーヘドの王族と交わした誓約である。

また同日、モンゴルのノンのホルチン、アバガ・ホルチンのベイセが天地に誓約した言。セツェン・ハーンはじめ、両大ノヤン、トシェート・ハーン、スン・ドゥーレン、ダライ・ツォーフル、センゲ・ホショーチは白い羊の年の四月初七日、禁令を話し合い、誓った。アルより他に、従って来たノヤン達を、トシェート・ハーンの禁令と同じく行わないならば、民や家畜を力ずくで奪えば、天地はこれを咎め、我等が悪しき罪を得るように。アルのノヤン達が協議した言葉に違い、我等から去って割り当ての牧地からよそに遠く出てゆけば、天地は叱責し、アルのノヤン達に罪過あれ。

ここではアル諸部に対する「トシェート・ハーンの禁令」の適用が定められており、彼に満洲側に立ったモンゴル諸部の収服が期待されていることを窺わせる。

一方でホンタイジは、モンゴル諸王に対する宗室諸王の地位を高める措置をとった。元旦朝賀儀礼の拝礼順序に関する天聰五年一二月二八日の上諭は、次のように定めている(50)。

上、以八固山貝勒諸臣、將及新年元旦朝賀、諭曰、禮部參政李伯龍疏云、我國行禮時、不拘官之大小、但視皮襖之高下。高者前列、下者後隨。此言誠是。今年元旦、八固山貝勒排班行禮、次外國投來蒙古貝勒大人行禮、次八固山文武官員、照固山依次行禮。…(中略)…自今以後、上面南居中坐、我與莽古兒泰左右侍坐。外國蒙古貝勒、坐於我等之下、既是汗、可不獨尊耶。於是告於衆貝勒。皆曰、善。議定以聞。上從之。

是日、降詔曰、元旦八固山貝勒、一同行禮。次挿漢兒・朒兒朒貝勒一同行禮。次八固山大臣滿漢蒙古漢官、各照固山行禮。行禮時、先總兵固山額眞、次副將、次參將・遊擊・擺牙喇纛額眞蝦、次備禦、排列成行、行禮。貝勒給衆官皮衣、雖係暫借、亦照職依次與之。

すなわち、「外国投来の蒙古貝勒大人」は「八固山貝勒」の次に行礼し、しかもその「蒙古貝勒大人」は、ホルチン

ではなく「揮漢兒・誇兒誇貝勒」とされているのである。天聰六年正月朝賀は、これに従って行われた。すなわち、

天聰六年壬申正月初一日、上率衆貝勒、拜天拜祖。畢、御殿。命設位兩傍、賜二兄大貝勒莽古兒泰貝勒、坐。衆貝勒拜畢、凡議事貝勒、入殿内左右分坐。次歸降揮漢兒・誇兒誇貝勒朝見。次總兵官駙馬佟養性、率漢官朝見。八固山額眞、各率本固山官員、依次朝見。次大凌河新官朝見。次阿祿部・撻頼出呼里、率部衆朝見。後教官僧録道録、各領所屬朝見。朝鮮國遣總兵鄭義齎土産、來貢春禮。(51)

とあって、宗室貝勒の次に行礼したのは「チャハル・ハルハ貝勒」であった。ホルチン諸王はこれに率いられて行礼したものと思われる。ここでは、前年のオオバとソノム・ドゥーレンの地位が再び逆転し、ダヤン・ハーン系王族の待遇が優越する形となった。

同年九月、オオバが没した(52)。天聰七年正月朝賀では、宗室貝勒が最初に行礼し、続いて八旗官員が行礼し、次に佟養性額夫・石廷柱等、馬光遠・麻登雲・祖澤潤等が行礼し、続いて總兵官兀内革が蒙古二固山を率いて行礼した。モンゴル諸王の行礼はその次であった。すなわち、まず「藩國蒙古貝子・揮漢兒・誇兒誇行禮し、次に廓兒沁貝子行禮し、次に阿祿衛貝子行禮」した後、「揮漢兒・誇兒誇貝子・廓兒沁貝子・阿祿貝子、抱見す。入殿を命じ、茶を賜わる」と、特に抱見礼が行われている(53)。ここでもモンゴル諸部に関する限り、やはりチャハル・ハルハの諸王が先に行礼し、ホルチン諸王はこれに次ぐ序次を与えられているのである。ちなみに正月初四日条に、

是日、廓兒沁部巴達里・哈談把土魯・擺沙剛兒、以莽古兒泰貝勒薨、遣桑阿里寨来弔。

と見えるように(54)、オオバの子バダリ等は前年一二月二日に没したマングルタイの弔礼に弔使を遣わし、自身は来朝していない。これはおそらくオオバの服喪のためであろう。

同年一二月、バダリにジノン号が与えられ、ハーンの継承は認められなかった(55)。ところがあたかもジノンへの降格と引き替えるように、天聰八年元旦朝賀の行礼では、再びホルチン部を率いたバダリ・ジノンがモンゴル諸部中最初に

行礼し、次いでチャハル・ハルハ諸王を率いたアオハン部のソノム・ドゥーレン・ジノンが行礼した。[56] 以後朝賀儀礼において再びダヤン・ハーン系王族が序次の筆頭に位置づけられることはなくなる。

翌天聰九年の元旦朝賀においても、宗室諸王に次いでバダリが行礼し、次にアオハン部のソノム・ドゥーレンが行礼している点は前年同様であるが、

八固山和碩貝勒、衆台吉等、率新附總兵尚可喜朝賀、行三跪九叩頭禮。
次廓兒沁衞巴達里吐舍兎智濃・兀革善着力革兎台吉、各率本部貝勒大臣行禮。
次敖漢都稜智濃、率揷漢兒・胯兒胯衆貝勒大臣行禮。
次阿祿衞・翁紐特國東歹青、率衆貝勒大臣行禮。
次阿禄衞撻頼打喇漢・俄木布打喇漢着力革兎、率衆貝勒大臣行禮。
次胯喇沁・土黙特衆他不能等行禮。
次多里吉滿洲蒙古烏眞超哈衆官、各依固山次序行禮。
次先附揷漢兒及後附揷漢兒衆大臣行禮。（下線部筆者）

とあって、バダリ（巴達里）と共にウグシャン（兀革善）の名が見えていることが注目される。[57] これは行礼次序の筆頭にホルチン左翼王族が現れる最初である。

このように、天聰年間においてホンタイジは、当初ヌルハチ晩年の政策であるホルチン部オオバの優遇政策を継承しながらも、オオバに対する譴責や、チャハル・ハルハのダヤン・ハーン系王族の儀礼上の優遇、そして宗室諸王の待遇の向上を通じて、オオバ等ホルチン部王族の権威の低下を模索した。天聰五年一二月の諭旨は儀礼上宗室諸王の位置づけをモンゴル諸王より高くすることとし、これを受けた天聰六・七年の元旦朝賀においては、チャハル・ハルハ王族が宗室諸王に次いで行礼次序に現れる。天聰六年九月にオオバが没し、天聰七年八月にバダリがジノン号を与えられて降

格されると、天聰八年及び九年の元旦朝賀においては、逆にバダリが行礼次序の筆頭とされた。ホルチンにおけるハーン位の消滅が、逆にバダリの儀礼上の地位の向上となって現れたのである。しかも天聰九年の朝賀には、新たにホルチン左翼のウグシャンの名がバダリにと共に現れる。結局ヌルハチによるオオバへのハーン号授与は、一時的にその待遇を高め、ホンタイジもこれを継承してダヤン・ハーン系王族に対するホルチン右翼王族の優位を維持したが、一方でハーン位の廃止に至る待遇の相対的低下にも努め、天聰末には新たにホルチン左翼王族が台頭することになる。

第四章　崇徳期の満蒙関係におけるホルチン部

崇徳元年におけるホンタイジに対する尊号捧呈は、セツェン・ハーン・ホンタイジとトシェート・ハーン・オオバが並びたつような天聰初の満蒙関係を決定的に変化させ、モンゴル諸王の満洲ハンに対する従属が決定的となった。崇徳期における元旦朝賀儀礼は、それまでのハンに対する行礼に、「進表」の儀礼が付加されている。進表と行礼の次序が確認できるのは崇徳三〜六年の四回であるが、崇徳三（一六三八）年の元旦朝賀儀礼では、以下の序次で進表・進箋・行礼が為された[58]。

①内親王・郡王・多羅貝勒・固山貝子
②八旗固山額真（鑲黄・正黄・正白・正紅・鑲白・鑲紅・正藍・鑲藍）と官員
③漢固山額真と官員
④朝鮮国二子
⑤トシェート親王バダリ、ゾリグト親王ウグシャン、ザサグト郡王ブダチ、バートル郡王マンジュシリ
⑥チャハル部エジェイ、ナイマン部グンチョグ、オンニウド部ドゥーレン郡王、ドゥルベン・フーヘド部のダルハ

ン・ゾリグト・オムボ、オンニウド部ダルハン親王ドゥン、アオハン部バンディ、ハラチン部グルスキャヴ、トゥメド部のシャムバ

⑦恭順王・懐順王・智順王

⑧進貢東路諸部使者

ここでは、オオバの子バダリを筆頭とするホルチン諸王の名が先に挙げられ、次にエジェイ率いるホルチン部以外の諸王が続いている。

崇徳四年元旦朝賀では、「和碩親王・多羅郡王・多羅貝勒・固山貝子等」による皇帝への行礼・進表と皇后への上箋、次いで八旗官員の行礼、朝鮮國王世子及び來貢官による行禮・進表、次いで恭懐智三王による進表が行われ、その次に、

次外藩蒙古著力革兎親王兀格善・把土魯郡王滿柱石里額夫、班底、打喇漢歹青東・色冷等、率部下蒙古大人、聽鴻臚官唱行禮進表。表云、……。著力革兎親王等、進皇后箋云、……。宣畢、鴻臚官唱行三跪九叩頭禮。同和碩著力革兎親王・把土魯郡王、來貢之俄勒特俄里都施・土默特・蘇尼特・瑣倫・查哈量・兀喇・東藩庫兒哈部主等、率衆朝見行禮。

と、モンゴル諸王の進表・行礼が行われている(59)。モンゴルに関しては、ゾリグト親王ウグシャン、バートル郡王マンジュシリ、アオハン部のバンディ、オンニウド部のドン・ダイチン、セレン等による行礼・進表、ゾリグト親王等による皇后への進箋が行われている。この年にバダリの名が見えない理由は不明であるが、左翼王族ウグシャンとマンジュシリが筆頭に出現していることが注目される。

翌年崇徳五年の進表・行礼は、先ず宗室諸王公、朝鮮世子、智順王・懐順王の順に進表・行礼が行われ、続いて朝鮮陪臣崔鳴吉の進表・行禮があり、次にモンゴル諸王の行礼が行われている。ここでは、「次廓兒沁部・敖漢部等王・貝子、各率本部臣進表、行禮。」と簡略に記されるのみであるが、ホルチンが筆頭に記されていることは変わりない(60)。

崇徳六年の朝賀では、「内外諸王・貝勒・貝子・公及び朝鮮國王世子李救等」による三跪九叩頭礼・進表、朝鮮国議政府左議政申景禎による上表に次いで、

次廓兒沁吐舎兎親王、率部下行禮。

次著力革兎親王、率部下行禮。

次蘇尼特滕吉思額夫・土墨特托博格章京、率脖兒脖進貢人等行禮。

次沙哈兒揷把兒打戚額夫、率東藩貢貂皮虎兒哈部行禮。

と見え(61)、再びバダリが最初に行礼し、次いでゾリグト親王ウグシャンが行礼している。

以上見てきたように、崇徳期における元旦朝賀においては、外藩王公中におけるホルチン部の儀制上の優越した地位は既に確定しており、ダヤン・ハーン系の諸王族はこれに次ぐ序次を与えられている。さらに崇徳期におけるもう一つの特徴は、ホルチン右翼のバダリの地位がほぼ維持される一方、ウグシャン等左翼王族の名が明示されるようになる点である。ここにホルチン左翼王族の進出を顕著に窺うことができるのである。周知のように、ホルチン左翼王族は、ホンタイジ自身の外戚として、密接な関係をもった。その待遇の上昇が、彼らのホンタイジとの通婚関係を基礎にしていたことは疑いないと思われる。

結語

以上述べてきたところから、以下の知見を得ることができよう。

ヌルハチ・ホンタイジ両朝におけるモンゴル諸王族の位置づけの問題は、満洲側にとって三つの局面を有したといえる。第一は宗室諸王とモンゴル諸王の序列、第二にモンゴル諸王内部におけるダヤン・ハーン系王族とホルチン王族の

序列、そして第三にホルチン諸王内部における右翼オオバ、バダリ系と左翼王族の序列である。

第一の宗室諸王とモンゴル諸王の関係においては、当初ハルハ系の王族やハーン・オオバに宗室諸王以上の行礼序次が与えられるが、天聡五年一二月の諭旨によって宗室の優位が決定された。第二のダヤン・ハーン系王族とホルチン王族の関係はより複雑な経緯を辿り、ヌルハチによるハーン号授与によってダヤン・ハーン系諸王以上の待遇をオオバに与えたものの、直ちに両者の関係が逆転したわけではなく、通婚関係において、ダヤン・ハーン系王族への優越した待遇はホンタイジ期にも顕著に見受けられる。ホンタイジは、天聡五年まではハーンとしてのオオバにダヤン・ハーン系王族以上の待遇を許したが、天聡六・七年には再びチャハル・ハルハ系王族を朝賀の筆頭序次に位置づけた。しかしオオバの死後、ジノン号を許されたにすぎないバダリの代になると、かえってこれを筆頭とし、以後ダヤン・ハーン系王族の地位はホルチン系王族に次ぐものとして定着した。

第三のホルチン内部の関係では、天聡末から崇徳にかけて、ほぼ一貫してバダリの筆頭としての地位は維持されたものの、ウグシャンら左翼王族の名も明示されるようになり、その地位の上昇が顕著となる。

このように、初期の満洲のモンゴル王族諸分枝に対する態度は、当初から後世のようなホルチン部王族優遇だったのではなく、ダヤン・ハーン系からホルチン系へと徐々に転換していったことが知られる。初期の満洲は、大モンゴル国の支配氏族であるボルジギン氏族内部にあった序列を無視しえなかったのであろう。それは一方で、満洲のアイシンギオロ氏族が、モンゴル王族たるボルジギン氏族の権威を凌駕していく過程でもあった。このような満洲側の政策の結果、清一代を通じたボルジギン氏族内部におけるハサル系ホルチン王族の優越した待遇が確立した。ただその地位は、満洲ハンの支配に由来するものであり、かつホルチンのダヤン・ハーン系王族に対する統治上の権力付与を意味するものではなかった。それはモンゴルが維持してきたダヤン・ハーン系、チンギス諸弟系の階層序列の消滅と、外藩王公という新しい身分範疇の成立を意味したのである。

注

（1）『大清会典事例』（光緒朝）巻九七八、理藩院、戸丁・備指額駙、三下～四下。

（2）初期の満蒙関係に関わる研究は、特にホルチン部との通婚を始めとして多くの蓄積がある。特に華立「清代的満蒙聯姻」『中国蒙古史学会論文選集（一九八一）』中国蒙古史学会編、呼和浩特、一九八六年、二九一-三〇七頁、楠木賢道「清初、入関前におけるハン・皇帝とホルチン部首長層の婚姻関係」『内陸アジア史研究』一四、一九九九年、四五-六三頁を挙げておきたい。モンゴル諸部全体を対象としたものとして、劉潞「清太祖太宗時期満蒙婚姻考」『清代皇権与中外文化　満漢融合与中西交流的時代』香港、一九九八年、一五〇-二一〇頁及び同「対後金時期満蒙聯姻的再認識」同書、二一一-二二九頁、杜家驥『清朝満蒙聯姻研究』北京、二〇〇三年が網羅的に事例を採り上げている。

（3）『満洲実録』同年条、『太祖高皇帝實録』巻二、一九上、同年春正月条。

（4）『旧満洲档』（一）三五頁。『満文老档』Ⅰ、太祖一（東洋文庫、一九五五年）一六-一七頁。

（5）『旧満洲档』（一）八八頁。『満文老档』Ⅰ、太祖一、四〇頁。

（6）『旧満洲档』（一）八九頁。『満文老档』Ⅰ、太祖一、四一頁。

（7）『満洲実録』同年条、『太祖高皇帝実録』巻三、九上、乙巳年春三月条。

（8）『満洲実録』同年条、『太祖高皇帝実録』巻三、九上～下、丙午年冬一二月乙未朔条。

（9）『旧満洲档』（一）八六頁。『満文老档』Ⅰ、太祖一、三九頁。

（10）『旧満洲档』（一）八七頁。『満文老档』Ⅰ、太祖一、四〇頁。

（11）同上。

（12）『旧満洲档』（一）八八頁。『満文老档』Ⅰ、太祖一、四〇頁。

(13)『旧満洲档』（一）一五三-一五五頁。『満文老档』Ⅰ、太祖一、七六-七七頁。

(14)『旧満洲档』（一）一六一頁。『満文老档』Ⅰ、太祖一、七七頁。

(15)『旧満洲档』（一）三四二頁。『満文老档』Ⅰ、太祖一、七八頁。

(16)『旧満洲档』（二）八九九頁。『満文老档』Ⅰ、太祖一、四五九頁。

(17)『旧満洲档』（四）一八六二頁。『満文老档』Ⅲ、太祖三（東洋文庫、一九五八年）九六〇-九六一頁。

(18)『満文老档』Ⅱ、太祖二、（東洋文庫、一九五六年）九〇九頁。

(19) 劉潞氏は、エンゲデルの娘がフィヤングに嫁いだのは天命六年にヌルハチの娘がグルブシに嫁いだのと同じ頃と推測している。『清代皇権与中外文化　満漢融合与中西交流時代』香港、商務印書館、一九九八年、一六〇頁。

(20)『太祖実録』巻八、九下、天命六年八月条。

(21)『旧満洲档』（二）九〇八-九〇九頁。『満文老档』Ⅱ、太祖二、四六五頁。満文老档研究会訳文による。満文原文の提示は『旧満洲档』に依るが、無圏点満文の転写法は確立されていないので、有圏点満文の転写法にならって解釈を加えつつ行う。以下同じ。原文：ice inenggi, han jakūn gūsai beise ambasa be gaifi hecen tucifi tangse de mio de hengkilehe. tereci amasi bederefi yamun tehe manggi jakūn gūsai beise geren ambasa be gaifi han be se baha seme hengkilehe. beisei sirame monggoi enggederi efu, manggūl efu, gurbusi taiji geren monggo be gaifi hengkilehe. terei sirame fusi efu, siuli efu nikan i geren hafasa be hengkilehe. terei sirame tanggūt gurun i juwe lama, solhoi duin hafan hengkilehe.

(22)『旧満洲档』（四）二一六七頁。原文：sahahūn ulgiyan aniya, aniya cimari han geren /// tangse de genefi hengkilefi amasi boo de jifi /// hošonggo yamun de tehe. jakūn wangse meni meni gūs/// ambasa be gaifi aniya araha. se nonggiha doroi //// terei sirame cahara kalkaci ubašame jihe monggoi beise /// terei sirame jakūn gūsai fe ice monggoso be unege baksi /// terei sirame fusi efu, si uli efu liodon i /// be gaifi hengkilehe.

（23）『旧満洲档』（四）一七七九-一七八〇頁。『満文老档』II、太祖二、八八一頁。満文老档研究会訳文を一部修正。原文：niowanggiyan singgeri aniya aniya cimari gūlmahūn erinde, han tangsede hengkilenefi amasi boode bederefi wecekude hengkilefi muduri erinde jakūn hošonggo ordo de tucifi tehe manggi, amba beile neneme hengkilehe. jai enggeder efu geren monggo i beise be gaifi hengkilehe. ilacide amin beile, duici de manggoltai beile, sunjaci de hong taiji beile, ningguci de ajige age, nadaci de dodo age, jakūci de abatai age, dudu age, uyuci de yoto age, šoto age, juwanci de fusi efu, si uli efu, solhoi hafan, nikan i hafasa be gaifi hengkilehe. juwan emuci jergi de jakūn gūsai geren monggoso be unege baksi gaifi hengkilehe.

（24）『旧満洲档』（五）二〇八二-二〇八三頁。『満文老档』III、太祖三、一〇七九頁。満文老档研究会訳文による。原文：ice nadan de, jakūn gūsai jakūnju dere dasafi, jakūn honin wafi sarin sarilame, korcin i ooba hong taiji de bithe hūlame gebu buhe bithei gisun. ehe waka be abka wakalaci, doro be wasimbume efulembi. tondo uru be abka gosici, doro wesimbume han obumbi. eitereci abkai ciha kai. caharai han, ooba hong taiji be waki seme cooha jihe. abka ooba hong taiji be gosika. abkai gosika niyalmabe han seki seme, abkai jurgan be dahame, bi, ooba hong taiji de tusiyetu han i gebu buhe. tumei de dai darhan, butaci de jasak tu dugureng, horhotoi de cing jorik tu gebu buhe. tese gemu tusiyetu han i ahūta deote.

（25）『満文老档』III、太祖三、九九七-九九八頁。満文老档研究会訳文による。

（26）『旧満洲档』（一）五四四-五四九頁。『満文老档』I、太祖一、二三九頁。満文老档研究会訳文による。

（27）『旧満洲档』（四）一九二五～一九三〇頁。『満文老档』III、太祖三、九八七-九八八頁。満文老档研究会訳文による。原文：erei amasi banjire doroi jalin de gisurembi seci bak bahūn i gisun de akdara gojime, gūwai gisun de akdarakū.

nikan be minde acabuki seme ume gisurere. suwe mini baru ofi gisureci suwembe siden i niyalma seme suweni gisun de dosimbidere. nikan i baru ofi gisurere de, suweni gisun de we dosimbi.

(28)『満文老档』III、太祖三、一〇七四-一〇七七頁。

(29) 玉芝・ブヤンデルゲル両氏は、中国第一歴史档案館所蔵の蒙文文書に拠って、天命八（一六二三）年頃にオオバがヌルハチの唆嗾により「バートル・ハーン」を称したとする。Ioi zhi, J̌iɣačidai Buyandelger: non qorčin-u noyalaɣči uuba《baɣatur qaɣan》čola abuɣsan tuqai. Öbür mongɣul-un yeke surɣaɣuli-yin erdem sinjilgen-ü sedkül. 2006-5, pp.72-77. 赤坂恒明氏のご教示によると、ブヤンデルゲル氏は早稲田大学モンゴル研究所における座談会（二〇〇六年一一月二八日）でも同趣旨の報告を行ったとのことである。情報をいただいた赤坂氏に謝意を表したい。

(30)『旧満洲档』（五）二〇八六頁、『満文老档』III、太祖三、一〇八一-一〇八二頁。

(31)『旧満洲档』（五）二〇八八頁、『満文老档』III、太祖三、一〇八三-一〇八四頁。

(32) 楠木賢道「天聰年間におけるアイシン国の内モンゴル諸部に対する法支配の推移」『社会文化史学』第四〇号、一九九九年、二〇-三七頁。

(33)『旧満洲档』（六）二八四〇-二八四一頁。『満文老档』IV、太宗一（東洋文庫、一九五九年）一七七頁

(34)『旧満洲档』（六）二八四七頁。『満文老档』IV、太宗一、一八一頁。

(35)『旧満洲档』（六）二八七五頁。『満文老档』IV、太宗一、二三三頁。

(36) 順治初纂本『太宗實録』巻六、一上～下、天聰五年正月一日条。

(37)『旧満洲档』（七）三四二五-三四二六頁。『満文老档』V、太宗二（東洋文庫、一九六一年）五〇四-五〇八頁。

(38)『欽定外藩蒙古回部王公表伝』巻二六、伝一〇、敖漢部総伝。

(39)『旧満洲档』（六）二七〇〇-二七〇二頁。『満文老档』IV、太宗一、九八-九九頁。訳は岡による。原文：caharai han suweni gurun de cooha genehede ama han majige tusa araha. tusiyetu efu beye tusa arahabe gūnime han amade acanjime jidere jakade, ahūngga niyalmaci deo, deo niyalmaci ahūn obume jui araha. jui arafi geli elerakū niyaman jafame jui buhe. ama han i buhe be lashalarakū. komso bicibe fudembi. be ama han i ilibuha doro be tuwakiyame muterakū doro efujeci ainara. abka gosifi ere kemuni banjici buhe jui be absi ujire be tusiyetu (han) efu sambidere.

(40) 楠木賢道前掲論文。

(41) 『旧満洲档』(六) 二七二〇頁。『満文老档』IV、太宗一、一一四頁。

(42) 『旧満洲档』(六) 二七二〇-二七二一頁。『満文老档』IV、太宗一、一一四頁。

(43) 『旧満洲档』(六) 二八一一頁。『満文老档』IV、太宗一、一二九頁。

(44) 『旧満洲档』(六) 二八三〇頁。『満文老档』IV、太宗一、一七一頁。

(45) 『旧満洲档』(六) 二八一六頁。『満文老档』IV、太宗一、一三〇頁。

(46) 順治初纂本『太宗実録』巻一一、八上~下、天聰七年一月一六日条。

(47) 劉潞前掲書一五二、一六一-一六二頁。

(48) 『旧満洲档』(六) 二八二六頁、二八二九頁。『満文老档』IV、太宗一、一三八-一三九頁。

(49) 『旧満洲档』(七) 三四一七-三四一八頁のモンゴル文テキストから岡が訳出した。『満文老档』V、太宗二、五〇〇-五〇一頁に満文に訳されたものが載録されている。原文：ineku tere inenggi monggo i naon i korcin, abag-a korčini beise abka na de akdulame gashūha gisun. sečen qaɣan ekilen, qoyar yeke noyan, tüsiy-e-tü qaɣan, sün dügüreng, dalai čögekür, sengge qosiɣuči, čaɣan qonin jil-ün jun-u ekin sar_a-yin sin_e-yin doluɣan-a, čaɣaja kelelčejü aman aldaba. aru-ača öber-tür oruju iregsen noyad-i tüsiy-e-tü qaɣan-u čaɣajan-dur adali ese yabuɣulqula, ulus mal-i tan-i küčü-ber abqula, tengri ɣajar buruɣusiyaju man-dur maɣu nigül kürtügei. aru-yin noyad kelelčegsen üge-yi ebdejü,

man-ača qaɣačaju jisiyen-i nutuɣ-ača öber-e qola ɣarqula, tengri ɣajar buruɣusiyaju, aru-yin noyad-tu maɣu nigül kürtügei.

(50) 順治初纂本『太宗實録』巻八、二九下～三一上、天聰五年一二月二八日条。
(51) 順治初纂本『太宗實録』巻九、一上～二上、天聰六年正月一日条。
(52) 順治初纂本『太宗実録』巻一〇、二一下～二二下、天聰六年九月五日条。
(53) 順治初纂本『太宗實録』巻一一、一上～二上、天聰七年正月初一日条。
(54) 順治初纂本『太宗實録』巻一一、二下、天聰七年正月初四日条。
(55) 順治初纂本『太宗実録』巻一二、四九下～五〇上、天聰七年一二月二六日条。
(56) 順治初纂本『太宗実録』巻一三、一上～二下、天聰八年正月初一日条。
(57) 順治初纂本『太宗實録』巻一八、一上～二上、天聰九年正月初一日条
(58)『内国史院档』崇徳元年正月朔。
(59) 順治初纂本『太宗實録』巻三〇、一上～五上、崇徳四年正月初一日条。
(60) 順治初纂本『太宗實録』巻三二、一上～四下、崇徳五年正月一日条。
(61) 順治初纂本『太宗實録』巻三五、一上～二下、崇徳元年正月一日条。

乾隆十三～十四年の清朝による「封禁令」をめぐって

柳澤　明

はじめに

乾隆十三～十四（一七四八～四九）年に、清朝が内モンゴルを対象としていわゆる「封禁令」を発布し、民人に出典されている土地を贖回して原主に給還させるとともに、爾後の民人容留・増墾を禁止したことは、すでに先行諸研究の中で言及されている。網羅的に紹介することは到底できないが、古く矢野仁一氏は、この禁令について、「実に蒙旗招墾時代（光緒以後清朝が殖民実辺政略を取ることになってから官局丈放時代に入る）に於ける清朝の対蒙古政策の規模を定めたもので、蒙古の牧地はどこまでも蒙古に持たせる、典地は絶対に許さない、典地だけは従前のものでも、方法を設けて蒙古に返えさせる、租地は典地と違って、蒙古の地主権を侵すものでないから、これまでのものは許すが、将来の増墾は許さないと云う大方針はこれで定まったのである」と評している。(1)また、田山茂氏は、基本的に矢野氏の研究を踏襲しつつ、当時の個々の出典の規模は小さく、「後世の如く数十万両に上る典価で広大な土地を漢人に与えたのではなかったらしい」と指摘している。[2] 近年の中国における研究を見ると、たとえば周清澍氏は、乾隆十四年の禁墾令について、「絶対禁墾時期の開始の標示ということができる」と述べている。[3] また『蒙古民族通史』は、同じく乾隆十四年の封禁について、「入関以来もっとも厳厲な禁令」と評価し、[4] 王玉海氏も、「乾隆十三年から、……清廷は内モンゴル地区において比較的厳格な禁墾政策を推進した」と述べている。[5]

もちろん、矢野氏の評価にも表れているように、清朝が当時、「地畝を将て賤価もて出典すれば、因りて游牧の地窄まり、本業を失うに至る」ことを懸念し、「蒙古を憐恤し、旧業に復せしむる」[6] ことを目的として、こうした措置をとったことは疑う余地がなく、本稿も、この封禁令の本質的な意図や詳細な内容に踏み込んで再検討しようとするものではない。しかし、あらためて関連史料を読み込んでみると、禁令制定の経緯や対象地域について、先行諸研究が必ずしも着目していないいくつかの点を指摘できそうに思われるので、以下に若干の考察を試みたい。

(1) 矢野仁一『近代蒙古史研究』弘文堂、一九二五年、一四三頁。旧仮名遣いは新仮名遣いに改めた。また、( ) 内は割注である。
(2) 田山茂『清時代に於ける蒙古の社会制度』文京書院、一九五四年、三四二―三四五頁。
(3) 周清澍「試論清代内蒙古農業的発展」『蒙古史論文選集』第三輯、呼和浩特、呼和浩特市蒙古語文歴史学会、一九八三年、二二三―二八〇頁 (引用部分は二三五頁。なお、原載は『内蒙古大学学報』社会科学版、一九六四年第二期)。
(4) 烏雲畢力格・成崇徳・張永江 (撰写)『蒙古民族通史』第四巻、呼和浩特、内蒙古大学出版社、一九九三年、二六〇―二六一頁。
(5) 王玉海『発展与変革――清代内蒙古東部由牧向農的転型』呼和浩特、内蒙古大学出版社、二〇〇〇年、一八頁。
(6) 本稿第一章の史料③を参照。

一、「封禁令」に関する史料

この封禁令の制定の経緯を直接に伝える史料は、必ずしも豊富ではない。各種編纂史料中に見える関連記事のうち、主要なものを挙げれば、ほぼ以下の四つに尽きる。(7)

①『高宗実録』巻三〇四、乾隆十二年十二月己未（三日）条

軍機大臣等議覆、署直隷提督拉布敦奏、八溝・塔子溝等処、設兵屯田一摺。査巴溝以北、及塔子溝通判所轄地方、皆係諸蒙古牧場、原不応聴他処民人開墾。乃貧戸絡繹奔赴、墾地居住、至二三十万之多。在各蒙古、既非所轄、而該同知・通判、又復鞭長莫及、積久易於滋事。各蒙古因其耕種納租、一時不無微利、不知染習漸移、大有未便。今拉布敦恐生事端、欲添設官兵弾圧、而以開墾為養兵之計、且稽査鈐束、於蒙古更為有益、所見亦是。但査口外固多可耕之土、既係各蒙古牧場、未可軽議屯墾、而貧民雑処、査察管束、実不可少。理宜先為相度、応交理藩院、派賢能司官一員前往、会同該扎薩克等査勘、備悉現在情形、絵図到日酌議。至此等民人聚集、於各蒙古未便之処、已遵旨伝諭羅卜藏、拠称、民人耕種蒙古地畝、雖似有微利、実已暗被侵占、且漸染伊等習気。今若委員清査管束、皆有益於蒙古等語。請飭令理藩院、行知各扎薩克、令偏諭所属、其間有租与民耕種、或交銀承種幾年、或被侵占、及不可為牧廠、将来仍須開墾之地、俱報出以便辦理。得旨、此事著派尚書納延泰・貝勒羅卜藏、於明年春間、前往会同署提督拉布敦、率領地方官、査勘辦理具奏。余依議。

②乾隆『大清会典則例』巻一四〇、理藩院旗籍清吏司、田宅

乾隆十三年議準、民人所典蒙古地畝、応計所典年分、以次給還原主。土默特貝子旗下有地千六百四十三頃三十畝、喀喇沁貝子旗下有地四百頃八十畝、喀喇沁扎薩克塔布嚢旗下有地四百三十一頃八十畝、其余旗下均無民典之地。以上地畝皆

繫蒙古之地、不可令民占耕。応令扎薩克等察明某人之地典与某人、得銀若干、限定幾年、詳造清冊、送該同知・通判辦理、照従前帰化城土黙特蒙古徹回地畝之例、価在百両以下、典種五年以上者、令再種一年徹回、如未満五年者、仍令民耕種、竢届五年再行徹回。二百両以下者、再令種三年、竢年満徹回、均給還業主。

③『高宗実録』巻三四八、乾隆十四年九月丁未（二日）条

諭、蒙古旧俗、択水草地游牧、以孳牲畜、非若内地民人、倚頼種地也。康熙年間、喀喇沁扎薩克等、地方寛広、每招募民人、春令出口種地、冬則遣回。於是蒙古貪得租之利、容留外来民人、迄今多至数万、漸将地畝賤価出典、因而游牧地窄、至失本業。朕前特派大臣、将蒙古典与民人地畝査明、分別年限贖回、徐令民人帰赴原処、蓋憐恤蒙古、使復旧業。乃伊等意欲不還原価而得所典之地、殊不思民亦朕之赤子。豈有因蒙古致累民人之理。且恐所得之地、仍復賤価出典、則該蒙古等生計、永不能復矣。著暁諭該扎薩克等、厳飭所属、嗣後将容留民人居住、増墾地畝者、厳行禁止。至翁牛特・巴林・克什克騰・阿嚕科爾沁・敖漢等処、亦応厳禁出典開墾。並暁示察哈爾八旗、一体遵照。自降旨後、如仍蹈前轍、其作何懲治、及応隔幾年派員稽察之処、該部定議具奏。

④乾隆『大清会典則例』巻一四〇、理藩院旗籍清吏司、田宅

［乾隆］十四年覆準、喀喇沁・土黙特・敖漢・翁牛特等旗、除見存民人外、嗣後毋許再行容留民人増墾地畝、及将地畝典給民人、其如何委官巡察等事、由院間年一次簡選才能司官二人、自次年為始、将喀喇沁・土黙特等旗、分為両路、馳駅前往、会同該同知・通判並駐劄辦理蒙古民人事務之官巡察。該扎薩克蒙古等、若再図利容留民人開墾地畝、及将地畝典給民人者、照隠匿逃人例、罰俸一年、都統・副都統罰三九、佐領・驍騎校皆革職罰三九、領催什長等鞭一百。其容留居住開墾地畝・典地之人、亦鞭一百罰三九。所罰牲畜、賞給本旗効力之人、並将所墾所典之地徹出、給与本旗無地之窮

苦蒙古。其開墾地畝以及典地之民人、交該地方官、従重治罪、逓回原籍、該管同知・通判交該部察議。其八旗游牧察哈爾種地居住民人、亦交与稽察喀喇沁等処官員、会同各該総管及同知・通判等、一并稽察、若有容留増墾地畝及典与民人等事、即将墾種典地之蒙古・民人等、交与該総管、厳行治罪、民人逓回原籍。其並不実力稽察之該管官、亦一并交部議処。

以上の諸史料は、もちろん上に紹介した先行諸研究においても引用・検討されているが、①〜④の相互の関係について十分に考察が尽くされているわけではない。特に①は、従来必ずしも②〜④と関連づけて論じられていないのである[8]が、①の軍機大臣等の議覆に基づいて、民人による耕種の実態調査が行われ、それを受けて②の典地給還が発令されたことは、疑いないと思われる。従って、本稿では、①〜④を一連のものとして検討の対象にする。

さて、これらの編纂史料の記事だけでは、一連の施策の全貌を窺うにはなお材料不足の感があるが、その手薄さを補うものとして、檔案史料が考えられる。しかし、各種の檔案を検索してみても、この問題に直接関わるものは少なく、管見の及ぶ限りでは、わずかに「黒龍江将軍衙門檔案」中に、①に関連する文書二件(満洲文)を見出すのみである。二件とは、ドゥルベド旗のジャサク貝子ダンジュルから黒龍江将軍衙門に宛てた咨文(乾隆十三年正月二十日)と、それに対する黒龍江将軍衙門の回答(同月二十七日)である。後者の中には、前者の全文が引用されているので、それも含めて、以下に主要部分を示しておこう。

⑤「黒龍江将軍衙門檔案」三六—一七四八:〇〇一—〇〇六頁、乾隆十三年正月二十七日、黒龍江将軍衙門発ドゥルベド固山貝子宛咨文

貝子のもとから送ってきた文に、「〔理藩〕院から送ってきた文に、『大学士・伯張廷玉等が謹んで奏したことに

は、〝Ba geoの北方のモンゴル人の土地では、耕作している民人に頼って暮らしている。臣私が問いただすと、これらの土地に、以前から田地を開墾して住んでいる諸省の民人は、二〇〜三〇万人いる。土地を開墾することがますます多くなっているので、モンゴルの王・貝子らの馬群の土地にまだ田地の開墾が及ばないうちに、請うらくは、主上が総督に調べさせて、Karacin・Korcin・Aokan等の土地を詳しく検分させ、これらの民人のうち、年齢の若い者を兵として耕作させ、民人をみな集結させて、事件を起こす恐れを永遠になくしたい。当然、あらかじめ検分させるべきである。流浪する貧しい民人が、各地にどれだけ集まっているか、開墾した田地は合わせてどれだけか、土地の様子を図に描いて、旨に従って行わせたい。諸ジャサク等に文を送り、その中で、民人に力耕させたり、あるいは民人に占拠されたり、馬群を飼う場所にできない〔等の事情について〕、あれこれと隠匿することのないようにし、処理するのに便利にしたいと思う。旨を請う〟と、乾隆十二年十二月初五日に奏したところ、旨は〝大臣Nayantai、貝勒Lobdzang等を派出して、来年の春に赴き、土地の官らを率いてそれぞれの牧地を図に描き、さらに調べて処理してから上奏するがよい〟とあった。そこで、耕作している田地の数量、集まって住んでいる者たちの数、牧地の四方の境界を調べ上げて、詳らかに檔子を作り、欽差大臣らが到着するのを見計らって、遠方まで出迎えさせよ』とある。旨をもって田地を調べ牧地を検分するために派遣した大臣らが到着するのも間近くなった。査するに、われらの旗の者たちは、汝らの所属の者たちと交じり合って住んでいるので、汝らの所轄の荘であるBomotai・Tarhūn・Alakcin・Narin gubci・Hanggūrhan・Faifari・Tumbuli・Keljurhen等の田地の人々の数、耕作している田地の数量を調べ、またわれらの旗の中にあるOntohon・Donai・Talhaの三駅にいる漢人ら、彼らが耕作している田地の数量、彼らがもともとわれらの旗の牧地にどういう理由で何年に来て耕作しつつ住んでいるのかについて、将軍衙門で詳らかに調べて、折り返し速やかに送ってほしい。旨に関わる事であるので、われらのもとで調べて檔子を作り、欽差大臣らを迎えて送り出すのに備えたい。このために送った」とある。査するに、われらの者たちが住んでいるBomotai・Tarhūn・Donai・Talaha・Alakcin・

Narin gubci・Hanggūrhan・Faifari・Tumbuli・Keljurhen・Ontohon等の地なるものは、みなわれらの衙門が最初に城を建てて以来、次々と奏した上で置いた駅〔の〕公田、官荘の者たちが耕作する田地であって、決して無職の流浪する民人が勝手に開いて耕作しているものではなく、もともと奏した事項には関わらないので、彼らの耕作する田地を調べて送ることはできない。貝子の方で検分して処置してもらいたい。

多少文面の異なる部分があるとはいえ、ここに引かれている大学士張廷玉等の上奏が、①に見える軍機大臣等の議覆に他ならないことは、一見して明らかである。すなわち、この檔案は、①において指示された調査の実施状況を反映しているわけである。

もちろん、あらゆる種類の檔案を網羅的に検索したわけではないので、今後あらたな材料が出てくる可能性はあるが、とりあえずは、①～⑤の内容をあらためて分析することによって、「封禁令」の施行過程を可能な限り再構成してみたい。

（7）『大清会典則例』巻一四〇には、他にもいくつかの関連記事が見えるが、それらについては以下本論の中で適宜言及する。

（8）王玉海、前掲書、一五頁には、この記事からの引用があるが、翌年の典地給還令との関係については言及がない。

二、乾隆十三年の民人・田地調査と典地給還

史料①は、署直隷提督ラブドゥン（拉布敦）が、口外での屯田を提案したのに対して、軍機大臣等はまず民人による

耕種の実態を調査すべきことを議覆し、乾隆帝が、翌春尚書ナヤンタイ（納延泰）と貝勒ロブザン（羅卜藏）を派遣し、地方官を率いて調査を実施するよう命じたことを伝える。[9]上述のように、この調査が実施された結果が②で、トゥメド貝子（右翼旗）、ハラチン貝子（左旗）、ハラチンのジャサクタブナン（中旗）の三つの旗下に相当数の民典地があることが判明したため、典地給還が発令されたものと理解できる。

では、この乾隆十三年の調査は、いかなる範囲を対象として行われたのであろうか。結論からいうと、それは喜峰口外に位置する各部・旗であったと思われる。内モンゴルの各部を、盟―旗という行政上の系統区分とは別に、長城の各口外に位置づける観念があったことは、たとえば、『欽定外藩蒙古回部王公表伝』の各部総伝の冒頭に、必ず「○○部、在××口外」という記載があることから知られる。もちろん、この位置づけは、長城各口から延びる駅站路ともほぼ対応している。試みに、『王公表伝』における「××口外」の記載と、嘉慶『大清会典事例』巻七四五、理藩院、辺務、駅站条に、内モンゴルの五路の駅站が「達」する地

表[10]

	『王公表伝』に「××口外」と見える各部	『会典事例』に「××口」駅道の達する地として見える各部
喜峰口	ホルチン、ジャライド、ドゥルベド、ゴルロス、ハラチン、トゥメド、アオハン、ナイマン、ジャルード、ハルハ左翼	ハラチン、トゥメド、ハルハ左翼、アオハン、ナイマン、ジャルード、ホルチン、ゴルロス、ジャライド、ドゥルベド
古北口	バーリン、アルホルチン、オンニュード、ヘシクテン、ウジュムチン	オンニュード、ジャルード、バーリン、アルホルチン、ウジュムチン
独石口	ホーチド	ヘシクテン、アバガ、アバハナル、ホーチド
張家口	スニド、アバガ、アバハナル、四子部落、モーミンガン、ハルハ右翼	四子部落、スニド、ハルハ右翼、モーミンガン
その他	ウラド（帰化城西）、オルドス（河套内）	ウラド、オルドス（以上殺虎口駅道）

域として挙げられている各部とを整理してみると、表のようになる。

このことを前提として、あらためて乾隆十三年の調査に関する諸史料を検討してみると、①と⑤に見える、そもそもの発端となったラブドゥンの上奏と軍機大臣等の議覆は、八溝（＝Ba geo）・塔子溝等の地を問題にしているが、八溝とは喜峰口外の平泉のことであり、塔子溝はその東北に位置する現在の凌源である。[11] ①にはないが、⑤には、調査対象として、「Karacin・Korcin・Aokan等の土地」という具体的な名前が挙がっており、この文書の趣旨からして、欽差大臣らが嫩江北岸のドゥルベドまで到来する予定であったことも明らかであるが、これらはすべて表の喜峰口外に属する。また、②において、民典地の存在が報告されている三旗も同様である。

もちろん、喜峰口外といっても、①、②、⑤の記述からだけでは、調査の実施範囲が、表に挙げられている喜峰口外各部と完全に一致するとまでは断定できないが、大体の見当としては誤りないのではなかろうか。[12]

また、⑤からいまひとつ判明するのは、このときの調査が、各旗であらかじめ民人・田地の数量に関する檔子を作っておき、欽差大臣が到来したら提出するという方法で行われたことである。正月二十日の時点で、ドゥルベド旗が「大臣らが到着するのも間近くなった」と述べていることから、調査隊はかなり急速に移動したと考えられるので、おそらく現地の実情を逐一検分する余裕はなかったであろう。ちなみに、満洲国時代の『錦熱蒙地調査報告』には、「乾隆十七年由八溝自治衙門抄録」と前置きして、ハラチン中旗の「乾隆十三年欽差大臣調査在本旗境内所住漢民之戸口男女及佃種地等数目清冊」が転載されている。それによれば、同旗内の民人男女の口数は合計四二、九二四、佃種地数は七、七四一頃六畝に達していたというが、この清冊こそ、旗は異なるけれども、⑤でドゥルベド旗が準備しようとしていた檔子に相当するものと考えられる。[13]

なお、矢野氏・田山氏がすでに指摘していることであるが、この調査を受けて実施された②の典地給還は、読んで字のごとく、あくまで土地の典売を問題とするものであって、民人による租田・耕種全般を排除しようとするものではなかった。上のハラチン中旗の清冊に見える佃種地数七、七四一頃六畝と、②において給還の対照とされた民典地四三一頃八〇畝を比較すれば、そのことは明らかであろう。しかし同時に、民人一般に対する管理強化の方策がとられたことも事実である。例を挙げると、『会典則例』巻一四〇によれば、同じ乾隆十三年には、田地や家屋を借り受けた民人が定められた通りの田租・賃料を支払わず、滞納三年に及べば、土地・家屋を徹回することが定められた[14]。また、モンゴルに寄居する民人に郷長・総甲・牌頭を立て、同知・通判が毎年春秋二季に所属の民人の名簿を作成し、「匪類」を容留しないよう厳に取り締まること[15]、従来関内の義州に駐劄する九関臺同知が管轄していたトゥメドの民人の事務を、塔子溝通判に兼理させ、その衙門の人員を増強すること[16]等も、同年に規定されている。

(9) ナヤンタイは、蒙古正藍旗人で、乾隆二年から二十五年まで理藩院尚書の任にあった。『欽定八旗通志』巻一八八本伝参照。ロブザンは、アオハン部出身で、郡主を尚して康熙年間から乾清門で行走し、乾隆七年に理藩院額外侍郎となり、同八年貝勒に晋封。同十三年には、外藩出身でありながら署鑲藍旗蒙古都統を拝命している。『欽定外藩蒙古回部王公表伝』巻二六本伝参照。

(10) 本表の作成に際しては、金峰「清代内蒙古五路駅站」(『蒙古史論文選集』第三輯、呼和浩特、呼和浩特市蒙古語文歴史学会、一九八三年、三三三―三五五頁。原載は『内蒙古師範学院学報』哲学社会科学版、一九七九年第一期)を参考にした。『会典事例』では、ジャルード二旗が、喜峰口駅道と古北口駅道の両方に重複して記載されている。なお、乾隆『会典則例』巻一四〇、駅站条にも、康熙三十一年の五路駅站設置に関する記事があるが、そこでは、トゥメド(二旗)・ナイマン・ハルハ左翼・ホルチン二郡王の都合六旗は「山海関の辺外より行走」し、ゴルロス二旗とドゥルベドの三旗は「黒龍江大路に在」るので、「駅站を安設するを庸うる無し」とされているなど、嘉慶『会典事例』とは扱い方が異なっている。

(11) 八溝には民人管理のために雍正七（一七二九）年に同知が置かれ、乾隆四十三年には平泉州に昇格した。塔子溝には乾隆五年に理事通判が置かれ、四十三年に建昌県に昇格している。亦鄰真他『内蒙古歴史地理』呼和浩特、内蒙古大学出版社、一九九三年、一七八頁。

(12) ただし、一つ気になるのは、『会典則例』巻一四〇、設官条に、同じ乾隆十三年に、オンニュード王旗（左旗）の烏蘭哈達（赤峰）と、トゥメド貝子旗（右翼旗）の三座塔（朝陽）に司官を駐劄させて、蒙古と内地民人の交渉事務を管理させる、との記事が見えることである。前者の管轄範囲は、ハラチン王旗（右旗）・同ジャサク旗（中旗）・オンニュード二旗・バーリン二旗・アルホルチン旗等で、後者の管轄範囲は、トゥメド二旗・アオハン旗・ハラチン貝子旗（左旗）・ナイマン旗・ハルハ（左翼）旗・シレート＝フレー等とされている。このような措置が取られたことを見ると、喜峰口外という範囲を超えて、何らかの調査が実施された可能性も否定できないが、何分史料が乏しいため、この問題については暫時考慮の対象から外しておきたい。

(13) 地籍整理局『錦熱蒙地調査報告』一九三七年、下巻、一四二二―一四二七頁。なお、同書一四三六頁は、ハラチン左旗に関する、「塔子溝理事分府巴　文移／喀喇沁公所有乾隆十三年間／理藩院大人査丈／貴旗地数尼〔民?〕数前経移請開示在案迄今未准移送今／欽差已到未便再延擬合移催／貴旗速賜開単同今次査丈過／貴旗地数民数冊一并交給……」という乾隆十七年の文書を引いて、「乾隆十三年ニ理藩院ノ指令アリテ旗内漢民数及地畝ノ調査ヲスベキナリシヲセザリシ為、再ビ催促シタルモノニシテ」と解説している。しかし、文書を熟読すると、実際には、塔子溝理事通判が、乾隆十三年の調査の際にハラチン左旗が提出した地数・民数冊の写しを自分のところにも送ってほしいと請求したのに、まだ届いていないと催促しているのであって、同旗が乾隆十三年に調査を行わなかったという意味ではない。文書中に「欽差已到」、「今次査丈」等とあるのは、次章で検討する乾隆十四年の決定によって、定期的に実施されることになった巡察を指すのであろう。

(14) 乾隆『大清会典則例』巻一四〇、理藩院旗籍清吏司、田宅条。

(15) 同右、什長条。なお、郷長等が置かれた範囲は、この記事には明記されていないが、同巻、設官条には、同じ乾隆十三年の記事中に「八溝南辺之民人郷長等」という表現が見えるので、八溝一帯であったと考えてよかろう。

(16) 同右、設官条。

三、乾隆十四年における禁令の拡大

史料③に見えるように、乾隆十四年九月、乾隆帝は熱河避暑山荘においてモンゴル王公等に賜宴した際、漢人を招いて開墾させることがモンゴルの生計に及ぼす悪影響を論じ、調査の結果査出した民典地を贖回させたことを述べた後、次のような指示を下した。(a)「該扎薩克等」が所属を取り締まって、今後の民人容留、地畝増墾を厳禁すべきこと、(b)「翁牛特・巴林・克什克騰・阿嚕科爾沁・敖漢等」の各地でも、厳に出典・開墾を禁止すること、(c)察哈爾八旗にも以上の禁令を同様に遵守させること、(d)今後禁令に違反した場合どのように処罰するか、また何年おきに人員を派して稽査させるかについて、該部〔理藩院〕が定議すべきこと。そして、この上諭を受けて理藩院が取り決めたのが、④に見える巡察規定と罰則であることは、王玉海氏が指摘しているように[17]、疑いないところであろう。

しかし、③を改めて入念に読んでみると、必ずしも意味の分明でない箇所がいくつかある。まず問題となるのは、(a)の「該扎薩克等」である。直後の(b)で、オンニュード以下の各部についても「亦応に出典・開墾を厳禁すべし」と言っているのだから、「該扎薩克等」はそれ以外ということになるが、具体的にはどの範囲を指すのだろうか。前段に典地贖回への言及があることからすれば、その対象となった各旗〔トゥメド右翼旗とハラチン左・中旗〕と考えられなくもない。しかし、本稿前章での考証を踏まえて考えると、おそらくは、前年の調査対象となった喜峰口外の各部・旗全般を指していると見るべきであろう。

次に、（b）の「翁牛特・巴林・克什克騰・阿嚕科爾沁・敖漢等」が、どういう基準で列挙されているのかも、気になるところである。まったくランダムという可能性もないわけではないが、前出の表と照らし合わせてみると、これらの各部が、アオハンを除いて、『王公表伝』に「古北口外」として挙げられているものであることがわかる。アオハンについては、史料⑤から、前年の調査対象となっていることが明らかなので、疑問が残るが、その点を棚上げすれば、乾隆帝の意図は、喜峰口外のみならず、古北口外の各部・旗に対しても、出典・開墾の禁止を拡大することにあったと理解できる。このような理解を前提とすれば、④の中に、理藩院から派遣される司官が、「喀喇沁・土默特等の旗」を両路に分かれて巡察する、とあるのは、ハラチンとトゥメドの両路に分かれるという意味ではなく、④の冒頭に挙げられている「喀喇沁・土默特・敖漢・翁牛特等の旗」全体を両路に分けて巡察するという意味で、それはつまり、喜峰口路と古北口路に分かれるということであったと解釈できる。

ともあれ、この乾隆十四年の上諭と、それを受けた理藩院による罰則制定によって、土地典売の禁止と、爾後の民人容留・増墾の禁止とを骨格とする「封禁令」の形が整えられたことになる。ただし、注意しておかなければならないのは、この段階でも、禁令の対象として挙げられているのは、喜峰口・古北口外の各部とチャハル八旗のみであり、独石口・張家口外以西の各部は含まれていないということである。もちろん、それは当時において、内モンゴル西部には民人による開墾が目立つほどには進んでいなかったため、言及されなかったということに過ぎないかもしれない[18]。しかし、たとえそうであったとしても、この封禁令が、内モンゴル全域を明示的に対象としたものでなかったことは、注意しておく必要があろう。

(17) 王玉海、前掲書、一八頁。

（18）ただし、帰化城トゥメドについては、史料②に、乾隆十三年以前に民典地を給還したことが見えているので、この限りではない。

むすび

以上、蕪雑な考証ではあったが、いわゆる乾隆十三～十四年の封禁令なるものは、内モンゴル全域を対象として一律に発令されたのではなく、（1）まず乾隆十三年に、喜峰口外各部を対象に調査が実施され、その結果を受けて典地給還が指示される、（2）翌十四年、当該地域を対象として、典売禁止の徹底とともに、新規の民人容留による増墾禁止が指示され、さらにその対象が古北口外各部とチャハル八旗にも拡大される、という階梯を踏んで施行されたものであることを、おおむね明らかにし得たと思う。しかし、何分にも史料が手薄なため、立論にやや強引な部分があることも否めない。第一章でも触れたように、各種の檔案をさらに入念に検索すれば、あらたな材料が見出せる可能性もあるので、今後もその努力を続け、一連の封禁令の全体像について、より踏み込んだ検討を行ってみたいと考えている。

清朝期の満蒙婚姻関係が内モンゴル東部地域の文化に与えた影響

杜家驥
（訳・柳澤明）

一、満蒙通婚全体における内モンゴル東部の位置づけ——通婚の時期と回数からの分析

清一代を通じて、満蒙の通婚は三〇〇年（一六一二〜一九一二年）にわたって継続し、さらに中華民国期にも続いた。その回数は五九五回（民国以降を除く）にも達する。中でも内モンゴル東部の三盟（ジェリム盟、ジョソト盟、ジョーオダ盟）における通婚はもっとも早期から、かつもっとも長く続いており、一六一二年から清の滅亡までに四九九回を数え、総数五九五回の八三・九%を占めている。その大部分は満洲の公主・格格《ゲゲ》がモンゴルに降嫁したもので、総計三六〇余名を数える。通婚の対象となったモンゴルの部を人数の多い順に挙げると、ホルチン、ハラチン、アオハン、バーリン、オンニュード、ナイマン、トゥメド左翼、ジャルード、ゴルロス、アルホルチン、ドゥルベドとなる。[1] このように長期にわたって多くの婚姻が結ばれ、多数の満洲女性と陪嫁戸（供回りの者たち）が東部モンゴルに移住したことが、この地域の文化にどのような影響を与えたかは、研究に値する興味深い問題であるといえよう。

二、満蒙通婚がモンゴル文化に影響を及ぼした経路

まず、婚約から成婚に至る全プロセスが挙げられる。満蒙通婚においては、満洲側が一方的に満漢式婚姻儀礼（ここでは主に入関以降の北京の婚姻儀礼を指す）に基づいて婚約・結婚を主導した。降嫁すべく指名された公主・格格は、相手のモンゴル額駙《エフ》と北京で婚礼を執り行い、その後にモンゴルに入った。このような方式が長期にわたって続けられた結果、漢人の習俗を交えた満洲人の婚姻儀礼がモンゴル人にも伝わったのである。

満洲女性の嫁入りに際しては、大量の物品が嫁入り道具として付随し、また平時の姻戚訪問の際にも贈答がなされた。これは物質文化の絶え間ない流入を意味した。彼女らとその陪嫁戸は、モンゴルで生活するにあたって、内地の衣食住の習慣、文化娯楽の嗜好、倫理道徳観念等をモンゴルに持ち込んだ。陪嫁戸はモンゴルにおいて農地経営、製造、建設に従事し、また各種の技芸をモンゴルにもたらした。

婚姻を結んだ夫婦と彼らの子孫は、常に満洲の姻戚と交際・往来した。また彼らは年班で北京に赴いたり、囲班で承徳に赴いたりする際、満洲人と接触し交流した。満漢の習俗・文化は、こうした機会に彼らに一定の影響を与えたであろう。さらに一部のモンゴル額駙と満洲の公主・格格は、清朝の制度に基づいて子孫を北京に送り、「内廷教育」を受けさせた。

北京在住のモンゴル額駙とその子孫たちは、長期にわたる北京での生活によって、満漢の習俗・思想に影響され、満漢文化を吸収していった。一部のモンゴル額駙は清初にすでに北京に居宅を構えていたが、乾隆朝以降、北京に定住する者は次第に増加した。彼らは長年にわたって満漢文化圏の中で生活し、子弟も北京で満漢文人による教育を受けるようになった。これらの北京在住者は、大部分が清朝の官職につき、皇帝や満漢官人とともに軍務・政務に携わった。このことは、彼らを著しく満洲化・漢化したモンゴル人とし、彼らの思想・観念に進歩と開化をもたらした。一部の者は、

清末の内地における新方式の教育や社会改革を自旗に導入し、当該地域の文化の進歩に一定の影響を及ぼした。その顕著な例として、清末から民国期にかけてのハラチン右翼旗のグンサンノルブ（貢桑諾爾布）や、ホルチン左翼後旗を挙げることができよう(2)。

三、満蒙通婚が内モンゴル東部の文化に与えた影響

婚姻習俗。ホルチン、ハラチン等の地域で清代後期に流行した方式は、婚約に際して吉日を選んで「全科人」を招き、「合婚」によって男女の干支・五行の相性を調べてから結婚の可否を確定するというものであったが、これらはいずれも満蒙通婚において用いられた方式であり、その影響を受けたものと考えられる。

貞節観念。明代以前、モンゴル女性の再婚は一般的であり、子が継母を娶る例さえ見られた。清代になると、康熙朝以降、モンゴルに降嫁した多数の満洲女性は、夫の死後も貞節を守り、甚だしい場合には、婚約はしたが成婚に至らずに死去したモンゴル王公の子弟のために貞節を守り、一生嫁がない満洲格格さえ現れた。この種の行為や道徳観念はモンゴル女性にも影響を与え、主に貴族の家において、貞節を守って寡婦として暮らす現象が見られるようになった。ホルチン、ハラチン、オンニュード等の部についてこうした記載が残されている。

葬制。明代において、モンゴル貴族の間では葬儀・埋葬に二種の主要な形式があった。

A　土葬（木をくりぬいて遺体をその中に安置し、地中に埋めて、地表には何の痕跡も残さない）

B　火葬

清代になっても、満洲の公主・格格およびその夫のモンゴル額駙が死んだ場合、当初は主に火葬が行われた。ただし、埋葬の場所については、漢化した満洲の習俗を取り入れて、吉祥の地を選び、墓穴中に「壙誌」を置き、地面に土盛り

をし、祭祀・記念のための享堂、墓碑、牌坊、囲牆等の建造物を備えた。おおむね乾隆朝以降になると、モンゴル額駙の埋葬は、火葬から遺体を棺・槨に収める方式に変わったが、彼らの妻である満洲の公主・格格についてはさらに早く、おおむね雍正朝以降にはそのようになっていた（このことは発掘された陵墓から知られる）。埋葬地に関しては、従来通り漢化した満洲の習俗によった。従って、内モンゴル東部には多くの公主陵、格格陵、額駙陵、親王陵等の遺跡が現存するが、満蒙通婚が極めて少ないか、あるいはまったく行われなかった内モンゴル西部には、少なくとも道光朝以前については、この種の埋葬方式による陵墓はほとんど見られない。以上は、現存する各地の陵墓遺址の実地調査と発掘報告から導き出した結論である。

内地の建築・生産技術の流入。清朝はモンゴルに降嫁させた公主・格格及びその夫のために北京式の邸宅である四合院を建造し、陪嫁戸も内地式の家屋を建てて居住した。北京在住のモンゴル額駙は、長期にわたって北京の邸宅で生活したため、その様式を模倣して自身の旗に邸宅を建造した。清代のモンゴルにおける豪華な公主府や親王府も、多くは内モンゴル東部にあり、ホルチン、ハラチン、ナイマン等の地にいまも残っている。

陪嫁戸は、降嫁した女性のために農耕を営み、あるいは「胭脂地」、「祭地」を経営した。また、彼女や夫のモンゴル額駙のために各種の内地風の生活用品を製作した。史書にはこうした人々のいわゆる「七十二行」〔諸々の職種〕に関する記載がある。彼らは各種の技芸をモンゴルにもたらしたのである。

戯曲の流入。満洲人は非常に戯曲を好み、モンゴル額駙やその子弟の台吉《タイジ》らが北京や承徳に赴くと、清朝皇帝も彼らの娯楽のために戯曲を上演した。その影響を受けて、一部のモンゴルの額駙・王公も自旗の王府に劇団を組織し、舞台を作って戯曲を演じさせた。北京の劇団の中には、モンゴルに赴いて、降嫁した満洲公主・格格一家のために戯曲を演じるものもあった。こうして清代中期以降、内モンゴル東部地域で戯曲ブームが起こった。

満漢文化による教育。少なからぬモンゴル額駙は子弟を北京の宮中に送り、皇子・皇孫とともに上書房において教育を受けさせた。たとえばホルチンのセブテンバルジュル（色布騰巴勒珠爾）、ハラチンのジャラフンガ（扎拉豊阿）、ゴルロスのグンゲラブタン（恭格拉布坦）、アオハンのチョイジジャル（垂済扎勒）等である。北京在住の額駙は、さらに自身の邸宅にも「家塾」を設け、満漢の文人を招聘して子弟を教育した。また、自旗に設けた王府に内地の文人を招いて教育を行わせるモンゴル額駙もいた。教授される主な内容は満漢文の四書五経、詩詞等であり、要するに主として漢文化による教育であった。これによって、漢文化に対して一定の造詣を有する何人かの文人が生まれた。たとえばホルチン左翼中旗のナスト（那蘇図）、ダライ（達賚）、ホルチン左翼後旗のボヤンネメフ（伯顔訥謨祜）、ナルス（那爾蘇）、ボディス（博迪蘇）、アムルリングイ（阿穆爾霊圭）、ハラチンのワンドトナムジル（旺都特那木済勒）、グンサンノルブ、ダンバドルジ（丹巴多爾済）、トゥメドのマニバダラ（瑪尼巴達剌）、バーリンのデレク（徳勒克）、アオハンのポンスクラシ（彭蘇克拉史）等である。彼らはみな詩詞に長じ、書法に優れ、中には詩文集を世に問う者もあり、さらには清朝の国史を編纂する国史館において副総裁の任に就いたり、講官に充てられたりする者もあった。彼らの造詣が浅からぬものであったことが知られよう。

四、満蒙通婚の影響の特殊性、特に一般流入漢人の影響との相違

モンゴル東部に降嫁した満洲公主・格格は身分が高かったため、人々の注意を引き、影響力も大きかった。「上が行えば下が効《なら》う」という成語にあるように、庶民は上層の人々の行動を好んでまねるものである。たとえば「中山服」の流行は、人々が孫中山の服装をまねたものである。また、古代の趙の国王が好んで紅色の衣服を着用すると、紅色の顔料や布の値段が騰貴したという。一般の流入漢人は身分が低かったため、婚姻に伴って移住した満洲人のように周囲の注意を引くことはなく、影響力もおのずから限られたものであった。

満洲公主・格格はモンゴル人の中で生活したが、一般流入漢人は主として遊牧地以外の開墾地や山間等の辺鄙な土地で生活したので、日常生活の中でモンゴル人と接触する機会は少なく、影響も小さかった。この傾向は時代を遡るほど顕著であるが、清代後期、とくに清末に至って「放墾」が行われると、状況は変化していった。

婚姻に伴う満洲人のモンゴルへの移住は、漢人流民より早く、清初にすでに始まっていた。一般漢人の流入は、おおむね康熙朝後期から始まったが、その影響が増大したのは清末以降である。

早期の流入漢人の多くは、家族を伴わずに単身で暫時モンゴルに住み、いくらかの蓄えができると故郷に帰っていった。家族を伴う定住が主となったのは後のことである。従って、早期においては、流入漢人の影響は生活文化の中の限られた側面にとどまっていた。これに対して、婚姻に伴ってやってきた満洲人は、当初からモンゴルに定住して生活したため、その影響力も大きかった。

地域という面からみると、清代前期~中期において、漢人の流入は主にハラチン、トゥメド、ホルチン等の地域で見られたが、婚姻に伴う満洲人の移住は広く東三盟全域に及んだため、その影響の範囲も広かった。

以上を総合すると、次のようになる。

A　清代前期においては、満蒙通婚のモンゴルへの影響は流入漢人によるものより大きく、清代後期には、逆に流入漢人による影響が大きくなった。

B　満蒙通婚のモンゴルに対する直接・間接の影響は、上層社会に対して大きく、下層社会に対しては小さかった。逆に流入漢人の影響は、モンゴルの一般社会に対して大きかった。

C　流入漢人は、満蒙通婚に伴う移住者よりも数において多く、清代後期、とくに清末に至ると数量・影響力ともに後者を大幅に上回った。

D　満蒙通婚が東部モンゴルの文化に与えた影響は多岐にわたり、その作用は重要かつ特殊な性質を帯びていた。これは、流入漢人の影響のよく及ばないところである。

五、結び

本報告における考察は、未熟なものであって、今後さらに発展させる必要がある。流入漢人の影響についていえば、たとえば婚姻習俗に関しては、どちらがどちらに影響を与えたか、という問題がある。また、漢人がモンゴルに入っても原姓を保持したのに対して、モンゴル人の漢名による命名、改姓が多く見られたという問題に関しても、両民族の相異なる宗族制度や宗法観念を踏まえて分析・理解することが必要であろう。

《補充説明》※

内モンゴル東部の社会変遷は、非常に複雑な問題であり、それに影響を与えた要素や、その表現形態も多様である。内容面からこれを大きく分ければ、行政管理（清朝による行政機関の設置、制度、措置、各部・旗の首長による属民統治等）、経済（牧畜、農・工・商業等）、意識形態（文化、芸術、思想、観念、宗教、習俗等）等々が挙げられるが、これらは、それ自体が変化するとともに、また相互に影響を及ぼしあった。以上のうち、行政管理はもっとも可視的であり、経済がこれに次ぐが、意識形態はもっとも抽象的で、それに影響を及ぼした諸要素も複雑かつ多面的であり、その変化は累積的・漸進的性格を帯びていた。一方、この地域の社会変化に影響を与えた人的活動としては、たとえば清朝官僚とモンゴルの王公・官僚が交流する中で、後者が清朝の政治、思想、文化の影響を受けたことが挙げられるが、これは社会の上層に関わるものである。一般民衆に関係が深いのは、主に漢人の流入である。各地域の状況も単一ではなく、ジョソト盟、ジョーオダ盟の地域は、明初に大寧衛、全寧衛が置かれ、漢人軍戸と民人がいたが、明代中期以後にモンゴル人が入り込んだものである。明代には戸籍や人口流動に対する統制が比較的厳格であったが、清の康熙・雍正年間に至ると、「滋生人丁」に対する賦税の永久停止、人丁に課されていた丁銀を田土に割り当てる「攤丁入畝」が実施され、以後戸丁編審がもはや行われなくなったため、農民は自由に土地を離れることができるようになった。さらに、急激な人口増加に伴って、一人当たりの土地占有面積が減少したため、土地を持たない多くの漢人は、続々と東北・内モンゴルに流入した。清政府は何度も禁令を発したものの、この流れを抑えることはできなかった。そして、清末の「放墾」により、漢人の流入はさらに増大した。その影響は、主に経済、社会生活、習俗の面に見られる。流入漢人の大部分は貧しくて文化的素質も低かったため、文化面における影響は小さかった。清代前期に遡るほど、こうした傾向が顕著である。

本報告中で述べた満蒙通婚の内モンゴル東部への影響の中には、上層・官僚社会に関するものばかりでなく、下層社会に関するものも含まれる。後者は主に、当該地域に降嫁した満洲公主・格格の陪嫁戸に関わっている。これらの人々は降嫁に随行した後、長期にわたって定住した。文献と私の現地調査によれば、内モンゴル東部に少なからず見られる「〇〇家子」という村落は、こうした陪嫁戸の子孫の繁栄によって形成されたものである。彼らがこの地域にもたらしたのは、「七十二行」の名で知られるように、主として各種の手工業技術であった。彼らの生活習俗も、この地域に影響を与えなかったわけではないが、陪嫁戸は流入する一般漢人に比べればはるかに少数であったため、その影響も流入漢人ほどではなかった。しかし、満蒙通婚の主体である上層社会に関していえば、その影響はやはり注目に値するものである。報告中で述べたように、満洲の貴族・皇族と、内モンゴル東部の各部・旗の王公との通婚は三〇〇年（中華民国期を含まず）の間に四九九回に上り、三六〇余人の満洲公主・格格が降嫁した。こうした婚姻は、多くの満蒙混血の子孫を生み出し、彼らは姻戚と常に往来し交際した。このことが内モンゴル東部の上層社会の人々の文化・観念・習俗に与えた影響は、外来諸要素がこの地域に及ぼした各種の影響の中で、一定の地位を占めており、また一種特別の性格を帯びていた。そうした影響がもたらされた経路とその内容については、報告中に簡潔に列挙してあるが、以下に若干の補足説明を加えたい。

1　貞節観念

満洲女性の貞節観念は、入関以前は希薄であったが、入関後の康熙朝以降、漢人の影響を受けて非常に強烈なものとなった。清政府も「旌表」をもってこれをさらに促進したため、婚約はしたが成婚に至らないままに死去した男性のために、生涯貞節を守って嫁がない「貞女」と呼ばれる満洲女性も、少なからず出現した。また、結婚後に死去した夫のために貞節を守り生涯にわたって嫁がない寡婦は、さらに多く存在した。乾隆年間には、旌表を受けた満洲の寡婦および貞女だけでも九、六〇〇余名を数える（『欽定八旗通志』巻二三四―二五七）。モンゴルに降嫁した満洲女性も、この種の貞節を墨守し、何人かの貞女が出現した。たとえば、ハラチンに嫁いだある満洲格格は、八十数歳で死去するまで貞女としての節を守り通し、民国時代に至ってなお、彼女のこの行動は、人々に語り伝えられ賞賛された（民国『凌源県志稿』蒙旗、風俗）。彼女らのこうした行動と貞節観念は、現地のモンゴル女性、特に上層貴族の女性たちにも影響を与え、夫の死後再嫁しないという守節の現象が見られるようになった。同時代の記録の中にも、満蒙通婚が始まった後のモンゴル貴族の女性について、「夫死して後、婦の再び嫁ぐを得ざるは、此れ其の古俗と懸《はるか》に殊《ことな》る」という記載が見られる（『清稗類鈔』婚姻類、蒙古貴孀不再嫁）。守節は漢人の道徳観念であったが、満洲人がその影響を受け、さらに満蒙通婚を通じてモンゴルに影響が及んだのである。

2　葬制

明代において、モンゴル貴族の喪葬には、伝統的な土葬以外に、中後期には火葬も見られた。こうした明代の葬制に関しては私自身は研究していないので、中国で出版されたいくつかのモンゴル民族史関係文献の明代の風俗に関する部分を参考にした。清代の満蒙通婚開始後、それが東部モンゴルの葬制に及ぼした影響に関しては、陵墓の発掘報告や、私自身が調査した陵墓の遺跡、現地の老人からの聞き取りによっている。これらの材料から知り得たところでは、康熙年間にモンゴルに降嫁した満洲の公主・格格、および相手のモンゴル額駙については、死後いずれも火葬が行われており、墓中には遺骨を納めた罐あるいは銀屋があった。しかし雍正年間に至ると、モンゴルに降嫁した満洲の公主はもはや火葬にはされず、遺体を棺・槨に収めて埋葬されている。たとえば、バーリンに降嫁して雍正六年に死去した栄憲公主（康熙帝の皇女）の陵墓が二〇世紀（六〇年代）に発掘された際、遺体の保存状態はきわめて良好で、皮膚や肉も残っており（何らかの防腐処置によるものであろうか）、血痕もあった（目撃者の証言による）。その後に死去したホルチンの純禧公主・端柔公主等も、いずれも遺体を棺・槨に収めて葬られている。相手のモンゴル額駙については、火葬から棺・槨による埋葬に改めた最も早い例は、現在知り得る限りでは、乾隆年間に死去したホルチン左翼後旗の扎薩克《ジャサク》郡王チメドドルジ（斉默特多爾吉）であり、その後のハラチン左旗扎薩克貝子ダンバドルジ、ホルチン左翼後旗扎薩克親王センゲリンチン（僧格林沁）、ボヤンネメフ、ナルス等も、みな棺・槨による埋葬である。埋葬地については、清初の順治年間からすでに、モンゴルの伝統である地表を平らに踏みならして痕跡を留めない方式から、園寝、享殿、碑、牌坊等をそなえる方式へと改められている。今日その多くはすでに倒壊しているが、少なからぬ陵墓になお遺物や遺跡が残されている。内モンゴル東部にはまた、「公主陵」「格格陵」「王爺陵」「駙馬陵」等の名をもつ市・鎮・郷村も見られる。陵墓に土盛りをし（宝頂）、各種の建造物を配置し、棺・槨を用いて遺体を収め、被葬者の生卒年と簡単な経歴を記す「壙誌」とともに埋葬するのは、漢人の埋葬方式である。それ以外にも、モンゴルの王公・額駙の家では、やはり漢人の習俗に倣って、風水に基づく吉祥の地を墓所とし、多くは山稜上の景勝地を選んでいる。たとえば、ボヤンネメフの「伯王陵」は山稜上に造られ、周囲を五つの山が取り巻いて、蓮の花のような形状をなしており、そのため蓮花崗という呼称もあった。これらはみな、漢化した満洲の影響を受けたものである。

3　北京式の府第建築

嘉慶年間に北京で官途にあった呉振棫は、『養吉齋叢録』に「国家、蒙古各旗と世《よ》婚姻を為す。公主・郡主の多く下嫁する者、……大都《みな》邸第を建造し、復《ま》た蒙古包に住まず。飲饌の豊美も亦た京師と彷彿たり」と記している。ハラチンの学者ロブサンチョイダン（羅布桑却丹）も同様のことを述べている。遼寧省檔案館所蔵の『黒圖檔』にも、東部モンゴルに降嫁した満洲公主のための府第・家屋の建設について、非常に詳細な記載がある。ホルチン、ハラチン、ナイマン等の地には、いまも往時の建築が残っており、中でもナイマン部の額駙が建造した王府は、華美な装飾が施され、漢人の建築芸術と文化の風趣を余すところなく体現している。それはたとえば、「福は眼前に在り」を意味する貨幣を銜えた蝙蝠の木彫、彩色を施した福・禄・寿の三星、「八仙慶寿」図、『紅楼夢』中の人物像、屈原や孔子の肖像等々である。

4　文化・教育

清代のモンゴル人は、文化面において、明代に比べ顕著な発展を遂げた。その原因はおおむね次の通りである。

(1)清の中央政府とモンゴルとの間に経常的な行政上の関係があったため、モンゴル各部は、満蒙両種の文字を知り、公文書が作成できる人材を養成しなくてはならなかった。さらに、現存するモンゴル各地の檔案から見ると、一部の公文書は一貫して漢文もしくは蒙漢合璧、満漢合璧であった。清末に至ると、モンゴル各部・旗の公文書を漢文で書くべきことが公式に命令されたが、これはまさに「新政」の時期であり、教育にも漢文が導入された。

(2)モンゴルの文人は、漢文化に題材をとった小説を翻訳し、戯曲を脚色上演することによって、漢文化を伝えた。

(3)内モンゴルのラマの駐京や、内地（北京・五台山・承徳・盛京等）との間の往来を通じて、満・漢・チベット文化の影響がもたらされた。

(4)モンゴルの王公や額駙、その子弟の台吉たちは定期的に北京や承徳に朝覲し、あるいは宮中で皇帝の側近く仕えたり、北京で官途についたりして、皇帝や満漢官僚たちと接触・交流し、満漢文化に感化されていった。中でも、世代を重ね、あるいは長期にわたって北京に住んだモンゴル額駙家の子弟は、内廷や府第において満漢文人の教育を受け、成人後は北京で任官し、この種の影響を受けることがもっとも大きかった。

(5)満洲の皇室・王公等は、漢化の度合いが著しく、多くの学者・文人一族が出現し、少なからぬ才女も現れた。彼女たちがモンゴルに嫁いだことは、その子孫に一定の影響を及ぼし、ある者は子孫を北京に送って「内廷教育」を受けさせた。満蒙の姻戚同士は頻繁に往来し、とくにモンゴル側が北京の姻戚を訪問して滞在したことは、京師の文化や思想に接する機会となった。

以上の(2)、(4)、(5)は、いずれも満蒙通婚と関係しており、報告中で挙げたような一流の文人を生み出したのである。

注

(1)これらのデータは、中国第一歴史檔案館（北京）に所蔵される清朝皇室の族譜『玉牒』に基づく。『玉牒』には、満蒙通婚に関する大量の記載がある。

(2)これらについては中見立夫、バイルドクチ両氏の研究がある。

※編者注：この《補充説明》は、シンポジウム終了後に報告者が補足執筆したものである。

インジャンナシ著『一層楼』、『泣紅亭』における中国文化の影響

チェ＝ヒシクトクトホ
（永井匠・アルタンガラグ訳）

一、インジャンナシと『一層楼』、『泣紅亭』

インジャンナシの幼名はハスチョロー（Qasčilaγu）、漢語名は宝瑛、字は潤亭である。清の道光一七年、丁酉の年の四月一六日（西暦一八三七年五月二〇日）に、ジョスト盟トゥメド右旗（現在の遼寧省北票県）の忠信府（Sidurγu batu qoruγ-a）のタイジの家に生まれた。インジャンナシはチンギス＝ハーンの後裔であり、自ら記すところによると、チンギス＝ハーンの二八代目の子孫である[1]。

インジャンナシの父ワンチンバル（Wangčinbala、1795-1847）は、トゥメド右旗の軍事を司る協理台吉であった。ワンチンバルは教養が高く、モンゴル語・漢語・満洲語・チベット語典籍の豊富な蔵書を持っていた。彼はチンギス＝ハーンの伝記に基づいた長編歴史小説『青史（Köke sudur）』の著述を開始し、八章まで書いて、途中で放棄していたが、後にインジャンナシが書き継いで完成させたのであった。インジャンナシはまたハラチン右旗のセベクドルジ王

(Sebegdorji wang) 父子と親密に交際していた。セベクドルジ王もかなりの蔵書家であったという。ワンチンバル＝タイジ宅、セベクドルジ王宅にあった多くの書籍を利用して、インジャンナシは作品を著述する仕事に生涯を捧げたのであった。

インジャンナシは光緒一八年、壬辰の年（西暦一八九二年）に、五六歳でこの世を去った(2)。

インジャンナシは中編小説『月鵑』や『紅雲涙』、『一層楼』、『泣紅亭』等の長編小説、長編歴史小説『青史』や、その他多数の詩、雑文を全てモンゴル語で著した。このうち『一層楼』、『泣紅亭』、『青史』は非常に有名である。

本稿では、インジャンナシの作品のうち『一層楼』、『泣紅亭』のみを取り上げる。

『一層楼』のあらすじ

賁姓で侯の爵位を持つ賁璽の一人息子璞玉が幼少の頃、賁璽の妹の娘聖如、賁璽の正妻金夫人の兄と弟の娘炉梅と琴默、この三人の娘はいつも忠信府に来ては、長く滞在し、璞玉と仲良く遊んでいた。成長すると彼らの間には恋愛感情が強まってゆき、大人たちも三人の娘のうちから璞玉に嫁を選ぶことについて語り合うようになった。ちょうどその時、東北郡貝勒で節度使の蘇安が璞玉を見て気に入り、娘の蘇己を与えようと申し出た。蘇節度は賁璽の「上司」で、賁璽は蘇節度の「下官」であるため、賁璽はその申し出を受け入れた。

璞玉が蘇己と結婚したので、聖如、炉梅、琴默の三人の娘もそれぞれの家に帰っていった。蘇己が間もなく病気で亡くなると、璞玉は非常に悲しみ、例の三人の娘の消息を尋ねると、彼女たちは皆嫁いだとの知らせを受けた。『一層楼』はここで終わる。

『泣紅亭』のあらすじ

璞玉が父の貫偀に従って首都に行ったことからこの作品は始まる。道中、璞玉は聖如、炉梅、琴默の三人の娘を探しながら行き、その消息を得た。炉梅をその母は呉亭の地の五十歳近くになって妻に先立たれたとても醜いある裕福な商人に嫁がせることに決めていたが、炉梅は気に入らなかったので、お付きの娘と一緒に男装をして逃げて行き、南方の地の康信仁という者の養子になっていた。琴默は山陽の地の非常に醜い宋氏のもとに嫁いでおり、死のうとして川に飛び込んだものの、ちょうど川に落ちた娘を捜していた彼女の父親に助けられた。聖如が嫁ぐことになっていた男は重い病気に罹っており、祝い事によって災いを清めようと結婚したが、病気がますます重くなって死んでしまい、聖如は「正式に結婚が成立する前に未亡人の名を身に帯びて」、三年の喪に服していた。

結局、璞玉、炉梅、琴默、聖如は様々な奇縁により再び巡り会い、璞玉はその三人の娘を皆妻とし、「ハッピーエンド」となる。しかし作者はこうした出来事は真実ではなく夢であるということを暗示するため、作品の冒頭において、璞玉がある日一人で歩いて会芳園に入って行き、「緑波亭の中にござ、丸い枕を敷いて横たわり、少し目を閉じるや否や、たちまち夢の世界に入った」と書き出しており、作品の最後には「ぼんやりとした三年間の出来事、白昼夢を見ているようで、そこにある真実を探しても、それは角のある兎・毛の生えた亀の心臓のよう（eler balar γurban ǰil-ün kereg / edür düli nigen üde-yin ǰegüdün / egün-ü doturaki ünen maγad-i eribesü / ebertü taulai üsütü menekei-yin ǰirüke）」と詩を詠んでいる。

二、『一層楼』、『泣紅亭』における中国文化の影響

インジャンナシのこの二つの作品に現れた中国文化の影響の程度はほぼ「全面的で、徹底的な」ものであると言っても過言ではない。内モンゴルのモンゴル人研究者たちはこれに関する研究を長年行ってきた。例えば、ジャルガ

(J̌alʏa) 氏は比較文学の方法を用い、中国文学との関係を詳細に研究した。[3] 宝玉柱氏は社会言語学の方法により、漢語の影響について統計を用いて細かく論述した。[4]

本稿では、先行研究を踏まえ、『一層楼』、『泣紅亭』に反映された中国文化の影響を、主に言語、生活、文学の三点から簡単に論ずる。

1 漢語の影響

インジャンナシはこの二つの作品をモンゴル語で書いたとは言うものの、漢語の影響を深く被っていたのである。この二つの作品が漢語を知らないモンゴル人、あるいはモンゴル研究者にとって、理解困難と感じられる理由はここにある。

この二つの作品には漢語からの大量の借用語が用いられている。そのうち漢語の人名、地名、官職名、親族の名、住宅・建築物の名称、野菜果物の名称等の名詞を漢語の音のまま借用するのは当然であるとしても、翻訳すべき或いは翻訳可能な名詞、更には動詞までも借用しているのである。たとえば、日本などの外国名、dou mi（稲米）、si quwa（西瓜）等の穀物・野菜の名前、čang šeü miyan（長寿面）、diyan sin（点心）、la ba ǰeü（臘八粥）等の食品の名前、ǰen ǰu ou（珍珠襖）、ǰiya ša（袈裟）、fang ǰin（方巾）、küi ǰeü čeü（貴州綢）等の衣服・布・絹の名前、el fang（耳房）、čou fang（朝房）、el men（二門）、nei men（内門）、ǰiyuu men（角門）、yuwan men（円門）、iü lang（游廊）、čuwan tang（穿堂）、tou ǰiyan（套間）、šu fang（書房）、čuwang（床）、di kang（地炕）等の屋敷の名前、küi ning se（会寧寺）、čing šan se（青山寺）等の寺の名前、se ming ǰüng（自鳴鐘）、yang biyuu（洋表）、ǰou i ǰing（照衣鏡）、yang ǰing（洋鏡）、ǰiü qu（酒壺）、ba bou siyang ǰin qu（八宝鑲金壺）、šeü lu（手炉）等の用具の名前、qan wen fu si（漢文福字）、mei ren tu（美人図）等の文書・絵画の名前、süng liüi（松緑）、yüwei bai（月白）、šen lan（深藍）等の色の名前、

pangčing（膀青）taribaču. sing lüng dang pu（興隆当鋪）等の動詞の入った語――これらの名詞やことばに至るまでみな漢語から借用したのである。

　さらに驚くべきは、いくつかの漢語の歌の数節をそのまま音写していることである。このような例が五つある。『一層楼』第一五章では、「駐馬庁」、「新水令」という二つの歌を音写し、モンゴル語訳している。[5] しかし、第二七章では、二人の婦人の「教習」が連れてきた「弾詞曲児」を歌う四人の子供が《iüi u če》から一節歌ったことを述べて、「歌って、ǰiyuu ǰiyuu. ming ming. jian ǰian. deng deng deng. e na či či. ǰeng ǰeng. niü niü. ting ting. ǰiye ǰiye. ying ying などの歌詞に至ると、璞玉は思わず興奮し、琴自歇のほうを見ると、自歇の顔もさっと赤くなり、あわてて下を向いた」[6] とある。ここにある《iüi u če》《ǰiyuu ǰiyuu … ying ying》等の言葉をみなモンゴル語訳していない。これらがいったいどのような漢字であったのかを知ることは困難である。甲乙木の漢訳した『一層楼』もこれらの言葉を訳さず削除している。[7]

『泣紅亭』の「小耗子」と「郎児調」という二つの歌も音写のみで、モンゴル語訳していない。その「小耗子」を以下に示すと、《siyuu qou zi šang deng tai. deü iu chi bu siya lai. beng di ia ding deng lang lang di. siyang ǰing sing miyuu u ǰiya di. meng fu yang tai..》[8] で、漢字では、「小耗子、上灯台、／偸油吃、不下来。／鳳台呀！艇等郎郎台。／香径香渺呉家台。／夢赴陽台」[9] となる。

　漢語の比喩表現も多用している。それらモンゴル語訳した比喩表現にもとの漢語を当てていくつかの例を示すと、《luu morin-u čoɣ ǰali. dalai-yin toɣuruu-yin ǰisü》（龍馬之神、海鶴之顔）、《yingtuur-un uruɣul anu čaɣan čaɣasu metü boluɣad》（両点桜桃唇、一如白紙）、《buyan anu dalai oɣturɣui-luɣa sačuɣu. nasun anu aɣula qayirqan metü batu》（福如淪海長天、寿比山岳永固）、《arban tabun qobuɣu-bar usu abqu adali. doluɣan deger-e naiman dour-a bolǰu》（十五箇吊桶打水、七上八下）[10]。

漢語のことわざも多用している。たとえば、《kelegei kümün quwang liyan-i amsaɣsan adali ɣasiɣun-i dotur-a-ban medekü bui ǰ-a. ɣadan-a-ban keleǰü čidaqu ügei》（唖吧吃黄連、有苦説不出）、《doɣulang-un dergede dorɣun üge-yi buu kele》（当着瘤子、別説拐子）、《yerü-yin üy-e-dür küǰi sitaɣaǰu mörgükü ügei. ɣaraɣsan čaɣ-tu burqan-u köl-i teberimüi》（平時不焼香、臨急抱仏腿）、《takiy-a-dur ögbesü takiy-a-yi daɣaqu. noqai-dur ögbesü noqai-yi daɣaqu》（嫁鶏随鶏、嫁狗随狗）[11]。

いくつかの漢語の詩を編集・翻訳して引用している。たとえば、『一層楼』第一八章に現れる璞玉の「赤貧の歌（ügeyigüü yadanggi-yin daɣulal）」（研究者たちは「貧しい農民（yadaɣu tariyačin）」と名付けている）は、袁介の「踏災行」という詩を少し改修し、翻訳したものである。袁介のこの詩は陶宗儀の『南村輟耕録』第二三巻に「検田吏」という名で収録されている。これに関してソナムラブダン氏、ジャルガ氏、五月氏等が論及している[12]。

2　中国・満洲の生活の影響

『一層楼』第三〇章の璞玉と蘇己との婚礼を描写した場面には、「水晶の碗に乳を入れ、婿と娘に飲ませた」とあり、「璞玉と妻を天地・日月に叩頭させた後、また向かい合って儀式を行わせ、璞玉は先に屋敷に入り矢筒と弓を取って…弓筈が頭の覆いに触れるや否や、たくさんの婦人たちが頭の覆いを持ち上げ弓筈に引っ掛けて取らせた[13]」と書かれている。婿・娘に乳を飲ませた、婿が弓筈で娘の頭の覆いを引っ掛けて取った、等の描写は、モンゴルの婚礼の習慣を反映したものである。

このように宴席・婚礼において時々モンゴルの習慣が描写されている他は、二つの作品には中国・満洲の田舎と宮廷の生活、経済、文化の特色が描かれているのである。貢璽邸の日常生活や儀式、蘇節度邸の屋敷や宴席・婚礼、璞玉が農地を視察に出かけて見聞した田舎の様子、白老寡が語る農民の貧しい生活、また首都および杭州の社会状況等は、みな清代の制度文化、農業文化の特色に溢れたものばかりであり、モンゴル遊牧文化の色合いは全く見られない。

3　中国文学の影響

『一層楼』、『泣紅亭』には『紅楼夢』など中国文学の影響が明確に反映されている。

『一層楼の序』は陳少海の『紅楼復夢』(14)の序文を編集・翻訳して取り入れた作品である。『『一層楼』に『紅楼夢』の事由を引用して書いた提要』は『後紅楼夢』(15)の『『後紅楼夢』に『前紅楼夢』のあらすじを抄録して書いた提要』を訳して取り入れた作品である。

『一層楼』第一章「北斗に魁星夫人が現れた吉兆、西の湖で老王母が結婚した吉祥（umar-a udirasad-tur ekener küisin ileregsen sayin iru-a. örün-e naγur-tur emegen wang mu qurimlaγsan ölǰei-yin belge）」と第二章「時の流れに従って花の化身の言葉は率直、風の力を用いて月の姉の意志は強力（čaγ-un aya-a-yi daγaǰu čečeg-ün qubilγan-u üge čike. salkin-u küčün-i kereglen saran-u egeči-yin sanaγan cingγ-a）」はいずれも『鏡花縁』(16)から訳して取り入れた内容である。

また、両作品には『紅楼夢』および他の中国文学作品から意訳或いは音写、編集・翻訳、模倣、転用した痕跡のある筋、人物、詩歌がかなり多い。

宝玉柱氏の統計によると、『一層楼』の漢訳版三〇〇頁のうち、中国の文学作品から借用した部分は一四四頁で、作品全体の半分に及ぶほどである。残りの一五六頁にも何らかの作品を改変して取り入れた内容が存在するかも知れない。このうち『紅楼夢』から取ったのは三三箇所、『後紅楼夢』からは八箇所、『紅楼復夢』からは五箇所、『鏡花縁』からは四箇所、『補紅楼夢』と『西廂記』からは二箇所、『続紅楼夢』からは一箇所である。借用の方法は、編集・翻訳、引用、模倣などである。『泣紅亭』の漢訳版二二〇頁のうち、中国の文学作品から借用した部分は七〇頁で、作品全体の三分の一近くを占めている。このうち『紅楼夢』から取ったのは一〇箇所、『再生縁』からは五箇所、『西廂記』からは二箇所、『鏡花縁』、『後紅楼夢』、『補紅楼夢』からはそれぞれ一箇所である(17)。

三、『一層楼』、『泣紅亭』に中国文化の影響が深く浸透した理由

『一層楼』、『泣紅亭』に中国文化の影響が深く浸透したのは、社会的・歴史的な理由によるものである。

清代初期に社会的・政治的混乱により、モンゴル地域に漢人流民が増え、モンゴルに駐屯する清朝の鎮圧軍も増加した。清朝政府は、一方ではそれら軍人の食料を調達するという経済的重要性から、他方ではモンゴル人を中国文化に融合させ大人しくさせるという政治的必要性から、モンゴルの牧地の開墾を公に或いは密かに推進してきた。開墾する流民の更なる増加によって、モンゴル人と漢人との対立が激しくなり、社会の安定に対する脅威となるに及んで、清朝政府は再び開墾禁止令を出したものの、趨勢は開墾を推し進める方向へと動いていた。

開墾・農耕は遊牧で生活するモンゴル人の不得手とするところであるため、必然的に漢人流民に頼る必要があった。こうして漢人流民がモンゴル地域に次々と殺到した。モンゴルの牧地を開墾する過程において、清朝の支配者たちは思いもよらない好結果を得たと、また、モンゴルの愚かで貪欲な王公たちは盟や旗の牧地を相次いで払い下げて利益が得られたと、一般牧民も自分の牧地を賃貸しして思わぬ収益があったと、漢人流民も落ち着いて生活できる農地を手に入れることができたのは思いもかけない幸運だ、とそれぞれが大変喜んでいた。これに関して『清実録』などの史料には多くの具体的な記述がある。

上述したように、清朝政府の執政者である皇帝・貴族たち、モンゴルの愚かで貪欲な王公たち、貧しい漢人流民など上下、内外の三方向からの欲求が相まって、モンゴルの土地に対する占有・開墾の歴史的な高まりを現出したのである。これに対して、ガーダー=メイレン、トクトホのような民族の英雄たちや牧民大衆が反対闘争を行なったものの、開墾

の勢いは「止めることのできない歴史の流れ」となって、一七世紀末頃から二〇世紀の終わりまで絶えることなく続き、二〇世紀の後半においてさらなる隆盛を迎えたのであった。このように約三〇〇年の開墾・耕作によって、内モンゴルは現在農耕文化の特色に溢れた地域となり、広大な牧地は砂嵐の発生源へと変貌した。

インジャンナシが生まれる以前に、ハラチン旗、トゥメド旗には漢人が溢れており、完全に農耕地帯となっていたのである。

『理藩院則例』の記述によると、乾隆一三（一七四八）年に「トゥメド＝ベイス旗において一六四三頃三〇畝、ハラチン＝ベイス旗において四〇〇頃八〇畝、ハラチン＝ジャサク＝タブナン旗において四三一頃八〇畝の土地（賃貸して開墾させた土地—著者）があった」という。[18] これは、インジャンナシが誕生する百年近く前に、彼の旗において既に一六四三頃三〇畝の農地が存在しており、その広大な農地を開墾する数十万の流民がやって来て、大きな村を形成していたということである。

乾隆四一（一七七六）年には、トゥメドの開墾された農地は朝陽県の管轄下に置かれることとなった。

道光一七（一八三七）年、トゥメド＝ベイレのナスンウルジー（Nasunöljei）、ホショー＝タブナンのシベサンボー（Sibesangbu）、マンガラ（Mangɣala）等が、理藩院に対して、同旗の協理台吉バブジャブ（Babujab）、タブナンのセベクジャブ（Sebegǰab）等を、流民に牧地を売り渡した件で訴え、このためシベサンボー、マンガラと関与したベイレ、タイジたちが処罰された。[19]

光緒一七（一八九一）年、アオハンで金丹道の暴動が起こり、ハラチン、トゥメド、オンニウド、ナイマンはみな荒らされた。この暴動も内地からの開墾者の増加によってモンゴル人と漢人との間の対立が先鋭化したことと直接関係がある。賊のリーダー楊悦春等は開墾民を扇動し蜂起して、モンゴル人を殺害し、官署を占拠し、寺院を破壊した。インジャンナシはまさにその賊から逃れて錦州にやって来て、病を得て亡くなったのである。

開墾・農耕の隆盛という形で現れたこのような社会的・歴史的な大転換は、最終的には、農業文化の押し止めることのできない歴史的な潮流がモンゴルの遊牧文化へと流れ込んで、それに取って代わるという、文化の大変革をもたらしたのである。

インジャンナシは、ちょうどそのような文化の大変革期に生まれ育った人物である。そればかりでなく、彼の故郷は内地に近く、ハラチン・トゥメドのモンゴル人、特にタイジ・貴族たちは家庭教師を招くなどして、子弟に漢語文化の教養を身に付けさせようと積極的に努力していた。そのような社会面・歴史面での客観的原因とモンゴル人側の主観的な原因により、当時のトゥメドのモンゴル知識人の漢語文化に対する教養が高かったことは事実である。では、彼らの漢語文化に関する教養は一体どの程度だったのであろうか。インジャンナシは『青史』の綱要の第二章で次のように書いている。

我々南の三つの盟のモンゴル人は首都に近く、中原の縁に住んでいるので、漢語に熟達した学者が多く輩出したのである。さらに我がこのジョスト盟のモンゴル人は中原の中に位置しているようなものであるから、漢文の学習に努めている者は少なくない。故に昔の出来事、現在の法律に誠に精通しており、鏡の如く明らかである。五千年前、三皇五帝から夏・商・周・秦等の国、さらに西漢・東漢・後漢、また晋・宋・南斉・梁・陳・隋・唐・後梁・北宋・南宋・金・遼等の出来事を非常に明瞭に知っていながら、自らの根源である青きモンゴル＝ウルスのことは何も知らない[20]。

これらすべてが、インジャンナシの『一層楼』、『泣紅亭』に中国文化の影響が深く浸透した一つの重要な社会的・歴史的原因なのである。

もう一つの重要な社会的・歴史的原因は清朝の貴族たち・官僚たちによる政治的・文化的影響である。清朝の皇帝・貴族たちは漢文化に強く影響され、漢文化を清朝の中心的文化として持ち上げ、漢語の詩歌、劇に興味を持っていた。

そのためこのような風習が漢文化に親しんでいた内モンゴル東部地域のモンゴル貴族たちに強く影響し、彼らを漢文化の生活へと導いたのである。『一層楼』、『泣紅亭』にはまさに漢文化の生活にどっぷりと浸かったモンゴル貴族の生活が描かれているのである。

インジャンナシの作品に影響を与えた異文化は、満洲文化ではなく、漢文化である。ここで、満洲およびモンゴルの貴族が漢文化の影響を強く受けていたという点を繰り返し強調したい。

四、『一層楼』、『泣紅亭』をどのように評価するかについて

インジャンナシはモンゴルの偉大な文学者である。彼の著した『青史』はモンゴル文学史および歴史文献史において重要な地位を占めている。それでは、中国文化の影響を深く被った長編小説『一層楼』、『泣紅亭』をどのように評価すべきであろうか。これに関して、ジャルガ氏は比較文学の理論・方法を用いて体系的に研究し、一九八四年に、『一層楼』、『泣紅亭』および『紅楼夢』という専著を出版した。彼の研究理論・方法、視点、結論は当該分野における高水準の研究を代表するものであると評価されている。彼の結論の要旨は、以下の通りである。

1　『一層楼』、『泣紅亭』における『紅楼夢』の影響は、主に話の筋の類似や形式の模倣に現れているのではなく、『紅楼夢』の進歩的な思想形式と優れた芸術的成果を継承したところにある。すなわち、思想内容については、『紅楼夢』に見られる個人的自由の追求、封建制度下で女性たち及び個人的自由を追い求める若者たちが直面する抑圧と束縛に対する抵抗などの優れた点を継承した。芸術性の面では、現実主義的創作方法、構造的芸術、描写的芸術の技法を吸収した。

2　この二つの作品は、『紅楼夢』の影響を多くの点で受けてはいるものの、その模倣あるいは複製ではない。清代漢

南の漢地と境を接していたモンゴル地域の社会生活を基礎とし、インジャンナシ自身の生活経験と見聞に基づいて創作された、独立した作品である。

3 『紅楼夢』は著された後すぐにモンゴル地域へ広がった。モンゴル王府に所蔵されていた『石頭記』と、一二〇章からなる『紅楼夢』を四〇章に簡訳した道光年間のハスボー（Qasbuu）の『新訳紅楼夢』は、インジャナシの『一層楼』、『泣紅亭』誕生の前奏曲である。

4 インジャンナシの時代やその前後において、『紅楼夢』の影響によって、漢地においても逍遥子『後紅楼夢』、秦子忱『続紅楼夢』、蘭皋居士『綺紅楼夢』、陳少海『紅楼復夢』、海圃主『続紅楼夢』が、また李汝珍『鏡花縁』、韓邦慶『海上花列伝』、文康『児女英雄伝』、陳森『品花宝鑑』、魏子安『花月痕』、兪宗駿『青楼夢』等、多くの長・中編小説が創られた。これらのうち唯一優れた作品は『鏡花縁』である。他はみな『紅楼夢』の思想形式と芸術的伝統から離れたものである。『一層楼』、『泣紅亭』こそが、当時において『紅楼夢』の優れた伝統を継承・発展させた作品である。

5 『一層楼』、『泣紅亭』を研究する際には、必ず『紅楼夢』を研究しなければならない。しかし『紅楼夢』、特にその社会的影響や歴史的意義を研究する際には、必ずまた『一層楼』、『泣紅亭』を研究しなければならない。(21)

前述したように、宝玉柱氏は社会言語学の理論・方法によって「主に数量的な面から問題を明らかにする」として、統計を用いて、『一層楼』における中国の文学作品からの借用が作品全体の語数の半分近くを占めており、『泣紅亭』における中国の文学作品からの借用が作品全体の語数の三分の一近くを占めていることを指摘し、「作者の生前、あるいは死後の一時期、この二つの作品は正式には出版されなかった。筆者はこのことから、この二つの長編小説は、実は作者が清代中国の文学作品、特に『紅楼夢』および紅学派の作品を模倣して書いた習作に過ぎないとの判断に傾いている。

したがって、それらの中国の文学作品との継承関係を研究する際には、過度に強い期待を抱いてはならない」とした。[22] もし、遊牧文化の視点から見るならば、『一層楼』、『泣紅亭』は馴染みのない、奇妙な作品である。モンゴル語で書かれているにもかかわらず、漢語を解さないモンゴル人読者にはあまりにも難解である。描かれている人物の容貌、社会環境、生活習慣などはほぼそのまま農耕文化の世界のものである。しかし、遊牧文化の視点（あるいは基準）は文学理論の基準ではない。社会言語学の理論・方法も文学の理論・方法と異なるところがある。

文学史研究においては、ある国・民族の伝統的文学の主流の歴史を研究する他に、その国・民族の文学の関係史を研究することも重要である。モンゴル民族について言えば、伝統的モンゴル文学の主流の歴史を研究するのは当然であるが、それに止まらず、モンゴル文学とインド文学との関係、モンゴル文学とチベット文学との関係、モンゴル文学と中国文学との関係等々、モンゴル文学の関係史をも研究する必要がある。

他国・他民族の文学との関係の結果生まれたある国・民族の文学作品には、多くの場合、直訳、編集・翻訳、模倣、引用、転用、あるいはこれらすべての方法を結びつける等、様々な特徴・形式があり得る。ある一つの特徴的な形式によって創作された作品も、みな自己の伝統的文学に新しい内容・新しい形式を持つ作品を付け加え、それを豊かにする役割を果たしているのである。そして当該の国・民族の読者は、そのような他国・他民族の文化・文学の影響によって生まれた作品を、多くの場合、排斥・憎悪するのではなく、逆に寛容な態度で受け入れて味読するのである。味読するなかで、言うまでもなく、馴染みのない用語・言葉・内容に遭遇し、理解困難となることがあるかも知れない。

『一層楼』、『泣紅亭』はまさにモンゴル―中国文学関係史上、中国文学の影響によって生まれた代表的作品である。主に独自に創作したあらすじと登場人物の基礎の上に、中国の文学作品からの意訳、ある場合には音訳、編集・翻訳、模倣、転用等の方法を合わせ用いて、作品全体で二百ほどの人物像を作り上げ、特に中心的な登場人物を非常に詳細に描き、豊かで複雑なあらすじを配した、相当に水準の高い文学作品に仕立てたのであった。つまり一九世紀に『紅楼夢』

の影響によって創作された中国文学の作品と比較しても、この二つの作品が、それらの中国の模倣作品より優れていたことは間違いない。したがって『一層楼』、『泣紅亭』を『紅楼夢』および紅学派の作品を模倣した習作であると言うことはできないのである。

また他方では、『一層楼』、『泣紅亭』の用語法を現在のハラチン・ホルチンのモンゴル人のモンゴル語方言と関連づけて、社会的・歴史的角度から正しく認識・評価する必要がある。

中国において漢語は大民族の言語であるので、他の少数民族の言語に対して非常に大きな浸透力を持っている。漢語のその大きな浸透力の前に、いくつかの民族の言語、あるいは方言を話す人々の言語が同化の道程をたどった実例がある。このような同化の道程をたどった言語の歴史を見ると、大部分が二つの段階を経て変化していったようである。第一段階では、語彙に漢語の用語を始めとする多くの語を借用する。さらに進むと、言語の思想にいたるまで受け入れるのである。このような現象は、その民族と漢民族との関係が緊密になればなるほど進行していき、一定程度に達すると、もとの言語はコミュニケーションの道具としての役割を徐々に失い、自然に漢語に取って代わられ、滅亡の段階に入るのである。たとえば、満洲語やフフホトのトゥメド=モンゴル人のモンゴル語はそのようにして同化されてしまった。『一層楼』、『泣紅亭』はまさに漢語の用語を始めとする多くの語を借用し、さらには漢語の動詞、漢語の思想に至るまで吸収したハラチン・トゥメドのモンゴル語方言によって書かれた作品である。

インジャンナシが逝去してから百十一年経った。インジャンナシの時代のモンゴル語方言は、さらに百年余り漢語の足下に踏みにじられたために、現在ではほぼ同化され、漢語に取って代わられていたとしても不思議ではない。しかし驚くべき、また敬服すべきことに、ハラチン・トゥメドのモンゴル人のモンゴル語は、フフホトのトゥメド=モンゴル人のモンゴル語の後を追って同化されることはなかった。彼らは今に至るまでモンゴル語とモンゴル文字を使い続けている。それのみならず、このハラチン・トゥメドのモンゴル語方言は、ハラチン・ホルチンのモンゴル人の社会生活と同じく、中国の農業文化に深く影響されたとはいえ、異文化の攻撃に対する忍耐力によってさらに強靭となったのである。

したがって、『一層楼』、『泣紅亭』の言葉を現在のハラチン・ホルチンのモンゴル語方言と関連づけ、それらをモンゴル言語文化の一つの構成要素であると、全モンゴル人が承認し、正しく認識する必要がある。逆にそれらを軽視したり、排斥したり、とりわけ否定したりすることは、非常に不適切である。

モンゴル語のハラチン・ホルチン方言は、数百年にわたる厳しい社会的・歴史的試練を乗り越える過程で洗練され形成された、モンゴル言語文化の重要な一構成要素なのである。

（1）Inǰannasi. *Köke sudur*. Öbür mongγul-un arad-un keblel-ün qoriy-a. 1957on-u keblel. Tobčitu toltu-yin γutaγar anggi. p.21.
（2）扎拉嘎『尹湛納希年譜』内蒙古大学出版社、一九九一年、九〜一五頁。
（3）扎拉嘎『『一層楼』『泣紅亭』与『紅楼夢』』内蒙古人民出版社、一九八四年。扎拉嘎『比較文学：文学平行本質的比較研究──清代蒙漢文学関係論稿』内蒙古教育出版社、二〇〇二年、一九〇〜二〇四頁。
（4）宝玉柱『清代蒙古族社会転型及語言教育』民族出版社、二〇〇三年、二六八〜二七一頁。
（5）Inǰannasi. *Nigen dabqur asar*. Öbür mongγul-ün arad-un keblel-un qoriy-a. 1958. pp.269-272.
（6）*Nigen dabqur asar*. p496.
（7）尹湛納希（著）甲乙木（訳）『一層楼』内蒙古人民出版社、一九七八年、二三七頁。
（8）Inǰannasi. *Ulaγan-a ukilaqu tingkim*. Öbür mongγul-un arad-un keblel-ün qoriy-a. 1957. p.338.
（9）尹湛納希（著）曹都・陳定宇（訳）『泣紅亭』内蒙古人民出版社、一九八一年版、一七三／一七五〜一七六頁。

(10) *Ulaɣan-a ukilaqu tingkim*. pp.185／274. *Nigen dabqur asar*. pp.209／405.

(11) *Ulaɣan-a ukilaqu tingkim*. pp.98／170. *Nigen dabqur asar*. pp.187／291.

(12) U Yüwe. *Mongɣul ündüsüten-ü oyir-a üy-e-yin udq-a ǰokiyal-un tuqai ügülekü ni*. Öbür mongɣul-un arad-un keblel-ün qoriy-a. 1999. pp.194-199. 扎拉嘎『『一層楼』『泣紅亭』与『紅楼夢』』六七頁。

(13) *Nigen dabqur asar*. pp.555-556.

(14) 陳少海『紅楼復夢』中国標準出版社、二〇〇一年。

(15) 逍遥子『後紅楼夢』。

(16) 李汝珍『鏡花縁』人民出版社、一九五五年。

(17) 宝玉柱『清代蒙古族社会転型及語言教育』三六九～三七〇頁。

(18) 扎拉嘎『尹湛納希年譜』二〇頁より転載。

(19) 邢亦塵『清季蒙古実録』内蒙古社会科学院蒙古史研究所、一九八一年、下巻、三七三頁。

(20) *Köke sudur*. Tobčitu toltu-yin ded anggi. p.10.

(21) 扎拉嘎『『一層楼』『泣紅亭』与『紅楼夢』』二一二～二一八頁。

(22) 宝玉柱『清代蒙古族社会転型及語言教育』三六三／三六六～三六八／三六八～三七〇／三七一頁。

グンサンノルブ改革の社会・歴史的背景と影響

バイルダクチ
（訳・ブレンサイン）

一九世紀末から二〇世紀初頭にかけての一〇年間に、ハラチン右翼旗ジャサク郡王グンサンノルブは、自らの旗において様々な新政を実施し、改革を図った。彼の一連の改革は、清朝に提出した奏摺において主張した改革案をも含めて、近代化に向かって歩むモンゴルの歴史において極めて重要な位置を占める。こうした改革を生んだ歴史的背景と社会環境、そしてそれが及ぼした影響を検討することは、近代内モンゴル社会変遷史研究の重要な課題である。本報告のテーマは「グンサンノルブ改革の社会・歴史的背景と影響」であるが、どちらかといえば話の中心を歴史的背景、つまりグンサンノルブが改革を実行する直前のハラチン右翼旗の社会状況の変遷におきたい。

一、社会・歴史的背景

ハラチン右翼旗の社会は、清朝初期に旗制が施行されてからグンサンノルブが世襲した一九世紀の末（光緒二四年／一八九八）までの二六〇年の間に、大きく変化した。具体的に言えば、経済構造は遊牧から大部分が純粋な農業に移行し、民族的には純粋なモンゴル人社会から漢人が圧倒的多数を占める社会へと変貌して、風俗習慣や文化の面で「漢化」が著しく進んだ。

1　民族と人口構成

清朝の初期（天聡九年／一六三五）頃、ハラチン右翼旗には五、二八六戸のモンゴル人が居住していた。一戸あたりの人口を五人として計算すると、人口は二六、四三〇人だったことになる。これにラマや寡婦（夫）などを加えると、全人口は約三三、〇〇〇人であった。(1)これは、ハラチン右翼旗には六、〇〇〇戸の箭丁がいたとする汪国鈞『蒙古紀聞』の記述(2)と基本的に合致しており、この旗には四四佐領あり(3)、一佐領は一五〇戸の箭丁によって構成されていたとする史料の記載を裏付けるものである。しかし、康熙・雍正・乾隆以後、漢人が大量に移住し、二〇世紀の初頭になると、旗内には六万戸、四〇万人の漢人（すでに県治となった平泉州、建平県の一部の人口も含む）が居住するようになった。(4)そして、人口が急増して土地が狭くなったことや、「金丹道の乱」の影響で、旗内から多くのモンゴル人が転出した。『蒙古紀聞』が伝えるところによると、同書が書かれる（一九一八）直前の二〇年間にハラチン右翼旗から北部各旗に移住していったモンゴル人は六、〇〇〇戸以上で、旗内にはわずか二、五〇〇戸のモンゴル人しか残っていなかった。(5)河原操子の二〇世紀初頭の記述によると、この旗には約五、〇〇〇戸、五〇、〇〇〇人のモンゴル人がいたとされている。(6)

2　経済構造

ハラチン右翼旗は、康熙年間から漢人を招いて開墾させていたが、雍正年間には「借地養民」政策が実施され、乾隆年間に至ると農業は大いに発展した。それでも乾隆後期にはまだ「牛羊が草原にいっぱい」という風景を目にすることができた。二〇世紀初頭になると、旗内の至るところに畑が分布し、王府のみが大群の家畜を飼育していたことを除けば、一般モンゴル人はすでに穀物に頼って生活し、粟が「モンゴル人の宝物」と言われるまでになっていた。河原操子の記述によると、新学堂が園遊会を開いた際、謎々遊びの中に、質問が「モンゴル人の宝は何だ」で、答えが「小米（粟）」というものがあったという。河原はまた、「もしモンゴルで粟がなければ生活できない」と説明を加えている。(7)

これと並行して、比較的早く漢人地帯として設置された平泉州はもとより、公爺府などの地区にもかなり規模の大きい商業の町が出現し、商店、焼鍋（酒造所）や油坊（採油所）などが現れた。たとえば公爺府鎮には、早くも乾隆初期頃に漢人が設置した「通興当」と呼ばれる「当舗」（質屋）が開かれていた。通興当は後に焼鍋も開き、土地を経営し、穀物加工業にも進出して、公爺府における最大の商店となった。(8) このような「当舗」の出現は、商取引や社会分業の発達を物語るものである。また現在のハラチン旗馬蹄営郷の大三家村では、道光年間（一八二〇～一八五〇）に郭という姓の漢人が焼鍋を開いていた。一八八〇（光緒六）年以後、李貴という人物がこの焼鍋の経営を引き継いでからは、「大徳源」と改称して、まもなく一、五〇〇ムー（畝）余りの土地と二〇数戸の佃戸を抱えた大規模経営に発展し、土壁や兵営、数十丁の銃を備えるほどになった。(9)「大徳源」酒造所は光緒中期に最盛期を迎えた。上述の土壁、兵営や銃は、おそらく光緒一七年（一八九一）の金丹道暴動以後に自衛のために装備したものと考えられる。

グンサンノルブ時代における旗ジャサク衙門の財政収入の項目からも、このような経済構造の変化を窺うことができる。『蒙古紀聞』の記述に基づいて概算すると、王府（俸禄を除く）と旗衙門の年間の財政収入は約八万三千吊（吊＝貨幣単位）であり、うち各種の地租が五万吊と大半を占め、市場から徴収する商税は約一万吊で、また炭鉱・銀鉱・石灰・石材・火硝（硝酸カリウム＝火薬の原料）・木炭・煉瓦等からも合わせて約一万吊を徴収していたが、モンゴル人箭丁、家丁（随丁・家奴）等から徴収する各種の税はせいぜい一万余吊程度であった。(10)

3　文化教育

漢人の入植によって、同旗では漢語による文化や教育が発展しはじめた。おおよそ雍正年間にはすでに漢語による私塾が現れ、後に生徒たちは承徳などに設置された州県の学校で勉強し、科挙に参加するようになった。清末までの間に、同旗から五人の挙人、一人の抜貢生、一三人の秀才が現れた[11]。比較的大きな郷鎮には漢方薬や漢方医も現れ、伝統的なモンゴル人医師ですら、漢方薬局から薬を買うように処方箋を書くようになった[12]。

清代前期〜中期にはすでに、四書五経や、東周列国・両漢三国・隋唐両宋等に関する歴史小説・講談本がモンゴル語に訳されて伝わってきていた[13]。その影響を受けて、モンゴル人の一部の歴史伝説や民間の諺の中にも、漢族の歴史物語の内容が入り混じるようになった[14]。乾隆年間頃からは、同旗のモンゴル人が学ぶ旗衙門経営の塾や私塾で、漢文の授業が行われた。一九世紀中葉になると、貴族・官僚や文化人は、普通に漢語・漢文を操るようになった。グンサンノルブの祖父に当たるセベクドルジ（色伯克多爾吉）の代には、北京生活の影響で、王府に京劇団が設けられた。グンサンノルブの父親ワンドトナムジル（旺都特那木済勒、一八四四〜一八九八）は、京劇を愛好したばかりでなく、漢文で詩集を著した[15]。

早くも明代後期から、多くの漢人がハラチンに移住してモンゴル人社会に溶け込んでいたから[16]、ハラチンのモンゴル人の中には、漢語の姓名を持つ者が早くから現れたであろう。清代後期になると、漢文化を身につけた多くの貴族・官僚は、漢姓を持つばかりでなく、字や号まで持つようになった。たとえば、ワンドトナムジルの室名は「如許斎」であり、グンサンノルブ自身の号は「楽亭」で、別号は「亡庵」、室名は「竹友斎」である[17]。一九一一年のモンゴル独立運動に参加した有名なハイシャン（海山）は、字を「瀛洲」という。地主である彼の父親は邸宅の正門に「永裕堂」という堂号を掲げ、玄関脇の柱には「永対青山春有色……」云々という漢文の対聯を掛けていたという。伝えられるところによると、幼時から漢文の修練を積んだハイシャンは、「蒙不点元」（外藩モンゴル人は科挙を受けられない）という清朝の制限をくぐり抜けるため、わざと漢人女性を妻に娶り、漢人であると申告して――つまり漢籍に入って――まで科挙に臨もうとしたらしい(18)。

4 社会習俗

康熙末年頃に、同旗のモンゴル人村落には、すでに龍王廟が建てられていた。言い伝えによると、一部の龍王廟は活仏の意向によって建てられたという(19)。山神廟や土地廟も多くのモンゴル人村落に見られるようになり、旗を挙げての伝統的なオボー祭祀も、王府の前で行われるようになった(20)。農業に転じて定住化したモンゴル人は煉瓦や藁の家に住み、貧しい人々は、漢人が移住してきた当初に住む「馬（麻）架子」式家屋に住むようになった(21)。これは、木で骨組みを作り、それを細い枝で編み合わせ、その上に泥を塗って造った簡易住居である(22)。一九〇三年に日本人女性教師河原操子が同旗に来たとき、男子の服装からはモンゴル人か漢人かを区別できなくなっていたという（モンゴル人女性の多くは満洲人の服装をしていた）(23)。

言い伝えによると、公爺府の東にある龍王廟は、康熙五五年（一七一六）にハラチン王が公爺府の新邸宅に引っ越す際に建てたものという。嘉慶年間に四十家子に建てられた龍王廟は、トゥカン（図観／土観）・ホトクトの指示によるものらしい(24)。モンゴル人の各村では、樹齢二〇〇年以上の樹木があれば神樹とし、古木の下には必ず山神廟や土地廟を建てて、廟に出入りする狐や蛇やイタチを「神仙」として祀った。こうした民間の迷信は、元来みな漢地に起源するものだが、ハラチン旗に伝わってからは「龍王を祀るのはみなモンゴル人で、モンゴル人は信ずるがゆえにその禍を蒙ることも烈しく、漢人は信じないがゆえに龍王を怒らせない」とまで言われるようになった(25)。これは、当時この地域では、龍王に対するモンゴル人の迷信が漢人よりも深かったことを物語る。

モンゴル人には古来、誕生日を忌避し、重視しない習慣がある。近代に至っても、たとえばセンゲリンチン、デムチュクドンロプ（徳王）、グンサンノルブ等の人物の誕生日は、親近者すら覚えていない(26)。しかし、グンサンノルブの父親のワンドトナムジルは、六〇歳の還暦の際に、各旗の王公貴族や庁・県の官僚を招いて盛大な祝宴を開いたという(27)。

二、グンサンノルブ改革の主な内容

1　実行に移された改革

主要なものとして、京劇班を解散し、旗民（モンゴル人）の負担を軽減したこと、新式軍隊を訓練し、巡警を設けたこと、崇正学堂・守正武学堂・毓正女学堂という三つの学堂を創って、留学生を送り出したこと、郵便制度や電報局を創設したこと、「度支局」（財政局）を設置して旗衙門の財政を整理し、旗民の丁税を戸税に改めたこと、各級の官僚に定額の俸禄を定めて、属民からの恣意的な誅求を禁止したこと、社会的な尊卑・等級をなくしたこと、等が挙げられる。これらに関しては、日本の中見立夫氏や内モンゴル系アメリカ人学者のジャクチド＝スチン氏が、十数年前の研究の中で詳しく触れているので、重複を避けることにする。

2　奏議による主張

奏議によって主張したものとしては、教育・商工業・金融・鉄道等の振興、旗と県の行政・司法権限を明確に区分すること、人的隷属関係によって成り立っていた佐領という基層組織を、居住区域に基づく組織に改変すること、等々がある。これに関しては、数年前に「清末蒙古王公図強奏議概論」という論文で詳論したことがあるので、ここでは重複を避けたい。

これらの実践と主張は、グンサンノルブの革新的な思想や民族振興の意志を反映するとともに、早くからの農耕化、著しい「漢化」、また多数の漢人の居住による旗県並立という現実をも、間接的に反映している。たとえば、グンサンノルブは「応斟酌変通各蒙旗?事定章」という奏議の中で、人的関係に基づく従来の佐領制度を改変して、「地方の遠近に按照して（佐領）を編定し、地段を以て分管す」べきことを主張し、モンゴルの伝統的な「属人主義」的制度を「属地主義」に変えようとした。彼は同時に、一般箭丁と貴族（タイジ、タブナン）との間の隷属関係を解消して「一視同仁」とすることにより、「其をして向上せしめ」ることを主張した。(28) これらの主張には、ハラチンのモンゴル人の定住農耕化や、銀銭による賦役の代納が、旧来の人的隷属関係を弱めていた現実を反映している。また、グンサンノルブが学校、郵便・電信、工場、商店の開設を実行に移すとともに、奏議中で銀行開設や鉄道敷設を提唱したのは、彼が常時北京に出入りして新しい潮流に接していたことと同時に、旗社会が早くから農耕化・漢化し、商品交換、社会的分業、経済生活の複雑化が進んでいたこととも密接に関係するであろう。こうした条件は、純モンゴル人居住地域あるいは純遊牧地域の王公・ジャサクにはないものであった。グンサンノルブは牧畜経営、具体的に言えば品種改良の推進や獣医養成に関しても提言しているが、それは粛親王一行とともにウジュムチンを視察した後に提出したもので、モンゴル全体の立場から考えたものであって、早くから農耕化したハラチン右翼旗自体とは直接関係がない。

3　果たした役割と影響

清末おける政府の対モンゴル政策の根本的変更という背景の下で、グンサンノルブが試みた種々の新政や、旗と県の権限区分等に関する奏議の多くは却下された。旗内外の社会環境や国内外の政局激変に伴って、一九〇八年以降グンサンノルブが北京に常駐したこと、さらに清朝が滅んで民国期に入ってからの再度の留京によって、彼が旗内で実施した各種改革のほとんどは中途で挫折した。グンサンノルブの入京後、毓正女学堂は一九〇九年に、守正武学堂は一九一〇年にそれぞれ閉鎖され、工場、商店、郵便なども漸次姿を消した。これらの改革は、旗の政治・経済と社会生活の変化に一定の役割を果たしたけれども、それは極めて限定的であった。ただ崇正学堂のみが民国の終わりまで存続し、数世代にわたる文化人を育てた。

グンサンノルブが自旗で行った種々の改革は、当時のモンゴル社会にあっては相当進歩的であったといえよう。しかし、その改革は近隣各盟旗にさほど影響を及ぼしたとは言えない。それは、近隣各盟旗の抱えていた事情がまったく同様であったとは限らないことにもよるが、もっとも大きな原因は、清朝のモンゴル分割統治制度である「盟旗制」の下では、各旗が互いに直接的な政治・経済関係を持たなかったことにあると考えられる。各旗が改革を行うか否かは、その旗の世襲王公（ジャサク）の個人的な認識や態度によるところが大きかった。

グンサンノルブが改革を進めていたのとほぼ同時期に、ビント（賓図）王ゴンチョクセレンが所属するホルチン左翼前旗や、アムルリングイ親王が所属するホルチン左翼後旗でも新式の学堂が開かれ、オンニウド旗やハラチン中旗では鉱山開発が行われた。これらの改革がグンサンノルブ王の改革に直接影響されたという根拠は見出せない。仮に一定の影響はあったとしても、それは間接的なものであろう。グンサンノルブの改革は、当時の東部内モンゴル全体の社会変化にさほど直接的な影響を与えたとは言いがたいのである。

二〇世紀初頭になると、モンゴル民族の住む各地域の状況は数百年前と比べて大きく変化した。ハラチン、ホルチン、バーリンは言うまでもなく、バルガ（フルンボイル）、ブリヤド、チャハル、スニド、オルドス、（外）ハルハ、ドゥルベド、トワ、ウリヤンハイから青海のホショードや新疆のトルグードに至るまで、モンゴル人を取り巻く政治・経済・文化環境、そして社会生活は相互に大きく異なるようになった。中国や東アジア、北（中央）アジア全体が大きな変化を迎えたこの時期に、その指導者たちが追い求めた、民族の危機を乗り越えるための手段、あるいは目標そのものが一律であり得たはずはなく、互いに差異が生じたことは自然であろう。しかし、民族意識を高め、民族の権益を守り、民族の経済・文化を振興し、外民族の圧政から脱却して自立を求めたという点では一致している。越えがたい歴史環境の制約のために、グンサンノルブの各種の改革主張や実践が及ぼした影響は限定的である。しかし、だからといって、彼の払った努力は軽視されるべきではない。

グンサンノルブの改革（民国初期に創設された北京の蒙蔵学校も含めて）の歴史的貢献と遺産を総合的に見ると、もっとも重要なのは、民族文化を振興し、民族意識を喚起し、近代教育の意識を伝えたことである。その「形ある遺産」は、彼らの旗から育った平民出身の、教育者や政界人を含む文化人たちであろう。例えば、蒙文書社を創立したテムゲト（特睦格図）や『蒙古紀聞』の著者汪国鈞、北京政府時代に衆参両院の議員を務めた張文（アユルウグイ／阿育勒烏貴）、呉恩和、金永昌、白瑞、内モンゴル人民革命党の早期の中央委員だった金永昌、烏子珍（共産党員）、および呉鶴齢、李丹山、克興額、白海風、トゥムルバガン（特木爾巴根）、ウルジーオチル（烏勒吉敖喜爾）等々である。これらの人物は、文化・教育分野や政界において、非常に重要な地位を占めた。彼らはモンゴル民族の文化事業に多大な貢献をし、あるいはそれぞれの党派でモンゴル人代表として歴史的役割を果たした。ただし、彼らは主に旗の外部で活動した著名人であって、旗内の社会情況を変える上でさほど大きな役割を果たしたとはいえない。付け加えておきたいのは、上記の人名リストのなかで、張文（阿育勒烏貴）は、民国期の内モンゴル各旗のなかでただ一人の非王公（平民）出身の盟長（ジョスト盟副盟長）だったということである。

本報告のテーマ設定から構成に至るまでブレンサイン博士の意見を参考にし、氏の博士論文からも有益なインスピレーションを得たことを付言しておきたい。

参考文献

汪国鈞（馬希、徐世明校注）『蒙古紀聞』赤峰市政協、一九九四年。
羅布桑却丹（景陽漢訳）『蒙古風俗鑒』遼寧民族出版社、一九九八年。
一宮（河原）操子『（新版）蒙古土産』靖文社、昭和一九（一九四四）年。

『赤峰市文史資料選編』第四輯（喀喇沁専輯）、赤峰市政協、一九八六年。

『喀喇沁旗文史資料』第二、三、五輯、喀喇沁旗政協、一九八五、一九八六、一九九二年。

新編『喀喇沁旗志』喀喇沁旗志編写委員会、方志出版社、一九九九年。

『内蒙古文史資料』第一四輯、内蒙古政協、一九八四年。

中見立夫「グンサンノルブと内モンゴルの命運」『内陸アジア・西アジアの社会と文化』山川出版社、一九八三年。

中見立夫「関于汪国鈞著《内蒙古紀聞》」『内蒙古社会科学』一九九一年第二期。

札奇斯欽「喀喇沁王貢桑諾爾布与内蒙古現代化」台湾『中華民国建国史討論集』第二冊、一九八一年。

白拉都格其「清末蒙古王公図強奏議」『内蒙古大学学報（哲社版）』一九九七年第四期。

注

（1）新編『喀喇沁旗志』、一七五頁。
（2）汪国鈞『蒙古紀聞』、三七頁。
（3）『清史稿』第五一八巻「藩部伝・喀喇沁部」
（4）一宮（河原）操子『新版蒙古土産』、一三七頁。
（5）汪国鈞『蒙古紀聞』、三七頁。
（6）一宮（河原）操子『新版蒙古土産』、一三七頁。
（7）一宮（河原）操子『新版蒙古土産』、一八一頁。
（8）「通興当」『喀喇沁旗文史資料』第二輯。
（9）李貴和「大徳源」『喀喇沁旗文史資料』第三輯。

(10) 汪国鈞『蒙古紀聞』、三七~四〇頁。中見立夫「関于汪国鈞著《内蒙古紀聞》」『内蒙古社会科学』一九九一年第二期を参照。
(11) 新編『喀喇沁旗志』、九一五~九一八頁。
(12) 羅布桑却丹『蒙古風俗鑑』、一五〇頁。
(13) 同上、七〇頁。
(14) 同上、一一八~一一九頁。
(15) 汪国鈞『蒙古紀聞』、二八頁。呉恩和、邢復礼「貢桑諾爾布」『赤峰市文史資料』第四輯(喀喇沁専輯)。
(16) 汪国鈞『蒙古紀聞』、二頁。
(17) 呉恩和、邢復礼「貢桑諾爾布」『赤峰市文史資料』第四輯(喀喇沁専輯)。
(18) 白玉崑「海山」『内蒙古文史資料』第一四輯。
(19) 汪国鈞『蒙古紀聞』、九三~九六頁。
(20) 閻桂芳「喀喇沁王府祭傲包的片断」『赤峰市文史資料』第四輯(喀喇沁専輯)。
(21) 報告者の母が生前に語ったところによる。
(22) 汪国鈞『内蒙古紀聞』、五九頁。
(23) 一宮(河原)操子『新版蒙古土産』、一三九~一四〇頁。
(24) 汪国鈞『蒙古紀聞』、九五頁。
(25) 同上。
(26) 拙稿「貢桑諾爾布生卒日期考」、「僧格林沁等蒙古王公的出生日期問題」を参照。
(27) 汪国鈞『蒙古紀聞』、三〇頁。

(28) 貢桑諾爾布「敬陳管見(八条)摺」「整頓烏珠穆沁旗牧政片」「請変通蒙旗办事章程片」『東三省蒙務公牘彙編』第五巻(一九〇九年排印版)を参照。

呉禄貞の描いた清末の内モンゴル東部社会とそのモンゴル経営思想
――『東四盟蒙古實紀』『經營蒙古條議』を中心に――

トイメル
（訳：江場山起・柳澤明）

清光緒三十二年（一九〇六）三月～五月（新暦四月中旬～七月上旬）、清朝宗室で管理理藩院尚書の和碩粛親王善耆は、命を奉じて随員とともに内モンゴルに赴き、手分けして東部四盟（ジェリム盟、ジョーオダ盟、ジョソト盟、シリンゴール盟）で現地調査を行い、モンゴル経営策を策定した。(1) この調査に関する文献は多くないが、主なものとして、随員であった姚錫光の『籌蒙芻議』、陳祖墡の『東蒙古紀程』、そして呉禄貞の『東四盟蒙古實紀』、『經營蒙古條議』等がある。上述の姚錫光『籌蒙芻議』は、光緒三十四年（一九〇八）に鉛印本として刊行され、後に再版されて広く流布した。調査に関係する記述は、巻下に収められた諸々の意見書や書簡等に見えるが、その多くはモンゴル経営をめぐる議論であり、東部四盟の社会の実情に関する内容は乏しい。

陳祖墡『東蒙古紀程』は、民国三年（一九一四）頃、石印本として刊行され、また鉛印本もある。日記体で、行程については詳しいが、東部四盟の社会状況に対する全体的な把握には欠ける。

この二書は、清末の内モンゴル東部の歴史、清朝のモンゴル経営政策を研究するうえでの重要史料として、モンゴル史研究者に古くから知られている。

しかし、呉禄貞『東四盟蒙古實紀』（以下『實紀』と略称）、『經營蒙古條議』（以下『條議』と略称）は種々の理由から稀覯に属し、モンゴル史研究者に十分知られていないために、然るべき注意を払われず、研究に活用されていない。筆者の知る限りでは、最近出版された閻天霊『漢族移民与近代内蒙古社会変遷研究』（民族出版社、二〇〇四年一二月）に、『實紀』（『地学雑誌』本）が引用されているが、わずかに一文のみで、しかも原典と対照すると字句にかなりの差異が見られる。(2)

このような状況に鑑み、本稿においては、『實紀』と『條議』の内容を紹介するとともに、あわせて呉禄貞のモンゴル経営思想について検討してみたい。

一、呉禄貞について

呉禄貞（一八八〇・三・六〜一九一一・一一）、字綬卿は、湖北省雲夢県の人であり、文人の家に生まれた。若くして湖北武備学堂に学び、後に湖広総督張之洞により留学のため日本に派遣され、陸軍士官学校騎兵科に入学した。中国人留学士官候補生の第一期生である。在学中に、彼は孫文の民主革命思想を受け入れたが、反満思想には同調しなかった。また、第二期生である清朝宗室の良弼と交友が深く、「改良派」とも友好関係を保っていた。一九〇〇年に密かに帰国し、唐才常の「自立軍」の「勤王」蜂起に参加して、慈禧太后打倒と光緒帝親政を企てたが、失敗して日本に逃げ戻り、その後、思想的に民主革命への指向をさらに強めた。一九〇二年に卒業して帰国した後、武昌普通中学堂の教官となり、密かに革命を宣伝した。その後、良弼の推薦により、北京に赴いて練兵処軍学司の訓練科馬隊監督に就任した。一九〇六年四月〜七月に粛親王に随って内モンゴル東部四盟を調査した後、一〇月には命により新疆伊犁に新軍の視察に赴いたが、途中で陝甘總督升允によって弾劾され、免職となった。翌一九〇七年に東三省総督徐世昌に随って奉天に赴き、軍事参議、延吉辺務幇辦を歴任した。調査をもとに『延吉邊務調査書』を著し、延吉が中国の領土であることを証明して、日本の侵略の策謀を阻止した功績により、延吉辺務督辦・陸軍協統領に昇った。一九一〇年、命を受けて京師に戻って鑲紅旗蒙古副都統となり、さらに軍事演習視察のため独仏両国に派遣された。その後、陸軍第六鎮統制・署理山西巡撫に就任した。一九一一年一一月、第二十鎮統制張紹曾および山西軍とともに、清朝を武力により転覆しようと企て、部下に刺殺された(3)。一九一二年に中華民国が成立した後は、辛亥革命烈士としてその名を称えられ、今に至るまで辛亥革命史、国民党史そして湖北地方史の研究者の関心の的となっている。

二、『東四盟蒙古實紀』『經營蒙古條議』の基本内容

1 『東四盟蒙古實紀』

「蒙古之制度」「蒙古之宗教」「蒙古之人民」「蒙古之風俗」「蒙人之生計」「蒙人之牧畜馬政附」「蒙人之交易」「蒙人之愚頑」「蒙人之性質」「蒙古之醫術」「蒙古之兵隊」「口外兵隊東方之馬賊附」「蒙古之家庭并嗜好」「蒙古王公及官員對於人民之虐政」「蒙漢之畛域」「蒙古之富」「蒙古之貧」「蒙人之消亡」「蒙古之外感」「蒙古之道路」「蒙古之沙陀」「蒙古之草甸」「蒙古之森林」の二三項目からなり、約二万四千字を有する。項目によって分量は異なり、多いものは千字から三千字、少ないものは三百字ほどである。著者の職責上、馬政、長城外の軍隊および馬賊の情勢に関する項は記述が詳しい。

冒頭に述べられているところでは、著者は東部内モンゴルの内地にとっての重要性を痛感し、「両隣が相争って以来、長春府を通る南北の線を境界とし、経営競争を行い、ともに内蒙古一帯に注目し、偵察の足跡、外交の手段は微に入り細にわたっている。しかし蒙古の王公や箭丁は、みな茫然として自覚がなく、それどころか狡猾な者は小利を貪り大禍

を忘れている。禄貞が命を奉じて邸節に随い各旗を遊歴したところ、耳にし目にすることは、心胆を寒くするばかりであった。その大略をまとめ、もって腐敗の病源を明らかにし、誤りを正さんとする者の助けとしたい」という。「大略をまとめ」とある通り、記述は簡明で必ずしも詳細ではないが、「腐敗の病源を明らかに」せんとする以上、おのずから憚ることなく直言する必要があり、そのことが記述に独自の価値をもたらしている。

2 『經營蒙古條議』

「經營蒙古之意見」「政治之改革」「兵事之必要」「移民之政策」「宗教之改革」「教育之必要」「設立銀行之必要」「銀行之計劃」「鐵路之計劃」「交通之計劃」「工藝之振興」「牧畜之改良」「森林之培植」「沙陀之改良」「礦産之開採」「馬賊之安置」「鹽法之改良」の一七項目からなり、約三万六千字を有する。系統だてて詳しく叙述され、著者のモンゴル経営の思想、具体的な主張を十分に反映している。

三、『東四盟蒙古實紀』『經營蒙古條議』の諸本

『經營蒙古條議』は、呉禄貞が命を受けて調査を行った後、粛親王に対して、その政策採択や上奏に資するために練兵処を通じて提出した、モンゴル経営に関する建議である。執筆の時期は、光緒三十二年九月十七日（新暦一一月三日）に粛親王がモンゴル調査の詳細状況を上奏する以前[4]、つまり七、八月（新暦八、九月）と見られる。中に「余は馬政篇に詳し」という一句があり[5]、一方で「馬政」は『東四盟蒙古實紀』にあることから、『實紀』と『條議』は、互いに表裏をなすもので、同時期に成立した一対の著作といえる。

1 『東四盟蒙古實紀』

呉禄貞の殉難の一年後に、『東四盟蒙古實紀』は、西北協進会『西北雜誌』の第一年第一、二、四、五の各号(一九一二年一一月～一九一三年三月)上に発表され、その後間もなく、中国地学会『地學雜誌』の第四巻第一、二、五、六の各号(一九一三年)にも掲載された。一方、呉家所蔵の鈔本は、子孫の呉厚智による整理を経て、『經營蒙古條議』とともに皮明庥等編『呉禄貞集』に収められ、一九八九年に華中師範大学出版社から刊行された。

『西北雜誌』版には、篇首に編者の識語があり、「この一篇は呉禄貞綬卿先生が以前、蒙古を遊歴した時に著したものである。凡そ蒙古の歴史地理、風俗習慣、利源等について、考察の精確ならざるところはなく、特に馬政において最も詳しく、学者の参考に資するに足る。先生は民国の烈士であり、その言論の風采はかねて吾人の敬服するところである。その著作は甚だ稀覯に属するが、今これを江蘇の呉寄荃氏の家に得たことは、殊に貴ぶべきである。惜しむらくは稿軼が完全でなく、甚だ遺憾である。よって急ぎ原文を採録し、一字の増減もなさず、もって先生の真跡を留めんとする」と記されている。原稿の出所を「江蘇の呉寄荃」すなわち呉燕紹(元中央民族大学の文献学者呉豊培氏の父君)と明示し、また「稿軼不全」の残欠本であることも認めている。ただ、全篇を通じて誤字、衍字、脱字が夥しく、書名まで誤って『東西盟蒙古實紀』としている。

『地學雜誌』版には、「蒙古之兵隊」までしか収められておらず、全体の約五分の三を欠いている。篇首に識語があり、「昨今、辺患は日ごとに急を告げ、わが国の人士はかの庫倫の跳梁跋扈を見て、みな汲々として辺防の策を追い求めているが、しかし多くは北徼の情勢と習俗に暗く、真諦を得ない。ゆえにこの篇を採録し、国人の研究に供する。惜しむらくは稿帙が完全でなく、甚だ遺憾である。ここに原文を示して、もって正しく先生の真跡を伝えんとする。亜民識す」という。文面から見て、『西北雜誌』版からの転載であろう。篇名も同じく『東西盟蒙古實紀』となっている。

『呉禄貞集』版の収録範囲は、『西北雜誌』版と基本的に一致する。呉厚智による整理を経ているが、残欠の有無については明言されていない。呉厚智によれば、「原文は、呉家の蔵本のほかにも、石印本の引出がある[6]」という。「引出」とはどういう意味か理解しがたく、錯誤があろう。たとえ石印本が刊行されたことがあるという意味だとしても、筆者はその現物も、また目録等に採録されているのも見たことがない。

『西北雑誌』版と『呉禄貞集』版とを比較すると、文字に異同が多く、相互に参照して欠を補うことができる。純粋に文章のみから見ると、後者の方がよく練れている。「清」を「国朝」とし、さらに「理藩院」の名称も見えることから、粛親王に進呈された修訂稿の流れと考えられる。一方の『西北雑誌』版は、やや早く成立した未定稿に由来するのであろう。ただし、「国朝」を「清朝」とし、「粤匪猖獗」を「洪楊兵起」と記し、「奉命随邸節」を削るなど、明らかに民国元年の刊行時に手が加えられている。

『西北雑誌』、『地學雑誌』の刊行はいずれも古く、閲覧は容易でない。また、「奉命随邸節」の一句が削られているため、辛亥革命史や国民党史の研究者には、呉禄貞が粛親王に随って東部四盟の調査を行ったことが知られなかった[7]。ただし、実際には陳祖墡『東蒙古紀程』に、三月二十八日、熱河に滞在中の粛親王が、「呉受〔綬〕卿禄貞、陶欣皆仁栄を派遣し、分担して調査を行わせ、ハラチンで合流することを約した」との記載がある。また、ハラチン右旗の古老呉恩和、邢復礼は、ジャサク郡王グンサンノルブの生前を回想し、「われわれは、呉綬卿氏が貢王〔グンサンノルブ〕の最も畏敬する友人のひとりであったことを知っている。年中書簡を往来し、貢王は、事あるごとに呉氏と相談して決定していた。呉綬卿氏が粛親王善耆に随って辺境を視察し、ハラチン王府に至った際、両人は特別に親しい様子を見せた。貢王は自分の寝室で呉氏を歓待し、酒を酌み交わしつつ語り合い、呉綬卿氏は酩酊して、門を出ると、そのまま外の石段の上で眠ってしまった。翌日、貢王は自ら『呉綬卿酔臥處』の六字を記し、職人を呼んで石段の右側に刻ませた。現在もその銘文は残っている〔写真あり〕。二人はすでに過去の人となったが、〔銘文が〕わずかに往時を偲ばせ、二人の篤い友情を想い起こさせる[8]」と述べている。一九八九年に『呉禄貞集』が出版されると、辛亥革命史の研究者たちは、はじめて彼の東部モンゴル調査について明確に認識し、研究を行うようになった。

2 『經營蒙古條議』

一九八九年に『呉禄貞集』が出版されるまで、この資料は未刊であり、知る人が少なかった。わずかに徐世昌等編『東三省政略』に、呉禄貞の献じた「籌防之策」、すなわち『條議』の「兵事之必要」項の大部分が引用されているだけである。徐世昌はこの献策を誉め讃えて、「凡そこの条議は、地勢兵機をよく見通し、肯綮に当たっている。わが国の敵に備える策において、揺るがせにできぬものである」(9)と述べている。文字にかなり異同があるが、上奏用の定稿本に基づくものであろう。

『呉禄貞集』版は、未定稿本である。呉氏の子孫である呉忠亜による「整理後記」は、根拠とした諸本とその整理の経過について、「私が以前から目にしていた先烈の遺稿『經蒙條議』は、家蔵の写本である。惜しいことに、歴年の戦乱と移動のため、この写本はすでに半ば以上が失われ、通読することができなくなった。原稿を探し求めて補おうとしたが果たさず、家人は皆、これを久しく遺憾に思ってきた。亡き友人の賀覚非氏は、心ある人で、辛亥革命史に勤しみ、関連する文献、資料を探すことに精力を傾けていた。ある年入京して、某教授のもとで『條議』の異本を入手し、帰ってからそれを私に示した。しかし、これも残欠のある不完全な写本で、原稿ではなかった。幸いにも残欠、錯誤の程度は家蔵の写本ほど甚だしくなく、さらに幸いなことに、両者の残欠部分は同一でなく、相互に訂正、補足が可能であった。そこで繰り返し対校と整理を行い、さらに先烈の他の遺著を参照することで、かろうじて完本を復元することができた。…（中略）…整理、校訂の仕事はすべてわが娘の厚智に委ね、友人の師籍談氏に校閲を願い、苦心に苦心を重ねてようやく完成した」(10)と述べている。

残念ながら、『實紀』と『條議』は、このように『呉禄貞集』に収められて刊行されたとはいえ、編者が塞外の歴史地理に明るくないため、点校が精確でなく、誤字、衍字、脱字も夥しい。『實紀』には錯簡も見られる。筆者はあらためて点校を施し、訂正を加えたが、原本を見ることができないため、未解決の部分が少なくない。

四、呉禄貞の記す内モンゴル東部の社会

数か月間の調査により、呉禄貞は東部モンゴルに対して一定の理解をもった。彼は開墾の進展と漢人移民の入植によって、旗の社会が著しく変化していることを見て取ったのである。ここで、それまでの東部モンゴル社会の変遷史を概観しておけば、呉禄貞の描く内モンゴル東部の変化について、よりよい理解をもつことができるであろう。

康熙年間以来、長城に沿う各省の余剰人口は、次第にモンゴルに浸透するようになった。清朝政府は、内地の民人がモンゴルに入植することを明確に禁止していたが、内地の人口圧力と、それが帝国の安定に及ぼす潜在的な危険は、当局者がその禁令を厳格に執行することを困難にしたばかりでなく、時にはモンゴル各旗に対して「借地養民」政策をとることを余儀なくさせた。雍正・乾隆年間から、漢族移民の増加にともなって、清政府は内モンゴル南部地区に次々と民人統治機関を設置し、それは農業区域が日ごとに拡大し、モンゴル人が土地や権利を喪失し、遊牧地が次第に縮小し、モンゴル人の生存と民族文化・伝承の保持が危機にさらされる結果を招いたのである。

一八四四（道光二十四）年、内モンゴル南部を通過したフランス人宣教師ユックの、モンゴル人がラマの骨灰を納める小墓塔に関する記述は、こうした過程を如実に反映している。彼は感慨を込めて次のように記す。「われわれは山の頂上や、ラマ寺の附近に多数のこうした墓塔を見うける。また、モンゴル人が漢人に駆逐された土地でもそれらに出会うであろう。こうした土地では、韃靼人が住んでいた痕跡はそれ以外にほとんどなくなってしまっている。彼らのラマ

寺、牧場、そして帳幕や畜群は、みな消え去った。一切はみな消え去り、新たな民族、新たな建築と新たな風俗習慣が取って代わっている。そこには、わずかにいくつかの墓上の塔だけがなおも屹立し、これらの土地の過去の占有者の権利と、契丹人（漢人）による占領に対する抗議とを示している」[11]。

清末民国初に至ると、ユックの語るこうした遺跡さえ跡形もなくなり、数百年にわたって人々の耳に親しんできたモンゴル語の地名も次第に消失して、その跡をたどることは難しくなっていた。

1　経済と生活

「辺墻に沿う一帯では、漢人が関を越えて開墾することが日ごとに多くなり、モンゴル人はそれを見慣れ、土地を貸し出しても利が少なく、自から耕作を行えば利が多いことを知り、ようやく牧畜時代から農耕時代に入った。郡県に近い各旗では、みな農業を牧業より重んじ、そのやり方は漢人を模倣しているが、我慢強く労苦に耐える性分はやや劣っている。もし余った土地があれば、佃戸を招いて小作させ、中流の家であれば食べるのに自ら労働せずにすむ。郡県に近い各旗のうち、老哈河以南では、農業と牧業をともに重視しているが、漫撒子を行う地は、耕さず肥料を加えず、年ごとに場所を移すだけで、労働は極めて少なく、収穫は豊かである。また蒙旗は土地が広く人口が少ないため、牛馬の糞や草根、腐葉が堆積して肥沃な成分を生じ、瘠せた土地を肥沃にしている。まして三、四年に一度の播種であれば、地力が尽きず、収穫もおのずから容易に得られる。新たな開墾地はさらに豊穣である。例えば洮南では、地元の漢人以外に、ハラチン、アオハン、ナイマン等の旗から移民して耕作する者が多い」[12]。「ジョソト盟のすでに開墾された人口集中区では、およそ十余里に一村があり、各村の戸数は三、四十ほどである」[13]。「ジェリム盟の十旗では、穹廬と土製の家屋が並存しているが、数百戸が集まって村落を成すことはない」[14]。人口がやや多い東部では、「およそ二十里ごとに一村があり、各村の家の数はまちまちである」[15]。

農業の進展は、旗の土地所有形態の公有から私有への転化と、貧富の分化を加速した。「近年、王府の使用人には、ジャサクが指示して地畝を与え、まったく税を取らない。漢人に転租する場合は、一頃ごとに本色一石二斗を納め、山の斜面であれば半分を減ずる。あるいは「天」ごとに（モンゴル人は畝法を知らず、一牛二馬が一日に耕す広さを一天とする。約十畝ないし十二畝である）、銭二百または百二十、あるいは一頃ごとに三十六吊（大銭十八吊）を納める[16]。これは、ハラチン、アオハン、ナイマン、ヘシクテン、トゥメド、オンニュード各旗の状況である。ホルチン六旗、ジャライド、ドゥルベド、ゴルロス［前後旗］等では、均しく一晌（約十二畝）ごとに四百二十文（大銭二百十文）である。ほかに小差費があり、一畝ごとに百余文から十余文程度で、みな家ごとに肥瘦を見て決める。また牌費、換牌費、焼炭費、木植税もある[17]」。その結果、「およそ王公の家は市や鎮にあり、建物は荘厳である[18]。ラマやタイジも多く蔵を設けている[19]」。命じられて田租を管理する荘頭までが、みなたちまちのうちに富を蓄えた。例えば、「博王の荘頭は地五百頃を管理するが、家族の住む房屋は酒造所か質屋並みで、外出すれば衣服はみな麗しく、輿馬は軽快で、その財源は想像に難くない[20]」。

これに対して、僻遠の「気候が寒冷で、まったく日の力を頼みとする」地方、「例えばホーチド、ウジュムチン等の旗」では、「農業は絶無で、純粋に牧業で生活している[21]」。「シリンゴール十旗では、站道沿いに三百里にわたって人煙がないところもある[22]」。モンゴル人は、基本的には本来の生活状態を保っていた。しかし、全体として見ると、牧地の縮小、災害、戦乱及びその他の要因により、東部四盟の伝統的牧畜は次第に衰退しつつあった。「蒙地は牧畜によって生活し、馬匹がまた牧畜中の大きな部分を占め、かつては繁盛をきわめた。近年、沿辺一帯が次第に開墾され、草地が少なくなり、そのため馬政は日に日に衰えている。かつてのジェリム盟のような馬の名産地も、荒地の開放によって、馬は日に日に減少している。さらにその風采も以前の雄壮には及ばず、馬格も以前の大きさには及ばず、堅忍不抜の性質も、従前とは大違いである。ウジュムチンとハルハ左翼の馬だけは、なお退歩していないという」。「牧畜の盛んなことは、ウジュムチンを筆頭とし、牛は大いに肥え、馬はよく駆け、羊は食用に供することができ、駱駝は運送に使える。ホーチド、ジャルードはこれに次ぐ。ホルチン左右翼がさらに続く。戦線に近い地では、家畜は多く交戦両国に買い尽くされ、価格が高騰し、千里以内に影響が及んでいる。ほぼ三年前に三十両だった牛馬は七、八十両に至り、二、三両だった羊は七両に至っている」(23)。その結果、一般モンゴル人は「牛羊を常には屠殺せず、多く糜子の炒米で腹を満たすばかりである」(24)。

そしてまた、農業の発展は商業と貨幣流通を促進し、「内地に近い各旗では、蒙漢が雑居し、銀塊、銀元、軍票、羌帖が混用され、銅幣、毛銭、東銭、鵝眼、魚眼も流通している」(25)。「郡県からやや遠い、南は赤峰、烏丹、東は遼源州、西は多倫諾爾に至るまでの範囲では、移出される商品は概ね家畜を主とし、皮革がそれに次ぎ、骨角や絨毛がそれに続き、塩碱や硝磺がさらにそれに続く。薬材や茸類はみな漢人が採集する。運び込まれる商品は布帛を主とし、磚茶がそれに次ぎ、穀物がそれに続き、綢緞や雑貨がさらに続く。近年は洋貨が普及し、アメリカ産綿布が大口で、日本の細々とした製品もよく用いられる。ロシア製品は裕福な家ではじめて見かける」(26)。モンゴル人が「貿易の道を知らない」のは、もともと商業に無知であること、交通の不便、言語の不通等の要因によるばかりでなく、「銀貨銅幣が不揃いで、いたずらに通訳がごまかしを働く機会を増やすばかりなので、かえって物々交換の直截さに及ばず」、「資本があっても敢えて運用しようとせず、王公等がその富を羨んで誅求することを恐れ」、さらにはしばしば「漢人に愚弄される」からである(27)。直隷所轄の旗では、「満蒙の落ちぶれた者が奸賊となり、不肖のタイジやラマは陰で庇護を加え、私銭を鋳造し、街市に氾濫させている」(28)。

農耕と移民の進展は、おのずとモンゴル人の固有の風習に影響を及ぼした。「内地に近い一帯では、漢人の風習に染まり、極力内地の様子を模倣している。東三省に近い一帯では、多く満洲の制度を採用している。嫁を娶るには銀塊(五十両の宝)を要し、三、四塊から十余塊まで様々である。外蒙古に近い一帯は、なお旧習を守っている」(29)。家の中に供える仏龕さえも、「東省に近い土地や沿辺では、関帝の画像を用い」、仏に供える長明灯も、伝統の銅杯や銅碗ばかりでなく、「旧磁や洋磁の花瓶を多く供えている」(30)。

2 政治等

農業のもたらす巨大な利益と商業の繁栄は、消費を刺激し、旗の統治者たちを更に貪欲にさせ、厳格な階級に基づく元来の専制統治と搾取とを更に暗黒なものにした。「民人の財産は任意に奪い取ることができるので、財産を騙し取られる者があっても、敢えて訴えず、長官に富裕を知られれば、誅求は飽くことを知らない。ハラチンは、各旗の中でも傑出したところであるが、そこからジャサクトやトシェートに逃れる者があり、これに問えば、当差を避けるためと答える」(31)。しかし旗主は人を遣わして、定期的に租税(蒙古の例では、労役に就かない場合はその費用を納めなければならない)を徴収する。総じて、蒙旗は威厳を重んずるので、民は多く困窮しているが、怒っても口に出さない風がある」(32)。

移民統治機関の設置に伴い、旗の統治権にも変化が生じた。「ジョソト、ジョーオダ両盟は内地に隣接し、新たに郡県が設けられ、蒙漢が雑居している。漢人と蒙人の間の訴訟は、通例地方官が審理する。しかし府県官は蒙語を解さず、漢人の肩を持つため、蒙人は多く引き延ばして訴訟に出てこない。故に漢人はあらためて近くの蒙旗に訴える。裁判の際は、中央にジャサクの座を設け、左右に協理と梅倫の座を設け、訴えを起こした者は下にひれ伏す。また笞責や拘禁等の刑罰があり、拘留中に死に至ることさえある(監獄はなく、ただ黒屋という)。ウジュムチン各旗は、外蒙古に近く、気質は純朴で、口頭で訴え、文書を用いない。そのため訴訟は極めて少なく、刑罰の網も粗い。ホルチン各旗に至っては、東省の風習に染まり、酷刑が甚だ多く、拶子や木銁子等の刑があり、非命に斃れる者もある」(33)。

伝統的な兵制は日ごとに廃れ、モンゴル兵はすでに軟弱で役に立たなくなっていた。「近ごろ庚子の変〔義和団事変〕によって匪賊が湧き起こったため、各旗はみな団練の制のように兵隊を訓練している。聞くところでは、当差の例にならって、俸給や糧秣を奮発することもないので、人は極度に疲れて弱く、気風も鈍重で、アヘンに犯される者もある。ただ儀仗に充ててうわべを飾るのみである。武器も揃っておらず、銃も前装式があれば後装式もある。近年は天津やハルピンの洋行から買い付け、またラマが転売するものもあり、価格は高くなっているが、訓練ということを知らない。ゴルロス、ジャサクト、ダルハンの各旗では、黒省の部隊によく似ている。アオハン、オンニュードでは、内地の防営のような様相を呈している。ハラチンでは、兵隊はよく匪賊を防ぎ、現に武備学堂を設けている。もとの定めでは、八十名を一班となし、一班が卒業除隊して農工商の旧業に戻ると、あらたに一班を訓練し、常備軍の制のごとく、全旗皆兵とし、その法は大いによろしい。しかし学堂を視察すると、学生は定数に足りず、形式、精神ともに北洋にはとても及ばない。タイジの家ではみな壁に銃器を掛けているが、どれも百余年前の旧式の火縄銃である。新たに買い入れるのも多くは木製の旧式であり（遼源州に木銃製造店がある）、狩猟に役立つだけで、匪賊を防ぐには足りない。…（中略）…馬隊の馬はもとより訓練を知らず、頭数も不足しているようで、所かまわず放牧し、意に介する様子がない。総じて、蒙古にはまったく兵制がないと言えよう[34]」。朝廷が配置した長城外の防衛部隊は、「各軍の相互の連携がなく、しばしば隣軍に責任を押しつけて、かりそめの安逸を貪る。匪賊はこれを見抜き、ますます勢いづいている。また募集した軍隊は玉石混合で、訓練も疎かであるが、匪賊に通じる者のないことは保証できる[35]」【訳注1】。

3　生態環境

農業の進展と漢人移民の増加は、必然的に固有の自然環境の破壊をもたらした。長城の北側のモンゴル南部の各旗では、康熙年間にはまだ植被が豊かで、各種の野生動物が生息し、ときには虎や豹のような猛獣も山林・草地に出没していたが、間もなくそこは農地・村屯に変じた。

一八四四（道光二四）年にジョーオダ盟のオンニュード旗を通過したフランスの宣教師ユックは、次のように記している。「一七世紀中葉前後に、漢人はこの地区に入り込み始めた。当時、この地方の風景は非常に秀麗で、山上は繁茂した森林で蔽われ、帳幕が広大な牧地である山谷の至るところに散らばっていた。漢人はわずかな金で砂漠を開墾する許可を得た。耕作は次第に発展した。韃靼人はやむを得ず、彼らの畜群を連れて他の地方へ移っていった。その後、この地方はすぐに様相を新たにした。あらゆる樹木は伐採され、山稜上の森林は消失し、草地はみな焼き払われ、新たな農耕はたちまちのうちにこの土地の地力を枯渇させた。現在、これらの地区は基本的に完全に漢人に占拠されている。この貧弱な土地を荒廃させたきわめて不規則な季節変化の原因は、おそらく彼らの根こそぎ奪い尽くす墾殖法に帰することができよう。ここではしばしば旱魃が発生し、春風はほとんど毎年大地を干からびさせてしまう[36]」。

これはもちろん、オンニュード旗だけの特殊な例ではなく、モンゴルの開墾地区に普遍的に見られた現象であった。呉禄貞がモンゴルを調査した際にも、道光年間と同じく、この種の状況は続いていた。異なるのは、その波及の範囲がますます拡大したことである。

彼は言う。「近年、蒙古の新たな開墾地では、森林を伐採し、五穀を植えている[37]」。そのため「蒙古の既墾地は、数年のうちに禿山となってしまう。ジャサクの駐所や山間、水辺に近いところには、ときたま天然の樹林があるが、しかしみな一抱えほどの木であり、民人は器具の原料の欠乏に悩まされる[38]」。農民はまた「冬季あるいは春季に山焼きを行い、耕地の肥料とする。それはしばしば昼夜にわたり、…（中略）…樹林に被害が及ぶ[39]」。燃料の需要も樹林に甚大な破壊をもたらし、「蒙古の山間に遍く生えている杏樹は、往々にして薪にされる[40]」。「花の付いた果木、若葉の付いた楡や柳が、かまどの下に積まれているのを、しばしば見る[41]」。「たとえばハラチンの木炭は、上等なものは楊樹林等で鉱物の精錬に供され、下等なものはオンニュードに流通する。トゥメドの桃山は、朝陽全郡に炭品を供給する。また、関を越えて毎年駱駝で京都に運ばれる白木柄や木板も【訳注2】、みな近畿の蒙古に産するものである。しかし、常に伐採し、たびたび冬季に山を焼くので、樹林は日ごとに少なくなっている。深山の渓谷の中だけは、人跡が稀で、やや高木が残る」[42]。樹林がこの通りであれば、草地もまた同様である。「蒙古のすでに開墾された各旗では、漢人が精を出して働き、往往にして山稜の播種できないようなところも人力で鋤き起こすので、風に煽られ雨に洗われて、数年のうちに、沃土、森林が岩肌を露にする」[43]。「沙陀は草根と塵灰が泥状になっているが、泥が生成された当初は、上に薄い土の層があり、下層は砂質である。この時機を見て五穀を播けば、根付かないことはなく、ただ十分には繁茂しない。しかし春夏に草取りの鋤が入れられ、秋冬に乾燥すると、覆うものがなく、微細な草根と粘土だけになるので、ひとたび風を受ければ、上層が巻き上げられて砂の層を露出してしまう」[44]。

一定の近代科学の知識を受容していた呉禄貞は、開墾と伐採のもたらす危険をある程度察知しており、焼山、伐採、焼炭を禁じ、広く植林を推進するよう建議している。しかし、農業への過度の尊崇と、漢族勢力の拡大への希求は、彼が遊牧文明や生態環境の保護に対して完全に透徹した認識を持つことを妨げ、彼は依然として放墾と移民を主張しつづけたのである。

4　蒙漢関係

農業と移民勢力の不断の拡大により、農牧間の矛盾、蒙漢間の矛盾は次第に度を加えた。一八四四（道光二十四）年、ユック神父は、ヘシクテン旗を通過した際、「至るところに貧窮した住民の痛苦を見出した」。彼は記している。「この地方の天然資源はきわめて豊富で、とくに金銀鉱に関してそうであるが、これらの富は、往往にしてかえって彼らの最大の災厄の原因となった。私的に鉱山を開発することは厳禁されているにもかかわらず、漢族の強盗たちは、ときには大集団をなし、手に武器を携えて鉱山を開掘した。ある者たちは、金鉱を発見する特殊な才能をもっている。聞くところでは、彼らは大山の地勢や生育する植物の種類をもって、自らの行動の指針とするのだという。一人のこうした忌まわしい天才を持つものさえいれば、広大な土地を破壊するのに十分である。すぐさま千を数えるごろつきがやって来て彼に付き従い、その土地はただちに大きな罪行の舞台となる。一部の者たちが忙しく鉱山を開いている間に、他の者たちは付近の土地で強盗をはたらく。彼らは財産権どころか人権さえまったく尊重せず、誰しも想像さえできないほどの暴力をほしいままに振るう」[45]。ある地元のモンゴル人はユックに対して、怨みを込めて次のように語った。「モンゴル人が土地を耕し、家屋を建てるようになって以来、彼らは突然貧乏になった。契丹人（漢族）がこの地方に入ってきた。畜群・耕地・家屋は彼らの手中に落ちた。われわれには僅かばかりの草原が残され、そこではまだ、貧苦のために他の土地への移住を迫られるまでに至っていない幾ばくかのモンゴル人が、帳幕の中で生活している」。「モンゴル人は、自分でも知らぬ間に彼らを手本とし、彼らの後塵を拝して、遊牧生活を放棄して耕作に従うようになった。彼らは掛けで漢人の酒を飲み、彼らの煙草を吹かし、彼らの布地を買った。清算の時が来ると、あらゆる利息は四割か五割と定められていた。漢人はそこで暴力に訴え、モンゴル人は仕方なく一切を放棄して彼らに与えた。家や土地や畜群をである」。ユックが、「それならば、あなた方はなぜ役所に訴えなかったのか」と尋ねると、相手は答えていう。「役所に訴える！　ああ、それは不可能だ。契丹人はみな口がうまい。モンゴル人が契丹人を言い負かすことは不可能だ」[46]。漢人商人がモンゴル人から暴利を貪っていることは、彼ら自身さえ少しも隠そうとしなかった。帰化城の旅館で、北京の某商行がモンゴルに掛け取りのために派遣した一人の旅蒙商は、赤裸々にユック神父に語った。「われわれの職業はモンゴル人を食い物にすることだ。われわれは貿易を通じて彼らを食い物にするのだ。…（中略）…モンゴル人は単純だ。われわれがどうしてそれを利用して金儲けをしないわけにいくだろうか？」「われわれのような商人こそ、真に韃靼人を食い物にしているのだ。われわれは彼らを呑み込み、大口を開けて彼らを齧り尽くす」。「あなた方は、まさか彼らが子供のように幼稚だということに気づかないはずはあるまい？　彼らは交易の場所に来ると、目に付くものをみな買いたがる。大抵の場合、彼らには金がないので、われわれは彼らを助けてやる。われわれは彼らに商品を掛け売りするが、その条件はもちろん、彼らが少し高い代金を支払うということだ。彼らが銭を渡さずに商品を持ち去るときには、三割か四割の利息を払うことになっている。これが公正でないとでも言うのか？　利息はだんだんに積もって、その後利息にまた利息がつく。こんなやり方は韃靼人相手でなければうまく行かない。中原では、皇帝の法律がこの種のやり方を規制している。そこでわれわれはやむを得ず草原を走り回り、利の中から利を搾り取るのだ。…（中略）…これが公正でないとでも言うのか？　韃靼人の債務は永遠に消えず、代代受け継がれる。みなが毎年利息を取りに行ったときには、綿羊・牛・駱駝・馬などで納めてもよい。これらは銭よりもはるかによい。われわれは安値で家畜を受け取り、市場で高値で売りさばく。ああ、韃靼人の債務はすばらしいものだ！　それはまったく一山の金鉱だ」(47)。

呉禄貞も、漢人商人が往々にしてモンゴル人に商業の観念が乏しいことにつけこみ、ごまかし欺いて暴利を貪ることを目にしていた。彼らは常に、「一両二銭余りに値する布一匹で子牛一頭を買い、そのまま売主に育てさせ、四年を経て成長した後、漢人はそれを関東に送り、銀四、五十両で売る。しかし蒙人は逆に、牛を預ければ乳を食用にできるので、うまくやったと思っている。笑うべきである」(48)。「錦［州］、義［州］、赤［峰］、庫［倫］等、およびその付近一帯の奸商は、しばしば蒙民に商業の共同経営の話をもちかける。蒙人の出した資本については敢えて広言せず、毎年一度決算をし、一年目は、損益にかかわらず利益があったと言って、増資を求める。次の年は損益ともにないと言い、三年目は損失が出たと言って補填させ、数年を経ずして元利とも烏有に帰し、蒙人はどうすることもできない」(49)。モンゴル人は、塩を運んで物品に換える際、「通事に愚弄されて、しばしば塩一斗を米一斗と交換する」(50)。その結果「通事は何もしないで小金持ちとなる。蒙人には、決してこの業で裕福になる者はない」(51)。一方、呉禄貞の言うところによると、モンゴル人の債務者が「もし真実貧困であれば」、漢人の貸し手は証文を焼いて請求せず、「数十年間、親戚や友人のように往来する」(52)。一般的な旅蒙商の暴利を貪るやり方を考えれば、このような現象が存在したとしても、例外的なものであろう。

漢人移民勢力の膨張にともなって、彼らは客民としての地位に満足せず、モンゴルの土地と権益に対してさらに大きな欲望をもつようになっていった。光緒十七年（一八九一）、ジョソト・ジョーオダ両盟で金丹道の暴動が勃発したが、彼らはモンゴル王公貴族の圧迫に反抗するという旗印のもとに、ほしいままにモンゴル人を虐殺した。貴賤僧俗・男女老幼を分かたず、数万人のモンゴル人が虐殺の被害に遭い、多くのモンゴル人は難を避けて北部の盟旗に移住し、二度と敢えて故郷に戻らなかった。金丹道の暴動は最終的に清政府によって平定されたが、それは漢人移民がモンゴルにおいて客から主に転化したことの表れであり、その影響ははかり知れないものがあった。

呉禄貞が調査を行った頃、モンゴルの状況はさらに悪化し、かつて比類のない尊貴を誇った王公貴族もすでに没落して、事毎に省府州県の圧迫を蒙るようになっていた。彼は次のように慨嘆している。「国家が蒙古を礼遇することといえば、親王の俸銀（毎年十四万一千一百両）と俸緞（毎年計二千四百八十三匹）を賜与し、内廷に務める栄誉を与え、恩沢は甚だ渥い。ところが、設置された州県では、これを一紳士以下に見なしている。もし嫌疑を受けて訴訟になれば、協理以下は即座に拘禁できるため、これを畏れること閻王のごとくである。将軍、都統ともなれば、ジャサクであっても面会すら望めない。候補道に面会するときも、主人は上座に就き、王公は脇に坐し、一語でも言い間違えると大声で叱責する。これが東省の通例である(53)」。「ハラチン王が、赤峰から朝陽まで」電線を通し、「ハラチン王府を経由させる計画を立てたとき、某都統は頑固なので事前に相談せず、北洋に上申して、すでに人を派遣して測量させ、まさに起工しようとした。某都統は、某王は一紳士に過ぎないのに、なぜ外事に関与できるのかと言って、ついにこれを阻止した。道理なき圧制のさまを見ることができよう(54)」。「黒省の慶山が開放した荒地では、蒙民が農耕を営んでいた漫撒子地、掘った井戸、植えた木を一律に囲い込んだため、家屋だけが残り、門外がすぐに他人の財産となって、移住するしかなくなった。これまでの墾務のやり方とはまったく異なるものである（旧例では、蒙人が播種する熟地は、本人が自ら受領することを許していた。家屋の周囲一里四方は原主に与え、売り出すこともできた）。ロシア領内にあった漢屯の扱いと比べても、はるかに酷薄であるので、蒙人は痛恨の念を抱いた。聞くところでは、旗内のある人がゴルロスの盟長に提訴し、理藩院に取り次いでくれるよう求めた。程将軍はこれを察知すると、旗主に提訴人を引き渡させて懲罰した。盟長は結局敢えて手出しもできず、開墾への怨みを募らせたという」[55]。こうした状況に対して、呉禄貞は憂慮を抱いていた。彼は次のような例を挙げている。「黒龍江将軍がかつて上奏してゴルロス公を弾劾したことで、各旗はみな恨み骨髄に達している。ロシア人もこのことについてあれこれ騒いでいる。やり方を変えなければ、恐らく追い詰められて他族に利用されてしまうであろう」[56]。王公貴族でさえこの通りなのであるから、一般モンゴル人の状況は推して知るべしである。

これに対して、旗の統治者と漢族地商による搾取にもかかわらず、全体として見れば、漢人移民は最終的な受益者であった。「漢人で蒙古に移民するのは、多くは乞食から身を起こした者である。現在、自ら出関を願う者は、大抵が貧民であるので、俗謡に『闖関東』といえば、すなわち貧困を極めた無頼の徒のことである」[57]。彼らは「次第に寄り集まって多数となり、都邑を形成する。中でも山東（沿海各府）の人がもっとも多く、直隷（永平府人が多く、次は保定）がこれに次ぐ。山西がさらに続く。農業と商業を兼ね、蒙人のために耕作を行い、最初は小作人に過ぎないが、蒙人の愚鈍に対して漢人は聡く、蒙人の怠惰に対して漢人は勤勉で、蒙人の奢侈に対して漢人は倹約を旨とし、最後には主客所を代えてしまう」[58]。「長い間蓄えて所帯を持ち、子孫を増やし、数百頃の肥沃な土地、数十万の資本の利を擁し、人と車の夥しい往来は数え切れない」[59]。「商業であれば、初めは肩に荷を担ぎ、次いで店をもち、後にはついに酒造所や質屋を設ける（蒙人は酒を嗜むので、酒業は最も利益が大きい）。あるいは旅館を設けて、雑穀の売買を兼ね、宿泊や塩車をも扱い、皮革を取引する。工芸であれば、家屋を建造し、寺廟を建立し、仏像を鋳造彫塑し、乗物や衣服を製作し、毛氈を織り、刻苦精励すれば、間もなく自立できる」[60]。それゆえ、モンゴル人が王公貴族に対して、怒りを抱きつつも口に出さないという敵視的態度をとるのとは逆に、漢人の移民は、長城外の州県の税が重いために、「これを蒙旗がわずかに地租を収めるのみであるのと比べれば、その懸隔は甚だしく、彼らが蒙王を敬愛することは、……」[61]。一方、「蒙人は漢人が日ごと裕福になる様子を見て、妬んで悔しく思うが、自らが終日遊び戯れ、働くことを知らなかったせいであるとは考えず、漢人が日に日に迫ってきて、自分たちが落伍していくことを怨み、漢人を目のかたきにし、種族意識をいよいよ強めている」[62]。

五、呉禄貞の民族観とモンゴル経営思想

呉禄貞は、当時の一般的な漢人官僚・知識人と同様に、幼い頃から中華伝統文化の薫陶を受けたため、おのずと農業を尊び牧業を蔑み、中華を尊び夷狄を蔑視し、異民族が漢族に同化されることを理の当然であると考えていた。同時に、彼は社会進化論のような西洋の新思想の影響をも強く受けて、生存競争・優勝劣敗を社会発展の必然的法則と見なしていたため、その大漢民族主義的民族観を意気高らかに憚ることなく表現し、「王道」や「仁義」といった虚飾を用いることが少なかった。彼の目には、「蒙古の遊牧はもとより文化がなく」、「鹿か豚のように愚か」[63]で、漢人の農業文化に取って代わられることこそ歴史の進歩であると映った[64]。それゆえ彼は、モンゴルへの移民を提唱し、「移民の一挙こそ、辺患を除き、内憂を去り、不毛の地を沃土に変えるに足り、まことに一挙数得である」と考えていた[65]。

それについて、彼は「自然淘汰」理論とマルサスの人口論に依拠して、次のように論じている。「二十世紀の世界は、ひとえに生存競争の世界である。生存力において優勢であれば、その民族は強く、劣勢であれば、民族も弱い。それゆえ過去数世紀における帝国主義の勃興は、各国における人口増加の結果による。イギリスの大学者マルサスの著した『人口論』は、人口増加率は幾何級数に従うが、食物増加率は算術級数に従うという。両者を比較して計算すれば、将来必ず食糧が人口に追いつかないという患が起こる。そのため、東西の各国は、広く植民地を求めることを母国民族の膨張に伴う急務とする。イギリスのインド領有とオーストラリア開拓、ドイツの中央アジア経営、フランスのベトナム占領、アメリカのフィリピン占有、日本の台湾占領と朝鮮奪取、ロシアのシベリア開拓は、野心による侵略ではあるが、

同時に生存競争に迫られて、やむなく広く属地を求め、本国民族の移民のはけ口としたものである。ゆえに今日の地球上には、草木一本、砂石一粒たりとも、主人のないものはない。もはやいまだ開拓されず、占拠して己のものにできる新天地などあり得ないのだ！　ところが、天は中国に恵みを垂れ、長城以北に二百万方里の蒙古があり、開闢以来、地力も物力もいまだ尽き果てず、数千万人の生活を支えるに足る。これこそ中国民族を収容する最良の地なのである」(66)。「日露戦争以後、日本は戦勝の勢いで、一気に歩を進めようとしている。ロシアは敗戦の痛手を蒙って、没落を食い止めようと謀をめぐらしている。蒙古の一隅がまさに競争の要点となっているのに、ただ未開で人口が増えないばかりに、二百万方里の地がひっそりと眠り込んだままであったら、辺防を何によって固めればよいのか。ここを失えば、西北の障壁がなくなり、京晋の腹背は空虚になってしまう。これが、辺患を除こうとすれば、移民政策を行わざる得ない第一の理由である。かつまた中国の東南には人が溢れ、沿海沿江の民は生計を立て難いため、危険を冒して大洋に乗り出し、アフリカの炎暑の地や、アメリカの取り締まりの厳しい土地へと群をなして赴き、外人の陰惨な虐待に遭ってもものともしない。内地の流民や無職の者は、ある者は流浪して傭兵や塩の密売人、会党となり、法の網を恐れず、ひそかに蔓延して、隠れた災いとなる。これはみな、適当な生計の手段がないことから来ている。しかし蒙古ならば、荒地の開墾、植林、工芸の振興に多くの人を必要とし、無業の遊民を吸収して余りがある。ロシアが囚人を流刑にしてシベリアを開拓させたことも、まことに道理である。これが、内憂を去るために移民政策を行わざるを得ないいま一つの理由である」(67)。

帝国主義列強と同様、明らかに呉禄貞も、モンゴルを早急に占拠して開発すべき植民地と見なしていた。列強と異なるのは、「中国民族」こそが先んじて歩を印し、主権を有しているので、欲するままを行うことができるとする点である。

移民実辺の実施を保証するために、彼は次のように説く。「世の変化が日ごとに多く(68)」、「職務がますます繁雑となっている」ため、「相互に隔絶された地方官が遠くから統制できるものではなく」、「郡県を設けるといった守旧の法で補えるものではなく、全体を一括して管理し、あらゆる事業を推し進めなければ、内政の振興、外患への防禦には足りない[69]」。かくして彼の主張はついに政治改革に及び、内モンゴルに元来置かれていた将軍と都統の上に、「総督一人を設け、朝旨に従って全陸軍を統率し、民法を執行し、交渉事務を行い、特別の権限をもって拓地、殖民、授産ならびに一切の行政を掌握し、属官の任免を行う。有事には要害に出向いて鎮守し、前面の敵、退路の備えについて指示を下す。……（中略）……ただ、改革の当初は、事務は簡を尊ぶので、理藩院大臣をこれに充てる。すべての企画が終わった後に、都会を設立し、軍事に通じた大官を選抜して常駐させ、統御の便をはかる」ことを建議する[70]。総督の下には軍政総長および民政総長各一人を置き、軍政と民政を分掌させる。各盟に民事を掌る民政官、各旗に民事を掌る民政長を置く。ただし「旧来のジャサクは、なおその名を残して権限を分与し、富貴を失わないようにする。ただし地方の重要事項があるときは、みな民政官長に問い合わせる。梅倫以下の職についても旧例に遵うが、民政官長が任免・昇降の権をもつ[71]」。

また彼は、モンゴル人に対する統制を確保し、最終的な同化を達成するため、「言文の統一は、国家と常に密接な関係にある[72]」とし、モンゴル人に漢文・理化・実業の三項目の教育を施すことを建議するにあたり、「漢語漢文を最重要とし[73]」、「もし今後新進の人々が完全に漢文に通じることになれば、中土の文化と世界の学術が悉く流入して、下層の閉塞を打破し、また同文の実を挙げることもでき、一挙両得である[74]」とする。また、ラマの上層に対しては、「必ず経典を研究させるとともに、漢文漢語を学習させ、もって風俗を改める導き手とする。思うに経典の辞句は単純だが意味はわかりにくく、論はあまりにも崇高なので、もしも漢文に精通して古の聖賢の哲理と名言を探求するならば、必ずや吾道の大なること、他教のよく及ぶところでないことに茫然とし、世を惑わし民を欺く旧習を改めるであろう」。「この策に従えば、おそらく中土の文化が日ごとに藩属に広がり、ますます忠君愛国の心を喚起し、黄教はその流毒が和らぐばかりか、自滅していくであろう[75]」。彼はまた、特に次のように強調する。「自由な教育は、自治の民には施すことができるが、未開化の族に対しては行えない。歴史を考えるに、蒙古はしばしば中国の患を為してきた。もし今、精神教育を軽率に提唱すると、一、二の野心家が独立平等の論を聞きかじり、その勢力が増せば、必ずや裏切って敵対するであろう(76)」。それゆえ「蒙古の域内には中学または中学相当の学校のみを設け、高等以上の学術は上京して就学させ、京師尊崇の意を示すべきである。軍事教育もまた、ただ士兵学校のみを設け、将校は一切、内地で採用すべきである(77)」。

以上の外、軍事面では、日露に備えるために強力な軍隊を訓練し駐屯させること、金融面では、移民と開発の促進のために東三省の各官銀を合併して満蒙銀行を設立すること、交通通信面では、発展の促進と国防上の利益のために、鉄道と駅站を敷設し、電線や郵政等を整備すること、経済面では、工芸の振興、牧畜の改良、植林等が必要であると提言している。中には非現実的なものもあるが、しかしその構想は緻密で、苦心の産物といえる。また、タイジの制度の改革、奴隷の制限、チベット仏教の改革等の主張は、より的確に当時のモンゴル人社会の弊害を突いている。紙幅に限りがあるので、ここではこれ以上詳述しないことにする。

総括

記述の真実性、信頼性こそ、歴史文献の価値を決定づけるものであり、またわれわれが呉禄貞の著作を評価する際の主要な基準でもある。実地調査と自身の見聞に基づく彼の記述は、当然ながら信頼に足る点が多い。特に蒙漢関係と生態環境については憚らずに直言していて、一般の漢族人士が見て見ぬふりをしたり、故意に隠蔽したりしているのとは鮮明な対照をなし、独自の史料価値を高めている。蒙漢の矛盾については、例えば陳祖墡『東蒙古紀程』にも、「近年、旗員の権限は地方官にほとんど侵し尽くされ、交渉案件があっても通知しないばかりか、甚だしくは三、四品の旗員を任意に拘禁することさえできる。蒙民は多く漢語に通じず、官府を惧れているため、自分に十分に理があることでも、往往にして屈服する結果となる。差役がまたしばしばこれに乗じて至るところで詐取をはたらくので、ついに蒙漢の民は互いに敵視するようになっている。速やかに調整して権限の範囲を明確にしなければ、積怨がいよいよ深まり、禍もいよいよ甚だしくなろう。一般民衆とキリスト教徒の間の紛争事件を教訓となすべきである[78]」と見え、呉禄貞の記述が虚構でないことを裏付けている。しかし、同行した姚錫光は固く口を閉ざし、その著『籌蒙芻議』では一言も触れていない。長年にわたり、中国大陸の一部の学者は、歴史上漢族が少数民族を圧迫してきたことに触れたがらず、外国人の旅行記中に見える真実の記載を往々にして故意の歪曲であるとして排斥し[79]、あるいは殊更に階級矛盾を強調し、民族矛盾を覆い隠したり過小評価したりしている。しかし、呉禄貞の記述は、漢族人士自らの言説によって、そうした記載の信頼性を裏書きするものである。また、モンゴル人の後れた面に関する記載や批判も、事実に基づき、肯綮に当たる点が多い。例えば、モンゴル人のチベット仏教盲信については、「その弊害はというと、独身男ばかり多くなって種が繁殖せず、競争が止んで人に進取がなく[80]」、「ついには一つの迷信世界をなす。現世の発展を求めず、来世の幸福を求め、人事の振興に励まず、天心の加護を頼みとする。国運は既に傾いているのに、人心は枯木のごとく無関心で、チンギス＝ハンの威風も煙のごとく消え去ろうとしている[81]」と述べている。また彼は、怠惰が災いして、モンゴル人にはほとんど進歩が見られないばかりか、得意としていた伝統的な生産技術や生活上の技能まで日ごとに衰退しているとする。「毛氈造りは、もとはモンゴル人の得手とするところであった。今やモンゴル人は怠けてこれを行わず、多く漢人に委ねている」。皮革のなめしや縫製は、「近年蒙古一帯では多くこれを生業とするが、蒙人の多くはできない[82]」。さらには、生活のよりどころである牧畜さえも、「衛生や品種改良に気を配らないため、畜種の退化を引き起こしている[83]」。今日に至るまで、怠惰はモンゴル民族の発展にとっての一大障害である。

調査の行程の関係上、呉禄貞は東部四盟の各旗をすべて巡視したわけではなく、見聞におのずから限りがあった。記述もきわめて詳細というほどではなく、幾分粗雑の嫌いがある。無論それは執筆目的や文体上の制約によるものだが、おそらくは中国人の事を行う上での粗雑さ、容易に満足してしまう文化的伝統、そして調査研究を行う上での科学的方法や訓練の欠如にも関係するのであろう。それは、彼のモンゴル人に対する理解を不十分なものとし、記述中に非常識な誤りが散見する結果を招いている。例えば、彼はチベット仏教の各寺院ごとの最高僧を「ダライ=ラマ」と呼び、「小庫倫」を「多倫諾爾」と誤っている。[84] 文化的偏見や民族的偏見からくる事実の歪曲も見られる。例えば、モンゴル人の間に、迷信に基づく「婦女が活仏と交接することを無上の光栄とするという妖言」があることは確かであるが、しかし「箭丁の家の一人がラマとなれば、その家の婦女はみなその枕席に侍る」[85] というに至っては、誤謬も甚だしい。また、蒙漢矛盾の根源を「漢人の勤勉、蒙人の怠惰」、「蒙人が妬んで憾みを抱く」ことのみに帰結させているのも、事実に合わない。

呉禄貞のモンゴル経営の思想は、その根本からいうと、実際には一般漢人や漢化した旗人の基本的な考え方と同様であった。姚錫光、陳祖墡等も類似の考えをもっており、異なる点は、政策の実施方法と精粗の程度に存するに過ぎない。国家が弱体化し、外患が迫る当時の危機的な状況下において、モンゴル地域に対する領土主権を保全するためには、移民実辺と改土帰流は、おそらく漢人の官員や知識人、そして清朝宮廷にとっては、外患を除き、国家を救うための唯一の選択だったであろう。しかし、長い歴史の流れの中で、「大一統」を旨とする伝統的な専制思想と、(少なくとも文化の上での)貴華賤夷観念とが支配的な状況の下では、愛国主義と大漢族主義とは、往々にして同じコインの表と裏であった。特に漢人の愛国者にとっては、ほとんどそれ以外には考えようがなかったであろう。清朝宮廷や呉禄貞たちから見れば、移民実辺と改土帰流は、救国の良策であった。しかしモンゴル民族とその文化から見ると、それは土地と権利の喪失、滅亡への道であり、「まさに猿と鶏のように、同じ一つの穴ではどちらも生き延びられない」[86] のであった。かくして、坐して死を待つことを潔しとしないモンゴル人は、あるいは抗争に立ち上がり、あるいは列強の力を借りて苦境を脱することを企図し、かろうじて息をつきながら未来を模索した。漠南モンゴル地区での数次の抗墾運動、外モンゴルとフルンボイルの独立宣言、そして民国年間における内モンゴルの数次の独立事件は、その表れである。結果として、「救国の良策」は、部分的には実効を挙げたとはいえ、一方では外モンゴルが分離する内在的原因を作り、最終的にはその独立を招いたのである。

漢人官員のモンゴル経営の主張は、最初の段階では開墾と行省設立に限られていたが、光緒三十二年二月庚子の「内閣代奏中書鍾鏞條陳蒙古事宜十四條[87]」を契機として、政治・経済・軍事・交通・教育・宗教等の各分野にわたる全面的な制度改革の実行という段階に入った。その表れが、九月に粛親王が奏陳した、屯墾・鉱産・馬政・呢碱・鉄路・学校・銀行・防犯の八項目にわたるモンゴル経営策である[88]。すなわち、粛親王の奏陳は、理藩院がはじめて提出した全面的なモンゴル経営計画であり、それは当然、呉禄貞、姚錫光、陳祖墡等の主張を斟酌し採用したものであった[89]。言い換えれば、呉禄貞等は、官職こそ高くなかったが、歴史のめぐり合わせによって、彼らのモンゴル経営の主張は、粛親王を通じて清朝の政策決定に少なからず作用したのである。その後に東三省や熱河都統等が行ったモンゴル経営の諸施策、および宣統二年（一九一〇）の清朝の「変通旧例」にも、ひとしくその痕跡を見出すことができる。

注

（1）『清實録』第五九冊「徳宗景皇帝實録」（八）（中華書局、一九八七）、三六八頁下、二月癸丑、四六五頁下、九月辛亥を参照。

（2）閻天霊『漢族移民与近代内蒙古社会変遷研究』三〇七頁に、「蒙人与漢人雑居久、知自種之利多、出租之利少、遂由牧畜生活変為耕稼生活、操作一如漢人」とある。しかし出典の『地學雜誌』第四巻第二期には、「蒙人本系圖騰社会、沿邊墻一帶、漢人出關開墾日多一日、蒙人習見、遂知出租之利少、自種之利多、遂由牧畜時代進為耕稼時代。如近設郡縣各旗、皆農重於牧、操作一如漢人、但堅忍耐勞之性爲稍遜耳」と記されている。

（3）李新、孫思白主編『民国人物伝』第二巻（中華書局、一九八〇）、一二一―一六頁。

(4)中国第一歴史檔案館編『光緒宣統両朝上諭檔』第三二冊(広西師範大学出版社、一九九六)、五八〇頁。
(5)皮明庥等編『呉禄貞集』(華中師範大学出版社、一九八九)三五頁参照。
(6)『呉禄貞集』八〇頁。
(7)国民党中央党史史料編纂委員会『革命人物志』第二集「呉禄貞」、李新、孫思白主編『民国人物伝』第二巻(中華書局、一九八〇)「呉禄貞」、皮明庥等編『呉禄貞集』「呉禄貞年表」、徐友春主編『民国人物大詞典』(河北人民出版社、一九九一)三六九頁等は、このことを記していない。
(8)『内蒙古文史資料』第一輯(内蒙古人民出版社、一九六二)、一二九—一三〇頁。
(9)徐世昌等編『東三省政略』巻二「蒙務下、籌蒙篇」二—三集、宣統三年(一九一一)鉛印本。
(10)『呉禄貞集』四七頁。
(11)古伯察〔Regis-Evariste Huc〕(耿升訳)『韃靼西藏旅行記』(中国藏学出版社、一九九一)、九九頁。
(12)『呉禄貞集』五五頁。
(13)『呉禄貞集』一一頁。
(14)『呉禄貞集』七四頁。
(15)『呉禄貞集』一一頁。
(16)『西北雜誌』版には、「三十六千、即大錢十八千」とある。
(17)『呉禄貞集』四九頁。
(18)『呉禄貞集』二七頁。
(19)『呉禄貞集』三〇頁。
(20)『呉禄貞集』七〇頁。

(21)『呉禄貞集』五五頁。
(22)『呉禄貞集』七四頁。
(23)『呉禄貞集』五六―五七頁。
(24)『呉禄貞集』六九頁。
(25)『呉禄貞集』七八頁。
(26)『呉禄貞集』六〇頁。
(27)『呉禄貞集』六〇―六一頁。
(28)『呉禄貞集』七八頁。
(29)『呉禄貞集』五二―五三頁。
(30)『呉禄貞集』五四頁。
(31)『呉禄貞集』七〇頁。
(32)『呉禄貞集』七〇頁。
(33)『呉禄貞集』五〇頁。
(34)『呉禄貞集』六四頁。
(35)『呉禄貞集』六五頁。

【訳注1】 原文「保無有勾通賊匪者」。文脈からすると、「匪賊に通じる者がないとも保証できない」と読みたいところだが、原文をそのように訳すのは無理がある。

(36) 古伯察〔Regis-Evariste Huc〕(耿升訳)『韃靼西藏旅行記』(中国藏学出版社、一九九一)、五頁。
(37)『呉禄貞集』三九頁。

(38)『呉禄貞集』三六頁。
(39)『呉禄貞集』三七頁。
(40)『呉禄貞集』三三頁。
(41)『呉禄貞集』三七頁。
【訳注2】原文「白木柄木板」。難解だが、仮に「白木柄」と「木板」に分けて訳した。
(42)『呉禄貞集』八〇頁。
(43)『呉禄貞集』三九頁。
(44)『呉禄貞集』四一頁。
(45)古伯察〔Regis-Evariste Huc〕(耿升訳)『韃靼西藏旅行記』(中国藏学出版社、一九九一)、二〇頁。
(46)古伯察〔Regis-Evariste Huc〕(耿升訳)『韃靼西藏旅行記』(中国藏学出版社、一九九一)、二〇頁。
(47)古伯察〔Regis-Evariste Huc〕(耿升訳)『韃靼西藏旅行記』(中国藏学出版社、一九九一)、一六二―一六三頁。
(48)『呉禄貞集』六一頁。
(49)『呉禄貞集』六一頁。
(50)『呉禄貞集』四六頁。
(51)『呉禄貞集』六一頁。
(52)『呉禄貞集』六三頁。
(53)『呉禄貞集』七二頁。
(54)『呉禄貞集』七二頁。
(55)『呉禄貞集』七一頁。

(56)『呉禄貞集』七二頁。
(57)『呉禄貞集』二〇頁。
(58)『呉禄貞集』七二頁。
(59)『呉禄貞集』七二頁。
(60)『呉禄貞集』七二頁。
(61)『呉禄貞集』七一頁。末尾の一句「実有為叢欧爵者」は難解で、原文の誤りかと思われる。
(62)『呉禄貞集』七二頁。
(63)『呉禄貞集』六二頁。
(64)『呉禄貞集』五五頁。
(65)『呉禄貞集』一二頁。
(66)『呉禄貞集』一一頁。原文に不鮮明な箇所がある。
(67)『呉禄貞集』一一―一二頁。
(68)『呉禄貞集』四頁。
(69)『呉禄貞集』三頁。
(70)『呉禄貞集』四頁。
(71)『呉禄貞集』五頁。
(72)『呉禄貞集』一八頁。
(73)『呉禄貞集』一九頁。
(74)『呉禄貞集』一八頁。

(75)『呉禄貞集』一七頁。
(76)『呉禄貞集』一八頁。
(77)『呉禄貞集』一九頁。
(78)陳祖墡『東蒙古紀程』四月十四日条を参照。民国三年(一九一四)序鉛印本。
(79)例えば古伯察〔Regis-Evariste Huc〕(耿升訳)『韃靼西藏旅行記』(中国藏学出版社、一九九一)「訳者的話」、阿・馬・波茲徳涅耶夫〔Позднеев, Алексей Матвеевич〕(劉漢明等訳)『蒙古及蒙古人』(内蒙古人民出版社、一九八九)第一巻「出版説明」。中国の学者にとって都合のよいことに、一部の外国人学者も同様の見方をしている(『韃靼西藏旅行記』三七頁、三一二頁注二四参照)。しかし、民国期の漢人のいくつかの記述は、ユックの誠実さを裏書きしている。例えば、林競『蒙新甘寧考察記』(甘粛人民出版社、二〇〇三)二二頁には、次のようにある。「旧時、京中で蒙古王公に金を貸す場合、利息は三分であるが、返済のときにはかりに錘を加え、ほぼ四分三厘とする。重い利息といえよう(北京の定安門外の外館は、旧時王公が上京する際の宿所であった。金貸しの商人が多く、また王公の日用の品を整え、その利益は莫大であった)。決済の方法は、毎年旧正月になると、貸し手は一人を王公のもとに派遣する。王公はそれを旗民に分担させる。分担の法は、家畜の多寡に応じて比例配分し、事前に予告して、旗民は銀両や皮毛を準備して待っている。期日になると、商人と王公が派遣した「普斯夫」(地保の類)があちこち取り立てて回る。遠近百余里にわたって取り立てて送り届け、もし差し出そうとしない者がいれば、普斯夫は王公に報告して懲罰させる。帰化城の大盛魁もこの法を用いている」。また、韓澤敷『沃野調査記』(『包頭日報』一九三四年八―一一月に連載)には次のようにある。「蒙民の性質は温厚愚鈍で、家畜の他は何を羨むということもないので、西北一帯の漢人の蒙古通は、みなその愚につけ込んで欺いている」。西北の商人には、「韃子を食らい韃子を飲む、食い飲み尽くしたら韃子をつかまえる」という諺がある。その意味するところは、蒙人との交易は内地より容易で、利益が大きいということだろう。元本を取り戻すばかりでなく、金利が元本の八―九割にも及ぶのである」。

(80)『呉禄貞集』一六頁。

(81)『呉禄貞集』六二頁。

(82)『呉禄貞集』三二頁。

(83)『呉禄貞集』三四頁。

(84)『呉禄貞集』五一頁。

(85)『呉禄貞集』一七頁。

(86) 光緒二十八年八月十七日、烏蘭察布盟六旗扎薩克・協理台吉給欽命督辦蒙旗墾務大臣貽穀呈文（内蒙古地方志編纂委員会総編室編印『内蒙古史志資料選編』第一輯下冊、一四〇頁から転引）。

(87)『清實録』第五九冊「徳宗景皇帝實録」（八）（中華書局、一九八七）三六〇頁上、二月庚子を参照。

(88)『清實録』第五九冊「徳宗景皇帝實録」（八）（中華書局、一九八七）四六五頁下、九月辛亥を参照。

(89)『東蒙古紀程』によれば、陳祖墡はモンゴル調査の帰途、「諭を奉じて籌蒙策一篇を作った」という。

二〇世紀初頭の内モンゴル東部地域の社会構造
―ジリム盟ゴルロス後旗の事例から―

橘　誠

はじめに

本稿は、二〇世紀初頭、すなわち清朝末期・中華民国初期における内モンゴル東部地域の社会構造を、ジリム盟ゴルロス後旗を事例として分析しようとする試みである。

本稿が対象とする時期において、内モンゴル東部地域に最も大きな影響を及ぼしたのが、辛亥革命の勃発とそれに続くモンゴルの独立宣言、そして清朝の滅亡であったことは多言を要しないであろう。辛亥革命勃発を直接的契機として外モンゴルのイフ＝フレーではモンゴル国の独立が宣言され、ほどなくして清朝皇帝は退位し、中華民国の臨時大総統には袁世凱が就任することになる。清朝に代わり、イフ＝フレーと北京に新政権が誕生したことにより、これら新政権に挟まれる形となった内モンゴルの王公たちは、「モンゴル」に加わるのか、あるいは「中国」に加わるのかという難しい選択を迫られることになったのである。

本稿で取り上げるゴルロス後旗は、地理的には内モンゴルの中でも最東北端に位置し、東は吉林省に接し、西と南は嫩江と松花江に囲まれ、旗内には東清鉄道が斜めに走り、内モンゴルの中でも交通の利便に恵まれていた旗であった。そのため、かえって清末には漢人農民の入植が進み、光緒三二（一九〇六）年には漢人を統轄する肇州県が設置され、さらに民国初期の一九一三年には肇東県も設置されることになる。本稿が扱う時代、ゴルロス旗内にはすでに県が存在し、モンゴル人と漢人の対立という東部内モンゴル地域共通の問題を抱えていた旗であったと言うことができる。

このような状況の下、ゴルロス後旗では、辛亥革命後、清代には表面化することなく伏在していた様々な問題が噴出することになる。本稿では、辛亥革命後にゴルロス後旗で表面化したいくつかの問題を取り上げ、それらの要因の考察を通して当時の当該地域の社会構造の解明を試みたい。その考察に際しては、日露戦争後に盛になった東部内モンゴルにおける日本による現地調査の報告書[1]、日本の外務省外交史料館所蔵、およびボグド＝ハーン政権とゴルロス後旗間で交わされた書簡などを保管するモンゴル国立中央公文書館（Монгол Улсын Үндэсний Төв Архив. 以下、МҮТА と略）所蔵の史料を用いることとする。

一、モンゴル独立とゴルロス後旗

（一）ゴルロス後旗ザサグ・ボヤンツォグの帰順

後述するように、清末のゴルロス後旗は旗内のザサグ継承問題に端を発した借款問題、さらには借款返済のための蒙地開放問題などが続発しており、混乱の最中にあった。さらに、辛亥革命が勃発して隣接する東三省は動揺し、独立を宣言して誕生したボグド＝ハーン政権もモンゴル各地に同政権への帰順を勧諭したため、他のモンゴル地域同様、ゴルロス後旗も否応なく政治的混乱の渦に巻き込まれていくことになった。

そのような状況下、ゴルロス後旗のザサグ・ボヤンツォグは、内モンゴル六盟四九旗の中でも比較的早い時期にボグド＝ハーン政権への帰順を表明している。一九一二年三月三〇日には、ボグド＝ハーン政権内務省に、ジリム盟ホルチン左翼中旗の郡王ナランゲレルとボヤンツォグの書簡が届けられている。前者は一九一二年三月三日付でいかなる印章も押されておらず、後者は三月一七日付でボヤンツォグの私的印章が押されている。両者の書簡の文面はほぼ同様であり、「〔私は〕われらが同一盟の輔国公ナサンアルビジフが、われらが大モンゴル国のボグド＝ハーンに拝謁し、自ら多くのモンゴル人のために尽力し、未来を安寧にすること」に賛同し、「公ナサンアルビジフを代表として派遣」し、「公（ナサンアルビジフ）の決定したあらゆる事項に決して背くことはない」と表明している(2)。

このナランゲレル、ボヤンツォグの帰順表明は、「代表として派遣」されたナサンアルビジフによる精力的な活動により実現したものであった。ナランゲレル、ボヤンツォグの書簡を送り届けた翌日の三月三一日、ナサンアルビジフは自ら内務省に書簡を奉呈し、興味深い事情を報告している。

私は、ここ数年来、漢族が結託して騒ぎを起こし、われらがモンゴルを抑圧して黄教を滅ぼそうとしているのは、最終的にわがモンゴルに害をもたらすことを予知し……光緒三二（一九〇六）年、ハルビンに赴き、われら南モンゴルの公ハイサン、メイレン・ザンギ・アムガラン、さらにロシア官吏のヒトロヴォーらと面会し、黄教およびモンゴル諸部を末永く確固たるものとすべく尽力することを協議し、早急に御前に至り、オチルダリ＝ボグドに救済を託そうと決意した……現在、ボグド＝ハーンがモンゴル諸部を憐れみてお救いになり、独立国家となってわれらモンゴルの偉力を掲げる時が到来したので、満漢の時代の終焉は明らかであるようだ。内部で対立して争い、殺し合ううちに、天命がすでに革まったことを聞き知り、私の最初の信念に適ったため、本旗のザサグ・ボドロゴトイ親王アマルリンゴイ、ダルハン旗ウンドゥル王（ナランゲレル）の長子輔国公ヤンサンジャヴ、次男……一等タイジ・セルドワンジュル、ゴルロス旗ザサグ・タイジ・ボヤンツォグらと面会し、モンゴルの興隆のことを協議すると、私ナサンアルビジフがかねてから心に抱いていた想いと少しも異なることはないと確言するので、私ナサンアルビジフは勇気が湧き、またわれら南モンゴルの王、ザサグ、ベイル、ベイス、公の貴族ら、および聖俗の皆は聞いたこと全てに手を合わせ崇拝し喜ばないものはいない。[3]

ナサンアルビジフのこの書簡からは、彼がモンゴルの独立宣言以前から、モンゴル独立運動に大きな役割を果したハイサンや[4]モンゴルと深いつながりがあるロシア官吏ヒトロヴォーら[5]と面識があり、モンゴル独立宣言後に内モンゴルのジリム盟各旗をめぐり、盟内の王公と面会していたことが分かる。つまり、ナサンアルビジフがボグド＝ハーン政権に齎したナランゲレル、ボヤンツォグの書簡は、ナサンアルビジフに促されて彼らが託したものと考えられるのである。

この件は、四月九日、内務省から、「ジリム盟のザサグ親王アマルリンゴイ、郡王ナランゲレル、ザサグ・ボヤンツォグらがわれらモンゴルの政権に喜んで帰順するとナサンアルビジフらを派遣した件」としてボグド＝ハーンに上奏された。[6]ここでは、帰順者としてホルチン左翼後旗のザサグ・アマルリンゴイの名前も加えられており、翌日のボグド＝ハーンの勅令では、ナサンアルビジフを軍務省次官に任命し、さらにはベイセ銜が加えられた。

一九一三年秋に作成された内モンゴルからの帰順旗リスト[7]には、ホルチン左翼中旗ザサグのナムジルスレンではなく、ボヤンツォグとともに帰順を表明した「ナランゲレルの一旗」と記されている。本稿においても触れるように、当時のボグド＝ハーン政権は帰順した王公にザサグの印章を与えて旗を管轄させるという政策を進めており、このリストにナランゲレルの名が挙がっていることは、彼がボグド＝ハーン政権によりザサグに任命された可能性を窺わせるのである。

（二）ナサンアルビジフの活動

軍務省次官に任命されたナサンアルビジフのその後の行動は、日本も注目するほどに際立ったものであった。在四平街陸軍歩兵大佐守田利遠が、明治四五（一九一二）年四月一六日付で奉天総領事落合健太郎へ伝えた報告には、「博王旗（ボドロゴトイ親王旗すなわちホルチン左翼後旗）下ノ「ア、リホア公」（ナサンアルビジフ）ハ四月二日庫倫《フレー》ニ向テ出発セリ状況ヲ視察シ兼テ内外蒙古ノ連絡ヲ謀ルニアリト」(8)とあり、実際より若干日にちが遅れてはいるが、彼がフレーに向かった情報を把握している。「ア、リホア公」は「阿爾花公」でナサンアルビジフのことを指し、彼が王府を構えていた地名に由来する。(9)

フレーに至り、ボグド＝ハーン政権の軍務省次官に任命されたナサンアルビジフは、ほどなくして内モンゴルに舞い戻ることになる。五月一九日付のボグド＝ハーンの勅令を伝える内務省の書簡には、

現在、南部境域のモンゴル人は民族・宗教を想い次々と帰順し続けているが、漢族と境界を接し混住していることを想うと彼らのことで私の心は安らぐことはない。よって、土地を知り皆の支持を得たことを考慮し、南部境域を防衛し皆の危惧を拭い去り鎮めるために特にナサンアルビジフを早急に派遣せよ。ここ（フレー）より彼に二十あるいは三十人の兵を同行させよ。どこに至り何人の兵を召募するかは……彼が自ら適宜決定せよ。南部境域安撫大臣の印emün-e kijaγar-i batulan toquniγulaqu sayid-un tamaγ-aという文字を刻んだ印章を鋳造し授けよ……彼の所属旗にベルダン銃一千丁を授けよ。帰還する際には一千の精兵を連れ戻れ(10)

と記され、ナサンアルビジフはボグド＝ハーンの勅令により南部境域安撫大臣として募兵のために内モンゴルに派遣されることになるのである。このナサンアルビジフの募兵に応じたものの中にあのバボージャヴも含まれることになる。(11)

ナサンアルビジフの内モンゴル派遣については、大正元（一九一二）年一二月二八日付の在奉天領事落合発外務大臣桂太郎宛の報告に、「博王旗下ノ現情」として、「博王旗ニ於テハ本年六月阿花公大庫倫《イフ＝フレー》ヨリ帰来シ兵勇招募ニ着手セシ當時ハ揺言百出人心不穏ナリシモ八月ニ至リ同公大庫倫ニ向ケ出発セシ」(12)とあることからも、彼がボグド＝ハーンの勅令に従い、所属旗に戻ったことは確実である。しかしながら、この募兵活動について、大正二（一九一三）年九月二

九日付、在支那特命全権公使山座圓次郎の外務大臣牧野伸顯宛報告中の「阿爾花公事略」では、「外蒙独立ノ其初メノ運動ニ投スル為曽テ庫倫ニ赴キテ民國元年五月ニ入リ一タヒ其領地ニ帰來シ内蒙独立ヲ首唱シ募兵ニ着手シタルモ同旗内ノ反対ニ會ヒ其志ヲ遂クルコト能ス烏泰《オダイ》王反乱ノコトアルニ及ヒ遂ニ家族及部兵ヲ率ヒテ北方ニ赴キタルママ再ヒ庫倫ニ投シタルモノノ如ク」(13)とあり、必ずしもその活動は順調ではなかったようである。その要因は、大正元（一九一二）年一〇月一二日付、在奉天領事落合発外務大臣内田康哉宛報告に、「阿花公爺ノ近況」として、「博王旗下ノ閑散王ニシテ外蒙庫倫政府ノ陸軍次官ナリト噂セラレタル阿花公爺ハ目下不在ナリト称シ其踪跡ヲ明ニセス或ハ言フ近々帰郷スヘシト旗下官吏ハ一般ニ同公爺ヲ以テ時代ニ後レタル頑固党ナリトシ指弾スルノ風アリ反之漢人部落ヲ離レタル蒙古部落地方ニ在リテハ同情者尠カラスト云フ」(14)とあるごとく、旗内の官吏の協力を得られなかったためであるようである。「漢人部落ヲ離レタル蒙古部落地方ニ在リテハ同情者少カラス」とは、換言すれば、「漢人部落」に近い地方では同情者は少ないということであり、旗内でもその生活環境により対応が異なることを如実に示していると言えよう。

一方、フレーにおけるナサンアルビジフの立場については、大正元（一九一二）年九月三日付、在奉天総領事代理領事天野恭太郎の外務大臣内田康哉宛の報告に、「蒙古庫倫政廳ノ内情ニ関スル守田大佐報告」として、その中で、

> 此未来ノ陸軍大臣（ダライ王ゴムボスレン）ノ卯ノ相手方ハ「ツサラクチ、グン、ナソン、アラチジフ」ニシテ俗ニ阿爾花公ト稱シテ有名ナ人ナリ此人精気ニ満チ経綸ノ才アリ達頼《ダライ》王（ゴムボスレン）ノ政策ニ全ク反抗セリ三月下旬阿爾花公ハ貝子《ベイス》ノ稱号ヲ賜ハリ同時ニ陸軍次官ニ任セラル彼ハ博王領ノ出身ナリ庫倫ヨリノ報告ニ依レハ阿爾花公ト陶什陶《トグトホ》トノ訌事甚シキ由ナリ例へハ阿爾花公ハ陶什陶ノ選抜セル兵士ヲ撥ネ除ケ去ルカ如キ之ナリ(15)

とあり、軍務次官に任命されたナサンアルビジフは軍務大臣ゴムボスレンとそりが合わなかったばかりか、同じジリム盟出身のトグトホとも対立していたようである。後にナサンアルビジフは中華民国に帰順することになるが、このようなボグド＝ハーン政権内での意見対立も一つの原因であったようである。(16)

その後、ナサンアルビジフは、

本年十一月二十八日（一九一三年一月五日）にわが省（内務省）に下った朱批により裁可された勅令、ベイセ・ナサンアルビジフに出身旗の管掌者たるザサグの印章を授け、旗を管掌させ、皆を支援し慰撫させよ[17]

とのボグド＝ハーンの勅令が下ったことによりホルチン左翼後旗のザサグとして任命されるが、一九一三年秋には中華民国に下り、「裏切り者」と見なされることになる。ボグド＝ハーン政権により「裏切り者」とされたバボージャヴについてはすでにいくつかの研究が行われている[18]が、ナサンアルビジフも見直されるべき人物であろう。

二、旗内の対立の表面化

すでに述べたように、モンゴルの独立宣言後、ゴルロス後旗のザサグ・ボヤンツォグはホルチン左翼中旗のナランゲレルと共に自らの私的印章を押した書簡によりボグド＝ハーン政権への帰順を表明していたが、ボグド＝ハーン政権内務省からは、一九一二年七月八日、

貴公のもとからは今に至るまで全く返事をよこしていないことを考慮すると、近くの地が転送しなかったことは明らかとなった。とはいえ、このような大局に関わる重要事を早急に全体に広めることを中途半端に停止してはならない……もし時局に従い決心せず傍観し続け好機を逃せば、後に悔やんでも手遅れであるのは確実であるので、モンゴル各地に布告した文書をそのまま書き写し、貴公（ボヤンツォグ）らに早急に送付し、現在の時局を詳密に見極め、民族を想い、黄教および所属する領民たちにとっていずれが有益でいずれが有害であるかをよく考慮して決定し、早急に返事を送り届けよ[19]

との態度表明を求める書簡が送られた。すでにボヤンツォグは私的書簡により帰順を表明していたため、この書簡は筋

違いとも思われるが、先の書簡はあくまでも私的書簡と見なされ、これは「ザサグ」として「旗」の態度表明を求めたものとも理解できる。

この書簡が送付されて間もない七月三一日、ゴルロス後旗閑散鎮国公ダムリンジャヴがフレーに至り、他の一四名のタイジとの連名で、

> 昨年（一九一一年）冬、ニースレル＝フレーより南モンゴルの諸ザサグに布告した書簡において、われら多くのモンゴル人に広く知らしめるという文書を送付したのを、われら所属のザサグは今に至るまで布告していないばかりか、ザサグ・ボヤンツォグ、協理グンボツォドブン、管旗ボヤンドゥーレンの三人は、袁世凱と結び、旗民の永遠の財産や生計を立てている農地・牧地のすべてを民国に売り与え、われら多くの人々を大いなる苦しみに陥れ、われらは天に向かって叩頭し、ボグド＝ハーンの下、牛馬の如く尽力し、誠の信仰をもってお祈りしてお伝えする。……ボムバ公より十三代、秩序よく暮らしていたが、ザサグ・ボヤンツォグの祖父（バヤスガラン）は狡猾な手段を用い、かって北京の満洲皇帝の官吏らに賄賂γayili[20]を払い、ボムバ公のザサグの印章を勅令により移管させ、名ばかりのザサグに就任し、死亡後、ボヤンツォグが父の爵位を継承して後、旗の多くのアルド全てを苦しみに陥れ、われらの生活する土地をなくした……われらゴルロス旗に〔旗を〕管掌させる印章をお与え下さい[21]

との書簡を内務省に手交した。この書簡では、ザサグ・ボヤンツォグをボグド＝ハーン政権が布告した文書を旗内に布告しなかったとして非難し、彼が協理タイジ、管旗章京らと共に袁世凱と結び、旗内の土地を売却したことを訴えている。さらに、ボヤンツォグの祖父であるバヤスガランが賄賂により不正にザサグに就任した事情を明かし、旗を管掌するザサグの印章を求めている。

ダムリンジャヴに続き、翌八月一日、ゴルロス後旗の三等タイジ・ヒチェールト、四等タイジ・ガルディ、メイレン・サインチンゲルトらが内務省に奉呈した書簡には、

表．ゴルロス後旗々民戸口細別表

（『東部蒙古誌補修草稿』下巻、三七頁より作成）

分居せる位置	第一支系統者	第二支系統者	第三支系統者	合計
	西南部	東南部	西北部	
屯数	四九屯	三一屯	三三屯	一一三屯
戸数	二七九戸	三四一戸	二八一戸	九〇一戸
人口	一八八七人	二三四四人	一九二七人	六一五八人

本年（一九一二年）四月、ボヤンツォグはǰou ǰeu tangkim（肇州庁か？）という衙門の役人とともに黒龍江省に赴き[22]、袁世凱政権に従うことに決し、自らの王府を中国軍に管理させている他、……旗の皆に袁世凱政権に従えと布告し、これをわれらは聞き、密かに協議していると、ゾリグト・バータル（トグトホ）がǰou ǰeu tingという名の人物を遣わして届けてきた書簡に、「貴殿らはこちら（フレー）に至り、われらが政教に帰順せよ」と述べたのを聞き、われらはすぐさま出発し、政教のハーンに牛馬の如く尽力し、ボグド＝エゼンの命令に従います[23]

と、ボヤンツォグが袁世凱に帰属したことを告げ、トグトホの言に従ってフレーに至った事情を伝えた。このように、ゴルロス後旗からは、ダムリンジャヴをはじめとする、ザサグ・ボヤンツォグを非難し、帰順を表明するためにフレーに至るタイジが続出したのである。このことから、ザサグと旗内のタイジ間の対立を看取することができるのである。

ここで当時のゴルロス後旗の旗内の状況を見ておきたい。そもそもゴルロス後旗は、「旗祖莽里《ママ》（果）ノ長子ハ鎮国公ヲ二子ハ一等台吉《タイジ》三子ハ二等台吉ヲ各世襲シテ旗内ヲ三部ニ区画シ各系統者ハ其区画内ニ分居セリ……以上三支ノ子孫ハ其枝葉数支ニ分岐シ来タリト雖各自祖先以来ノ分轄セル区域内ニ居住シ更ニ各自区画内ノ一地区ヲ分掌シ牧畜開墾其他ノ使用ニ供シ来リタル」[24]のであり、一つの旗が実質的には内部で莽果の三人の子供を祖とする三つの分枝集団に分かれ、旗内で棲み分けがなされていたのである（表参照）。つまり、清朝は莽果の一族を一つの旗として組織したのであるが、その旗の内部では清朝の盟旗制とは編成原理を異にする三つの集団組織が誕生し、清末に至るまで盟旗制とともに並存していたのである。しかしながら、清末、この旗内の分掌体制に大きな変化が訪れることになる。

三、清末のゴルロス後旗

（一）ザサグ簒奪事件

モンゴルの独立宣言時、ゴルロス後旗のザサグは莽果の二子系統のボヤンツォグ（布彦楚克）であり、このボヤンツォグを非難してボグド＝ハーン政権に帰順したダムリンジャヴ（達木林扎布）は莽果の長子系統であった（ゴルロス後旗の系図参照）。しかしながら、ゴルロス後旗は、「鎮国公ハ本旗ノ札薩克《ザサグ》トナリテ其長子系統ノ者襲職シ莽ノ次男瞻巴拉《チンバル》ノ子孫ハ一等台吉トナリ三男色爾古楞《セルゲレン》ハ二等台吉トナリテ各其長子タルモノ継承シ来リ旗内ヲ三分シテ其管轄区域ヲ分掌シ台吉ハ札薩克ヲ補佐シテ旗務ニ参与シ一律円満ニ旗治ニ勤メ来リシガ台吉ノ枝葉繁茂スルニ従ヒ漸ク複雑ナル関係ヲ生シ来リテ其第十世札薩克鎮国公ノ襲職ニ当リ系統上端ナクモ争乱ヲ惹起セリ」[25]とあるように、第九世までは混乱なく莽果の長子系統がザサグを襲職してきたのである。すなわち、ボヤンツォグは二子系統であるため、清末にザサグ職が長子系統から二子系統に移ったことになるのである。先に引用したダムリンジャヴの書簡にも、ボヤンツォグの祖父であるバヤスガランが不正によりザサグに就任したことを訴えており、長子系統のザサグ職は清末に二子系統により簒奪されたのである。ここで、ゴルロス後旗におけるザサグ簒奪事件を詳細に見てみたい。

ゴルロス後旗は、莽果の長子初代布木巴《ボムバ》が順治五（一六四八）年にザサグ鎮国公に封ぜられてから第九代楊桑巴拉《ヤンサンバラ》に至るまで、代々ボムバの子孫がザサクを継承していた。しかしながら、第一〇代襲爵の際に継承問題が発生することになる。この継承問題について、『清史稿』には、「十伝至喀爾瑪什迪《ガルマサディ》、於光緒九年削扎薩克、公爵如故。以其族〔一〕等台吉代巴雅斯呼朗《バヤスガラン》為扎薩克」[26]と、また、満洲国時代の『濱江省郭爾羅斯後旗事情』にも、「十一世嘎爾瑪西第公爵時代に至り計らずも光緒十年事故に因り咎を受け札薩克の印信を剥奪せられたり」(27)と簡略に記されるのみである。

このゴルロス後旗のザサグ継承問題について最も詳細な情報を伝えているのが『東部蒙古誌補修草稿』であり、その顛末は以下のようであった。少し長くなるが引用する。

……本旗第十世ノ襲職ニ関シ旗内ノ官民連合シテ第十世ノ継承者ハ正当ナル血族ニアラサルヲ以テ襲職許可セシメラルヘカラストノ奇怪ナル訴状ヲ理藩部(28)ニ呈出セルモノアリ

理藩部ハ直ニ官吏ヲ派シテ其情ヲ調査シタル結果第九世楊《ヤン》〔賛巴拉《サンパラ》〕ノ卒スル前数月其世子拉《ラ》〔錫巴拉巴爾《シバルバル》〕カ早世シ系統断絶セルヲ以テ楊ハ病中其継承者ノ撰定ニ苦シミ迷信的ヨリ一喇嘛ニ托シト筮ニ依リテ旗民ノ一子ヲ登用シ以テ其世子ト定メタリ当時台吉系統者中ニ反対者アリテ該世子ヲ毒殺シ続ヒテ世子ノ長子ト称スルモノヲ登用シタレトモ再ヒ反対者ノ毒手ニ斃テ内訌増増甚シク遂ニ止ムナク台吉ノ系統ヲ有スル甘《ガ》〔爾瑪薩第《ルマサディ》〕ヲ登用シテ世子ト定メ第十世札薩克鎮国公ノ襲職ヲ願出テタレトモ前記一部ノ反対者タル台吉連ハ極力鎮国公家ノ転覆ヲ企テ其襲職ノ妨害ヲ加ヘタルノ事実明瞭シタレトモ両者間ニ纏綿セル事情ノ伏在スルモノアリテ其曲直ハ一朝一夕ニ判シ得ヘカラサルノミナラス元ヨリ両者共ニ同一系統者間ノ内争ニ過キサレハ理藩部ハ哲里木《ジリム》盟長ト共ニ極力両者ヲ慰諭シタル上其争議ヲ融和セシムルト同時ニ甘ノ襲職ヲ許可セリ蓋シ鎮国公爵家ニ在リテハ此内争ノ為ニ莫大ナル失費ヲ生シ之カ原因トナリテ遂ニ拭フヘカラサル根本的禍根ヲ遺スニ至リ旗内ノ財政ハ日ニ月ニ増々窮畢ニ陥リ同治二年ヨリ光緒ノ初年ニ至ル十数年間財政ノ困憊其極ニ達シ遂ニ旗務ヲ放棄スルノ止ムナキニ至レリ偶々光緒八九年ニ渉リ吉黒両省馬賊猖獗ヲ極メ政府ハ討伐援助ノ為メニ札薩克鎮国公ニ出兵ヲ命シタレトモ到底応スルノ準備ナキノミナラス自家利益上却テ馬賊ヲ掩護シタルカ如キ形跡アリ為ニ光緒十年理藩部ハ其監督上ノ責任ヲ詰責セラレ札薩克鎮国公ハ閑散トナリ台吉又悉ク革職セラレタリ

此時ニ当リ旗内台吉ノ古参者タル旗祖莽ノ二子系統タル第七世一等台吉巴《バ》〔雅斯呼郎《ヤスガラン》〕ハ漸ク活動ヲ始メ北京ニ

ゴルロス後旗の系図

莽果
色爾古楞《セルゲレン》
瞻巴拉《チンバル》
布木巴《ボムバ》
扎爾布
安達什哩
巴図
多爾済
索諾木扎木素
錫喇博第
固嚕扎布
楊桑巴拉《ヤンサンバラ》
拉錫巴拉巴爾《ラシバルバル》
嘎爾瑪什迪《ガルマサディ》
達木林扎布《ダムリンジャブ》
巴雅斯呼朗《バヤスガラシ》
勒蘇隆扎布《ラソルンジャブ》
布彦楚克《ボヤンツォグ》

来往シテ盛ニ運動ヲ試ミ札薩克以下ノ復職ヲ嘆願シ六年ノ星霜ヲ経テ光緒十五年漸ク復爵セシメラル、ト同時ニ巴ニ札薩克ヲ任命セラレタリ。

巴ハ現札薩克（ボヤンツォグ）ノ祖父ニシテ彼ハ初メヨリ鎮国公家ヲ転覆シ札薩克ヲ横領セント企テタル一人ニシテ常ニ陰険ナル手段ヲ弄シ遂ニ札薩克ノ職ヲ贏チ得タリ(29)

すなわち、第九代ヤンサンパラの継承者としてガルマサディを就任させるに際し、多大な出費をしたため、光緒八、九（一八八二、一八八三）年の馬賊討伐に兵を供出することができず、さらに馬賊支援の疑いがかかったため、第一〇代ザサグ・ガルマサディをはじめとするゴルロス後旗のタイジは全て革職されたのである。『濱江省郭爾羅斯後旗事情』に、「事故に因り咎を受け」とは、このことを指すのであろう。そして、ザサグ職には、光緒一五（一八八九）年に、「北京ニ来往シテ盛ニ運動ヲ試ミ」た二子系統のバヤスガランが就任することになるのである。モンゴルの独立宣言後に旗内で対立を見せたダムリンジャヴとボヤンツォグはそれぞれガルマサディの息子とバヤスガランの孫にあたる。つまり、ダムリンジャヴとしては、本来自らが継承すべきザサグ職を奪われたことになるのである。ダムリンジャヴにとって、ボグド＝ハーン政権の成立と清朝滅亡は旗内における復権の絶好の機会であり、清朝の継承国家を自任する民国政府に服従したボヤンツォグに対抗するためにボグド＝ハーン政権に帰順し、父の代に剥奪されたザサグ職の回復を図ったのである。

しかしながら、辛亥革命後に表面化した旗内の対立は、単にザサグ職をめぐる争いのみを契機とせず、借款問題と蒙地開放問題というゴルロス後旗を大きく変容させる問題とも密接に関係している。『東部蒙古誌補修草稿』には、「近年旗内ノ開発ト共ニ台吉ノ分掌セシ区域ハ札薩克ニ於テ多ク移民ニ売却シ開墾ニ供セラレタルヲ以テ前記台吉分掌ノ慣例ハ打破セラレ現時頗ル混沌ナル状態ナリ(30)」とあり、旗を管掌するザサグが移民に土地を売却し、それが旗内に機能していた分掌体制を破壊し、ザサグが他の系統の集団組織にも干渉し始めたことを記録している。清朝の滅亡後、元のザサグの系統であるダムリンジャヴがザサグへの復職を願ったのも、ボグド＝ハーン政権の権威により、自らの集団組織に対するザサグ・ボヤンツォグの干渉を排除しようとしたためではなかろうか。

ただ、一九〇八年出版の『東部蒙古誌草稿』において、「本旗札薩克ハ頭品台吉ニシテ其名ヲ布彦楚克《ボヤンツォグ》ト云フ幼少ナルヲ以テ叔父タル鎮国公達森林札布《ダムリンジャヴ》事務代理ヲナセリ(31)」とあり、『東部蒙古誌補修草稿』に記すところの「札薩克」はボヤンツォグ、ダムリンジャヴのいずれを指しているのかが不明である点は気になるところである。だが、いずれにしても、ダムリンジャヴのザサグ批判の一つに、「袁世凱と結び、旗民の永遠の財産や生計を立てている農地・牧地のすべてを民国に売り与え」たことが挙げられていることは事実である。そこで、以下に、このゴルロス後旗の蒙地開放問題を検討することにする。

（二）ゴルロス後旗の借款・蒙地開放問題

前節では、辛亥革命後に表面化したゴルロス後旗の旗内の対立は、ザサグ簒奪事件およびザサグによる蒙地開放問題を契機としていたことを述べた。このゴルロス後旗の蒙地開放問題は、ザサグ職を簒奪したバヤスガランの借款問題に端を発する。この経緯については、『東三省政略』、『蒙古地誌』、『濱江省郭爾羅斯後旗事情』に詳細な記載がある(32)ため、これらの情報を整理し、補足を加えながら以下に事の顛末を要約したい。

光緒九（一八八三）年、ゴルロス後旗ザサグのガルマサディは淫昏暴虐で旗務を顧みないため、所属の六〇タイジはバヤスガランを首謀として北京に赴き訴訟を起こし、ザサグの革職に成功する。一等タイジであったバヤスガランは輔国公銜を加えられ、ザサグの印務が授けられた。『東部蒙古誌補修草稿』では、ザサグ革職の原因を、馬賊討伐に兵を供出せず、馬賊を支援したことに帰しているが、『東三省政略』などの記述ではザサグ・ガルマサディが「淫昏暴虐」であったことが原因とされ、その事情は異なっている。

バヤスガランは、光緒一五（一八八九）年、ザサグに就任したが、彼の北京における訴訟費用は親戚である敖漢《オーハン》旗の三喇嘛から月利二分五厘の約により銀八万六四〇〇両を借用し、さらに彼より物品を借りて入質し、贖取することができなかった賠償として銀一万を月利一分四厘で償還することになっていた。

この三喇嘛とは、本名を色丹巴勒珠爾《セデンバルジュル》といい、敖漢旗の閑散王公の三男で、七歳の時に出家したラマである[33]。この三喇嘛は、当時の東部内モンゴルにおいて有名な人物であり、日本も彼の行動に注目している。明治四五（一九一二）年四月一六日付の在四平街陸軍歩兵大佐守田利遠による奉天総領事落合健太郎宛の報告には、「三喇嘛ハ名ヲ「ツオタンパラジョアル」ト呼フ敖漢旗人（嚮ニ郭爾羅斯《ゴルロス》旗人ト報告セシカ彼トハ同名異人トノ由）ニシテ三月二十六日奉天ニ着シ卓哩克図《ソリクト》親王、鳳林（粛親王ノ家令カ?）烏喇嘛ト会見セリ其言動曖昧ニシテ表裏アリ袁〔世凱〕ノ犬カト判断セラル彼ハ三月三十日哈爾賓《ママ》ニ向ヘリ其用務明カナラス[34]」とあり、「袁ノ犬」と見なされている。実際に辛亥革命後の彼の行動は「袁ノ犬」と見なし得るものであり、ハルビンに向かった目的も、フレーに至り、外モンゴルを中華民国に帰順させることにあったのである[35]。彼は、ハルビンからフレーに入り、一九一二年五月一九日付でボグド＝ハーン政権に意見書を提出している。三喇嘛はこの意見書において、モンゴルの国政を厳しく批評しており、マクサルジャヴの『モンゴル国新史』では、三喇嘛を「残虐な中国側のセドバルジル一人が多くの批判を挙げたことは、すなわち民族を乱す悪意ある見解、狡猾な考え抱いた敵と見なすべき人物[36]」と記されている。

この三喇嘛からの借金償還のため、バヤスガランは旗内の荒地をもってこれに充てようとしたのであるが、当時、蒙地の売買譲渡は法令の禁じるところであったため、これを実行することができずにいた。光緒一九（一八九三）年にバヤスガランが死去し、その子勒蘇隆札布《ラソルンジャヴ》がザサグを承襲した後、光緒二七（一九〇一）年、黒龍江将軍薩保は、東清鉄道の両側の地が当時この地方を占拠していたロシアとの交渉問題を惹起することを恐れ、鉄路交渉総辨周冕を派遣して鉄道敷設予定地区であったゴルロス後旗の土地を勘放させ、行局を設置して荒地の払下げに従事させたのである。

しかしながら、この周冕は荒價を濫収し、しかも出放の地は一〇〇井（井は三六方、一六二〇晌）に過ぎなかったため、これを補足するために鉄道沿線以外の蓮花泡・老虎背の荒地を出放しようとした。この機に、ラソルンジャヴは子の布彦朝克《ボヤンツォグ》、メイレンの丹産尼瑪《ダンザンニャム》、丹札薩森《ダンビージャスサン》を派遣して三喇嘛を旗に迎え、空白の印文（白紙の旗印を捺したもの）を与え、蓮花泡・老虎背の荒地七〇井の出放を彼に委嘱し、貸金に充当することを約束した。ところが、光緒三〇（一九〇四）年七月、三喇嘛は任意に土地を選定し、花兒屯地方に公司を設けて土地の出放に着手し、荒價約四万両を徴集したのである。

これに対し、付近のモンゴル站官や旗民は訴訟を起こし、ガルマサディの子ダムリンジャヴもタイジ三〇数人と共に省城に赴いて訴えたため、三喇嘛は私放の罪を問われることを恐れてハルビンに遁去することになる。また、一九〇四年一〇月、ラソルンジャヴ、ダンザンニャム、ダンビージャスサンらは、外旗のラマに任聴して荒地を濫売したとする黒龍江将軍の具奏により、革職されることになった。

ちょうどその頃、ゴルロス後旗の三道崗地方でロシアの国境事務官が惨殺される事件が発生し、ロシアは出兵して犯人を捕獲しようとした。ザサグはハルビンに隠匿していた三喇嘛に調停を依頼し、これを解決、三喇嘛はロシア人と関係を結ぶことになる。

光緒三一（一九〇五）年六月、三喇嘛はザサグの空白の印文に、松花江北岸の怒麥屯、西博郭台、索合台、北崗山帝城一帯の七〇井はすでに旗と開放を訂立したものとであると書き込み、これを担保にロシア人の製粉会社に提供し、借款を商議し、一七万ルーブルを受け取った。また、三喇嘛はロシアに対し、私放による罪から保護することを求めた。

この三喇嘛によるロシアからの借款について、明治四十五年六月十八日、在奉天高山大佐は、

> 敖漢三貝子《ベイス》ハ時局（辛亥革命）発生以来奉天王府間ヲ往来シ三喇嘛ト常ニ行動ヲ同シクシツツアルハ嘗テ十七万元ヲ借入レタルコトアリテ之レカ返済ヲナサントスルカ為メニ金策シツツアルモノノ如シト三喇嘛ハ敖漢三貝子ノ叔

父ニシテ常ニ酒色ニ耽リ時局発生以前露獨両國人ヨリ借財ヲナセシモ返済ノ途ヲ構セス遂ニ奉天ニ訴訟ヲ起コサルルニ至リ予ノ調訂ニヨリ一時落着シタルモ之レカ為メ趙都統ヲ害シ時局ニ對シテハ向背何レトモ判明シ難ク注意ヲ要スヘシ一般ノ景況ハ以上述ル如クニシテ各王公中注意スヘキ人物ハ阿親王、敖漢三貝子、三喇嘛ニシテ向背決セス或ハ袁ト氣脈ヲ通スト云ヒ或ハ露國、英國、獨逸人等ト密接ナル関係ヲ有スト云ヒ特ニ露國人トノ関係ハ一層深厚ナリ(37)

と報告しており、敖漢三貝子の借入れた「十七万元」がルーブルか否かは判然としないが、三喇嘛が「露獨両國人ヨリ借財ヲナセシ」とあるため、彼はロシアからのみならず、ドイツからも借財をしていた可能性もある。いずれにしても、三喇嘛は、「特ニ露國人トノ関係ハ一層深厚」であったのである。

三喇嘛の要請に対して、ロシア領事リューバ、東清鉄路公司交渉全権代弁ダニエルは、黒龍江将軍署および鉄路交渉局に照会し、鉄路公司および製粉会社がゴルロス後旗の荒地七〇井を租有することの承認を求めた。将軍署は三喇嘛を引き渡すよう照会したが、交渉にあたった周冕はロシアの当局者と交渉することはなかった。

この間、ラソルンジャヴは死去し、その子ボヤンツォグがザサグを継承したが、ボヤンツォグは官問を恐れ、隠れて任に就かなかったため、黒龍江将軍程徳全はボヤンツォグの革職を奏し、これを捕らえようとしたが果たせなかった。

光緒三二（一九〇六）年、ボヤンツォグは内モンゴル東部地方を視察していた粛親王のもとに赴いて懇願したため、この借款事件の審議が黒龍江省城により開始された。三喇嘛所有の印文は前ザサグが交付したものであり、ボヤンツォグはこれに関与していないため、同年八月、ボヤンツォグはダンザンニャム、ダンビージャスサンらとともに原職に復帰することが許された。

光緒三三（一九〇七）年、黒龍江将軍程徳全は鉄路交渉局道台の宋小濂に命令し、ロシア領事と借款問題を交渉させた。途中、宋小濂がフルンボイルに転任したため、道台の杜学瀛が交渉にあたり、折衝すること数回、道崗の荒地をもってロシアの債務の償還に充当することとし、ゴルロス後旗に交付すべき荒價銀から二〇万四八四三ルーブルを控除し債務を償却し、印文を回収することに成功したのである。

以上がゴルロス後旗の借款問題と蒙地開放の概要である。ダムリンジャヴがボグド＝ハーン政権宛の書簡において、「ザサグ・ボヤンツォグ、協理グンボツォドブン、管旗ボヤンドゥーレンの三人は、袁世凱と結び、旗民の永遠の財産や生計を立てている農地・牧地のすべてを民国に売り与え」、「旗の多くのアルド全てを苦しみに陥れ、われらの生活する土地をなくした」と訴えたのもこれらの事情を含むものと思われる。

このように、ザサグ簒奪に際する経費の借入れに端を発し、三喇嘛による私放によってゴルロス後旗に開放の道が開かれたのである。これに対し、「ガルマサディの子ダムリンジャヴもタイジ三〇数人と共に省城に赴いて訴えた」とあるように、かねてからダムリンジャヴはザサグと対立関係にあったのである。そして、ボグド＝ハーン政権の誕生と清朝の滅亡という絶好の機会に出会い、ダムリンジャヴは旗内での復権を図ったのである。

旗を管掌するザサグは清朝皇帝により任命されるが、モンゴルの独立宣言後、清朝皇帝は一九一二年二月一二日に退位し、内モンゴルはボグド＝ハーン政権、中華民国のいずれの支配権も確立していない権力の空白状態にあり、莽果の長子系統のダムリンジャヴがボグド＝ハーン政権に帰順を表明してザサグの印章を要求したのは、袁世凱に帰順したザサグ・ボヤンツォグに対抗するためであったと思われる。清朝という強力な覆いがなくなったことにより、旗内の集団組織が歴史の表舞台に浮上してきたと言えよう。「不正に」ザサグに就任した二子系統に対し、清代には声を潜めていたダムリンジャヴではあるが、清朝滅亡後に積極的行動に移り、ボグド＝ハーン政権の権威を背景としてザサグ就任を試みたのである。

四、ダムリンジャヴのザサグ就任

これまで見てきた辛亥革命後に顕在化したゴルロス後旗内の対立について、ボグド＝ハーン政権はいかなる措置を講じたのであろうか。一九一二年八月二五日作成の内務省の草案には、八月二三日の内務省による「ジリム盟ゴルロス後旗の公・官吏らが帰順するとした件」に関する上奏とこれに対するボグド＝ハーンの勅令が記されている。内務省が、

臣らが審議するに、ジリム盟のザサグ親王アマルリンゴイ、郡王ナランゲレル、ゴルロスのザサグ・ボヤンツォグらがわがモンゴル政権に喜んで帰順すると所属盟の輔国公ナサンアルビジフを代表として派遣したことなどをそれぞれ認めて〔書簡を〕奉呈した……この間、ゴルロス旗の公ダムリンジャヴらが、所属のザサグ・ボヤンツォグが爵位を継承して後、旗の多くのアルド全てを苦しみに陥れたということなどの事情を挙げ、印章を与えることを求めきたことは、前後の事情はそれぞれ一致しない点があり、今すぐにわが省が決定するにはいまだ根拠が十分ではない。よって印章の件は後に確認して調べ、真実を把握した時に審議して勅令を乞い上奏する

とボグド＝ハーンに上奏したところ、翌八月二四日に下された勅令は、

ダムリンジャヴは旗の皆のために事情を報告して帰順を望み、印章を与えるよう求めた。また、彼らの旗のザサグ・ボヤンツォグはこのようにモンゴルの教えを破り、皆を苦しめているというのは、皆のことを想えば同情するところである。よって、ダムリンジャヴに世襲のベイス銜を授け、ザサグの印章を与えて旗を管掌させよ(38)

というものであった。内務省の上奏は、「印章の件は後に確認して調べ、真実を把握した時に審議して勅令を乞い上奏」するという慎重な判断であったにもかかわらず、ボグド＝ハーンの勅令は、「ザサグの印章を与えて旗を管掌させよ」という内務省の判断を覆すものであった。残念ながら現在のところ、内務省による上奏から勅令が下されるまでの間にいかなる経緯が存在したのかを知る術はなく、ボグド＝ハーンの判断にどのような力が作用したのかは不明とせざるを得ない。

結局、九月八日、「勅令に従い、ベイセ・ダムリンジャヴに新たに授けるザサグの印章をわが内務省で鋳造し、本年秋の初めの月の二十四日（九月四日）、所属旗の三等タイジ・ドルジに託し送り届けさせた」[39]とザサグの印章はダムリンジャヴに与えられることになったのである。

しかしながら、ここで大きな疑問が生じる。ボグドの勅令、および内務省の書簡は、ゴルロス後旗ザサグ・ボヤンツォグに関する処置に一切触れていないため、ダムリンジャヴのザサグ就任後のボヤンツォグの位置付けが不明である。仮にボヤンツォグがザサグを革職されていないのであれば、ゴルロス後旗にはボヤンツォグとダムリンジャヴの二人のザサグが並立することになるのである。

実は、一九一四年初め、内モンゴル東部地域に属するジャロード左旗やヒシクテン旗においても同じように旗内に二人のザサグが並立するという事態が生じているのである[40]。ゴルロス後旗の事例はこれらの嚆矢と言える。つまり、ボグド＝ハーン政権による対内モンゴル支配の措置の一つとして、旗内に二人以上のザサグを任命するという政策が行われていた可能性が指摘できるのである。もしそうであるならば、ボグド＝ハーン政権は、なぜ一つの行政単位の中に二人の支配者を任命するという措置を講じたのであろうか、あるいは講じ得たのであろうか。

この問いに答えるには、先に触れたゴルロス後旗内の分掌体制を思い出さねばならない。すでに引用したように、『東部蒙古誌補修草稿』は、ゴルロス後旗が莽果の三人の息子の子孫によって三部に区画され、それぞれの系統者がこれを分掌していたことを記録しており、旗内には清朝の導入した制度には規定がない集団組織が存在し、実質的に旗を分割統治してきたのである。この問題は岡洋樹氏がハルハのセツェン＝ハン部中末旗を事例に指摘している、清代モンゴルにおける「アイマグ～バグ・オトグ的社会構造」の分析にも通じるものがあるであろう[41]。すなわち、清朝が導入した盟旗制と共存する王公タイジの父系血縁分枝と属民との統属関係に基づく社会編成の存在である。

また、満洲国時代の日本の調査報告書によると、清代、内モンゴルのジリム盟ホルチン左翼中旗には四、同ジャライド旗には一二の「努図克（ノタグ）」があったと記されており[42]、同一盟のゴルロス後旗内の三つの集団組織もこれに類するものであると推測される。ホルチン左翼中旗については、夙にブレンサイン氏が、「外見上は、一つの旗で、一人のジャサクの指導下にあることになっていても、実際に、それぞれの王府をもち、属民を所有していた。各王公が領有していた牧地の範囲や境界をはっきりと記した記録はいまだに見当たらないが（もともと文書にしたものはなかった可能性が大きい）、後の土地の開墾に当たって起きた各王公間の土地紛争関係の文献からみると、同旗には……イスンゲル＝ノトク、……ドルベンゲル＝ノトク、……タブンゲル＝ノトク、……ドロガンゲル＝ノトクなどという習慣上の呼び分けがあった[43]」と旗内における棲み分けを指摘している。

旗内の対立を解決するに際し、ボグド＝ハーン政権が二子系統のザサグが存在するにもかかわらず、長子系統のダムリンジャヴを新たにザサグに任命するという措置を講じ得たのは、このような旗内の分掌体制が前提となっていたと推察できよう。すなわち、旗内において、いくつかある集団組織がすでに分割統治されていたのであるならば、その集団組織ごとの指導者をザサグに任命しても大きな混乱は生じないと判断されたのではないであろうか。「旗」はあくまでも清朝が導入した制度であり、ボグド＝ハーン政権にとって旗内の集団組織の指導者を「ザサグ」と称するか否かは副次的問題であったのであろう。

おわりに

モンゴルの独立宣言、そして清朝滅亡後、ゴルロス後旗には旗内で対立する二子系統のボヤンツォグと長子系統のダムリンジャヴの二人がザサグとして並立することになった。両者の対立の要因は、清末に二子系統のバヤスガラン（ボヤンツォグの祖父）により長子系統のガルマサディ（ダムリンジャヴの父）がザサグ職を簒奪されたこと、そしてザサグが旗内に機能していた分掌体制を破壊して、旗の土地を移民に売却し、他の集団組織へ干渉し始めたことにあった。そして、土地売却のそもそもの原因は、ザサグ簒奪に際して借り入れた借金の返済にあり、このような事例はホルチン右翼前旗においても、オダイの襲爵を原因とする借款事件のために開拓地の徴税機関である地局の権利を清朝官憲に掌握されるという事態に至っている(44)。

清朝の滅亡後、袁世凱に帰順したザサグ・ボヤンツォグに対抗するため、ダムリンジャヴは新たに誕生したボグド＝ハーン政権を頼ってザサグとなり、旗内における復権を図り、旗内の分掌体制を破壊し始めたザサグの干渉を排除しようとしたのである。冒頭で、辛亥革命後の内モンゴルの王公たちは、「モンゴル」に加わるのか、あるいは「中国」に加わるのかという難しい選択を迫られることになったのであると記したが、彼らがその判断を下した要因にはこのような旗内の権力関係が作用していたのであり、その内実は慎重に見極めなければならない。

ボヤンツォグというザサグが存在していたにもかかわらず、ボグド＝ハーン政権がダムリンジャヴを新たにザサグに任命したのは、やはり旗内の分掌体制の存在が前提とされていたはずであり、清朝滅亡後、盟旗制と共存していた在来の社会構造、すなわち旗内の分掌体制がこの時期一時的に表面化し、ザサグの並立という現象として史料に残されたのである。

もちろん、このような現象が混乱期に現れた過渡的現象であったことは否定し得ない。ただ、一つの旗に二人のザサグが並立するという現象は混乱期だからこそ出現し得たものであり、その現象から当該地域の社会構造の一端を垣間見ることができれば、それは無駄な分析とはなるまい。

残念ながら、今のところ、このゴルロス後旗におけるザサグ並立の体制がどのように解消されたのかを明らかにすることはできない。一九一五年出版の『東蒙古』には、「本旗札薩克ハ頭品台吉ニシテ其名ヲ布彦楚克ト曰フ幼少ナルヲ以テ叔父タル鎮国公達木林札布事務代理ヲ為セリ(45)」とあり、一九〇八年出版の『東部蒙古誌草稿』の記述を踏襲するのみで、新たな情報を提供してはくれない。ゴルロス後旗における中華民国の支配の浸透とボグド＝ハーン政権の影響力の後退とともに、ボグド＝ハーン政権により任命されたダムリンジャヴも次第にその影響力を失っていったとも推測できるが、これを裏付ける史料を見出していない。その解明は今後の課題としたい。

本稿は、平成十八年度科学研究費補助金（特別研究員奨励費）による研究成果の一部である。

注

（1）本稿で用いる『東部蒙古誌草稿』（一九〇八年）、『東部蒙古誌補修草稿』（一九一四年）などをはじめとする関東都督府陸軍部の調査報告書については、吉田順一「関東都督府陸軍部の東部内蒙古調査報告書」（『日本モンゴル学会紀要』第二九号、一九九八年）を参照。

（2）МҮҮТА. ФА3-Д1-ХН350-Б40.

（3）МҮҮТА. ФА3-Д1-ХН347-Б17.

（4）ハイサンについては、中見立夫「ハイサンとオダイ―ボグド・ハーン政権下の南モンゴル人」（『東洋学報』第五七巻一・二号、一九七九年）、Ж. Болдбаатар, *Чин зүтгэлт гүн Хайсан*, Улаанбаатар, 2002を参照。

（5）ヒトロヴォーは、キャフタの国境警備隊長であり、後にキャフタ会議にロシア代表の一員として参加している。

（6）МҮҮТА. ФА3-Д1-ХН350-Б37.

（7）МҮҮТА. ФА3-Д1-ХН440-Б45. 本リストは、ジュリゲン・タイブン「一九一一年のボグド・ハーン政権に帰順した内モンゴル旗数の再検討」（『モンゴル研究』第十九号、一九九九年）、二三～二四頁に挙げられている。

（8）外務省外交史料館。一門六類一項四号「各国内政府関係雑纂」二―四「支那ノ部」「別冊蒙古」第一巻、一六五～一七〇。

（9）外務省外交史料館。一門六類一項四号「各国内政府関係雑纂」二―四「支那ノ部」「別冊蒙古」第三巻、「阿爾花公事略」、一六七八～一六八〇。

（10）MУУТА. ФА3-Д1-ХН11-Х64～65.

（11）MУУТА. ФА3-Д1-ХН80-Б5. この共戴二年一一月二三日（一九一二年一二月三一日）付、バボージャヴのボグド＝ハーン政権総理府宛の書簡には、「博王旗のアルホア・ベイス」の募兵に応じ、ビント王旗（ホルチン左翼前旗）で合流して、共にフレーに至ったことが記されている。

（12）外務省外交史料館。一門六類一項四号「各国内政府関係雑纂」二―四「支那ノ部」「別冊蒙古」第三巻、一三六七～一三七四。

（13）外務省外交史料館。一門六類一項四号「各国内政府関係雑纂」二―四「支那ノ部」「別冊蒙古」第三巻、一六七二～一六八〇。

（14）外務省外交史料館。一門六類一項四号「各国内政府関係雑纂」二―四「支那ノ部」「別冊蒙古」第二巻、九六四。

（15）外務省外交史料館。一門六類一項四号「各国内政府関係雑纂」二―四「支那ノ部」「別冊蒙古」第二巻、七六〇～七七五。

（16）外務省外交史料館。一門六類一項四号「各国内政府関係雑纂」二―四「支那ノ部」「別冊蒙古」第三巻、「東蒙阿爾花公帰順ニ関スル件」、一六七二～一六七七。ナサンアルビジフの中華民国への帰順に際しては、袁世凱の政治顧問モリソンや、スウェーデン人ラルソンらの働きかけがあったようである。一九一三年一二月二九日付のモリソンの書簡には、「最近、スニド旗に赴き、ナ・ベイル（ナサンアルビジフ）を北京に連れ戻したのはラルソンである」と記されている（*The Correspondence of G.E.Morrison II*, Ed. Lo Hui-Min, Cambridge University Press, 1978, 262-263）。

（17）МУТА. ФА3-Д1-ХН323-Б48.
（18）バボージャヴについては、NAKAMI Tatsuo, "Babujab and His Uprising: Re-examinating the Inner Mongol Struggle for Independence," *Memoirs of the Research Department of the Toyo Bunko* (No.57), 1999; З. Лонжид, Шударга баатар Бавуужав, Улаанбаатар, 2002などの研究がある。
（19）МУТА. ФА3-Д1-ХН12-Х143～149.
（20）本来は「〔関〕税」の意であるが、文脈から「賄賂」と解釈した。
（21）МУТА. ФА3-Д1-ХН410-Б7.
（22）当時、肇州県は黒龍江省の管轄下にあった。
（23）МУТА. ФА3-Д1-ХН350-Б11.
（24）関東都督府陸軍部『東部蒙古誌補修草稿』下巻（一九一四年）、三六頁。
（25）『東部蒙古誌補修草稿』下巻、三九～四〇頁。
（26）趙爾巽撰『清史稿』（中華書局、一九七七年）、巻五百十八、列伝三百五。中華書局標点本では、「以其族等台吉……」とあるが、バヤスガランが「一等台吉」であったことから、ここでは「一」を補った。
（27）村田数馬『濱江省郭爾羅斯後旗事情（上）』（満洲帝国地方事情大系刊行会、一九三七年）、一頁。
（28）理藩院が理藩部に改編されるのは一九〇六年のことであり、ここで理藩部とあるのは理藩院の誤りである。
（29）『東部蒙古誌補修草稿』下巻、四〇～四二頁。
（30）『東部蒙古誌補修草稿』下巻、三六～三七頁。
（31）関東都督府陸軍部『東部蒙古誌草稿』上巻（一九〇八年）、二六六頁。『東部蒙古誌草稿』では、ゴルロス前旗と後旗のザサグを逆に記している。

(32) 徐世昌編『東三省政略』巻二「蒙務上 蒙旗篇」(吉林文史出版社、一九八九年)、三九六～三九七頁；柏原孝久・濱田純一『蒙古地誌』上巻(富山房、一九一九年)、一五二四～一五二八頁；『濱江省郭爾羅斯後旗事情(上)』四～六頁。

(33) 葉木蘇榮「敖漢旗三喇嘛」(『内蒙古文史資料』第二十七輯、一九八七年)、一八九～一九五頁。

(34) 外務省外交史料館。一門六類一項四号「各国内政府関係雑纂」二―四「支那ノ部」「別冊蒙古」第一巻、一六五～一七〇。

(35) この建議書は、*ХХ зууны Монголын түүхийн эх сурвалж (1911-1921)*, Улаанбаатар, 2003, 154-159所収。

(36) Н. Магсаржав, *Монгол улсын шинэ түүх*, Улаанбаатар, 1994, 28.

(37) 外務省外交史料館。一門六類一項四号「各国内政府関係雑纂」二―四「支那ノ部」「別冊蒙古」第一巻、三五八～三七九。

(38) МУҮТА. ФА3-Д1-ХН350-Б10.

(39) МУҮТА. ФА3-Д1-ХН324-Б11.

(40) この問題については、別稿「辛亥革命後における内モンゴルの二元的政治構造―二ザサグ制をめぐって―」を用意している。

(41) 岡洋樹「東北アジア地域史と清朝の帝国統治」(『歴史評論』六四二号、二〇〇三年)、五五頁。

(42) 満洲国興安局『興安南省科爾沁左翼中旗実態調査報告書』(実態調査資料第三輯)、十頁；満洲国興安局『興安南省扎賚特旗実態調査報告書』(実態調査資料第四輯)、七頁。

(43) ボルジギン・ブレンサイン『近現代におけるモンゴル人農耕村落社会の形成』(風間書房、二〇〇三年)、三五頁。ただし、ブレンサイン氏は、ホルチン左翼中旗を「清代のほとんどすべてのモンゴル旗において、ジャサクが唯一の権力者であったのとはことなり」(同書、三四頁)と例外的に扱っているが、本稿で明らかにしたように、旗内での棲み分けはゴルロス後旗でも確認されるため、他盟他旗における本問題はさらなる検討が必要である。

(44) 前掲中見一九七九、一三五～一四八頁。

(45) 関東都督府陸軍部編纂『東蒙古』(宮本武林堂、一九一五年)、一九三頁。

張作霖奉天省政府による内モンゴル東部地域統治政策に関する覚書

松重充浩

一、問題の所在と本稿の課題

筆者旧稿で指摘している通り[1]、二〇世紀中国東北地域史の実態把握において、モンゴルと他の諸主体との相互連関・相互変容の解明は、不可欠な作業課題の一つと位置付けられる。このよう指摘は、既に二〇年以上も前に中見立夫氏によりなされているが[2]、一九九〇年代前半に至る迄、従来の所謂「中国史プロパー」による「二〇世紀中国東北地域史の研究」（以下、当該領域研究と略）においては、十分追究されてこなかったことも事実である。このような研究上の空白が生まれてきた背景には、従来の当該領域研究で主流となっていた以下の二つの分析視角上における問題点があったと考えられる。

一つは、当該領域研究を、中華民国あるいは中華人民共和国の建国に収斂するところの「国民国家建設史」あるいは「社会主義国家建設史」の地方事例研究という視角から追究する傾向である[3]。この分析視角の下、当該研究領域の具体的な追究対象は、国家建設の歴史段階性および、国家建設における「変革主体」の能動性と主体性の摘出やその「成長」過程の再構成に集中することとなり、国家建設に直接結び付かない諸事象や「変革主体」に措定された以外の諸主体の能動性と主体性は、等閑視されるか、国家建設過程における障害物もしくは「変革主体」からの指導の受け入れ如何という問題設定範疇の限りにおいて取り上げられるに止まることとなっていた。しかも、この「変革主体」なるものは、個別の「民族」を相対化した歴史発展における一般性に対応して措定された概念だったことから、各「民族」が持った固有・具体的な歴史継承体的特徴に裏付けられた能動性と主体性の摘出作業も等閑視される傾向を持つに至っていた。さらに、国家建設過程の到達点が中華民国あるいは中華人民共和国の建国におかれていたことで、両国それぞれの建国過程の指導集団が「変革主体」に措定され、加えて現実の指導集団が「漢人」だったことから、当該研究領域の歴史像が漢人主体に再構成される傾向を生むこととともなっていた。ここに、従来の当該領域研究が漢人による「東北開拓史」あるいは「中国（中華）化」の過程として再構成される傾向を持つと同時に、モンゴルに関しては、その主体性の内実に踏む込んだ追究を欠いたまま、追従するにせよ、反抗するにせよ、前述した漢人「変革主体」への応対如何の範囲で取り上げられるに止まることとなっていたのである。

もう一つは、当該領域研究を、「中国東北史」と「内モンゴル史」の二つの分野に棲み分けて追究するという研究傾向である。別言すれば、「中国東北史」を漢人中心の歴史分析で、「内モンゴル史」をモンゴル人中心の分析視角で追究し、それぞれの成果を総和すれば中国東北地域史像が形成できるという見通しに立った研究姿勢と言えるものである。確かに、この研究姿勢は、従来等閑視されてきたモンゴル側諸主体に関する諸事実を明らかにするという成果を生んで来ている(4)。しかし、そもそも同地域の現実が漢人とモンゴル人の、あるいは、朝鮮人、ロシア人、日本人、等々の諸民族も加えて、それらが相互に激しく切り結びながら展開していた事実をふまえれば、前述の研究姿勢により導出される中国東北地域史像が、その実態を十分反映するものではないことは明らかであろう。加えて、この研究姿勢は、中国史プロパーが前述した漢人中心の歴史像に言わば「安住」するという傾向も生むこととなった。研究領域を棲み分けることにより、中国史プロパーの分析視角それ自体が内包していた問題点の追究が等閑視されてしまうこととなっていたのである。

このような棲み分けが生じた背景には、モンゴル語能力を十分備えた中国史プロパーが少ないという事実に加えて、モンゴル人と漢人の関係実態が孕む現代中国における民族をめぐる「政治問題」的側面を回避するという方向性があったことも十分推察できるが、いずれにせよ、この研究傾向は、諸主体の相互連関・相互変容により形成される中国東北地域の実態解明を先延ばしにすることとなっていたのである。

上述してきた研究状況は、一九九〇年代に入ると大きく変化し、漢人とモンゴル人の相互連関・相互変容をふまえた中国東北地域の実態を追究する新たな研究傾向が顕在化してくる。その背景には、一九八〇年代後半以降の档案史料を中心とした中国側史料公開の進展状況があった。この新たな史料環境は、前述した「変革主体」中心の歴史像を相対化し得る現地社会の諸主体に関する新たな情報を提供するものだったからである。「中国史プロパー」では、「旗人」層、省議会や商会などに結集していた在地有力者層、等々、従来の「変革主体」中心の分析視角では正面に据えられることがなかった諸主体が分析対象とされ、現地の歴史継承的な社会実態解明に向けての研究が進められるようになる。[5]また、「モンゴル史プロパー」では、档案史料に加えて、現地フィールド調査、さらには史料批判をふまえた上での戦前・戦中期日本側各種調査史料、等々、様々な史・資料を多角的に利用することで、単なる棲み分け的方法を越えた、漢人とモンゴル人の相互連関・相互変容をふまえた新たな中国東北地域史像の再構成が試みられつつある。[6]

以上の新たな研究傾向をふまえて、就中、前述したモンゴル史プロパーの新たな研究成果に触発されつつ、本稿では、中国東北地域における多民族間の相互連関性が現地の如何なる政治制度と運用により起動・展開したのかに関する作業仮説提示的な考察を行うこととしたい。より具体的には、張作霖奉天省政府（一九一六〜二八年）の内モンゴル東部地域統治政策の概要と特徴を一瞥し、それがその後の当該地域史の展開に如何なる方向性付与するものだったのかに関して若干の問題提起を行い、当該研究における今後の課題確認の一助としたい。なお、その際、本来ならば、モンゴル語史料の利用は勿論のこと、前述した本稿課題をふまえた上での日本語・漢語史料の全面的な再調査と検討がなされてしかるべきところであるが、筆写の語学力に加えて時間的な限界から、今回は筆者の手元にある日本語・漢語史料による概観的な検討に止まった。本稿を覚書とした所以でもある。

二、張作霖奉天省政府による内モンゴル東部地域統治策の諸前提

（1）張作霖奉天省政府における内モンゴル東部地域の政治的位置

張作霖奉天省政府（以下、張奉政府と略）による内モンゴル東部地域統治策の概要を確認する前に、同政府にとって同地域が如何なる政治的位置付けを持つものだったのかを確認しておきたい。

張奉政府にとって内モンゴル東部地域は、奉天省を構成する全五七県中一五県が内モンゴル東部地域と重層する形で設置されていた（一九二二年段階）事実に加えて、その空間領域的広がりも奉天省北西部を中心に奉天省全体の三分の一以上を占めていたことからも、自らの奉天省統治を展開する上で等閑視できない統治空間領域を占めるものだった。(7)しかし、張奉政府にとっての内モンゴル東部地域統治の重要性は、空間的な広がりに止まるものではなく、自らの奉天省支配における社会的支持基盤の安定化という面からも極めて重要な意味を持つものだった。

筆写旧稿で述べた通り、(8)張奉政府は自らの政治権力の社会的基盤を在地有力者層においていた。ここでの在地有力者層とは、対内的には大豆耕作民の掌握を基礎としつつ大豆関連商品を軸とする中国東北地域内流通網を排他的に独占する一方で、対外的には日本等の海外資本に対する言わば「commission　merchant」的な役割を担い、その対内・対

外的特徴を巧みに運用することを通じて海外資本の地域内流通への参入を限定化させつつ地域内外への富の出入りを調節し得る存在として同地域内の「有力者」と目されていた社会階層を指しており、実存形態としては、地主、商人、在地官僚をとっていた。この社会階層を自らの政治権力の社会的基盤としたことは、張奉政府にとって、在地有力者層の「有力者」たる所以の根幹を形成する彼らによる土地所有（地主支配）を前提とする対内流通支配を如何に保証し進展させるかが、自らの奉天省支配の正当性確保にとって重要な課題の一つとなっていたことを示すものでもあった。そして、この在地有力者層が、清末以来、開墾のほぼ終了した奉天省南部にかわる新たな利益確保地として進出を図っていたのが、広大な所有権未確定地域あるいは「未開墾地」との含意と複雑な土地利権関係を持っていた、「蒙地」と呼称される土地の展開する内モンゴル東部地域だった。[9] 在地有力者層にとって内モンゴル東部地域は、自らの経済的基盤の確保・拡大にとって極めて重要な地域となっていたのである。在地有力者層が政治的に結集していた奉天省議会で、土地問題に関する議題が主要議題となっていた背景の一つもここにあった。[10] 加えて、未開墾地の開拓および所有権の確立は、新たな徴税対象の獲得を意味するものでもあり、張奉政府としては自らの財政的基盤の安定化にも寄与し得るものでもあった。

しかも、一九一五年に「南満洲及東部内蒙古ニ関スル条約」（以下、南満東蒙条約と略）が締結されていたことは、張奉政府にとって内モンゴル東部地域掌握の必要性をより喫緊なものとしていた。日本人に治外法権享受状態での「南満洲及東部内蒙古」内における自由な商租権の享受を認めていた同条約は、在地有力者層の土地支配の根幹を解体しかねない可能性をもっていた。このため、張奉政府は、在地有力者層からの支持確保の必要性から、現地中国側役所での商租手続きのサボタージュや軍警を利用した商租者への威嚇などの方法を通じて、現地での日本側商租権の骨抜きを積極的に図っていた。[11] そして、在地有力者層にとって前述した位置付けを持つと同時にその複雑な土地利権関係により却って新たな商租関係が言わば割り込み易いという状況にあった内モンゴル東部地域が、この日本側商租権骨抜き策の重要な展開地域の一つとなるのは当然だった。ここに、張奉政府は内モンゴル東部地域において日本側商租権骨抜きを貫徹し得る政治的支配の確立を強く図っていくこととなるのである[12]。

（2）張奉政府による内モンゴル東部地域統治の法制的前提

上述した状況の中で、張奉政府は如何なる内モンゴル東部地域政策を展開していたのであろうか。その概要を確認する前に、ここでは、張奉政府による内モンゴル東部地域政策の法制的前提を確認しておくこととしたい。

その際、まず確認すべき点は、張奉政府が、時の中央政府からの相対的自立性が高いながらも、あくまで中華民国の地方政府だった点である。この厳然たる事実は、張奉政府の展開する様々な統治政策が、その合法性の根拠を中華民国中央政府において制定された諸法制に置くものだったことを意味するものであり、内モンゴル東部地域に関しても例外ではなかった。即ち、張奉政府による内モンゴル東部地域統治の法制的前提は、中華民国中央政府の内モンゴル東部地域に対する諸法制に大きく規定されていたのである。その中華民国中央政府内モンゴル東部地域諸法制における省政府行政との関りにおける特徴は次の点にあった。

即ち、内モンゴル東部地域統治を所管する中華民国行政機関は中央政府大総統直轄の蒙蔵院のみであり、省政府レベルには単独で内モンゴル東部地域の「旗」支配領域への介入を保証する法制的基盤がなかった点である。確かに、張奉政府は、一九一九年以降、張作霖の「蒙疆経略使」就任（一九二一年五月）に象徴されるような、内モンゴル東部地域への政治的・軍事的介入を正当化し得る制度改革や人事を中央政府に強く働き掛けており、その一部は認められていた。しかし、「蒙疆経略使」にしても、実質的な諸政策を内モンゴル東部地域に展開することを保証する具体的な制度内実を備えたものではなく、実際のところは、同職遂行を名目に中央政府から資金を引き出し、それを自らの軍備増強費に転用することに止まるものでしかなかった。このことは、張奉政府が内モンゴル東部地域への関与を安定的に保証する制度的基盤を所持していなかったことと、内モンゴル東部地域では中央政府からの統制を受けつつも軍事・外交を除く領域で「旗」による広範な事実上の自治が形式制度上は認められている状況が存在していたことを意味するものだった。(13)

では、以上の状況の下で、張奉政府は如何なる施策を通じて内モンゴル東部地域への支配力を拡大・貫徹しようとしていたのであろうか。以下、この点を確認しておきたい。

三、張作霖奉天省政府による内モンゴル東部地域統治策の展開

(1) 張奉政府による在地支配制度

内モンゴル東部地域支配に関する法制的な基盤を持たない張奉政府が、同地域に対して採った施策が、奉天省内の一般地方行政制度(=県制度)の枠組みを内モンゴル東部地域へ強制的に適用するというものだった。その具体的な内容に関しては、後述するとして、まず、張奉政府による一般地方行政制度の概要を確認しておきたい。

張奉政府による県支配は、省政府が、道尹、県知事、区村長といった各級地方長官の任命権を事実上排他的に掌握することで、各級地方長官を省政府の強い指導下に置きつつ遂行されるものだった。この遂行形態を維持・安定化するため張奉政府がとっていた施策が、県知事の再教育機関としての自治講習所(一九二二年九月開設)や奉天省独自の高等・普通文官試験の導入(一九二二月一一月)だった。しかも、張奉政府下では、従来行政区画の埒外に置かれていた郷村レベルの掌握を意図した「区村制」が導入されていた。「区村制」は、「奉天各県区長試辦地方公益規則」(一九一六年七月)を制度的前提としつつ、「奉天省各県区村制試行規則」により導入された(一九二二年一〇月)もので、その詳細は省略するが、区村長の実質的な任免権を省政府が掌握することで区村レベル行政への省政府の指導力を制度的に保証する一方で、行政官の委任事項に関しては独任制をとりつつも、義倉積穀の辦理、学校の整頓、実業の勧辦、道路橋

梁の修築、樹木の種植、農田の改良、等は合議制を兼採し村長会議を召集し多数決で実行するという規則内容に端的に示されるように、従来からの既存郷村レベル自治の一部を公的に認可する側面も併せ持っていた。

以上の制度的概要に基づき県内行政が遂行されて行くこととなるのであるが、その具体的事項のなかで、後述する内モンゴル東部地域統治策との関連で確認しておく必要があるのが、域内の治安秩序維持を担掌した警察・保甲制度だった。奉天省内の警察・保甲制度は、中華民国中央政府により公布された諸法制を前提に奉天省内で制定された諸単行章程により実施されていた。警察制度に関して言えば、中華民国中央政府の「画一現行地方警察庁組織令」（一九一三年一月）、「地方警察庁官制」（一九一四年八月）を言わば上位法として、奉天省レベルで制定された奉天省全省警務処組織章程及同職権章程（一九一五年一一月）、奉天省会警察庁章程（一九一六年五月。後に安東、営口にも設置）、鴨渾両江水上警察庁章程（一九一二年。一九一四年局へ再編。一九二五年に奉天将軍公署航警処に吸収移管）、奉天県警察統一章程（制定時期不明）、奉天省城商埠警察局組織章程（一九二三年一月）、奉天省県警察隊規則（一九二三年六月）などにより、「全省警務処―省会警察庁（含水上）―県警察所―県警察分所」といった指揮命令系統の制度的骨格が形成されていた。また、保甲制度に関しては、中華民国中央政府の「地方保衛団条例」（一九一三年五月）を上位法としつつ、奉天省政府レベルで「奉天保衛団施行細則」（一九一五年五月）、「奉天省各県保甲章程」（一九一八年四月）、「奉天全省保甲総辦公所」（一九二二年九月。奉天全省警務処内設置、総辦は警察処長の兼務）、「奉天全省保甲試行章程」（一九二二年一二月）などにより、「全省保甲総辦公所―保甲事務所―保甲区―保甲分遣所」といった指揮命令系統の制度的骨格が形成されていた(14)。

今、これら多岐に亘る諸法規の内容を詳述する余裕はないが、ここで注目すべき点は、各級の警察・保甲長の人事が省政府の強い指導下に置かれると同時に、行政区画と警察・保甲区域が合致する形で設定される地域がもうけられ、省内各級行政長官が警察・保甲長を兼務するという形態をとっていた点である。即ち、張奉政府による県支配は、〈県知事＝「警―保甲」長〉と表現し得るような県レベルの行政形態を前提に遂行されていたのである。

では、張奉政府は、このような一般地方行政制度を如何に内モンゴル東部地域に適用しようとしていたのであろうか。以下、この点を確認しておきたい。

（2）張奉政府による内モンゴル東部地域統治浸透施策

張奉政府による内モンゴル東部地域支配に向けての政治的介入の方法は大きく分けて以下の二つがあった。

一つは、内モンゴル東部地域のモンゴル人に対して大きな影響力を持っていた王公層との婚姻関係を契機とするものだった。張奉政府幹部である張作霖や呉俊陞などは、自らの子女を通じてダルハン王との婚姻関係を積極的に結んでいた。この方法は、張作霖や呉俊陞らの張奉政府幹部が内モンゴル東部地域で積極的に行っていた土地買収を有利に進めようとする思惑を直接的な契機とするものだったと考えられるが、張奉政府の幹部が内モンゴル東部地域の有力王公と婚姻関係を持つことは、漢人による土地取得に際しての紛争の押さえ込みや調停などに有効な現地コネクションを持つことを意味しており、結果として内モンゴル東部地域への張奉政府の影響力浸透を図る上で有利な環境整備となる方向性をもつものだった[15]。

もう一つは、モンゴル人と漢人との係争問題の発生を契機に、モンゴル側の影響力を暴力的排除・解体するというものだった。

張奉政府は、従来「旗」が支配していた領域の県域への編入、あるいは新たな県の開設などの施策を実施すると同時に、「荒務局」設置（一九一九年一月、洮南に本局）に象徴されるように、モンゴル側が掌握していた所謂「蒙地」を民地に再編し漢人を中心とする民間に払い下げるための制度的環境整備施策を積極的に推進していた。これらの施策は、前述した在地有力者層の支持確保を背景的導因の一つとしたものだったが、同時に、先住していたモンゴル王公および遊牧・農耕モンゴル人たちが所持していた土地諸権利の解体を促進する結果をもたらすものでもあった。それは、現地社会におけるモンゴル人と漢人の土地諸利権をめぐる対立を惹起するものでもあり、その対立は時として武装紛争へと進展するものだった。この武装紛争局面におけるモンゴル側の諸集団が、同時代の漢語あるいは日本語史料により「蒙匪」と呼称された集団だった。(16) 張奉政府は、このモンゴル人と漢人との武装紛争局面において、「蒙匪」に襲撃された県帰属住民（＝「蒙地」浸食の主体となっていた漢人）の保護を名目に、積極的に警察・保甲制度あるいは軍隊を動員して「蒙匪」の鎮圧を図っていた。張奉政府は、前述した内モンゴル東部地域への政治的介入の法制的保証の欠如を、行政権を法制的に保証された県への諸権限、就中、治安秩序維持に関する諸権限を拡張的に適用することで克服し、モンゴル側の抵抗基盤となりうるモンゴル側暴力装置の排除・解体を図っていたのである。この張奉政府の施策を展開する上で、重要となるのが警察・保甲制度と軍隊の有機的かつ機動的な連携を如何に保証するかという点だった。

「蒙匪」が極めて高い機動性を保持すると同時に、その規模がバブジャブの軍事行動に象徴されるように、時として極めて広域・強力化し得る存在だったことをふまえれば、そもそも定住民に対する県域レベルを念頭においた治安秩序維持組織である警察・保甲制度だけでは、十分な「蒙匪」対策となり得ないことは明らかだった。ここに張奉政府により、省全域での機動的な展開を保証された軍隊の利用が想起されることは当然だった。(17) とは言え、定住モンゴル人が多数を占める現地状況を勘案すれば、軍隊による対「蒙匪」戦勝利だけで事足りるというものではなく、その後の持続的な治安秩序維持には警察・保甲制度の利用も不可欠となっていた。当該期内モンゴル東部地域の治安秩序維持においては、警察・保甲制度と軍隊の両者を有機的かつ機動的に連携させつつ運用し得る制度が必要となっていたのである。この点への対応を可能とし得る制度として注目すべきものが、「擬定清郷辦法総章」（一九一六年六月）を端緒として、「奉天全省清郷章程」（一九一八年一月）を経て、「東三省清郷章程大綱」（一九一九年。東三省陸軍各旅長及巡防統領が会辦。督辦は会辦から一名を選出）により一応の制度的確立をみる東三省レベルで整備・組織化された所謂「清郷制度」だった。「東三省清郷章程大綱」の詳細は省略するが、同大綱における、「清郷」時の警察・保甲制度と軍隊の関係は、軍隊指揮官の指揮・命令下（「督飭」）に〈県知事＝「警―保甲」長〉が位置付けられるという、「軍（旅長・巡防統領）―〈県知事＝「警―保甲」長〉」と表現し得る制度的構成をとっていた。この大綱により、「蒙匪」に対する軍事的鎮圧活動時にあっては軍隊による警察・保甲制度の縦横な動員が可能となると同時に、軍隊が展開しない平時には警察・保甲制度による持続的な治安秩序維持活動が展開されるという形で、軍隊と警察・保甲制度の連携的運用を保証する制度が準備されたのである。(18) そして、張奉政府は、ハイラル以南から洮南以北を「剿匪地域」と設定した上で（一九一九年四月）、軍隊を軸とした精力的な「清郷」活動を同地域を中心に展開することになっていた。(19)「清郷制度」は、張奉政府による内モンゴル東部地域への軍事的介入を持続的に進めて行く上で、重要な制度的槓杆となり得るものだったのである。

四、小結

以上述べてきた通り、張奉政府は、政治的介入上の法制度的背景を持たない内モンゴル東部地域に対して、同政府幹部と同地モンゴル王公との婚姻関係を通じての影響力浸透のみならず、「蒙地」をめぐるモンゴル人と漢人の紛争に対県行政権限を拡張する形で「東三省清郷章程大綱」を制度的背景とする東三省レベルでの「清郷制度」を槓杆としつつ軍事的に介入することにより、「棲み分け的二重権力」とでも言えるような状態が展開していた内モンゴル東部地域と奉天省各県域が重層する地域への一元的な支配（＝内モンゴル東部地域の実質的「県化」）を追求しつつあった。

では、このような張奉政府による対内モンゴル東部地域政策は、その後の同地域に如何なる方向性を付与するものだったのであろうか。最後に、この点に関する若干の見通しの提示と問題提起を行い、本稿を終えることとしたい。

上述した張奉政府による内モンゴル東部地域政策は、次の二つの方向性を同地域に付与していたと考えられる。

一つは、「清郷制度」を槓杆とした内モンゴル東部地域「県化」の一層の促進と、同地域をめぐるモンゴル族と漢族間の対立状況の深刻化という方向性である。この方向性は、中華民国ナショナリズムの追求を強く標榜していた張学良東北地方政権（一九二九〜三一年）下でより強く正当化されるものだった。なぜなら、内モンゴル東部地域「県化」推進の名目的契機となっていた現地社会における治安秩序維持の確保という問題は、単にモンゴル人と漢人の両者の対立から惹起される「国内問題」というだけでなく、南満東蒙条約を根拠に内モンゴル東部地域に侵出していた日本人との間にも惹起される「外交問題」でもあったからである。このことは、国権回復等の中華民国ナショナリズム政策の遂行を強く標榜していた張学良東北地方政権にとって、日本に内モンゴル東部地域への侵出口実を与えかねない状況を事前に刈り取るという名目で、同地域の「県化」を従来になく強く正当化させていく方向を持つものだった。同時に、この方向性は、ガーダー・メイリン蜂起（一九二九〜三〇年）に象徴されるような現地モンゴル人側の漢人に対する反発を従来になく強く引き出す方向を惹起するものだったとも考えられよう。また、張学良東北地方政権による中華民国ナショナリズムを背景とした「県化」政策の遂行は、現地モンゴル人側に、同政策への対抗上からも自らの独立あるいはより広範な自治の必要性の意識を強く喚起させる方向性を持つものであり、それは、満洲事変期さらには「満洲国」期に至るモンゴル人側の政治意識の底流へと繋がって行くものとも考えることがでるのではなかろうか。

もう一つの方向性は、張奉政府の王公層との婚姻関係構築に象徴されていた、王公などの現地の既存権威・権力者と癒着することで現地社会の言わば共同主宰者として内モンゴル東部地域への影響力の深化と諸施策の貫徹を図らんとする方向性である。それは、内モンゴル東部地域における漢人移民の保護と、先住モンゴル人側における既存権威・権力の正当性の追認を首尾良く相互連関させせつつ追求しようとするという方向性でもあった。そして、この方向性は、「満洲国」成立後における「興安省」設置問題をめぐる議論への継承を思い起こさせるものでもあり、二〇世紀の前半を通じて時々の支配的政治諸権力に断続的ながら追求されてきた方向性だったと言えよう。

確かに、前述した通り張奉政府の内モンゴル東部地域政策の主眼は同地域の「県化」推進にあり、「県化」により事実として既存のモンゴル人社会は大きな強圧的変容を被り、その一部は漢人や日本人により「蒙匪」と呼称された武装蜂起に訴えて抵抗を試みるまでに至っていた。しかし、張奉政府段階において婚姻関係構築手法を放棄できなかったことに示されるように、「県化」を全面的かつ一方的に推進させることを許さない現地先住モンゴル人社会の権威と権力が現存し、それが「満洲国」期まで一定の現実的存在感を持って持続していたという前述したもう一つの方向性から照らし出される事実は十分留意しておく必要があろう。と言うのも、この事実は、時々の支配的政治権力が現地先住モンゴル人社会が保持していた権威と権力の実態に則して自らの内モンゴル東部地域政策の内実を変容する必要に迫られていたことを意味するものであり、その意味において、中国東北地域内諸主体間の相互連関・相互変容を通じて形成される同地域史の実態を考察する上での好個な事例を提供していると考えられるからである。

いずれにせよ、以上の二つの方向性は、二〇世紀中国東北地域史像の再構成において、二つの方向性の内実を大きく規定するところの当該期内モンゴル東部地域における先住モンゴル人社会の権威と権力に対する構造的把握と展開実態の更なる解明が必要不可欠な課題であることを改めて明示するものともなっているのである。

注

(1) 拙稿「国立国会図書館所蔵明治期(一九〇七年一一月三日〜一九一二年七月三一日)『満洲日日新聞』モンゴル関係記事件名目録」『史滴』二四号、二〇〇二年。

(2) 中見立夫「一九一三年の露中宣言:中華民国の成立とモンゴル問題」『国際政治』六六号、一九八〇年。

(3) 一例を挙げれば、日本における中国史研究者による中国東北地域史研究の画期となった西村成雄『中国近代東北地域史研究』(法律文化社、一九八四年)がある。

(4) さしあたり、魏昌友主編『赤峰蒙古史』(内蒙古人民出版社、一九九九年)を参照。なお、「内モンゴル史」に関する近年の研究動向に関しては、さしあたり、周太平「内モンゴル大学におけるモンゴル近現代史研究の20年：文献目録(一九八二〜二〇〇二)」(『News Letter』(近現代東北アジア地域史研究会)一五号、二〇〇三年)を参照されたい。

(5)さしあたり、江夏由樹 *Banner Legacy : The Rise of Fengtian Local Elite at the End of the Qing*, Center for Chinese Studies, the University of Michigan, 2004、澁谷由里『馬賊で見る「満洲」：張作霖のあゆんだ道』(講談社、二〇〇四年)、杉山清彦「大清帝国史のための覚書：セミナー『清朝社会と八旗制』をめぐって」(『満族史研究通信』一〇号、二〇〇一年)、塚瀬進『満洲国：「民族協和」の実像』(吉川弘文館、一九九八年)、古市大輔「中國東北の地域形成と清朝行政：一八-一九世紀盛京における採買・倉儲政策と官僚制」(博士論文・東京大學、二〇〇〇年)を参照されたい。なお、本稿では十分に言及できなかったが、モンゴル領域の生態系問題もふまえた二〇世紀東北像の全体的再構築を意図した論攷として、安冨歩「定期市と県城経済：一九三〇年前後における満洲農村市場の特徴」(『アジア経済』第四三巻第一〇号、二〇〇二年)および深尾葉子・安冨歩「満洲の廟会：『満洲国』期を中心に」(『アジア経済』第四五巻第五号、二〇〇四年)があることを付言しておく。

(6)単著としては、ボルジギン・ブレンサイン『近現代におけるモンゴル人農耕村落社会の形成』(風間書房、二〇〇三年)、閻天霊『漢族移民与近代内蒙古社会変遷研究』(民族出版社、二〇〇四年)、広川佐保『蒙地奉上：「満州国」の土地政策』(汲古書院、二〇〇五年)などをあげることができよう。

(7)『満蒙全書』第一巻(満蒙文化協会、一九二二年)二二〜二七頁。

(8)拙稿「張作霖による奉天省権力の掌握とその支持基盤」(『史学研究』一九二号、一九九一年)。

(9)ちなみに、当該期の奉天省の既墾地は、六、〇四〇、五〇〇天地(一九一六年満鉄調査課調)、未墾地三、四一八、一三四天地(一九一六年満蒙産業誌・都督府陸軍部調)と目されていた〔一天地は約六段(一段約九九一・七㎡)。『満蒙全書』第三巻第三章、南満洲鉄道株式会社社長室調査課、一九二三年〕。なお、開拓および鉄道敷設等による、内モンゴル東部地域経済の変容に関しては、塚瀬進『中国近代東北経済史研究：鉄道敷設と中国東北経済の変化』（東方書店、一九九三年）第六章を参照されたい。

（10）一例を挙げれば、一九一六年奉天省議会全五六議案中の土地問題に関する議案は一八案で、その内、内モンゴル地域に直接関与するものが五案だった（『奉天公報』掲載の該当「奉天省議会議事録」より算出）。

（11）吉田辰秋『大地を闊歩す』川瀬書店、一九五三年、五六～六〇頁、『朝鮮及満洲』一三一号一九一八年七月、三五～三七頁。なお、「南満洲」「東部内蒙古」の持つ政治的含意に関しては、中見立夫「地域概念の政治性」〔『アジアから考える［1］：交錯するアジア』（東京大学出版社、一九九三年）〕を参照されたい。

（12）この点を張作霖自身により引き付けて言えば、張作霖は、その台頭期の「地盤」が後述する内モンゴル東部地域と奉天省との重層的領域にあったことが端的に示すように、清末以来の同重層的領域における言わば「二重権力」状況の矛盾を対内的な槓杆の一つにして政治的・軍事的な伸張を遂げて省政府権力を掌握した存在と言えよう〔車維漢・朱虹・王秀華『奉系対外関係：奉系軍閥全書（第四巻）』（遼海出版社、二〇〇一年）第一・二章〕。なお、「蒙地」を含む土地商租をめぐる当該期現地の日中間対立の内実に関しては、江夏由樹「東亜勧業株式会社の歴史からみた近代中国東北地域：日本の大陸進出にみる『国策』と『営利』」〔江夏由樹・中見立夫・西村成雄・山本有造編『近代中国東北地域史研究の新視角』（山川出版社、二〇〇五年）所収〕を参照されたい。

（13）以上の経緯に関しては、貴志俊彦「袁世凱政権の内モンゴル地域史支配体制の形成」（『史学研究』一八五号、一九八九年）、広川佐保「一九二〇年代、中華民国におけるモンゴル問題の諸相：蒙事会議での議論を中心に」日本モンゴル学会春季大会（二〇〇五年五月二一日開催）報告レジュメを参照。

（14）以上の制度的経緯に関しては、山田弘之『奉天省吉林省に於ける警察、保衛団、郷村制度』（南満洲鉄道株式会社庶務部調査課、一九二七年）、『南満地方支那警察制度』（南満洲鉄道株式会社総務部事務局調査課、一九一八年）の該当記載部分を参照。

(15) 高虹・房広順『呉俊陞真伝』(遼寧古籍出版社、一九九七年)九九～一〇〇頁、陳崇橋他『張作霖：従草莽英雄到大元帥』(遼寧人民出版社、一九九一年)三〇九頁、『満蒙之文化』一号、二一～二八頁、一九二〇年九月)。

(16)「蒙地」をめぐるモンゴル人と漢人の対立実態に関しては、ボルジギン・ブレンサイン前掲書第一部第一・二章を参照されたい。

(17) なお、ここに、張奉政府が軍事的集団を中核としたまま奉天省統治を展開し得た社会的基盤の一端、即ち、在地権力の社会的基盤たる在地有力者層が軍事偏重財政にあった張奉政府に一定の支持・容認を与え、その間接的制御を念頭に同政府へ官僚として積極的に参画していた所以の一つがあったとも考えられる。

(18) 遼寧省档案館編『奉系軍閥档案史料彙編』(江蘇古籍出版社・香港地平綫出版社、一九九〇年)第三巻四三一～二頁・第四巻二二頁。それは同時に、「清郷制度」が、内モンゴル東部地域における全面的な「県化」が完了するまでの治安秩序維持全般を担当し得る可能性を内包することを意味するものでもあった。事実、一九二〇年代に入ると清郷活動は「蒙匪」の鎮圧に限定されない、一般警察業務(戒煙、衛生)も担当するようになっていた〔『日本外務省記録』1.5.3.12「関東都督府政況報告並雑纂」(第一四巻)一九二二年四月七日付関東庁警務局「臨時報」一三八号〕。なお、このような連携形態が、軍隊と警察・保甲間の治安維持をめぐる主導権争いに陥ることなく当初の目的を達成できるか否かは、張奉政府中央(張作霖自身)の省内各軍官への統制力如何にかかっていたが、この点に関して、張奉政府中央は、湯玉麟(第五三旅団長)や馮徳麟(第二八師団長)といった張作霖に対抗する軍官を解職するなどして、おおむね一九一七年末段階には奉天省内軍事権の掌握に成功していた〔常城主編『張作霖』(遼寧省人民出版社、一九八二年)四九～五六頁〕。

(19) 胡玉海・里蓉主編『奉系軍閥大事記』(遼寧省民族出版社、二〇〇五年)一九三、一九六、二一六頁。

満洲国の建国と興安省の「自治」問題

鈴木仁麗

はじめに

満洲国の興安省はモンゴル人のための行政区で、彼らの生活様式が独特である故の行政的「特殊性」を備えていたことはおそらく間違いない。「興安省は行政上他省と異なった取扱いをうけ、一種の特殊的行政区をなしている」(1)という記述からもそれは疑いないように思える。

満洲国建国期における政策決定過程を考察(2)して得た卑見として、関東軍参謀は満洲事変前から東部内モンゴル(3)の「特殊性」を知り、建前上モンゴル人の要望を容れる形で興安省を設置したが、実際は関東軍の思惑通りに統治方針を決めたと言える。この点は、興安省の彊域問題を検討した結果からも明らかである。(4)しかし、建国期は「政治機構や基本政策については中国側の意見を求めようとはせず、したがって、これらの中国側の動向は関東軍に全く無視されてしまう」(5)情況で、この時期に、関東軍がモンゴル人の意見を聞く場を設けた点や「蒙古自治領」を設置する案が出た点は「特殊」な事例であった。建国後、「蒙古自治領」ならぬ興安省が置かれたが、それを「蒙古民族のための特別自治行政区域」[6]と表現する人もいたように、興安省の「特殊性」はその「自治性」と共に連想されるものだったようだ。満洲国の地方行政に関する諸研究[7]によれば、満洲国では参事官制度を軸にして地方行政の官治化が推進されたため、地方に「自治」のアクターが少なかったことが示されている。しかし、興安省にどの程度の「自治」があったのかについては不明で、議論の余地がある。

「自治」は時々の地域社会の構造と要求により異なるものと考えられる。東部内モンゴル社会の構造は、清末からの開墾事業の開始によって変化しはじめ、中華民国期、満洲事変期を経て満洲国に至った。この変化の中で、モンゴル人が望む「自治」[8]も形を変えたと思われ、それを表明するにも時々の制約が加わった。すなわち、民国期には「三民主義の下で」という前提があり、事変期には関東軍の圧倒的な圧力があった。本稿では、満洲国の興安省統治の基本方針を描くための前提作業として、そもそもモンゴル人が要求した「自治」とは如何なるものだったのかを、事変前に国民政府に対して表明したものと事変期に関東軍に対して表明したものに関して考察し、それが満洲国の初期にどの程度実現したかを明らかにしていきたい。

興安省は満洲国内にありながら、その「特殊性」のために、研究上でも他省と別に論じられてきた。モンゴル人に対する「自治」問題を考察し、他の省と興安省を隔ててきた「特殊性」の内容を理解することは、興安省の実態を探るための基礎的考察となるのみならず、興安省抜きで語られてきた満洲国史研究に新たな視点を加えることにもなるだろう。

一、満洲事変前における「自治」の要求

1　一九二〇年代後半の東部内モンゴルと日本・中国

東部内モンゴルの既存の社会制度に大きなインパクトを与えたのは、清末からの開墾の開始と蒙地への漢人の流入であった。東部内モンゴルのジリム盟各旗は、清末以来、東三省総督の監督下に入れられ、開墾の進展と相次ぐ県の設置に伴って、モンゴル盟旗の自主権は徐々に弱まる傾向にあった。中華民国成立後、国民政府は一九二八年より中国西部・北部地域への省の増設を進めた。これは従来用いてきた「盟」という行政単位を消すことを意味したために、モンゴル人の危機感をさらに増幅させる結果となった。モンゴル人は、清朝末期から中華民国の初期を通して、行政的にも非常に不安定な位置に置かれてきたと言え、彼らによる反開墾闘争は清末から引き続いて行われ、中華民国からの独立運動も各地で起っていた。

一方、日本の参謀本部や大陸浪人らは、清朝が崩壊しようという時期に、モンゴル人を巻き込んだ「満蒙独立運動」を企て、日本が「満蒙」に覇権を確立する足がかりを得ようとした。一九二〇年代後半になると、日本は「満蒙」領有を主張し、「満蒙問題」の解決策として関東軍参謀らが提示した諸案の中には、東部内モンゴルへの言及もいくつか見られる。関東軍が「日支鮮蒙各民族の自然的発展と其共栄共存を計る(9)」などと、モンゴル人を満洲での被統治民族の一つとして認識し始めた、まさにその時期に、現状に対して問題意識を持った多くのモンゴル人が、南京で国民政府との会議に臨んでいた。それは一九三〇年五月、六月に開催された蒙古会議である。内モンゴルのモンゴル人は、国民政府の中での安定した政治的立場を確保し、より充実した「自治」を求めて動いていたが、日本は内モンゴルの東部地域にしっかりと触手を伸ばしていた。これが一九二〇年代後半の東部内モンゴルをめぐる状況であった。

2　蒙古会議に見る「自治」の要求

蒙古会議での議題は多岐に亘ったが、モンゴルの旗（蒙旗）の自主権の保障を求める盟旗制度に関する議論が中心であった。盟旗制度問題を含む民政関連の提案は、財政・教育・宗教・司法など他の項目と比べて圧倒的に数が多い。会議に向けて各地のモンゴル人が作成した提案から、東部内モンゴルのモンゴル人がどのような「自治」を考えていたのか見てみよう。

ジリム盟、ジョーオダ盟、ジョスト盟、東西ブトハ旗、イフミンガン旗(10)の三六名代表が出した「蒙古盟旗制度案」がある。ここでは、蒙古盟旗制度の要点として「盟旗自治之開始実行」を挙げ、モンゴルには旧例として盟には会盟、旗には「全旗職員会議」や「郷老会議」があり、それぞれ地方自治の良好な基盤となっていたと説明した。そして、それらを今後「盟旗自治会」と呼び改め、「盟旗人民」が完全に政治に参加できる機関とし、盟旗の事務の発展を促進することを目指した(11)。盟自治会は、「人民の政治への関心を喚起し、地方自治推進の手本とする」もので、盟自治の立法・設計・審議・監査などを行い、旗自治会も旗自治に関する同様の事項を協議し、「全旗民衆の総意を表す総機関」であり、「地方自治を実地運営する」とある。旗自治会委員は所属各ソムから各一名を推薦して組織され、旗自治会の推薦により盟自治会の委員を組織するという。上記の内容から、制度上、旗民の意思が盟の決定に反映する盟レベルでの自治を提案していることが分かる。今一つ、ジリム盟・ジョスト盟・ジョーオダ盟の九名代表による「卓索図盟代表陳効良等提案」を見ると、盟公署を盟政府に、旗公署を旗政府と改称し、盟政府には各旗代表大会で選ばれた盟長と、旗がそれぞれ選出した「盟務委員」を置くとある。旗政府には旗長（元の旗ジャサクが当たる）と、旗民大会の選挙で選出された人で組織する旗務委員を置くとした(12)。これも旗民が盟の運営に間接的に参加するシステムを提案している。その他、ジリム盟・ジョスト盟・ジョーオダ盟・東ブトハ旗の一一名が作成した「内蒙地方政務委員会組織大綱」がある。そこで提案された内蒙地方政務委員会は「内蒙地方の最高政治機関」たるもので「国民政府の指示を守り、三民主義を遵守して、内蒙各盟旗を管轄し一切の地方政治を改善し併せて国民政府の委任を受けて各項国家行政事務を取り扱う」ものとした(13)。これは、政府の法令に抵触しない範囲で地方単行法の制定や各項命令の発布を行うほか、蒙地政務の処理をし、「蒙辺省区に関連することあらば文治合作の精神で各該省官署と協議して処理する」とあり、隣接省区との交渉も担当した。また「全民政治の実現」のため、モンゴルの個人・団体からの請願があれば、「国家地方に有益なものに限り」受理するとしている。[14] いわば連盟自治組織のようなもので、旗民には政治に直接参加する機会を与えようとした。その下位組織にあたる盟旗の役割について、同案の作成者の一人が、自分たちの要求は「「内蒙古自治政務委員会」を設置し、中央直轄とし省県の管轄を受けない。自治政務委員会の下に盟を置き、盟の下に旗を置く」ものだったと回想している。[15] 以上のように、同会議で議論された諸提案のうち、自治に関連のある主要なものを見ると、全体的にその内容は曖昧模糊としているものの、モンゴル人が、旗民の意思を反映できる盟レベルでの自治あるいは盟を束ねた内モンゴル全体の自治を要求していたことが読み取れる。

しかし、こうした形態の自治は、清朝以来の旧制度の中に見出せないものである。明代以降のモンゴル社会にあって「封建的自治体」或は「氏族的な生活共同体」[16] に近い組織は、オトグ[17] という社会集団で、清朝はこれを基礎に旗を編成した。[18] 旗には清朝から奉ぜられる旗長としてのジャサク（札薩克）がいて、清朝はこれを通じて旗行政の掌握を図っていた。この意味で、ジャサクは地方官でもあり、王公身分を保持するゆえに旗内の封建領主でもあった。よって、旗には「封建的自治体」的な要素が残り、旗の自治独立の機能は極めて顕著であったと言われる。[19] 一方、盟は自治的な集団ではなく、旗を監督するために設置された中間的な政治組織体であった。理藩院等より選出される盟長・副盟長は、中央官僚としての性質が色濃く、旗行政に干渉しなかった。盟で開催される会盟も自治的組織ではなく、清朝はそれを通して主権の強化を目指した。したがって、蒙古会議での提案は、清朝以来の伝統的な盟旗制度を国民政府に保障させる目的を越えた、より高度な自治要求であった。従来の自治以上且つ独立未満で最大限に広範な自治を求める傾向が認められる。

蒙古会議では、盟旗と省県の管轄事務を明確にすることも論点の一つであった。東部内モンゴルの再編が進み、この点が不明瞭となったためである。東部内モンゴルでは、旗を内包する省や旗に隣接する省県が不当に旗に干渉するこ[20]

とを防ごうとし、「蒙古盟旗制度案」では「内蒙地方には已に省県が設置されたが、盟旗は依然として存在している。その相互関係について、事実をよく考慮し明白に規定することで地方事務の進行を捗らせ、論争やわだかまりの虞を免れるべき」(21)という理由で、「蒙古地方に設置の省県が盟旗に係ることあれば、盟旗官署と協議して処理」(22)すべきであると提案した。省県が勝手に盟旗に関する事を処理するのを避け、省とも対等の立場で協議できる盟を単位とする官署の設置を望んだのである。

会議で出された提案をまとめて、「蒙古盟旗組織法」が作られ、盟旗の管轄治理権やその区域などは従来のまま保障されたが、(23)モンゴル人が提案した盟自治会・旗自治会はそれぞれ「盟民代表会議」・「旗民代表会議」と修正されて、「自治」の文字は削除された。国民政府は旗を単位とした自治組織すら認めたがらなかった。同法はさらに修正されて、翌一九三一年一〇月に「蒙古盟部旗組織法」が公布された。しかし、時はすでに満洲事変勃発後の混乱期にあたり、東部内モンゴル地域での施行は実質的に不可能であった。

二、満洲事変期における自治の要求と関東軍による建国工作

満洲事変勃発するや多年旧軍閥の蹄鉄下に呻吟し衰亡の一途を辿りつつあった東部内蒙古人は蹶然起って蒙古復興の大旆を翳し蒙古自治軍を編制して辺境の治安維持に任じたのであるが、新国家建設の要望全満に　るや欣然之れに呼応して建国の大業に参画することを決議し併せて蒙民多年の宿望であった蒙古自治区域の画定を要請することとなった。(24)

これは、興安局(25)が発行した冊子の一文である。「自治区域設置に対する要望に応へんが為に特殊行政区域の画定を企画されたのであろう」ともあり、モンゴル人の要求を受けて「特殊行政区域」たる興安省が作られたと述べている。本

節では、モンゴル人の「自治区域設置」の要求を、他省の「自治」と比較しながら検討する。また、モンゴル人の表明する「自治」要求が変化していく様子から、関東軍の建国工作の一端を捉えたい。まず以下では、モンゴル人の中華民国に対する自治要求を満洲事変前の日本がどの様に捉えていたのかを見てみる。

1　モンゴル人の自治要求に対する日本の認識

モンゴル人が国民政府に高度な自治の必要性を表明した上述の蒙古会議について、日本外務省記録に詳しい報告はない。会議開催前の一九三〇年一月の鄭家屯の領事代理からの情報により、会議の目的は「蒙古の政治、教育を根本的に改変し蒙古を党化し三民主義を信奉せしめ尚蒙古地帯を開放せしめ王族楽園地化せしむとするものらしく是には蒙古旧来の習慣等を破壊し古来唯一の生業たる遊牧を拋棄せしめ新様式の生活を強ゆるものにして結局蒙人を美名の下に征服し死地に陥れ同族の滅亡を謀るもの」であり、これに対して「相当有力なる反対気勢揚かり各地王侯間に連絡運動を開始せられ居る模様なり」とあると伝えられた(26)。会議の議論に関しては、蒙古会議に出席中のジリム盟代表蘇宝麟から長春城内の蒙租処弁事員に宛てた通知として「蒙蔵委員会より提出したる諸案は数十件に及へるか其内「蒙古盟旗自治会組織大綱」は已に蒙蔵委員会に於て決議し政府に認可申請中」で、「組織大綱」には「地方自治を促進するため」に盟自治会と旗自治委員会を組織するなどの内容があることが記録されている(27)。その後の報告では、蒙蔵委員会の案を聞き伝えに紹介するに留まり、モンゴル人が政治参加の方法に関して如何なる要求を持っていたのかについて、外務省が具体的に把握していたとは考え難い。それより以前、長春の特務機関が収集した情報として、奉天総領事が外務大臣に宛てた文書では、ジリム盟の王公と旗民による蒙古王公会議（長春、一九二九年三〜四月）において、守旧派の王公と新派の王公・一般旗民との間に意見の相違があり、一般旗民は、王公制度の廃止など「蒙旗政治の改革」を主張したが、東北三省代表者の「監視」があったため、建前上、守旧派の意見を容れて「王旗政治」の現状維持を決議したなどと報告された。同会議の所見として、モンゴル人たちの真意は「三民主義は之れを蒙古化して遵奉するは可なるも蒙古は元来清朝の蒙古にして南京政府の蒙古にあらす清朝無き今日蒙人を以て自治すへしと云ふ」ことにあり、「其の決意は相当鞏固にして彼等は秘密会に於ては第三国の援助を得は此の際蒙古独立を決行すへしとの意見多かりしと云う」と書き送っている。(28) 現地の特務機関員は、モンゴル人が場合によっては「独立」もあり得る程度に「自治」を望んでいると分析した。

2　地方自治指導部の発足と「蒙古自治領」

満洲事変勃発後、関東軍は新国家建設のために諸方面で工作を始めた。東部内モンゴルに対しては、事変直後に結成された内モンゴル独立軍に日本人指導者の派遣や武器の支給などの援助をしていた。(29) 関東軍が建国工作を進める中で、初めて正式にモンゴル人の意見として文書を受け取ったのは、一〇月二〇日で、ジリム盟ホルチン左翼中旗の代理ジャサクのヤンサンジャップ(30)からの請願書（「蒙古自治計画に付援助方請願の件」(31)）であった。関東軍司令官本庄繁に宛てた文書で、「張作霖父子が権柄を握りて当局に座して以来は慨くべし動もすれば圧力を以て蒙旗を摧残するなど其の悪政は既に極点に達せり茲に久しく高風を仰ぎし」と、奉天軍閥による東北行政を非難する一文からはじまる。これは、新国家のモンゴル政策に対する意見書ではなく、奉天軍閥の支配から逃れ「自治」を回復するための援助を関東軍に求めたものである。文書では「自治」の内容に殆ど触れず、ホルチン左翼中旗の広さや人口を記した後に「今や時運に乗じて振作を企図するため暫く名称を蒙旗地方自治保安会とす」とあるが、「自治保安会」の組織や目的などは明記されていない。その他、武器の支給や財政援助を要請するなど「進行計画」の七項を列挙して、これらを「保安自治の基礎」とするとしたのみである。「自治保安会」や「保安自治」という言葉から、ここでは、地域の治安を図ることと兵を充実させて人民を保護することが、「自治」と結びついているだけである。

ヤンサンジャップの請願書が提出された翌日（一九三一年一〇月二一日）、関東軍・国際法顧問の松木俠が『満蒙共和国統治大綱案』[32]を提出した。「立憲共和制」新国家の統治要項として「成るべく官治行政の範囲を少なくし官吏を減少し自治的行政を行ふ」ことを掲げ、東部内モンゴルに「蒙古自治領」を設置することを提案した。しかし、案中の「地方自治」関連の記述は全て省と県に関わるものであり、その文脈では蒙旗への言及がないことは注意を要する。「満洲と蒙古の行政区画を確然と区別し蒙古人をして漢民族の圧迫より免れしむ」と、「満洲」と「蒙古」を分離する必要性を述べ、モンゴル側に「蒙古自治領」という名を与えたが、その「自治」の内容や統治方法は定まっていなかったと見るべきである。

ところで、『満蒙共和国統治大綱案』の言う「自治的行政」は、新国家に「地方自治」を導入する実際的な動きを促した。関東軍参謀は『満蒙問題解決の根本方策』（一九三一年一〇月二四日）の中で、「新国家の要素は国防、交通の実権を我方に掌握せる在満蒙諸民族の共存共栄を図り得べき機構（一例特異の共和制）を備え特に県（市）は自治行政を俟つ如くす」[33]と表し、松木の案を踏襲し、同日、遼寧地方維持会顧問金井章次に対し「各県は爾今自治制を実施すべきことを要請している。この要望書と共に出された「地方自治指導部設置要領」にも蒙旗への言及がない。また「自治指導部条例」（一九三一年一一月一〇日）には「自治指導部は善政主義に拠り各県の県政を改善し完全なる地方自治制の確立に任す」[34]とあり、自治指導員は蒙旗に派遣されなかった。[35]自治指導部の活動は県でのみ展開されていたのである。

では、自治指導部と蒙旗が無関係かといえば、そのように断言することもできない。いま、自治指導部成立の経緯からその関係を見てみよう。史料によると、自治指導部は奉天地方維持委員会と「城内外民衆の救済機関を主体とし……蒙古回族等の代表者を網羅し」[36]た遼寧四民臨時維持会の代表で組織した遼寧省政府内各地の自治機関を「細胞とし」、「有機的に之を結合して活発に活動させる」ための「中枢機関」[37]であった。したがって、自治指導部の「指導」対象は主に県であったが、「蒙古回族等の代表者」も含まれていたと見ることができる。また、自治指導部の目指す「自治」

は、地域や文化の多様性を容認する傾向があり、例えば「自治指導員服務心得」の前文には「自治指導部本部の当面的目標」として「伝統的自治体たる宗族制度同業組合並宗教的外内を冠する諸種の民衆団体の伝統を基調として地方の文化的、経済的発達段階に従ひ、順次近来社会の自治制の機能を賦與しつつ民生の向上に資せむとする[38]」と書かれている。これは自治指導部部長で奉天文治派と呼ばれた于冲漢の考えを反映したものと思われる。于は別の所で「自治制というものはその地方々々の歴史、習慣、風俗を参酌してやっていくへきものであって、一足飛ひに高遠なる理想を現実することは困難てあろう[39]」と意見し、この部分は「自治指導員服務心得」の一文と類似している。地方の文化的差異として、漢人とモンゴル人という民族間の文化的違いも加味されていたと考えられる。松木は于冲漢の考えに賛同していた所があり[40]、彼が次に作成した『満蒙自由国設立案大綱[41]』（一九三一年一一月七日）で「蒙古民族の特性を鑑み」、「特別の行政組織」たる「蒙古自治領」を設置すべきとの提案があるのは、地方の歴史、習慣等を考慮して「自治」を進展させるべきとの于の考えに影響を受けた可能性を伺わせる。松木の案が自治指導部の設置を促し、逆に、自治指導部の「自治」に関する理念が「蒙古自治領」設置の理由とその位置づけを明確にしたと言え、自治指導部と東部内モンゴルの「自治」は松木の案を介して間接的に繋がっていたと見ることができる。

3　モンゴル人の求める「自治」―「泰来会議議決草案」より―

松木が「蒙古自治領」の設置を提案した上述の二案は極秘扱いで、モンゴル人たちがその内容を知りうるものではなかった。ただ、案作成当時「満洲蒙古諸盟からも満蒙独立国建国が要請され[42]」、松木が見たモンゴル人からの案[43]にモンゴルの特性や「自治」・「独立」を訴えたものが含まれていたと考えられる。それでは、満洲事変期にモンゴル人はどのような「自治」を望んでいたのか、関東軍の意向で開いたモンゴル人の会議から見てみよう。

一回目は、一二月一四・一五日に開かれた泰来会議である。会議の所見報告には、議事の大要として「王公と牧人の別なく又何れの蒙旗を問わず此の千歳の好機に於て我が日本の同情により不倶戴天の漢民族より脱離し独立自治せんとするに在り、而して主なるものは若干の武器を得んとするに在り、本会の議事十数項有るも要は前記の数事項に過ぎざるべし[44]」と書かれている。会議の決議案[45]では、第一に「各盟旗は今後中国政府より離脱す」と掲げ、決議案の大部分が「自治」関連の項目にあてられている。注目すべきは、旗の全権代表によって構成され、「自治及独立に関する事項を研究する」目的で結成した内蒙自治準備処（第四項）が、「盟旗政府」（「盟政府」とも）を逐次に建設し（第五項）、それを「自治政府」とするという点である（第十三項）。旗全権代表の選出方法は決議案においては不明だが、「各旗全権代表」である同会議の参加者も旗全権代表となり得るのであれば、王公のみならず一般旗民も旗政に参加することになる。ここでは、旗と盟の断絶は無く、旗民の意向が盟の自治的運営に反映するシステムが提案されており、一九三〇年の蒙古会議での諸提案を引き継いだものと見ることができる。この提案を他の省県で検討された「自治」の程度と比較すると、それが特異であることが分かる。例えば、松木の案では、建国工作の手順として「連省自治的に中央政府を作り然る後暫時中央政府の権限を拡張し……各省区の権力の縮小を図る」べきとされ、しかも「省区の下に従来通り県市を置き人民の自治に委」ね、指導監督によって省の県市への「不当なる干渉を排除せしむる[46]」（『満蒙自由国設立案大綱』）とある。地方自治指導部の基本方針でも「県は完全なる地方自治として省の関与は最小限度に止む[47]」こととされた。また、関東軍参謀からも、省政府の樹立を自主的に目指してきた地方維持委員会の運動を制限しようという意見が出て[48]、自治運動を「県単位迄は認むること[49]」とし、関東軍の統制を受けない自治運動や省レベルでの自治運動を警戒していた[50]。いずれも県と省を分離し、「自治」を県にのみ許すこととしていた。泰来会議議決草案で省レベルの「自治」を希求したことは、松木による「蒙古自治領」設置の提案が省単位での「自治」を認める体裁を示したのと同様、他の省とは異なる東部内モンゴルの姿を浮かび上がらせた。ただし、議決草案で言及された「自治」は、中国政府（国民政府）より「離脱」するための前段階として、同政府内でまず「自治」を得ようという意図を持つもので、新国家内での「自治」を念頭に置いたものではなかったと考えられる。

さらに、同決議案には内蒙自治準備処や「盟旗政府」（「盟政府」）の政治的な機能も書き込まれ、その権限に注意を払う必要がある。すなわち、準備処には「対外交渉」の権限があり（第六項）、「盟政府」には各種の徴税を含む財政の権限がある（第九項）。また、「盟政府」は「自衛軍」を編成訓練して「治安維持」を担当する軍権を持っている（第十一項）。いずれも日本人顧問の設置を予定していない。もともと関東軍が『満蒙問題解決策案』（一九三一年九月二二日）の中で「国防外交は新政権の委嘱に依り日本帝国に於て掌握し交通通信の主なるものは之を管理す[51]」と発表して以来、基本的には、一貫して国防・外交・交通・通信を日本が掌握することを主張してきた。『満蒙共和国統治大綱案』では軍事について「帝国との条約に依り国防軍（対露対支）は帝国に委任し単に治安維持の為に若干の軍隊を各要所に駐在せしめ之に帝国の軍事顧問を置く」とある。自治準備処のもつ「対外交渉」権は、いわゆる外交権と断定できないため保留するが、各旗で比較的規模の大きい「自衛軍」を保有し、その編成を自治準備処で行なうことは、国防に該当しないにしても地方が持つ軍権としては権限が大きい。また、『満蒙自由国設立案大綱』に「漸次中央政府の権限を拡大し殊に軍権、司法権、税権等を統一して各省区の権力の縮小を図る」とあるにも関わらず、自治準備処はその内の軍権、税権の所有を想定していた。ここからも、同会議で決議された東部内モンゴルの「自治」の程度が他の省と比べて相当に高度であったことが読み取れる。

4 「自治」要求の変化—関東軍による建国工作の中で—

泰来会議議決草案によりモンゴル人は中国政府（国民政府）からの離脱を宣言し、まず自治獲得を目指した。彼らが新国家をどれほど意識していたかは不明で、内蒙自治準備処の活動状況も定かではない。次に開かれた遼源会議（一九三一年一二月三〇日）で、蒙古自治籌備委員会ができると、自治準備処の機能はその中に回収されたと考えられる。蒙古自治籌備委員会の委員は「所謂王公なるあり、所謂平民なるあり、老あり、弱あり」[52]で、少なくても三〇人、多い時は一〇〇人を越えて集まり[53]、実際に何等かの活動をしていた。はじめ、委員会は「蒙古民族自決を決意し、支那軍閥に依る民族的桎梏よりの離脱を宣言」[54]し、機が熟した後「民族自決より更に躍進し、複合民族の新国家建設を決意するに至」[55]ったと記録されている。短期間でのこのような思想的変化は殆ど不自然であり、ここから、関東軍に依頼された日本人が様々な宣伝活動を行なうこと[56]によって、国民政府からの離脱を目標にしていたモンゴル人を、徐々に新国家の一員として仕立てていった様子が伺える。

遼源会議決議案[57]は全七項で、泰来会議議決草案にあるような独自の「自治」的機関の設立やその権限を規定する内容はない。第一項の「蒙古自治準備機関の名称を蒙古自治籌備委員会と定む」で始まり、全体を通して同委員会の目的、任務、組織、委員が書かれただけである。委員会の任務は「蒙古の最高権力」の掌握を助ける「正式の機関」の設立準備であり（第三、四項）、自治籌備委員会の「公函」を見ると、ほぼ同様に「蒙古自治籌備委員会を組織し最高機関の建設に従事し以て蒙古各盟旗の最高権力を統摂[58]」するとある。各旗から出した委員によって自治籌備委員会が組織されることは記されているが、泰来会議議決草案にあった「盟旗政治」や「自治政府」の設立には触れず、「最高機関」の政治的機能も明確にしなかった。これは、泰来会議の議決草案よりも「自治」要求の点でトーンダウンしていることを如実に表している。この点は蒙古自治籌備委員会の「政治の改善、権力の保持及民衆の福祉増進を講じ以て永久の生存を図る」という目的からも明らかで、これは内蒙自治準備処が掲げた「自治及独立に関する事項を研究する」目的を完全に引き継いだものとは言えない。また、「蒙古自治」の準備機関として設立された蒙古自治籌備委員会がどの国家の下での「自治」を準備しているのかは不明瞭で、国民政府とも新国家とも言い難い。遼源会議の約一ヵ月後（一九三二年一月）に出た別の文書（「蒙古自治籌備委員会公函第一号」）には、「貴軍の善良なる指導により我蒙古民族の健全なる自治の基礎を樹立せんことを冀ふ」及び「貴軍の指導により政治の改善、実業の発展を図り以て我蒙古民族の権利を保持し我蒙古民族の福祉を増進し永久の生存を図られんことを努力すべき[59]」などとあって、そこで示された東部内モンゴルの「自治」は関東軍の指導を仰いで促進させるものになっている。泰来会議において、経済援助や武器の支給が関東軍に要請されたにも関わらず、その議決草案では、内蒙自治準備処の諸権限に関与する余地を関東軍に与えず、遼源会議決議案も関東軍の指導を受ける旨を記していない。したがって、遼源会議後の文書で「貴軍（関東軍）の指導[60]」が繰り返されていることは、関東軍がこの一ヶ月の間に蒙古自治籌備委員会を通して東部内モンゴルへの影響力を強めたことを示し、一連の史料から、国民政府からの離脱と「自治」というモンゴル人の目標が関東軍の圧力で歪められ、新国家の一部として取り込まれる過程が看取される。

ちょうどその一ヶ月の間に黒竜江省東ブトハ旗のダゴール人徳古来から意見書[61]が提出された。彼は、蒙古自治籌備委員会のメンバーで、建国後は興安東省の上級官吏となった[62]。徳古来は「満蒙独立国家は勿論蒙古と満洲の二国とす二民族分立国家を要する」と主張し、「全内蒙を纏め」て「蒙古帝国」をつくる工程が円滑に進むかどうかは「唯日本の同情の如何によるであろうと思う」と、「日本政府の御注意」を四点並べた。第一に、日本は「満蒙」での政治上の権利を獲得すべきではない、第二に、日本人顧問や指導員の人選をしっかり行ない、任務を「明瞭に限定」するべき、第三に、日本は内政干渉をしない、第四に「蒙古独立自治[63]」を行うことを時期尚早と思わぬことである。第一～三項は、関東軍が已に進めている行為を牽制する内容であるため、第四項にある「蒙古独立自治」は時期尚早という考えも、あるいはこの時期に関東軍内外で広まり、「自治」の程度縮小などが検討されていたのかも知れない。この意見書は、建国過程を主導する関東軍が、建国後も影響力を保持することを憂慮しており、関東軍が影響力をさらに強めつつあったと思われるこの時期の雰囲気をよく伝えている。一方で、「蒙古自治籌備委員会を拡大的に組織して各盟旗の組織を漸次に整頓し言論をも包含して宣伝拡大を計り……一日も早く（独立宣言を）発表しなくてはならぬ[64]」と、蒙古自治籌備員会の組織と役割には肯定的であった。

泰来・遼源両会議の決議案、蒙古自治籌備委員会公函を比べると、徐々に「自治」要求の程度が低下しているように見える。だが、徳古来の意見書からは「独立」を望む姿勢を読み取れ、おそらく蒙古自治籌備委員会の面々も、以前からの「自治」の要求を持ち続けていたと思われる。しかし、建国が近づくにつれて、関東軍の統制が強まり、モンゴル人の表現の自由を奪い、その結果、文書に関東軍の指示を仰ぐことを本望とするような表現が出てきたのだと考えることは見当違いではないだろう。建国後、蒙古自治籌備員会の代表が、訪満中のリットン調査団と面会し、全面的に関東軍の業績を評価して、興安省政策の妥当性とそれへの期待を述べた(65)ことも、同委員会が完全に関東軍の統制下にあったことを物語っている。

三、興安省政策の確定と満洲国の建国

さて、ここまで、満洲事変期におけるモンゴル人の「自治」要求について見てきた。最終的に、東部内モンゴルの政治運営は関東軍の指導を受ける形へと摩り替えられても「盟旗の最高権力」を監督する機関の建設に従事するという、蒙古自治籌備委員会は機能については、関東軍などの反発にあった形跡はない。その点で「自治」が県に限定されていた他の省の扱いとは異なっていた。ここでは、建国前に定めた東部内モンゴル政策と建国後の興安省の「自治」について見てみることにしよう。

1　興安省政策の確定

『満蒙建設に伴ふ蒙古問題処理要項』(66)（一九三二年二月二日）は、建国前に作られた唯一の東部内モンゴル政策案であり、これが興安省政策の初期構想ということになる。これは「方針」（一項目）と「要項」（一六項目）の二つの部分か

らなり、「方針」には次のようにある。

蒙古人の為に特定の一省を設定して牧畜経済を主体とせる自治を行はしめ他の省内に於いては蒙古人雑居地帯に限り暫く特殊の行政を以て根本方針とす

建国後に制定された「興安局官制」(「教令第十一号」一九三二年三月九日)には、興安省に設置された興安局の職権について「国務院に隷属し興安省に関する一般行政を管掌し並別に定むる地域内の蒙古旗務に関して国務総理を補佐す」とあって、興安省内と「別に定むる地域」とに分けて説明している。つまり、興安省の基本方針を整理すると、興安省内で行わせる「自治」行政は、興安局によって管掌され、他の省内の「蒙古人雑居地帯」(67)の「蒙古旗務」には、興安局が国務総理を補佐するという形での「特殊の行政」が行われるということになる。興安省外の「蒙古人雑居地帯」で行う「特殊の行政」が、「自治」とどのように違い、具体的にどう「特殊」であったかは、その後に満洲国が発した諸法令に中にも見られない(68)。興安省以外の省の行政は、満洲国国務院設置の八部(民政部、外交部など)の各主管事務に従って統轄されることになっていて、それぞれの省行政を一括して掌握する興安局のような機関を持たなかった。このような省内にあって、モンゴル人が雑居する地域だけは、特別に興安局政務庁蒙務科(69)が補佐に回って国務総理が管理することにした点が「特殊」であるため、ひとまずそれを「特殊の行政」と呼んだと考えられる。

『満蒙建設に伴ふ蒙古問題処理要項』中、興安省内の「自治」に関連する主なものを列挙すると、以下の二項がある。

三、建設　新国家建設と共に自治省を認む之が為爾前に準備を進む

六、省政府　各省政府に準ずる簡易なる組織とし主府を達爾漢王府跡に設定し分院を海拉爾に設く　特に宗教、牧畜に関する配慮を加え盟を廃し旗単位の自治を行はしむ

「自治省を認む」という言葉がある。今ここに列挙した項目以外に、「自治省地域」「自治省名」「蒙古自治省の政費」という項目が立っており、その他の部分でも「自治省」という文字が散見される。上に見た「方針」と合わせて考える

と、興安省は、省を単位とした自治地域であると判断できそうだが、「満洲国に於ける蒙民部落集団の独立単位は、旗也」という言葉も残っているように、第六項には「盟を廃し旗単位の自治を行はしむ」とはっきり書かれている。「自治省」「蒙古自治省」と言いながら、実態は「旗単位の自治」であることが分かる。これは、その他の省で県での「自治」しか認めなかったことに配慮し、新国家内での一応の均質化を図った結果であると考えられる。そもそも、興安省にのみ「自治」を許すことに対して「民族協和」の観点から懸念を抱く人たちがいないわけではなかった。[71] また、前節で徳古来の意見書を見たときにも述べたように、「蒙古独立自治」は時期尚早だという考え方が、関東軍の中にあった可能性もある。ともかく、この決定で、モンゴル人たちが長い間所望してきた、盟を単位とした「自治」地域を作る計画は、実現の可能性を失った。ここで、盟は廃止され、「自治」は旗の範囲でのみ許されるものと決まったのである。しかも、その「自治」がどのような性質を持つものかは書かれていない。『満蒙建設に伴ふ蒙古問題処理要項』もまた極秘文書で、モンゴル人は見ることができなかった。彼らがその内容の断片を知ったのは、二月十八日の遼源会議の席であった。会議の日本人主催者がどの程度まで正確に内容を伝えたのかは分からないが、モンゴル人の表情は複雑であったという。[72]

2　建国後の「自治」問題―旗自治会と県自治委員会―

それでは、満洲国の建国後、興安省の「自治」[73]はどのような状態にあったのだろうか。

興安省以外の省において県レベルの「自治」を促進させようと動いた自治指導部は、建国とともに廃止となった。その一部が国務院に隷属する機関である資政局として残り、「自治思想の普及に関する事項」を管掌する部署を持っていたが、[74]七月に早々と廃止された。資政局は、自治思想の普及や宣伝を担当することになっていて、自治行政・地方行政の実務は、国務院民政部地方司が担当していた。資政局が廃止になった日（一九三二年七月五日）に、まるで資政局の仕事を受け継ぐかのように、地方行政に関する三つの教令——『県官制』(「教令五十四号」)・『自治県制』(「教令五十五号」)・『旗制』(「教令五十六号」)が同時に出された。県を自治県と官治県に分け、自治県では「県自治委員会」を設置することとされた。『旗制』によって、旗には「旗自治会」を設置することになった。興安局内では、政務処地方科が「自治行政に関する事項」[75]を担当し、興安各分省公署では、分省公署民政庁地方科が「自治行政の監督に関する事項」[76]を管掌した。いま、『旗制』の第三章「旗自治会」(第一八条 - 三二条)によって、旗の「自治」がどのように規定されていたかを「県自治委員会」(『自治県制』第三章第二四 - 四〇条)との違いにも注意を払って見てみよう。

旗自治会は全旗に設置されるものではなく、「自治会を置くへき旗は局令を以て之を指定す」(第一八条)とされた。委員会は五名から二一名の委員で組織し、その委員の定数も「局令」で定めることになっている(第一九条)。この点、県自治委員会の場合、自治県に分類された県は全て設置でき、特に注釈はなく、委員の定数も決まっていた[77]。ところが、肝心の「局令」は、少なくとも大同年間(一九三二年三月~一九三四年二月)には出ていない。自治会を置く旗が長い間決まらなかったことを示し、この間、自治会は機能しなかったのである。一九三五年に書かれた史料にも「未た曾て自治会を置くへき旗を指定したること無き事実に見るも明らかなり、従て旗は議決機関を全く欠如し官治行政に終始する状況に在り」[78]と記されている。一九三三年一一月一五日に作られた『蒙古民族統治要綱(案)』[79]に「国内蒙古民族に対する行政は特権家門による専横を除きたる固有形態を改善したる自治制とす」という項目があり、そこで旗自治会委員に言及しているが、「旗公民を丁年以上各階級の男子とし、之を属人的小集団又は属地的小集団に別ち、各少集団より代表(旗自治会委員)を選出せしめ」とあるのみで、定員の規定は書かれていない。また、『旗制』では自治委員の選任に関する細則も「局令」を待つ(第二二条)ことになっていた。委員の任期は三年(県自治委員会委員は二年)で、欠員が出れば、興安局総長の許可を受けて旗長が選任する(第二四条)。旗長は「旗の行政を統轄し本旗を代表す」(第二章「旗の行政」第六条)るものとされた[80]。『蒙古民族統治要綱(案)』には、「旗務会議は旗予算を決定し、重要なる旗務を審議し任期七年の旗長候補三名を選出す。旗長は中央機関の任命を受けて就任す[81]」とあって、旗長候補の選出が旗務会議の審議事項に挙がっていた。しかし、『旗制』では選出方法を明記していない。ひとまず初期の旗長の任命は「慎重考慮を重ね新政に理解を有し且手腕、徳望を有する旧王公中より人選[82]」したとあり、これは日本人によって行われた。

旗自治会の議決が必要なのは、「旗の歳入予算及決算」「旗税及使用料手数料夫役並に現品の賦課税収」「予算外の支出」「旗条例の制定及改廃」「基本財産及備荒施設の設備管理及処分」「其の他旗長に於て重要なりと認めたる事項」であり（第二六条）その多くが財政関連の事柄である。その他、旗自治会の機能として、「旗の公益に関する事項に付旗長其の他の官署に対し意見を提出することを得」（第二七条）とある。「旗の公益に関する事項に付」に当たる箇所が県自治委員会では「県行政に関し」と表現され、ここから、旗自治会が旗行政に関与する範囲は県自治委員会に比べて限定的であったとも読めるが、「旗の公益」がどの範囲を指すのかは不明瞭で断定できない。また、旗自治会の会議規則は、「旗条例を以て之を定む」こととされ、自治会の決議が権限を越えたり法令に違反する場合、または旗の収支に関して不適当な決議をした場合は、興安局総長の指揮の下、旗長がこれを改めることができる（第三〇・三一条）などと書かれているだけで、県自治委員会の会議規則と比べても、不十分な内容であった。

もう一点、県自治委員会は「県長及参事官」が「出席及発言すること[83]」ができるように定められていることに注意を促したい。県参事官は、元地方自治指導部の日本人自治指導員であり、相当程度県政を動かす力を持っていた[84]。その参事官が自治委員会に参加し発言できることは、「表決の数に加るを得」ないにしても、自治委員会の「自治」の性質を劣化させるものと言える。これに比べると、旗には、一九三四年末まで日本人参事官が配置されなかったため[85]、旗自治会の「自治」的性質は、比較的保ちやすい状況にあった。『蒙古民族統治要綱（案）』にも「非常時已むを得さる時以外、性急にして偏狭なる干渉を行はは必然的に日本民族に対し厭悪心を起すに至るへし」とあって、初期の段階では、モンゴル人の自治組織に日本人が必要以上に関わらないという構想が存在したことになる。その傾向は、他省の県よりは顕著であったと言える。

ところが、前述の通り、旗自治会をどこに設置するのか、委員をどう選ぶのかなど基本的な決定は一向に出されなかった。先の史料が述べるように、旗の行政は「官治行政に終始」したものと思われる。結局、興安省では、旗における「自治」さえも完備されなかった。『自治県制』もほぼ同様の道筋を辿り、一九三二年一〇月一五日に『自治県制』の見合わせを示した民政部指令が奉天省公署に達せられた。(86) これは、奉天省公署が「紛糾の発生を除去せんか為本省各県改組の問題は暫時之か実行を見合わせ」たいとしたことに同意する形で出された。一九三三年八月一一日には、『自治県制』の改正が行われ、(87) これによって県自治委員会に代わって県務会議を設置することとした。『自治県制』は実施に至らず、県における「自治」は実現しなかった。

結語

満洲国は、関東軍の圧倒的な軍事力を背景に、日本人が中心となって作り出した人工国家であった。そこに「自治」は存在し得たのだろうか。興安省は民族的に「特殊」であり、「民族協和」問題との関係で、「自治」的な仕組みがあったのだと漠然と考えられがちであるが、「自治」を掲げながら迷走していたと言う方が実情に近い。

『旗制』において「旗自治会」を設定したものの詳細を決められず先延ばしにし、県における「自治」が事実上放棄された後も、興安総署は一九三三年の『蒙古民族統治要綱（案）』で再びこの問題を取り上げ「自治制」を再確認した。(88) この頃、関東軍は「西部内蒙古に於ては蘇支両国勢力の波及を排撃する自治政権の樹立を促進し……」などと已に西部内モンゴルの取り込みに目を向け始めていた。だが、興安省では、一九三四年一月に行政改革の要項を出し、「興安省外十七蒙旗の行政に関しては其の政治的沿革より県行政と趣きを異にせる為未だ明確なる方針決定せられす全く放擲されたる現状にして且満蒙両族の感情極度に悪化せる事実に照し可及的速やかに之を分離し其の比較的稠密せる地域を画分し旗制を施行して国内蒙古民族に対する特種行政を統一せんとするものなり[89]」と丸二年が経とうとする時期に、統一的な統治方針が確定していないことを率直に述べている。一九三六年三月の第一回興安各省省長会議では、興安西省が「地方自治制度確定の件」を提案し、「大同二年地方科長会議にて作成せる興安省各旗地方自治条例案有之も種種の関係にて今迄之か公布に至らす、且つ該条例の所定する処各旗現在の状況よりして之か施行不能の処頗る多し。然も地方制度の確立は興安各省共尚再緩を許ささる要務なるゆえ……[90]」と述べ、実施に至らない「自治」を施行規則を立て直して機能させようとした。

満洲国全体を通して、興安省の「自治」問題をどう結論付けるかは、さらに考察を要する。しかし、満洲国はモンゴル人が望んだ盟を単位とした「自治」を許さず、旗に限定した「自治」さえも建国初期の段階ですでに瀕死の状態にあったことを本稿では指摘しておきたい。興安省の「特殊性」がその自治的機能を指し示しているとは考え難く、その他の興安省に対する諸政策の多岐にわたる問題を今後一つずつ解明しなければならない。

モンゴル人たちは、満洲国の崩壊後も、満洲国で実現できなかった「自治」を今度こそ手にしようと、再び国民政府を相手に自治運動を展開する。この戦後の自治運動に関心を持った中国駐在アメリカ大使は「日本の満洲占領期、日本は名目上の自治をモンゴル人（Mongols）に与えはしたが、モンゴル人の日本人への感情は日増しに悪化して行った。とは言え、彼らの漢人（Chinese）への愛情がそれによって増したわけではない[91]」と本国に伝えた。興安省の「自治」は、実態のない「名目上の自治」と評価されてしかるべきものであった。

注

（1）『満洲国現勢　建国‐大同二年版』クレス出版、二〇〇〇、五頁。
（2）鈴木仁麗「満洲国建国期の対東部内モンゴル政策‐関東軍による政策決定過程とその初期理念」『東洋学報』八七―三、二〇〇五。
（3）「東部内蒙古」（第三次日露密約以降日本の領土とされたジリム盟・ジョーオダ盟・ジョスト盟のあたり）とそれ以北のフルンボイル・ブトハ地域を合わせて、便宜上、東部内モンゴルとする。
（4）鈴木仁麗「満洲国興安省の初期統治構想とその転換‐疆域問題からみた興安省の「特殊性」」『史観』一五五冊、二〇〇六。
（5）古屋哲夫「「満洲国」の創出」山本有造編『「満洲国」の研究』緑蔭書房、一九九五、六四頁。
（6）満洲事情案内所『蒙古事情概要』一九三五、六一頁。
（7）塚瀬進「満洲国社会への日本統治力の浸透」山田辰夫ほか編『中国の地域政権と日本の統治』慶応大学出版会二〇〇六、解学詩「「満洲国」の政権体制と基層社会組織」同上、山室信一「「満洲国」統治の制度と政策」前掲『「満洲国」の研究』
（8）本稿で用いる「自治」は近代的な自治の概念と必ずしも一致するものではない。モンゴル人たちが自己の意思で地域社会の自律と自己統治を目指す行為を「自治」の要求と解し用いることにする。
（9）石原莞爾「昭和五年三月一日講話要綱」『太平洋戦争への道・別巻資料編』朝日新聞社、一九六三、八九―九八頁。
（10）これらの旗は各案末尾の署名にあるモンゴル人の氏名を「蒙古会議会員一覧表」（蒙蔵委員会『蒙古会議彙編』一九三〇、第一編図表一―四頁）と照らしてその出身地を割り出したものである。
（11）前掲『蒙古会議彙編』原提案二一四―二一五頁。

(12) 前掲『蒙古会議彙編』原提案七四―七五頁。
(13) 前掲『蒙古会議彙編』原提案三六頁。
(14) 前掲『蒙古会議彙編』原提案三八―三九頁。
(15) 博彦満都「我参加南京〝蒙古会議〞的回憶」『内蒙古文史資料』第一六輯、一九八五、一五五頁。
(16) 田山茂『清代における蒙古の社会制度』文京書院、一九五四、一二〇頁。
(17) 内モンゴルの場合はこれと同質の社会構造としてノトグがあったが、詳しい実態は不明な点も多い。
(18) 近年の研究では、旗・佐領制度の下、オトグなどモンゴル従来の王族支配は並存していたとしている(岡洋樹「東北アジア地域史と清朝の帝国統治」『歴史評論』六四二、二〇〇三)。
(19) 前掲『清代における蒙古の社会制度』二六四頁。
(20) 白拉都格其ほか編『蒙古民族通史』第五巻上、内蒙古大学出版社、二〇〇二、三三五頁。
(21) 前掲『蒙古会議彙編』原提案二四頁。
(22) 前掲『蒙古会議彙編』原提案二六頁。
(23) これによっても盟旗と省県の管轄事務の区別は確定しなかった。
(24) 興安局『満洲帝国蒙政十年史』一九四二、六頁。
(25) 興安省行政を管掌する機関で、後に興安総署、蒙政部と名称を変更する。
(26) 外務省記録A門六類一項「支那中央に蒙古王族会議開催に関する件」昭和五年一月十一日
(27) 外務省記録A門六類一項「蒙古盟旗自治会組織大綱議決通知」昭和五年六月十六日
(28) 外務省記録A門六類一項「蒙古王公会議情況に関する件」昭和四年五月十一日
(29) 外務省編『日本外交文書 満洲事変第一巻第一冊』一九七七、三三一、三四〇頁。

(30) ヤンサンジャップが一九二九年の蒙古王公会議に出席した際の発言内容には、「人民の生活を保障する為蒙民生計会を設けたし　蒙文と中国文とを兼用する学校を設立したし」などがあり、爵位の返上もやむを得ないとする新派の王公とは違うが、人民の生活や教育に関心を持っていたことが分かる。(鮑靖方「哲盟王公会議与〝蒙古平民同志会〟」『内蒙古文史資料』四四、一九八─二〇〇頁及び前掲「蒙古王公会議情況に関する件」)

(31)『片倉文書』〔東京大学教養学部蔵〕20-I-1,1'

(32)『片倉文書』6-II-2

(33) 片倉衷「満洲事変機密攻略日誌」(小林龍夫他編『現代史資料七』みすず書房、一九六四、以下「片倉日誌」と略す)二三三頁。

(34) 満鉄天津事務所『満州事変前後に於ける自治指導部に就て(占領地行政資料第五号)』一九三八、二二頁。

(35) 満洲国史編纂刊行会『満洲国史総論』一九七一、一六七─一六九頁。

(36) 前掲『満州事変前後に於ける自治指導部に就て』三頁。

(37) 前掲『満州事変前後に於ける自治指導部に就て』七頁。

(38) 前掲『満州事変前後に於ける自治指導部に就て』一六頁。

(39) 于冲漢「于冲漢の出處と其政見」『片倉文書』6-I-6

(40) 松木俠「満洲国の理念とそれをめぐる人々」『外交時報』一九六一年九号、外交時報社、五四頁。

(41)『片倉文書』6-II-5

(42) 前掲「満洲国の理念とそれをめぐる人々」五五頁。

(43) 稲葉正夫「満洲事変(五)」国防研究会編『国防』一九六二、七五頁。

(44)「蒙古王公会議情況並所見報告」『片倉衷関係文書』〔国立国会図書館蔵〕No.642.

(45)「泰来会議議決草案」『片倉文書』20-I-2　表題は「議決草案」だが、「決議案左の如し」とある。
(46)カッコ内鈴木。
(47)「地方自治指導部設置要項」「片倉日誌」二三六頁。
(48)前掲「片倉日誌」二一二頁。
(49)前掲「片倉日誌」二一二頁。
(50)前掲「片倉日誌」二一三頁。
(51)前掲「片倉日誌」一八九頁。
(52)菊竹實蔵『経蒙談義』一九四一、六一頁。
(53)前掲『経蒙談義』六二頁。
(54)前掲『経蒙談義』六一頁。
(55)前掲『経蒙談義』六三頁。
(56)那木海札布　達瓦敖斯爾「参加〝鄭家屯会議〟的回憶」前掲『偽満興安史料』五頁。
(57)「辛未年十二月三十日遼源会議決議案」前掲『片倉衷関係文書』No.631.
(58)「蒙古自治籌備委員会公函第一号」『片倉文書』20-I-4
(59)前掲「蒙古自治籌備委員会公函第一号」
(60)カッコ内鈴木。
(61)「徳古来意見書」『片倉文書』20-I-3
(62)郭明昇「記徳古来先生」『斉々哈爾文史資料』一九、一九八九、五六—五七頁。
(63)原文に「独立自治」とある。当時の外モンゴルの状態についても「独立自治」と述べているため、これを独立して自ら政治を行うという意味で捉えるべきと考える。

(64) カッコ内鈴木

(65) 蒙古自治籌備委員会『蒙古代表団対国連調査団陳述之意見』一九三二

(66) 関東軍司令部「満蒙建設に伴ふ蒙古問題処理要項」『片倉文書』11-A-15

(67) 教令第四十号（一九三二、六、二七）において、対象地域が画定した。

(68)「自治」と「特殊行政」が満洲国においてどのような違いを持っていたかは、これまで検討されたことが無く、今後の重要な研究課題である。

(69)「興安局分科規定」（一九三二、五、一六）『満洲国政府公報』、蒙務科の管掌事項として「一興安省以外の地域に於ける蒙古旗務に関する事項　二興安省以外の地域に於ける蒙古人の公共組合に関する事項」とある。

(70) 前掲『経蒙談義』七九頁。

(71) 興安局『錦熱蒙地奉上関係記録集成』一九三九、三九頁。

(72) 前掲『経蒙談義』六四頁。

(73) 興安省は、建国後興安南分省・北分省・東分省の三分省制が布かれた。一九三三年五月に興安西分省が置かれた。

(74)「資政局官制」（一九三二、三、九）『満洲国政府公報』

(75)「興安局分科規定」（一九三二、五、一六）『満洲国政府公報』

(76)「興安分省公署分科規定」（一九三二、五、一六）『満洲国政府公報』

(77) ただし、どこを自治県にするのかという根幹となる規定が最後まで定まらなかった。

(78) 興安南省公署『興安南省概覧』一九三五、二八頁。

(79) 興安総署『蒙古民族統治要綱（案）』（『片倉文書』31-30）一九三三

(80) 県長は「省長の監督を承け県の公共事務及法令に依り県に属する事務を執行す並に省長の指揮監督を承け県内行政事務を管理す」るものとされた。

(81) これより前の一文で、「各代表をして旗務会議（旗自治委員会）を組織せしむ」とあるため、「旗務会議」は、旗自治会を意味するものと考えてよい。

(82) 前掲『満洲帝国蒙政十年史』二〇頁。

(83) 藤川宥二『実録満洲国県参事官―大アジア主義実践の使徒―』大湊書房、一九八一、五三頁。

(84)「民政部訓令第五三三号県公署執務暫行規則」（一九三三、八、十二）『満洲国政府公報』

(85) 一九三三年一一月三〇日に参事官の設置が公布され（「教令第九十号」「教令第九十一号」）、一九三四年一月一六日に参事官を設置する旗が発表された（「興安総署令第一号」）。

(86)「民政部指令第三九〇号」（一九三二、一〇、一五）『満洲国政府公報』

(87)「民政部訓令第五三三号」（一九三三、八、一二）『満洲国政府公報』

(88) 関東軍参謀部「暫行蒙古人指導方針要項案」『現代史資料八』みすず書房、一九六五、四四七頁。

(89) 興安総署総務処調査科「廃省置道に伴ふ蒙旗行政改革要綱」『片倉文書』31-31

(90) 蒙政部『第一回興安各省省長会議議事録』一九三六、一六〇頁。

(91) The Ambassador in China(Stuart) to the Secretary of State, Aug.9,1946,U.S. Department of State, Foreign Relations of the United States, 1946,IX,p.1493.

附記：本稿は早稲田大学二〇〇六年度特定課題研究助成費（課題番号二〇〇六A―八四四）による研究成果の一部である。

「蒙租」と蒙旗土地権利関係の変遷
――ゴルロス前旗における蒙地開放をめぐって――

ソドビリグ
（訳 フフバートル・鈴木仁麗）

内モンゴルの近代史において土地問題は重要な問題である。蒙旗社会のさまざまな問題が土地問題に由来し、内モンゴルの土地問題はたいへん複雑である。ゴルロス（郭爾羅斯）前旗は東部内モンゴル諸旗の中でも、農耕開拓が比較的早く行われ、遊牧地が完全に農耕地帯になった典型的な地域の一つである。二〇世紀初頭及び一九三〇年代以降、満州国時代に発行された中国語と日本語の史料の中に、たとえば『東三省政略』（徐世昌一九一一年）や『満洲旧慣調査報告―蒙地』（南満州鉄道株式会社一九一四年）、『郭爾羅斯前旗開放蒙旗調査報告書』（興安局一九三九年）などに、ゴルロス前旗の土地開墾の歴史的プロセスやその他の関連事項が比較的詳細に記述されている。

したがって、ここでゴルロス前旗を取り上げて、東部内モンゴルの土地問題を考察するにあたっては、主として「蒙租」の制定、変遷、撤廃の過程を論じ、近代蒙旗の土地権利関係の変遷を明らかにすることを試みる。

一、ゴルロス前旗土地開放の沿革

1　旗地の従来の利用形態

一三世紀、モンゴル帝国時代以来、モンゴルの土地の最高所有権は大ハーンとその一族に属し、土地は大ハーンによってその子供たちや忠臣に分封されるものであった。元朝の崩壊後、モンゴルには強大な中央集権的勢力がなく、大小の封建領主が各地に割拠する状態であった。領主の管轄地域内にはそれぞれウルス、オトグ、アイマグといった社会集団が形成され、領主が所属集団の成員に遊牧地を分配した。土地はオトグやアイマグ等の実力によって占有、支配され、これら団体の成員の共同利用に供せられていた。従って「これらの占有地が総有地的性格を持ったことは疑いない(1)」のである。一七世紀中葉に至って、内モンゴルの封建領主たちは新興の満洲に服属し、ホンタイジをモンゴル大ハーンの正当な後継者とし、自らの君主とした。それ以来、清朝皇帝はモンゴルの土地の最高所有者となったのである。清朝皇帝は服属したモンゴル各部に旗界を設け、チンギス・ハーンの一族やその他の封建領主より皇帝に忠実な人物を選び、旗の札薩克に任命し、彼らに旗内の土地と人民を管轄させた。札薩克は一旗の長であり、旗地の実質的支配者であった。

旗地とは、旗界で囲まれた一定範囲の土地であり、旗民の共同利用・収益のための土地である。天聡初年、清朝が内モンゴルに旗を設置する際、いわゆる欽定地界を設けて、旗の範囲を確定した。この後も旗の設定に伴い旗界の確定が行われ、旗界を越えて遊牧することは厳格に禁じられ、違反者は厳罰に処せられた(2)。入関後、清朝は法令を発し、一部の旗の旗丁に耕地が分給された。例えば『大清会典事例』には、順治五年（一六四八年）に「国は初めモンゴルを五等に分け、一等には荘屯三所と園地九十畝を、二等には荘屯二所と園地六十畝を与え、三等以下には荘屯のみ給付し園地を与えず。測量して外藩辺外に地畝を分給し、疆界を守らしめ、越境を許さず(3)」とある。順治七年（一六五〇）には、さらに「外藩モンゴルには旗丁十五人ごとに縦二十里、横一里の土地を与える(4)」ことと定めた。これは、清朝が法令によりモンゴルの遊牧地と土地を外藩モンゴルに分給し、分与された自分の土地に対する旗丁の領有権と支配権を認めていたことを意味する。康熙年間、清朝は内地の漢人が出関して、蒙地で耕種することを厳格に制限する規定を定めた。乾隆初年には、蒙地の漢人を追いたてる回籍令を発布し、また、モンゴルの典地を漢人から回収し、更なる牧地開墾の禁止令を出した。これらの禁令の発布により、「蒙古の牧地は必ず蒙古人の所有に帰し、土地の出典を許さず」という清朝の対モンゴル土地政策の原則が確定し、清末に至るまで踏襲された。(5)

旗地の管理については、札薩克が支配権を持つとされるが、歴史的伝統や遊牧社会の特徴からすると、旗地は全旗民の共有に供せられるもので、旗内の如何なる成員も土地に対する利用・収益権を持つのである。二〇世紀初頭、マイスキーは遊牧形態を残している外モンゴルを調査し、『外蒙古共和国』(上)の中で次のように述べている。即ち、旗の「土地は共有であって、旗の使用に任せ、王侯高位のラマも呼図克図格根も、彼らのみの使用する特別の土地を有せず、何れも皆同一の権利にて、自己の家畜を放牧する」(6)とある。ここで言う「何れも皆同一の権利を有する」には検討の余地があるが、旗民が旗地を共同利用することは、全ての遊牧旗に共通の特徴であった。つまり、遊牧生活が支配的であった蒙旗では、土地は依然として旗民の共同利用に供せらせる総有地的性格を持っていたのである。

牧草地が開墾される前、ゴルロス前旗は他の諸旗と同様に、旗民個人と牧草地に関しては特定の権利関係がなく、旗地は、旗民らが自由に利用できる牧草地であったが、モンゴル人が定住し、土地を農耕に利用するようになってからは、その利用形態が昔ながらの自然利用の自由な形態ではなく、その権利関係は複雑になってきた。

2 土地開放の沿革

ゴルロス前旗の土地開墾は、乾隆五六年に始まった。当時のジャサク鎮国公グンガラブタンは、地租を徴収するために旗地の南部の一部(のちの長春地方)を漢人流民に開墾させた。嘉慶期に至って、ゴルロス前旗に入居し、農地開墾をした漢人流民は数千人に達した。嘉慶四年（一七九九）に、吉林将軍の秀林はジリム盟盟長のラワンとともにゴルロス前旗における「私墾地」を調べ、その結果、漢人農民が二、三三〇世帯、「熟地」つまり開墾された土地が二六五、六四八畝であることが判明した。(7) しかし、当時すでに漢人農民がそこで開墾を始めて久しかったために、彼らをすぐに追い出すことは出来なかった。その上、蒙旗の側も地租による収益を放棄できないことを考慮し、吉林将軍から清朝朝廷に「借地養民」の名目で漢人流民をそのままそこに安置してもらうよう申請させることを決めた。これが、ゴルロス前旗が牧草地を正式に漢人に開放した発端であった。

道光年代以降、ゴルロス前旗は一八二七年に長春老荒西北部の西夾荒を、そして、一八三一年に東部の東夾荒をそれぞれ開放した。光緒一六年と一九年に夾荒の残りの土地である伏竜泉及び新安鎮などを相次いで開放した。光緒三〇年（一九〇四年）に、吉林将軍の達桂は長春より東北の塔呼地方を開放するよう要求した。当初、ゴルロス前旗のジャサグはこの要求に反対したが、最終的には債務の負担により開放せざるをえなかった。(8)

民国八年（一九一九）以降、ゴルロス前旗は吉林省ともに松花江中州及び川の沿岸地帯を否応無く開放した。民国一五年（一九二六）、吉林省政府はさらに、ゴルロス前旗に北西部の四〇万晌（一晌は一五畝）の土地を開墾し、役人を派遣して州県を設置し、その開放地を実質的に管理するよう求めた。同地域の大部分はモンゴル人の生計地であったため、旗側は土地開放に反対したが、省側は開墾を強行し、民国一六年から一七年に二五万晌の土地を開放した。(9) このように、一九三〇年代の時点でゴルロス前旗の未開放地はほとんどなくなり、大部分の牧草地はいわゆる開放蒙地となった。それに伴い、長春、徳恵、九台、農安、長嶺と乾安の六県が相次いで設けられた（報告末尾の「郭爾羅斯前旗開放図」参照）。

二、蒙租の徴収と土地「執照」の発行

1　蒙租の徴収

「蒙租」とは、そこを開墾して農作物を作る漢人農民から蒙旗側が毎年徴収する地租のことを指す。蒙旗が佃戸から徴収する地租には当初規定がなかったが、開墾地が拡大するにつれて次第に慣例が定着した。未開拓地は一般的に永租権の承認後六年目から地租を徴収されはじめるが、熟地はその年から徴収される。地租には「銭租」と「糧租」の二種類がある。「銭租」とは農民が地租を納める際に制銭（当時の中国の銅銭）を納めることを指し、「糧租」とは佃戸が納租の際に食糧を納めることを指す。ゴルロス前旗の「原有旗民は農耕力の有無に拘らず総て戸地として土地の分給を受けて居るのではあるが、普通小作の場合に於いては札賚特旗や西科中後旗に於て見受けられるような戸地主租、即ち一戸地を以て小作契約の單位として其面積の大小に拘らず年に穀物十石豚肉百斤を小作料とするような契約はなく概ね面積を單位として一晌に付穀物何石を納めると云った死租、即ち特に考慮せねばならぬ程な天災もない平年作であった場合契約當初に定められた固定量の穀物を小作料とする小作關係が多いようで、地主と小作人が其年の収獲量を各負擔契約の關係により二―八又は三―七又は四―六の割合で分け取りすると云った活租、即ち其年の出來高によって按分する小作料の數量が一定しないような小作関係は少ない[10]」。

一般に、蒙租とは実際の耕地面積によって納められるものではなく、一定の比率で差し引いた上での地租である。つまり、佃戸は耕地面積に応じて租を納付するのではなく、一〇畝を耕す佃戸であれば、七畝分を納めていた。ゴルロス前旗では一般的に耕地面積の七割が納租の対象になるが、土地の肥瘦によって、具体的な比率を決めることもある。例えば、上等地の納租対象は耕地の六割、中等地は四割、下等地は一割となる。

開墾が始まった当初、ゴルロス前旗は常設の徴租機関を設けていなかった。毎年徴租の際に旗王府が臨時的に役人を

佃戸の家に派遣して徴租するか、あるいは、モンゴル人役人が「攬頭」という仲介人とともに徴収した。その後、佃戸の数が増えるにつれて、徴租及び土地の移転や永租権にかかわる事務を受理するための常設機関である「地局」を設けた。ゴルロス前旗は、嘉慶初年に長春地方に地局を設置し、俗に「租子櫃」と呼ばれた。清末以前、清朝の地方官吏は地局の事務に直接干渉せず、蒙旗が土地を清壟（開墾地の整理・検査）する際に協力するだけであった。

清朝末期に、清朝政府が従来の禁墾政策を廃止し蒙地の放墾を実行して以来、州・県側は蒙租の徴収に絶えず関与し、さらには直接参与するようになった。それにより蒙旗は次第に独自に徴収する権利を失った。

満洲国建国後、「地局」は「蒙租徴租局」に改められ、一時は蒙旗の徴租権が強められ、地租の滞納者に対する厳しい処罰規定が定められた。同時に、県都に設置された蒙租局及びその下の分局が係りの者を派遣し、国税とともに蒙租を徴収した。しかし、こうした状況は長続きせず、「蒙地奉上」の実施により蒙租局は撤廃された。

2 「執照」（証明書、契約書）の発給とその効果

開墾の初期に於いては、蒙旗と佃戸間に明確な権利義務関係が無かった。つまり、佃戸は比較的自由に土地を耕し、その関係に厳格な規定が存在しなかった。その後、開墾地の拡大に伴い、徐々に蒙旗と佃戸の間に正規に近い小作関係が生まれたのである。蒙旗と佃戸との小作関係は、土地執照（または「地照」、「大照」）の授受により成立するものである。したがって、土地執照は土地所有者である蒙旗と、その土地での耕種を請け負った佃戸―その多くは漢人であった―との間に成立する権利と義務の関係を証明する契約書である。清朝末期以前、蒙地執照の種類は煩雑で、具体的な内容、種類も異なるものであった。「白契」という、役所の認可を得ていない民間個人の非正式な契約書もあれば、「紅契」という蒙旗の官印が押されたものもあったが、全体的に見て、佃戸が持っていた執照の中には、「大照」という蒙旗の地局から発行された蒙漢合璧のものが多かった。

各地で発給された執照の内容には多少の違いがあったものの、ゴルロス前旗で光緒期に正式に発給された小作人の蒙漢合璧の大照を見る限り、その基本的な内容は以下の項目の通りである（執照については、本報告末尾の「執照見本」を参照）。

1 一晌の土地から徴収する租額は、例えば、銭租では四二〇文に相当すること。
2 地租は滞納できない。もし故意に地租を滞納すれば、土地を撤回し、別の佃戸に払い下げること。
3 水害や旱魃などの天災があっても、地租が安いため地租免除の申請をしてはいけないこと。
4 佃戸にもし土地を耕作する力がなければ、他の佃戸に永耕権を譲り渡すことを許すが、その際は必ず地局に行って地租の名義変更をし、新たな執照を発給してもらわなければならないこと。
5 報領地の位置と具体的な面積などを記述すること。

以上の内容からみて、蒙旗の土地執照は、佃戸の納租の義務を明白に定めていると同時に蒙旗の権利も明記している。すなわち「もし故意に地租を滞納すれば、土地を撤回し、別の佃戸に払い下げる」ということ、及び「佃戸にもし土地を耕作する力がなければ、他の佃戸に永耕権を譲り渡すことを許すが、その際は必ず地局に行って地租の名義変更をし、新たな執照を発給してもらわなければならないこと」ということである。ここから、蒙旗が払い下げ地に所有権をもっていたのは明確である。他に、清末の『理藩院則例』では、蒙旗の払い下げ地への権利として、以下のように明確に規定している。即ち「民人が蒙古の地畝を借用して耕種し、もし凶作の年に租を全納できなければ、租息期限を翌年とし、新旧を一括納付させる。もし三年目にも納付できなければ、則例に照らして地畝を撤回し、地主は別の佃戸を雇ってよい」、「明文を奉じて蒙古地方に居住する民人で、借地して耕種し、住居を借用するものは、協議済みの額で租を納め、支払いを行う。もし力を恃んでこれを怠れば、札薩克が呈報するか、或は、経営者、家主が告訴し、司員、同地、通判らが承追する。もし三年未納の者で、蒙古にいる民人が敷金を払ったと確認できた場合、敷金を以て担保とする。もし敷金が無ければ、その民人の耕地、住居を撤回し、別に借り手を求めてよい。引き続き期限を設け強制して未納金を納めさせるが、期限内に納付しない場合、その民人を一ヶ月間拘禁し、期日満了で責任を購ったこととし、原籍に戻してそこで拘束する」[11]。

宣統二年（一九一〇）に吉林省が地租を整理した際、長春、農安、長嶺、徳恵の四県の佃戸に清朝の度支部が定めた「田房税契法」に従い、古い「白契」を清賦局に提出し、官府と蒙旗の連名で発行された新しい執照に取り換えるよう命じた[12]。その翌年に清賦局が廃止されると、「新しい執照の発給完了と古い執照及び白契の一律失効」が公布された。これにより、モンゴル人と漢人の間に個人的に成立していた白契が廃止されたばかりでなく、ゴルロス前旗の単独で土地執照を発給できる権利が失われた。すなわち、ゴルロス前旗は永租権や永佃権を与えた土地に対する独自の支配能力を失ったのである。

土地整理の際、浮多地（蒙旗に許可された範囲より余分に多く開墾された土地）を佃戸に自己申告させ、それに基づいて清丈（開墾地の検査）し、納租させることを目的とする蒙地の「自報昇科」が民国七年（一九一八）に実行された。その後、吉林省公署とゴルロス前旗王府の連名で発給された執照には、長春、農安、長嶺、徳恵四県の蒙地は「借地養民」であると記述されているが、以前に必ず書かれていた「もし故意に地租を滞納すれば、土地を撤回し、別の佃戸に払い下げる」という肝心な文言が削除され、「今回の執照発給後、隠匿不申告などの不正行為が再度判明されれば、規約に従い厳重に処罰し、土地を貸さない」とのみ書かれている（本報告末尾の「執照見本」を参照）。これはゴルロス前旗が地租未納者に対し「土地を撤回し、別の佃戸に払い下げる」という制裁措置を実施することによって維持してきた土地所有権の能力を事実上失ったことを意味する。

三、土地の清丈、整理及び蒙租の分割、移転

1 清末以前の清丈増租

開墾当初、蒙旗には土地測量での定まった方式はなく、単に、放出する土地のおおよその範囲を決めた後、攬頭に任せて漢人佃戸に開拓させていた。正確な測量を行わないため、佃戸が土地を多めに取り、地租を少なめに払うという事が絶えず起こった。その後、蒙旗は開墾を許可する際、事前に佃戸との間で清丈の年限に関して合意を得て、期限が切れると蒙旗から人を派遣して開墾地を調べ、もし盗墾や私墾の浮多地が検出されれば、実際の畝数に合わせて租額を増やすことになった。しかし、清丈増租は佃戸の経済的利益と密接な関係があるため、清丈の間隔は比較的長めに設定し、一般的に十年ないし数十年に一回清丈が行われた。ゴルロス前旗は嘉慶四年に老荒を放出した際「四十五年間に一回実地調査し、もし浮多熟地があればその面積に合わせて増租する」(13)と規定した。

道光七年(一八二七)ゴルロス前旗が夾荒地を放出した時、将来、十年毎に一回清丈を行うと規定した。しかし、蒙旗が行った清丈の実状を見ると、清丈年限の長短を問わず、清丈は常に佃戸の反対に遭い、毎回順調には行われなかった。佃戸はいったん耕種を請け負えば、なるべく土地を多めに取り、地租を少なめに払うため、蒙旗側の土地整理は嫌がられた。

夾荒地を十年ごとに一回清丈するという規定はあったが、実際には、数十年経っても実施されなかった。光緒十八年(一八九二年)、吉林将軍長順は命を受けて、夾荒の清丈を行った。結果、熟地は四十三万余晌、生荒地及び房園は二十四万余晌、合計六十七万余晌であり、その内、蒙旗が徴租する土地はわずかに十四万晌に過ぎなかった。その上、土地十四万晌分の地租増徴を決めて、地租は以前の二倍となった。佃戸の武力抵抗に遭った清朝は、やむを得ず派兵してこれを鎮圧し、光緒二十四年、ついに清丈増租の実施に至った。佃戸に土地の執照を発給し、以後、清丈増租しないこと

に応じたため、ようやく半世紀にわたる蒙漢の土地をめぐる紛糾に決着を見たのである。(14) 蒙旗が自力で清丈増租の目的を達成するのは無理であったため、地方官府への実施協力を清の朝廷に要請せざるを得なかった。よって、地方官府が蒙地の清丈増租などに自然と参与することとなり、徐々に主導的役割を担うようになった。

2 清末「新政」時期の清墾及び蒙租の正式分割

清末以前、蒙旗が徴収した地租は全部蒙旗のものであった。「理藩院則例」にはモンゴルが放出した土地について、「その土地から地方官府が人口税を徴収する必要はない。地租は蒙旗が自ら徴収し、地方官府が管理してはならない」と明白に規定されている。しかし、蒙旗内での蒙租の配分状況はと言えば、それは大まかに地租の大部分が旗ジャサグ、王公の所有に帰すものであった。だが、蒙租の全てが王公、貴族に独占されたのではなく、旗の官吏や役人、一般平民もその一部を得ていた。嘉慶五年（一八〇〇）に、ゴルロス前旗が放墾（蒙旗側が漢人に土地を借しつけ、或いは売り渡し、開墾させること）を始めたとき、理藩院は非常に細かく地租分配規定を定め、ジャサグ一人の独占は許されなかった。蒙租はその一部が旗ジャサグに帰することを除いて、残りは官吏、役員、兵丁、平民を養うのに使われていた。(15)

清末、清朝政府による「新政」実施後、大規模な放墾が始まると同時に、旧墾地や漢人私墾地を整理し、正式な手続きを踏んで土地を報領するよう佃戸に指令した。また、蒙旗に荒価（荒地の価格）及び常年地租から一定の比例をもって国家のために尽すよう求めた。

宣統二年（一九一〇）に、吉林全省で清墾が実施されてから、ジリム盟及びその他の旗の例に従い、ゴルロス前旗の地租を六六〇文に増やしたが、その内四二〇文が蒙旗に、二〇〇文が地方民官に帰し、四〇文が清賦局に経費として使用された。(16) このように、ジリム盟各旗が徴収した地租の交付先は定まったが、蒙租の新たに増税された部分は国税として地方官府によって差し引かれ、蒙旗が徴収する租額は増えなかった。

清朝の半ば頃から民国時代までのゴルロス前旗蒙租租率及びその分割情況一覧(17)

年代別	蒙旗所得に帰するもの		政府所得に帰するもの	其の他	合計
嘉慶五年至	蒙租毎晌				220 文
光緒七年	中銭 220 文				
光緒八年至	大租毎晌	小租毎晌			420 文
三十四年	中銭 400 文	中銭 20 文			
宣統元年至	大租毎晌	小租毎晌	大租毎晌	清賦局費（小租）	中銭 660
民国二年	中銭 400 文	中銭 20 文	中銭 200 文	中銭 40 文	文
民国三年至	蒙租、毎晌		軍費、毎晌	県帰属、毎晌	原紙洋 1
民国十年	大洋 3 角		大洋 5 角	大洋 2 角	元
民国十一至	蒙租、毎晌		軍費、毎晌	県帰属、毎晌	現洋 1 元
民国二十年	哈洋 3 角		吉洋 5 角	現洋 2 角	
大同元年至	蒙租毎晌国幣（満洲国）		田賦、同		6 角 2 分
康徳五年	3 角 7 分 8 厘 6 毛（哈洋三角、吉洋一角八分）		2 角 4 分 6 厘（吉洋三角）		4 厘 6 毛

放墾の強制実行及び地租の一部分を国税として国家に交付するよう蒙旗に指令したことは、外藩モンゴルに国家租税の引き受けを求めず、地租による収入のすべてが蒙旗自身に帰することを認めていた清朝の従来の政策に根本的な変化が生じたことを意味するものである。それ以来、蒙旗は、開放蒙地に行政管理権をもつ各県に地租の相当部分（普通は四割）を分け与えることになった。このように、開放蒙地内に設立された各県は管轄する土地に対し、一定の経済的利益を獲得する権利を正式にもつようになった。

上記の内容はゴルロス前旗に限るものであるが、清末及び民国時代の東部蒙旗における蒙租租率の変化を基本的に反映している。宣統元年以前は各旗の状況が異なり、蒙租の租率に差があったが、宣統元年に土地清丈増租が実施されてから各旗が徴収する租額は基本的に統一されるようになった。

3　民国時期の土地整理と開放蒙地の支配権の移転

民国期には、吉林省に吉林全省清理田賦局が設立され、関連法令の発布により、省内の土地整理を実施した。民国六年（一九一七）、吉林省は「吉林省長春、農安、徳恵、長嶺四県蒙地佃民自報浮多升科単行章程」を発布し、上述開放蒙地に属する各県は章程を順守し、佃戸に農業に利用する浮多地を調査するよう命じ、佃戸には期限付きで昇科（国家への田賦の納付）を報告させ、隠匿があってはならないとした。しかし、この章程に規定された昇科の自己申告とその後民国財政部が蒙地佃戸の部照発給に関して示した規定は蒙旗側の反対に遭った。ゴルロス前旗ジャサク（当時ジリム盟盟長）チメドサムピルは吉林省公署に次のように申し立てた。

当該四旗の蒙地は元来旗の私産であって、官荒（国有未墾地）ではなく、當初借地養民を奏明して出放し、爾來佃民は蒙旗設立の租子櫃に對して租賦を納付し來ったものであり、人民は之を以て買賣の目的とすることを准されない。然るに財政部は此の田畝の性質を誤解して部照を發給せんとするは其の取扱普通の丈放生熟荒地辦法と異なる所なく妥當でない(18)。

蒙旗側の反対により、吉林省側は「蒙地自報昇科章程」を修正し、佃戸が浮多地を自己申告し、規定に基づいて昇科した後、吉林省公署とゴルロス前旗が共同で蒙漢合璧の大照を発行するよう新たに規定した。それにより佃戸は「永遠承佃執業」（永久に小作を請負い、業につとめる）が可能になった。この時の土地整理でゴルロス前旗は、省側と共同で土地執照を発行する方式により開放蒙地の主権の名義を保ったが、ゴルロス前旗の蒙地で耕種を請負った漢人佃戸は「蒙地自報昇科章程」に基づき、「永遠承佃執業」の権利を正式に法的に獲得した。一方、蒙旗は「撤地另佃」（土地を撤回し、別の佃戸に払い下げる）の権利を完全に失った。すなわち、開放蒙地での実際の支配権は、漢人農民に対する行政管轄権を持つ州、県官府側へさらに移って行ったと言える。

4　満洲国時代の「蒙地奉上」及び蒙租の撤廃

満洲国成立後、東モンゴルへの支配強化のため、政治・経済各方面で一連の改革が行われた。土地制度においては、主に「開放蒙地奉上」の実施により、蒙旗と州、県間の従来の土地権利関係を調整した。一九三六年に土地制度調査小委員会が「蒙地整理案」を定め、蒙地土地関係問題を処理するための指導方針とした。「蒙地整理案」における開放蒙地問題の処理に関する基本原則は以下の数点である。

①　開放蒙地の土地に対し、それに該当する権利を有するものを所有権者と認定し、権利関係の単一化を実施する。

②　蒙古人の生計地（蒙地開放にあたって、開放地域内、またはその付近で生計を営むモンゴル人にジャサグから与えられた土地）に対しては、その名義人であるモンゴル人、または相続人に所有権を認める。

③　佃、押、租権の設定に名を藉り、事実上永久に土地の用益権を獲得したものに所有権を認める。

④　開放蒙地における払い下げ未済の土地、現に旗有と見なしつつある沼地、河川及び道路は、国有とする。同じく、湿地、沙地、山丘、城地、葦塘は、県有または村有とする。

⑤　蒙旗が行政管轄外の各県に蒙租局を設け、蒙租を徴するのは不合理であるとし、蒙租局を撤廃し、蒙古王公の徴租権を解消する。蒙租は国税に転換する。

満洲国政府は、一連の調査・研究を通し、勧誘や圧力をかけるなどの措置を採った後、康徳五年（一九三八）にいわゆる「開放蒙地奉上」政策を正式に実施し、興安省内各旗王公に開放蒙地における一切の権力を放棄するよう迫った。次いで奉天、吉林、浜江、龍江省境内の二六ヶ所の蒙租徴収局を撤廃した。ここに至って、ジリム盟各旗が開放蒙地から地租を徴収する歴史は幕を閉じ、蒙租は満洲国の国税となった。

四、「徴租」と蒙旗土地権利関係の変化

1「徴租」と旗地の総有性質の変換

牧地の開墾以前、各蒙旗は土地の総有性を保持していた。すなわち、旗の全ての人が旗の土地における共同利用と収益の権利を持っていた。ゴルロス前旗に関して言えば、光緒期以前、旗のモンゴル人の大部分は牧畜業に従事し、旗内の土地の大部分は共同利用の性質を持っていた。しかし光緒期以降、開墾規模の拡大と地租収入の増加に伴い、モンゴル人は土地の利用価値をより意識するようになり、土地の私有観念が生まれた。まず、ジャサグをはじめとする王公、タイジ階層が漢人に土地を貸し出して徴租するための私有地を持つようになった。これにより、従来、階層別に全旗民に配分されていた地租収入は次第に彼らの個人収入になった。

清朝末期から民国期に、旗地の開放面積が拡大するにつれて、ゴルロス前旗の一般旗民が自由に利用し、収益を得られる土地が急激に減ったため、旗ジャサグは残りの未開放の土地を生活維持の生計地として、旗民に以下のように分配する必要があった。

第一次分割：宣統元年（一九〇九）、王府の南境の老窩堡から小楡樹屯に至る約七、五〇〇晌を各世帯（約二五〇世帯）に分け、世帯毎に三〇晌が与えられた。

第二次分割：民国元年（一九一二）、西北地帯の土地一五、三五〇晌を三〇七世帯の王府の随丁に分け、世帯毎に五〇晌が与えられた。

第三次分割：民国六年（一九一七）、各ノタグが代表を出して和議し、王府が表に立って、まだ未開放の西部の土地の中から壮丁（一八歳以上の男子）一人に一〇〇晌を与えた。合計約二八三、〇〇〇晌の土地であった。[19]

上記三回の土地配分により、ゴルロス前旗の未開放地の大部分が旗民に分け与えられた。ここに至って、ゴルロス前

旗境域内には旗民が共同で自由に利用できる土地は基本的に存在しなくなった。旗民に与えられた生計地は事実上旗民の私有地となった。

2 「永租権」と開放蒙地の権利の分割

清朝末期以前、清朝の法律では蒙旗が土地買売をすることは一貫して禁止してきた。よって、法的にはモンゴル人と漢人の間に土地売買の関係は成立せず、租佃関係があるのみであった。論理的には、漢人が農業を行っている土地である開放蒙地の所有権は依然として蒙旗に属した。しかし、土地の実際の利用形態から見て、その使用収益権はすでに永久的に漢人佃戸の手に移っていた。地租を滞納しない限り、佃戸が永久に占有し、使用権すなわち「永租権」(「永佃権」とも言う)を持つのである。

清末、清朝が漢人による蒙地開墾禁止令を撤廃した後、モンゴル人と漢人の間の土地売買は法的な拘束を受けなくなった。これにより、モンゴル人と漢人の間の土地取引は、事実上、土地所有権の移転を意味し、単に土地の使用権を譲るだけの問題ではなくなった。民国期に入ると、開放蒙地内における漢人佃戸の「永租権」は、数回にわたる整理により、「永遠承佃執業」の権利として法的に確定された。これにより、蒙旗の開放蒙地に対する支配権はさらに弱まった。

満洲国時代には、地籍の整理過程において、開放蒙地の権利関係について以下のような解釈がなされた。蒙旗は開放蒙地に対し依然として上級所有権、つまり土地主権を保持している。それに対し、佃戸側は下級所有権、つまり使用収益権を持つ。したがって、開放蒙地の土地所有権関係は、ある種の分割所有権形態をなしている[20]。ゴルロス前旗において開放地の事実上の支配権が次第に地方官府に移った事例に照らすと、この解釈は比較的実情に近いものである。

3 「蒙租」の撤廃と開放蒙地所有権の移転

清末から民国期にかけて、東部モンゴルの蒙地の開放面積は拡大した。すなわち、より広い蒙地が府、県の行政管轄下に置かれたことを意味する。それらの開放地に対し蒙旗は事実上支配権を失ったが、一貫して徴租の権利を保持し、各開放地内に徴租機関を設けていた。府、県の官府は蒙旗の地租徴収に協力する義務があった。これが上述した蒙旗の開放蒙地に対する「上級所有権」である。

満洲国の土地行政部門は、開放蒙地の土地所有における分割状態は封建領主制の名残で、近代的な新たな土地制度を整備する上で障害になると考えた。そこで、満洲国政府は、蒙旗に対し開放蒙地への一切の権利を放棄するよう迫り、土地権利関係を単一化すると同時に統一した租税体系を整えた。一九三八年に「蒙地奉上」を実施し、蒙旗徴租機関が撤廃された後、ゴルロス前旗を含む東モンゴル全蒙旗の開放地に対する所有権が、満洲国政府の強制的関与により、最終的に漢人農民の手に移った。

ここに至って、蒙旗と開放蒙地の漢人との間の土地権利関係は解体された。いわゆる「開放蒙地」のほとんどが最終的には漢人の個人所有地たる「民地」となった。

ゴルロス前旗の例を見ると、清朝時代から満洲国時代にかけて、蒙旗の土地面積が次第に縮小し、人口の集中が続いたために、伝統的な牧畜業を行うことはますます困難になった。「開放蒙地」が「民地」に変わる過程において、そこで生活していたモンゴル人の大部分は未開放蒙地内に移った。それにより、蒙旗現有境界内の一人当たりの土地面積が徐々に縮小し、生計を立てることが難しくなった。生活維持のために多くのモンゴル人が牧畜業を放棄し、農業に転業せざるを得なかった。これが未開放蒙地の農耕化をさらに加速させ、東部内モンゴル社会の全面的な変貌を引き起こした。

主な参考文献

『欽定大清会典事例』光緒二十五年石印本。

（光緒朝）『諭摺彙存』（台湾）文海出版社、一九六七年（影印本）。

徐世昌『東三省政略』宣統三年（一九一一）鉛印本。

朱寿鵬『光緒朝東華録』中華書局、一九八四年。

『満洲旧慣調査報告―蒙地』南満洲鉄道株式会社編、大正三年（一九一四）。

『満洲旧慣調査報告―租権』南満洲鉄道株式会社編、大正四年（一九一五）。

『土地証明書類ノ研究』油印本、（満洲国）土地局、康徳元年（一九三四）。

『郭爾羅斯前旗開放蒙地調査報告書』（開放蒙地資料 第一輯）、興安局、康徳六年（一九三九）。

『郭爾羅斯前旗、郭爾羅斯後旗、杜爾伯特旗、依克明安旗土地調査報告書』（満洲国）国務院興安局調査科、康徳七年（一九四〇）。

『満洲国土地制度の現状と土地政策』国務院地籍整理局、康徳四年（一九三七）。

『満洲の土地事情』満洲事情案内所編、康徳六年（一九三九）。

安達生恒『北満蒙地の開放過程』、東亜人文学報、第四巻、第二号、昭和二〇年。

竹村茂昭「蒙地の話」、『蒙古研究』第二巻、第四輯、康徳七年（一九四〇）。

森田成満『清代土地所有権法研究』東京、勁草出版サービスセンター、一九八四年。

広川佐保『蒙地奉上―「満洲国」の土地政策』汲古書院、二〇〇五。

注

（1）田山茂著　潘世憲訳『清代蒙古社会制度』商務印書館、一九八七年、第一六六頁。

(2) 前掲『清代蒙古社会制度』一六七頁。
(3)『欽定大清会典事例』巻一六一。
(4) 前掲『清代蒙古社会制度』一七〇頁、及び『欽定大清会典事例』巻九七九。
(5) 前掲『清代蒙古社会制度』二七〇~二七一頁。
(6) 前掲『清代蒙古社会制度』一八二頁より転載。
(7)『欽定大清会典事例』巻一五八、巻一六七。
(8) 興安局『開放蒙地資料 第一輯　郭爾羅斯前旗開放蒙地調査報告書』(一九三八年)四八、一九一、二五四頁。
(9) 同書三一六~三一八頁。
(10) 井手俊太郎「郭爾羅斯前旗に於ける小作関係」『蒙古研究』第二巻 第六輯 康徳七年(一九四〇)、三七~四二頁。
(11)(道光朝)『理藩院則例』巻十、「地畝」。
(12) 南満洲鉄道株式会社編纂『満洲旧慣調査報告前篇ノ内　蒙地』(満洲日日新聞社一九一四年)附録一〇八頁。
(13)『諭摺彙存』光緒二十四年七月二十四日。
(14)『満洲旧慣調査報告前篇ノ内　蒙地』九七、九八頁、『開放蒙地資料第一輯　郭爾羅斯前旗開放蒙地調査報告書』一九二頁。
(15)『理藩院則例』巻五、「職守」。
(16)『開放蒙地資料第一輯　郭爾羅斯前旗開放蒙地調査報告書』五七頁。
(17)『開放蒙地資料第一輯　郭爾羅斯前旗開放蒙地調査報告書』九、九一、九二頁。
(18)『開放蒙地資料第一輯　郭爾羅斯前旗開放蒙地調査報告書』二〇五頁。
(19) 興安局『郭爾羅斯前旗、郭爾羅斯後旗、杜爾伯特旗、依克明安旗土地調査報告書』(一九四〇年)五、六、一〇頁。

(20) 満洲事情案内所編『満洲の土地事情』(一九三九)、三九頁。

郭爾羅斯前旗開放図

〔『郭爾羅斯前旗開放蒙地調査報告書』（興安局、1939年）付図〕

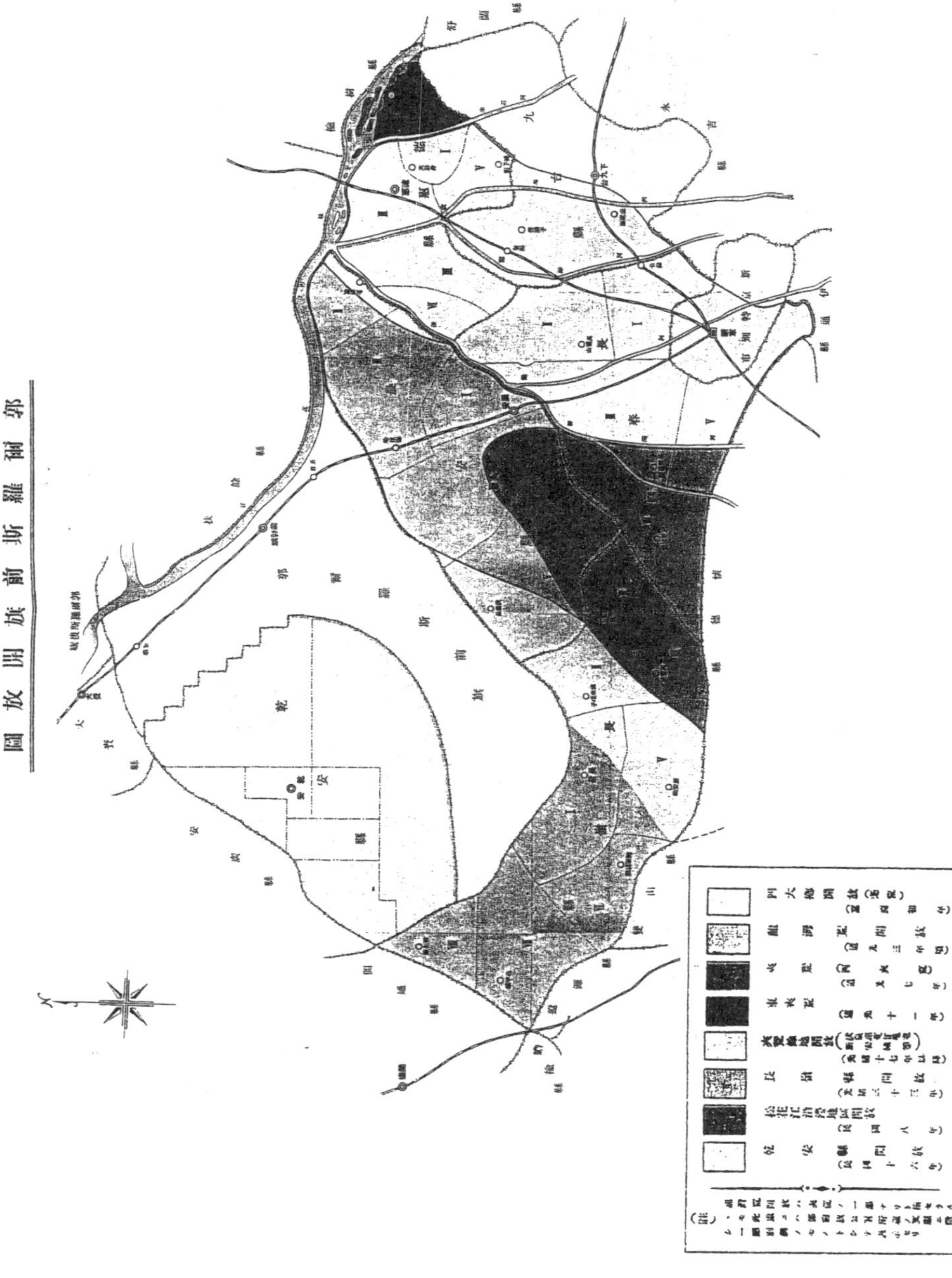

執照見本

〔『郭爾羅斯前旗開放蒙地調査報告書』（興安局、1939 年）、19 頁、69-70 頁、72 頁〕

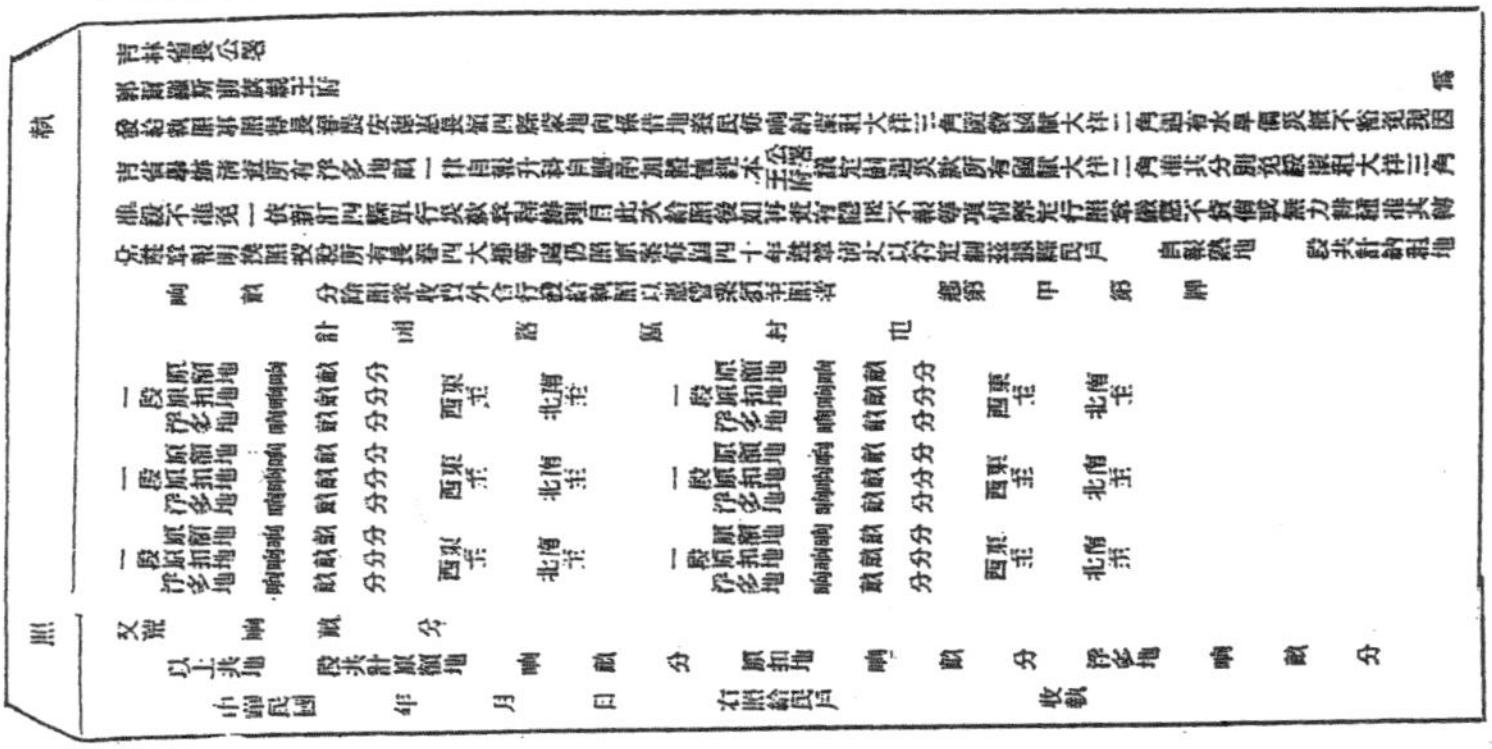

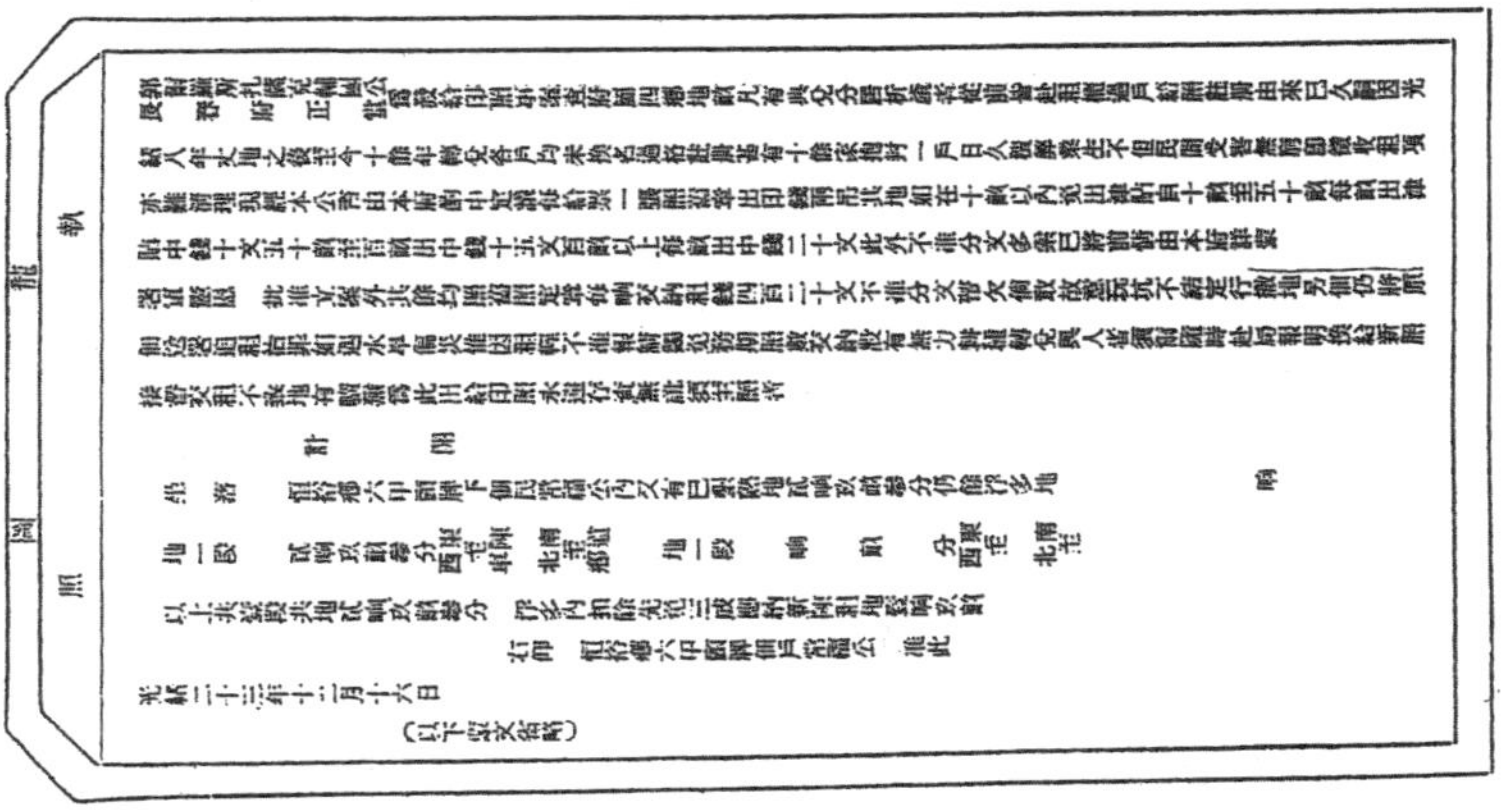

光緒年間所謂龍票　蒙文は省略す。

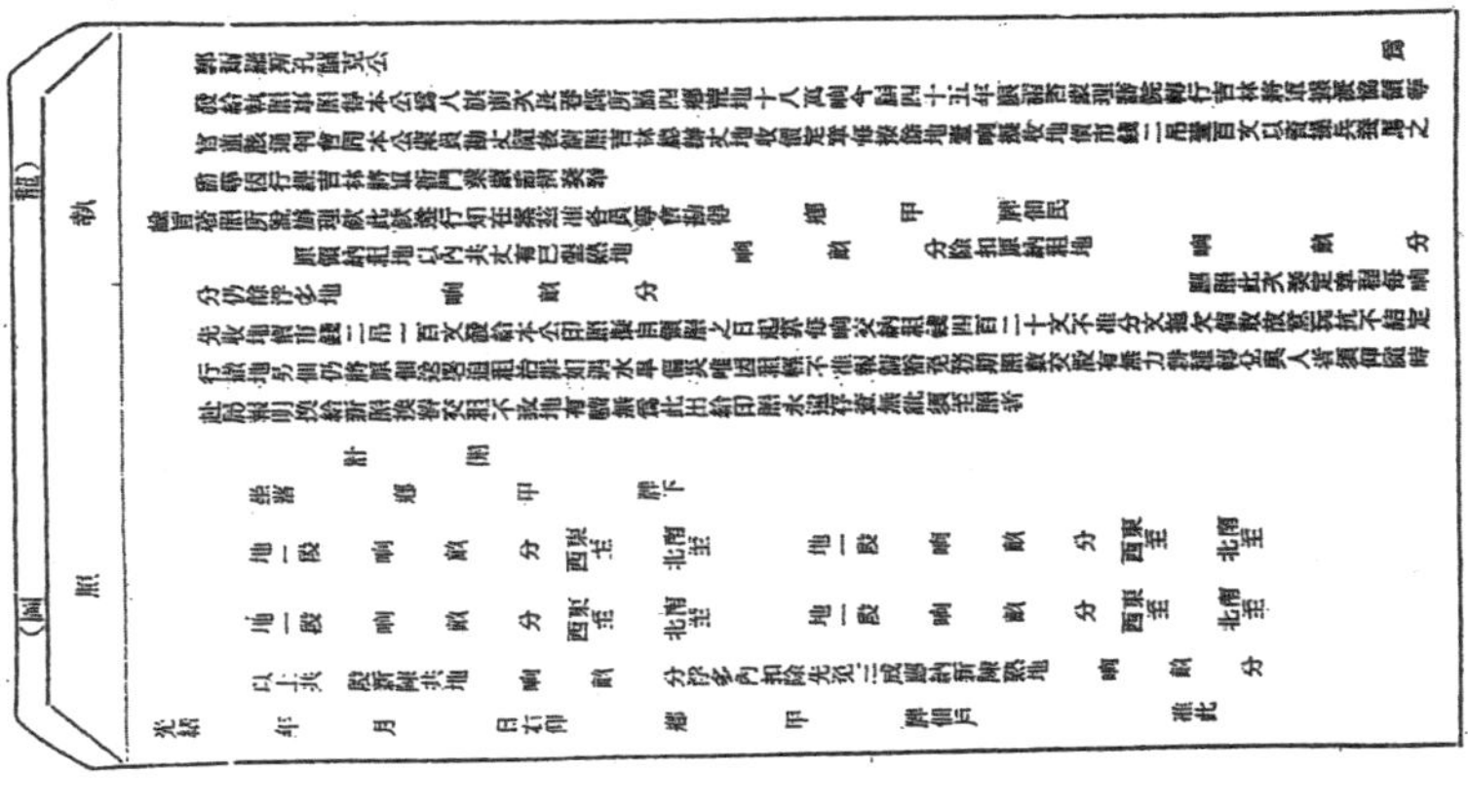

二〇世紀前半におけるモンゴル人の農耕

――ジャライド旗の「戸地」を事例に――

アルタンガラグ

はじめに

ジャライド旗（巻頭の図1「清代および現代内モンゴル東部図」参照）は内モンゴル東部地域の最北端、大興安嶺南東麓を流れる嫩江の西岸に位置し（図1参照）、嫩江に注ぐチョール川流域において一二のノトグに分かれて旗民が遊牧を行っていた[1]。ところが、清朝末期における対モンゴル政策の一変に伴い、一九〇二年より同旗の東部の牧草地の大部が開墾された。そのため、旗の本来の牧畜のあり方が急変し始まったのである。私はジャライド旗の牧畜の変容を、農耕[2]の出現した時期より論ずるべきと考えている。ジャライド旗に農耕が現れたのは一九世紀の中葉であるが、当時の農耕とは何軒かの漢人農家の規模で行われるに過ぎない例外的な存在であり、ノトグ人の本業である牧畜に影響を及ぼすほどのものではなかった[3]。ここで言うノトグ人とはnutuɣ-un kümünと言うモンゴル語であり、和文資料で本旗人や本旗蒙古人、漢文資料で本旗蒙人と記され、原住のモンゴル人と言う意味である。この言葉は、内モンゴル東部地域では、二〇世紀初頭に定着し広く使われてきた、主にジョスト盟から移住してきて農耕に従事していたモンゴル人と区別するために用いられた言葉である。本研究で内モンゴル東部地域の変容と密接に関わる重要な用語として用いる。

ジャライド旗の牧畜の変容過程を概観すると、「開放地」(4)(図1参照)と設定された地域が、開墾が始まってからおよそ一〇年間で、農耕県に変貌し、そこはほとんど農耕化した。その後の二〇年の間に漢人に開放されなかった地域においても農耕化が進んだ。満洲国時代になった頃には、ノトグ人を数倍上回る外の各旗から移住してきたモンゴル人がノトグ人の小作人として農耕に従事しており、同時に漢人小作人も相次いで入り込んでいて、ノトグ人や外旗モンゴル人の総人口を上回っていた。このような外来の農耕人口の急増は、それまでとは異なる要素を牧畜に持ち込んだ。(5)

地方誌や先行研究においては、往々にして「開放地」における漢人農民の人口、耕地の面積、県の設立経緯などを取り上げることのみを重視する傾向があった。「非開放地」に漢人が殺到する前に如何なるプロセスで農耕が広まったのかについてはほとんど言及されてこなかった。

本文では、ジャライド旗の「非開放地」における戸地小作の実態、由来などを明らかにし、「戸地小作」の、ジャライド旗の牧畜の変容に持つ意味を論ずる。

一　資料について

検討に先立ち資料について若干述べておきたい。吉田順一氏は戦前の日本人によって内モンゴルで行われた現地調査資料等について考察を行ない、「関東都督府陸軍部の東部内蒙古調査報告書」(6)、「興安四省実態調査について—非開放蒙地の調査を中心に—」(7)「興安局改編と興安省諸旗実態調査」(8)等一連の資料研究を発表してきた。

研究対象の一部である「非開放蒙地の調査」とは、満洲国興安局が康徳五年二月より開放蒙地の実態調査を実施した後に、蒙古の実態の解明を企図し康徳六年三月より産業部（興農部）、司法部、興安学院の援助を得て実施した非開放蒙地の実態調査を言う[9]。非開放蒙地実態調査の目的と調査項目、調査の手順と組織、調査の年月と調査の地域、調査報告書などについて吉田氏のまとめによると、康徳六（一九三九）年、興安西省アルホルチン旗のハラトクチン部落で遊牧、同省のナイマン旗西シャラホーライ部落で農主牧従、興安南省ホルチン左翼中旗の郎布窩堡部落で農耕、同省ジャライド旗のモイルト部落で農主牧従、興安北省シネバルガ右翼旗のケレルン部落で遊牧、同省ソロン旗のバインホショ部落で遊牧、興安東省モリン＝ダバー旗のハリチェン部落で農耕、同省アールン旗の鳥司門・那吉屯で農耕など、遊牧、農主牧従、農耕の実態を調査した。その調査成果は主に実態調査資料―報告書、実態調査資料―統計篇に収められた。

興安南省においては、ホルチン左翼中旗の郎布窩堡部落（集落）を農耕部落の事例として選定し、ジャライド旗のモイルト部落を農主牧従部落の事例として選定して調査が実施され、それぞれ『興安南省科爾沁左翼中旗実態調査報告書』、『興安南省扎賚特旗実態調査報告書』（以下『報告』と略す）、『興安南省科爾沁左翼中旗・扎賚特旗実態調査統計篇』（以下『統計』と略す）にその報告が収められた。『統計』の「はしがき」に記されているように、本統計は第三編経済関係中の調査部落戸別調査集計表のみを収録したに過ぎないものであるため[10]、『報告』に収録された統計のみを別冊として刊行したものである。

先行研究において、非開放地実態調査資料を用いたものとして、井手俊太郎一九四〇[11]、山根順太郎・村岡重夫一九四四[12]などを挙げることができる。近年、ボルジギン・ブレンサイン二〇〇三[13]は、上述した実態調査資料において農耕集落とされたホルチン左翼中旗の郎布窩堡部落を中心に行われた実態調査報告書『興安南省科爾沁左翼中旗実態調査報告書』の「農家略歴表」等を用い、現地調査で構成各戸の移住経歴を追求し、内モンゴル東部地域の一部における農耕村落社会の形成を究明した。吉田順一二〇〇四[14]は興安西省アルホルチン旗の遊牧部落とされたハラトクチン部落を中心に行われた実態調査資料『興安西省阿魯科爾沁旗実態調査報告書』の牧畜経済に関する資料その他および自ら行った現地調査資料を用い、興安嶺南山地の経済構造を提示した。また、同氏による橋本のオールド族に対する実態調査報告を使った研究がある。広川佐保二〇〇五(15)も「満州国」土地政策の「蒙地整理」を考察する際、これらの調査報告資料を利用している。

私は農主牧副の事例とされたジャライド旗のモイルト屯における実態調査の『報告書』の資料および自ら行った聞き取り調査資料を用いる。聞き取り調査資料は、筆者の二〇〇三年より二〇〇六年まで四年間四回に亘って、興安局の調査対象集落であったモイルト屯を中心にジャライド旗で実施したノトグ人古老、外旗モンゴル人古老、漢人古老等に対する聞き取り調査によるものである。

二 ノトグ人の「戸地」

1 「戸地」という用語

この用語は満洲国『土地用語辞書』(16)に収録されず、蒙古研究会の「蒙地における用語集解」に、「満hu《4》 ti《4》、蒙eruhe《マ》 yin tariya《マ》＝生計地と同じ(17)」とあり、「生計地」と同義であると解釈している。同集解の生計地の解釈を見ると、「満cheng《1》 chi《4》 ti《4》、蒙amituralga《マ》 yin tariya《マ》＝蒙地の開放に際してその開放された地域内又はその附近に生計を營む蒙古人に對して旗長たる扎薩克から一定の土地を劃留して與へその生活を維持せしめた」とあり、「開放地」内および「開放地」附近にいるモンゴル人の生計のために与えた土地を指すと読み取れる。「戸地」と同義であると言うものの、モンゴル語の名称が異なっている。「開放地」附近とは如何なる範囲を指していたのかは不明である。「開放地」と「非開放地」の間の中間地帯であるのか、それとも「非開放地」を意味しているのかが分からない。王玉海氏は、姚錫光の言う「蒙丁領収之牧地」(モンゴル人壮丁の領収した牧地)という言い方は不正確であると指摘し単なる牧地ではなく耕地も含まれるとみなし、蒙古研究会の「蒙地における用語集解」にある解釈をそのまま引用した上で、「ジリム盟においてこれを留界地と言い、モンゴル語でxijiagar uldeegsen ghajarと言うのである」と見ている。[18]「蒙地における用語集解」によると、「留界　地満liu^{2} chieh^{4} ti^{4}、蒙hijagar uldugegsen gajar＝蒙地開放に際し開放された地域内に於て廟、陵、鄂博等の維持のため又は蒙屯民の共同利用のため等特定の公共的目的のために劃留し與へられたところの土地」とあり、王玉海氏の言う留界地とモンゴル語の名称は同じであるが、解釈は異なっている。ジリム盟の一旗であるジャライ旗において「戸地」を留界地と称していたことはなかったと私の聞き取り調査によって確認できる。したがって、王玉海氏の解釈は混乱していると言える。

戸地という言葉の字面上の意味は、漢語で地東戸地、東家地であり、すなわち地の主（東）である戸の土地の略称である。漢語の意味に基づきジャライド旗ではerüke-yin tariy-a（戸の耕地）或いはtariy-a talbiqu（耕地を寄託する）と称していた。[20]

『報告』の命名を見ると、「本旗に於いては一戸に付て九〇晌を限定して、その土地に外旗人又は漢人を招墾し、これに小作せしめることが許容されて居たのである。［中略］原有蒙古本旗民の大部分は外旗人又は漢人を招墾して実にのんびり閑と之等のものに寄食して居る。斯の如き関係にある土地を本旗では本旗人の戸地と称して居たのである」とある。すなわち、ジャライド旗においてノトグ人であれば、「非開放地」の土地を外旗モンゴル人や漢人に貸し出すことができる権利が認められた。貸し出す土地の面積は一戸に付き九〇晌と限定されていた。このような土地を「戸地」と称していた。

2　「戸地」の由来

満洲国興安南省扎賚特旗参事官土屋定國の執筆した『興安南省扎賚特旗事情』に、「本旗に於いて農業が始まったのは清末の事で、漢人外旗人の移住者によって開墾せられた。始めは左翼（即ち大泰両県地方）のみであったが、三十年程前から右翼（現旗内）にも外旗人移民は入って来たのである」[22]と記されている。土屋定國の言う三〇年程前とは『興安南省扎賚特旗事情』の書かれた一九三七年より三〇年程前の一九〇七年頃の時期を指しており、右翼とは「非開放地」の山地の四つのノトグを指している。一九〇二年の開墾が行われて「開放地」において「生計地」が現れてからの七年後、「非開放地」においてノトグ人吃租者および外旗モンゴル人の租戸が現れたという。私はこれが「戸地」の起源であろうと推測している。

前節で「戸地」の解釈と関連して「生計地」にも言及したが、「開放地」においては開墾当初ノトグ人の生計のために一定の面積の土地を劃留し与えた。「生計地」に関する具体的な規定等は資料上確認出来ていないが、一九一三年一〇月一三日の日付で、總理杜（ドゥルベド）札（ジャライド）両旗屯墾局の知事の張毓華により呈上された「酌擬補留札賚特旗生計地畝等事章程及續放札旗蒙荒間章事呈」からその規定がある程度分かると思う。

上呈に、「毎台吉一名、連前已撥之地、擬留足九十晌為度。原未撥地之台吉年在十八歳以上者、照章撥留生計九十晌。其十七歳以下者毎名撥留五十晌。毎壮丁一名、連前已撥之地、擬留足四十五晌為度。原未撥地之壮丁、年在十八歳以上者照章撥留生計四十五晌。其十七歳以下者毎名撥留二十五晌［中略］寡婦一名、連前撥之地、擬共留預養贍地十五晌。其未得生計者、亦照此章撥留。［中略］喇嘛、毎名擬予六十晌[23]（意訳：タイジ毎に、以前与えた土地に不足の面積を追加するが、九〇晌を限度にする。一八歳以上のタイジ毎に、章に照らして生計地たる九〇晌を限度に与え、一七才以下のタイジ毎に五〇晌を限度に与える。壮丁毎に以前与えた土地に不足の面積を追加するが、四五晌を限度にする。以前土地を与えなかった壮丁の一八才以上の者に章に照らして四五晌を限度に生計地を与え、一七才以下の者に二五晌を限度に生計地を与える［中略］寡婦毎に以前与えた土地に不足追加の面積を追加するが、一五晌の養贍地を与え、生計地を有しない者に、章に照らし与える［中略］ラマ毎に六〇晌を限度に土地を与える）」とある。

本章程から、「開放地」においてノトグ人の身分、年齢、性別によって人口毎に一五〜九〇晌を限度する「生計地」が与えられていたことが分かる。すなわち、タイジ[24]一八歳以上、タイジ一七歳以下、壮丁[25]一八歳以上、壮丁一七歳以下、ラマ、寡婦、人口毎にそれぞれ九〇晌、五〇晌、四五晌、二五晌、六〇晌、一五晌の生計のための土地を与えていたことが分かる。

前掲した実態調査班の記述を、聞き取り調査で確認したところによると、確かに「非開放地」において「戸地」とされるものが存在した。「開放地」における「生計地」と相異なる点は、「戸地」は人口毎ではなく戸毎に九〇晌を限定し、招墾する権利が黙認されただけで、誰でも必ず招墾を行うとは限らなかった。生計地は人口毎に一五〜九〇晌以内の不等の面積を与えるのであり、自ら耕作するのか、招墾するのかは自由である。

タイジ身分を持つ古老によると、「ノトグ人は皆農耕を毛嫌いし、牧畜を好むのになぜ「戸地」を貸し出すようになったのか。ここに一つの裏話がある。各ノトグのタイジ集団は、旗の牧草地を漢人に開放したことをめぐって旗のジャサグと対立していた。タイジ集団の言うのに、祖先のアミンダルハンは息子や属民に平等に牧地を与えた。現在に至って、旗ジャサグは黒龍江省将軍と密謀し、左翼八つのノトグの牧草地を漢人に売り、その収益を貪った。ノトグ人の放牧に支障が出て祖父伝来の生業をできなくなっただけではなく衣食住の問題すら困難になった。「非開放地」のノトグ人戸毎に九〇晌限度の土地を与え、外旗モンゴル人に小作させることを認めよと強く求めた。タイジ集団は旗ジャサグと同姓を名乗り、各ノトグのノヤン或いは徳望家であるので、彼らの主張は明文化されなかったものの、黙認された[26]」という。この話が事実であるとすれば、開墾をめぐる旗内の対立の一側面を物語っているだけではなく、「非開放地」のノトグ人の反対の前に旗ジャサクも妥協していたことが分かる。開墾当初は他にも、反開墾銃殺事件[27]、開墾阻止賄賂事件[28]などが生じたことが挙げられる。

開墾をめぐってタイジ集団と旗ジャサグの間の対立は旗ジャサグ側の妥協によって静まるが、ともかくこのようにして「非開放地」においても一定の面積の土地を小作させる戸地小作現象が現れたのである。

3 「戸地」小作の契約

ノトグ人は一定の土地を小作させる権利を得たものの、どの家がどの辺りの土地を小作させるのか、どのような手順で招墾するのかなど具体的な案がまったくなかったようである。一定の土地を小作させなければ「戸地」というものも成立しないのである。当初は各ノトグのタイジを初めとする一部の有力者たちは、「開放地」と「非開放地」の中間地帯で流浪している外旗モンゴル人と交渉し、「戸地」の範囲を明示してからノトグ人（地東戸）と小作人（地戸）の間で、口頭契約を結んだようである。しかし、二、三年経ってからは小作人が自らノトグ人の家まで来て「戸地」を小作するための交渉を行うようになったとされる。

地東戸とは土地を貸し出すノトグ人のことであり、地戸とはノトグ人の土地を借り、小作する外旗モンゴル人や漢人のことを指す。地東戸のノトグ人が「戸地」を営む手順について『報告』に、「本旗人は扎薩克公所に届けて許可を得ればよいので、許可のあった時には特別に許可の印として証書の様なものを発給されるといふ様なこともなく、たゞその面積等を扎薩克公所の帳簿に記入するのみであった」[29]とある。聞き取りによると、実は、所属ノトグのノヤンに報告すれば終わる話であり、別に審査などを行うこともなく、ジャサグ衙門の帳簿に記入する必要もなかった。証明書など全くなく、許可を取れないこともなくかなり簡単であったとされる。ただ、「戸地」を選定する場所に関しては放牧に支障が出ないことが最も注意されたのである。

地戸との契約も簡単で第三者や契約書等は一切要らず、口頭契約だけで済んだ。小作料等に関しては、『報告』に、「大体九〇晌程の面積につき第一年目は穀物（粟）三石、第二年目は五石、第三年目からは十石と豚一頭（一〇〇斤）」[30]とある。小作料の穀物を粟と記しているが、これは黍（モンゴル黍）である。豚一頭や豚肉百斤という二つの表現はあ

表1　全旗の戸地の面積（晌）

	地東戸	耕地面積	外旗人地戸		漢人地戸	
			戸数	面積	戸数	面積
第一ノトグ	136	4,917,5	158	4,917,5		
第二ノトグ	161	7,745,0	145	7,165,0	16	5
第三ノトグ	65	3,187,0	67	3,187,0		
第四ノトグ	128	9,976,0	37	3,049,0	102	6,927,0
第五ノトグ	50	3,791,0	20	1,529,5	34	2,261,5
第六ノトグ	0	0	0	0	0	0
第七ノトグ	0	0	0	0	0	0
第八ノトグ	16	1,5	9	590,0	11	990,0
総計	558	31,196,0	432	20,438,0	163	10,758,0

るが、まったく同義で用いられていた言葉であり、正確に計っていたものではなく、凍らせた（müsülekü）豚一頭分を年末に納入することを指す。大体五〇キロ位の肉とされる。口頭契約であるゆえ、契約の期限について、何の規定もなかった。但し、小作料滞納について約束を厳守することが強調されていた。『報告』に、期限を明示せず、但し小作料を滞納し又は不法行為ある時は契約を解除すると(31)あるが、それ程の厳しいものではなかった。

漢人小作人の移住により新たな問題が生じていた。すなわち、『報告』に、「屯東南方の十家戸附近に入り込んで来た漢人租戸中にその土地を擅まに転兌転租し、又は小作料を滞納するものが続出して本旗人吃租者との間に数多の紛糾を惹き起こした。されば旗公署は租戸執照を発給する事とし、期限六年、毎戸地を九十晌に限定す、毎戸地より白麺百斤を公用租粮として徴収す。小作料は以前と同様に十石粮一口猪とす。転兌、転租、転押、転典を禁ずる等の件を明らかにした。民国十四年のことである［中略］外旗人租戸にはそんな問題はなかった(32)」とある。この記述よると、漢人小作人の間で小作料を滞納する問題や戸地を転租させる事件が生じていたことが分かる。問題を解決するために、漢人小作人に執照を発給し、公用租粮たる白麺五〇キロの地租を徴収するようになったのである。これは一九二五年のことであった。

「非開放地」の各ノトグにおける「戸地」は以上のように営まれていた。全旗の戸地の状況（表1参照）[33]を見ると、第六、七ノトグに「戸地」は存在しないが、他の各ノトグに存在していたことは一目瞭然である。第一、二、三、四、五、八ノトグのノトグ人地東戸数はそれぞれ一三八戸、一六一戸、六五戸、一二八戸、五〇戸、一六戸計五五八戸であり、ノトグ人総戸数七二二戸の三分の二以上を占めている。外旗モンゴル人地戸数は四三二戸、漢人地戸数は一六三戸であり、外旗モンゴル人地戸数がかなり多い。ノトグ人の「戸地」は、主に外旗モンゴル人によって小作されていたことがよく分かる。

以上、「戸地」の由来、契約、面積等について検討したが、つまり左翼ノトグの大半が開放されてそこのノトグ人に生計地を与えた。これに因んで、タイジ集団は旗ジャサグ側に対し不満を訴えた。その結果、「非開放地」においても生計地と若干相似した形の「戸地」に招墾させる権利が黙認されたのである。

三　モイルト屯の「戸地」

モイルト屯は第二ノトグに属している（図2参照）。第二ノトグの地東戸数は一六一戸であり、他のノトグと比べて最も多い。「戸地」の面積は計三二一、九六〇晌で、全旗のノトグ人の占有耕地面積の何割を占めていたかは推計し難いが、モイルト屯の「戸地」について観察することによって、その割合を多少推測できると思う。

本屯は三七戸から構成され、1号戸から19号戸までは「自作地」と「戸地」または「自作地」か「戸地」を所有し、土地を占有している。それに対して20号戸から29号戸まで耪青群、30号戸から37号戸までは日工および雑業者で土地を占有しないものであるため、1号戸から19号戸までのみを取り上げて分析することにしたい。

表2　モイルト屯の土地占有面積（単位晌）と小作料

戸番	自作地面積			戸地面積		小作料		
	畑	菜園	所在地	畑	所在地	契約額	付加料（単位斤）	実納料（単位石）
1	7	0.2	屯東北	230	第二ノトグの他の四箇所	35	豚350	黍2粟9包米1高粱8大豆3蕎麦1黄米4
2	20	0	屯南西	0	／	0	0	0
3	3	0	屯西	140	第二ノトグの他の一箇所および第四ノトグにある	20	豚200	粟
4	10	0	屯西	124	第三ノトグおよび第四ノトグ	20	豚200	粟
5	30	0	屯東	0	／	0	0	0
6	20	0	屯西	20	第二ノトグの他の集落	10	豚100	粟5石、金50園
7	10	0	?	90	第四ノトグ	10	豚100	麺100粟10、
8	0	0	／	35	第三ノトグ	5	豚50	粟10
9	10	0	?	35	第二ノトグの他の集落	5	粉条50豚1	稗2石
10	0	0	／	0	／	0	0	0
11	18	0	屯北	0	／	0	0	0
12	4	0	屯西	35	第二ノトグ他の集落	10	豚100	稗2石
13	0	0	／	0	／	0	0	0
14	3	0	?	45	第四ノトグ	10	豚100	稗2石
15	0	0.1	屯東北	30	第二ノトグ他の集落	10	豚100	稗2石
16	0	0	／	0	／	0	0	0
17	5	0	?	0	／	0	0	0
18	0	0	／	20	第二ノトグの他の集落	10	豚100	稗2石
19	5	0.4	屯東北	0	／	0	0	0

これ等19戸の「戸地」面積、「戸地」の配置、小作料契約および実納額等を表2に示してある。[34] 土地占有者19戸の中関連するのは、戸番1号、3号、4号、6号、7号、8号、9号、12号、14号、15号、18号など計十一戸であり、戸番2号、5号、11号、13号、16号、17号、19号のなど計七戸は「戸地」を占有していない。「戸地」占有者の数は土地占有者の六割を占めている。「戸地」占有面積は計八一三晌であり、モイルト屯とは別の屯または第二ノトグに散在していることが分かる。所謂富農とされる1号戸、3号戸の「戸地」は一箇所のみに集中しておらず、幾つかのところに散在している。1号戸の「戸地」は四箇所に点在しその面積も広いため小作料穀物三五石、豚肉三五〇斤になっている。3号戸の「戸地」面積は一四〇晌で4号戸の「戸地」面積の一二四晌より多くはあるが、二箇所に点在しているだけのため、小作料は比較的少なく穀物二〇石、豚肉二〇〇斤となっている。契約小作料と実納小作料を比較してみると実納されていた穀物の量は契約された量に殆ど達しておらず、付加料の豚肉は大体納められていた。

土地を占有しているノトグ人の半分以上は主に「戸地」を小作させていた。彼らは別に自作地（別文で検討する）を有しているが、「戸地」より遥かに少ない面積の一四五・五晌である。「戸地」の所在地は全て本屯より離れた東方のところに点在していた。また、資力のあるものはできるだけ多数の「戸地」を、それぞれいくつかのところで小作させ、その小作料を徴収していた。

表3[35]はモイルト屯の戸地小作を営む19戸の「戸地」小作の概況を示したものである。代々モイルト屯を拠点としていた戸は4号戸、15号戸、17号戸である。これら3戸はゲルを持って王府のゲル群と一〇キロ位離れた距離を持ち、乳製品作りの忙しい時期に王府の畜群を世話する牧民と助け合いながら遊牧していたサーリンアイルであった。王は一〇〇年前頃王府を建てた。その当時彼ら三戸は王府の畜群の放牧範囲の外で遊牧していたが、徐々に固定ゲルに定住するようになったことが聞き取り調査から分かった。表に記しているように、4号戸は祖父の時代、即ち三〇年前後と推計すると、一九〇九年頃一五四晌の「戸地」を外旗モンゴル人に小作させていたようである。4号戸の亭主のゴンゴル氏

表3　モイルト屯の戸地小作関連表

戸	牧畜および戸地小作等
1	泰来東15支里辺りに遊牧、90年前本屯西5支里の遊牧に便利なバヤンハラで遊牧。牛15頭、馬一頭。12年前に開墾させ貸付け。康徳5年自力開墾10晌自作。12年前外旗人4名を招佃し第二努図克シリト(本屯より東北60支里)で四ヶ所を小作させた。
2	30年前第二努図克のボルソク・茂力吐で遊牧。7、8年前自力で10晌を開墾し自作。5、6年前50晌を貸付け小作させ、二年前60晌を自作した。
3	50年前第二努図克ボルソク遊牧していたがモイルトに來住。牛30頭、馬5頭。30年前戸地70晌を漢人を招いて開墾させて貸付け。25年前140晌を招墾し外旗人に貸付け。2年前共同で6晌を開墾した。
4	祖父の時代154晌を貸付け。康徳5年に10晌を開墾して榜青を雇って自作した。
5	第二努図克バヤンハラで遊牧。22年前モイルトで自力で開墾し自作。康徳四年60晌を自力で開墾し榜青を雇って自作した。
6	代々この辺で遊牧。22年前20晌を自力で開墾し榜青を雇って自作。17年前自力で開墾し自作。康徳3年20晌を開墾し自作した。
7	第三努図克インデルで45晌を招墾し貸付け。康徳4年20晌を共同開墾し耕作した。
8	80年前までモルゲルで遊牧。25年前30晌を自力で開墾し自作。15年前15晌を自作し5年前35晌を開墾し貸付け、康徳5年モイルトで35晌を貸付け、30晌を普通に小作させた。
9	景星県のヤルで遊牧。39年前モイルトに移住した。牛10頭。25年前10晌を自力で開墾し自作。15年前35晌を招墾し小作させ、康徳4年20晌を共同で開墾し共同耕作をした。
11	30年前までモイルトで遊牧。3年前に5晌を自力で開墾し自作した。康徳5年に18晌を自力で開墾し自作した。
12	景星県ヤルで遊牧。39年前モイルトで遊牧。25年前10晌を自力で開墾し自作。15年前、35晌を招墾し小作させ。康徳3年4晌を自力で開墾し自作。日露戦争の戦禍を避けてバヤンハラの親戚に頼り来屯。
13	第三努図克のサンボーランで牛200頭、馬100頭、羊5000頭を持ち代々遊牧。26年前第二努図克モイルトに移住、牛30頭を持ち遊牧。24年前第二努図克チクトクで遊牧。13年前ボルソクで13晌を自力で開墾し漫撒子自作をした。7年前モイルトで13晌を小作に貸付けた。
14	不明。
15	代々第二努図克モイルト。大車、船製造大工。9年前30晌を開墾させ貸付けた。
16	第三努図克インデルで代々遊牧。25年前12晌を貸付け。10年前モイルトで12晌を小作に貸付けた。
17	代々第二努図克モイルトで遊牧。30年前5晌を自作。康徳四年10晌を貸付け、5晌を自作した。
18	50年前本屯で馬30頭を持ち遊牧。30年前年工。8年前20晌を小作させ。土地は本屯より東北50支里の地シレト屯にある。本屯は遊牧地にして家畜多く耕地に適さないため。
19	雑役。康徳4年に5晌を自力で開墾し自作した。

の孫の話しによると、彼らの「戸地」はモイルト屯より東南五〇キロ離れたガンガン屯にあったようであり、年末に小作料を徴収していたようである[36]。これはモイルト屯のノトグ人の中、最初に「戸地」に手をつけた例であると思われる。一九〇九年頃は「戸地の由来」の節で述べたように、旗の東南部、東北部が開放された時期であり、「非開放地」における「戸地」を占有する権利も認められた後の時期でもあり、先述した「戸地」の由来に関する事情と一致し裏づけられる。

モイルト屯の状態を、表3に収録されている順で逐次に見ていくと、1号戸は一二年前外旗モンゴル人四名を招き第二ノトグのシリト屯（本屯より東北三十キロ離れたところにある）で四ヶ所を小作させていた。2号戸は五、六年前に五〇晌を、3号戸は三〇年前（一九〇九）に七〇晌を漢人に小作させ、二五年前（一九一四）に一四〇晌を外旗モンゴル人を招墾し貸付け、7号戸の「戸地」の開墾時期は明記されていないが、第三ノトグのインデル屯で四五晌を、8号戸は五年前（一九三四）に三五晌を、9号戸は一五年前（一九二五）に一〇晌を、12号戸は一五年前（一九二六）に一〇晌を、13号戸は七年前（一九三二）に一三晌を、15号戸は九年前（一九三〇）に三〇晌を、16号戸は二五年前（一九一四）に一二晌を小作させ、17号戸は康徳四（一九三五）年に一〇晌を、18号戸は八年前（一九三一）に二〇晌をそれぞれ小作させていた。

2号戸の欄に、「自力で開墾」と記されているが、これはモンゴル黍耕作をするノトグ人の伝統的な農耕に関わることであると思う。ここで、開墾と言う言葉が用いられているが、聞き取りによると、ノトグ人はモンゴル黍を耕作するためにある面積の土地を選定し、そこを若干整地することをガジャル＝ガルガフ（γajar γarγaqu）と言い、そこでモンゴル黍を蒔き、畝のない、除草や中耕などをもせず済ませる農耕、すなわち吉田順一氏の言うナマグ＝タリヤ農耕[37]を行っていたのである。

本来この辺りで遊牧していた各戸以外は、外来戸のノトグ人である。外来戸の中に自作農耕を行っていた戸もあると記されているが、この段階の自作農耕とはノトグ人によるものである限り伝来のモンゴル黍耕作であると断言できよう。これは恐らくモンゴル黍耕作により力を入れるようになった程度のものと理解してよい。5号戸、6号戸、9号戸、17号戸がこのように一九二〇年前後にモンゴル黍耕作に力を入れ始めたのであろう。他の各戸の自作農耕とは漢人の農法を多少習得した耕作であり、ほぼ一九三〇年代になってからのことである。モイルト屯において原住のノトグ人が「戸地」を小作させるようになり、後に移住してきたノトグ人も続々と「戸地」を小作させるようになったとも言える。

ノトグ人と外旗モンゴル人の間の「戸地」小作関係は満洲国初期に依然として残っていた。康徳六（一九三九）年をもって「蒙地整理」に当って「戸地」は整理されるようになる。これに関して『報告』には、「康徳五年度に於いて旗当局は自作農の設定並びに旗民の差別待遇撤廃、地籍整理等の政治的見地より地東、地戸相互間に当該戸地を均等分配し各自に占有せしむることを企図し同年九月三十日附扎賚特旗公署訓令第六二七号を以て管内の各努図克達及嘎査達に命じ、次年度に於いて先ず外旗人戸地と地東との間に於いてこの調整を実施すべく一切の準備を完了」[38]とある。すなわち、満洲国土地政策の一環として地籍整理が行われ、ジャライド旗公署より一九三六年九月三〇日に訓令を各ノトグの長、ガチャーの長に伝令し、「戸地」を地東と地戸の間に等分させるように準備していた。「旗民の差別待遇撤廃」とは、「戸地」を持つ地東のノトグ人とそれを小作する外旗モンゴル人地戸の間の雇用関係を撤廃することを指している。実施案として、小作者たる外旗人は耕作面積の半を自己の所有とし、半を本旗人の所有とし、本旗人の所有の分に付いて小作料は面積単位で決められるようになり[39]、戸地面積を基準に地租を徴収する方法に改めた。ところが、このように撤廃準備を完了したものの、どの程度実施されたか否かについて述べられてない。一九三九年頃モイルト屯の周辺に新しく開墾された耕地が増えつつあったようであるから、着実に実施されていたことが傍証される。

おわりに

ここまでの考察によって「戸地」の実態が明らかになった。一言すれば、ノトグ人が自ら耕作に手を触れずに「戸地」という生計のための土地を外旗モンゴル人や漢人に小作させ、間接的であるが、農耕に関わっていた歴史事情が分かった。

「戸地」小作は一九一〇年前後からはじまり、一九三九年頃まで盛んに行われていた。この三〇年弱の期間において、最初にノトグ人の「戸地」を小作していたのは主に外旗モンゴル人達であった。その理由をここで補足するならば、外旗モンゴル人は漢人のように農耕に従事していた「農民」であるのみならず、「戸地」小作の交渉に当たってモンゴル語で交渉できるからである。その後、周知のごとく民国期になると中国における満洲人を中心とする異民族の政権が漢人勢力に交代した。その背景のもとで漢人小作人は相次いで「非開放地」に入れるようになった。しかし、漢人小作人は小作料の滞納、ノトグ人の「戸地」を他の小作人に転租する事件が頻繁に起きたため、それらの不正を止めさせるために、一九二五年頃から漢人小作人に執照が発給された。満洲国期になってからの一九三四年に、興安南省扎賚特旗公署より旗の土地を保全するという趣旨で土地に対する管理を一層強化し、公課等を改めるなど一連の改革が行われた。そして漢人小作人の新たに「非開放地」に入植することが禁じられたようである。だが、ノトグ人と外旗モンゴル人の間の雇用関係はそのまま残っていた。一九三七年、満洲国の地籍整理に当たって、「戸地」制は差別特権として撤廃されることになった。そのためノトグ人は「戸地」農耕から漸次に自作農耕へ移っていった。

「戸地」小作の出現には幾つかの要因があった。まず、同旗の牧草地の一部が漢人農民に開放されたことから来る刺激と、それに立ち向かったノトグ人による対策はその一つの要因である。ここで、その刺激や対策を改めて略述すると、開墾開始後、一定の基準で「開放地」におけるノトグ人に、人口毎に一五～九〇晌を限度とする生計地が与えられた。

だが、ノトグ人の貴族勢力であるタイジ集団は牧草地を漢人に開放したことを、旗ジャサグ側が土地を漢人に売買し、その利益を貪ったと非難し、「非開放地」のノトグ人にも同様に土地を小作させる資格があるはずであると対立していた。そのため、ノトグ人であれば戸毎に九〇晌の「戸地」を小作させる権利が、ジャサグ側による公式な決定ではないものの、事実上はジャサグ側によって認められたのである。歴史的に見れば、開墾の刺激を受けてから、早くも「非開放地」においても土地を小作させるという策を講ずる方向に展開し、「戸地」小作の権利を得てそれを駆使するようになったのである。

それにしても、遊牧民であるノトグ人になぜ自ら牧草地を小作させるという、いわば彼らの生業に反する行動が見られたのか。これは、ノトグ人の土地に対する本来の認識に未曽有の変化が現れていたためであると考えられる。すなわち、牧民の単なる牧草利用から収益を得るといった本来の対土地認識の外に、開墾利用からも収益が得られるという新たな意識が芽生えていたのである。この変化の程度は、ノトグ人は自ら耕作に手を触れないものの、「戸地」を小作させてその収益を得ていたという点に明確に反映している。換言すれば、ノトグ人は農耕の収益者であるが、耕作の従事者ではなかった。また、このような変化に、この地域の牧畜に見る地域性も多少関係があると考えられる。「モイルト屯の戸地」の節に言及したように、ジャライド旗においては昔から牧畜を前提として補助的に行われてきた伝統的なモンゴル黍耕作があり、モンゴル黍だけに限られた種の作物に適した地理環境があったと思う。勿論吉田氏の指摘したとおり、このナマグ＝タリヤ農耕は漢人の農耕と無縁であったものの、土地に手を加え耕作によって収益が得られるというノトグ人なりの認識があったに間違いない。

ここで一点を敢えて指摘するならば、ジャライド旗の「非開放地」における農耕の媒介者について言うと、「戸地」小作を通して明確に分かるように、ノトグ人に雇われ、「戸地」の小作に従事していた小作人はほとんど外旗モンゴル人であったため、外旗モンゴル人は「非開放地」における農耕の従事者であり、農耕の媒介者でもあったということである。「開放地」においては漢人農民が農耕を広めたとするならば、「非開放地」においては外旗モンゴル人によって農耕が広まった。ジャライド旗のような、興安嶺南東麓の山地の他の地域について本文では検討しなかったが、「戸地」小作そのものではないとはいえ、これと相似した形式で耕作が行われていた。例えばジャライド旗に隣接するホルチン右翼前旗やホルチン右翼後旗においても外旗モンゴル人による榜青（雇農の一種）耕作が盛んに行われていたようであったと聞き取りからも確認できている。したがって、ジャライド旗の事例が普遍化できるとするならば二十世紀前半における内モンゴル東部地域の牧畜地帯に農耕を広めたのは外旗モンゴル人であると言えるだろう。

参考文献

土屋定國『興安南省扎賚特旗事情』（満洲帝國地方事情大系L第八号）、満洲帝國地方事情大系刊行会、康徳四（一〇三七）年。

興安局実態調査科（第四輯）『興安南省科扎賚特旗実態調査報告書』康徳六（一九三九）年。

満洲帝國協和會地籍整理分會編『土地用語辞典』康徳六（一九三九）年。

『蒙古研究』（3-4）「「蒙地における用語集解」蒙古研究会、一九四一年、一五頁。

『档案史料??　?江省少数民族』、一九八五年、三三〇―三三一頁。

張穆『蒙古遊牧記』（須佐嘉橘訳『改稿蒙古游牧記』一九三九年）。

阿拉騰嘎日嘎（アルタンガラグ）「二十世紀初頭における内モンゴル東部地域の遊牧環境―ジャライド旗を事例に―」『早稲田大学大学院文学研究科紀要』第四十九輯・第四分冊、二〇〇三、五頁―一七頁。

阿拉騰嘎日嘎（アルタンガラグ）「ジャライド旗の農耕受容過程について」『史滴』二七号。

広川佐保『蒙地奉上-「満州国」の土地政策-』汲古書院、二〇〇五年。

ボルジギン・ブレンサイン『近現代におけるモンゴル人農耕村落社会の形成』風間書房、二〇〇三年。

吉田順一「興安四省実態調査について―非開放蒙地の調査を中心に―」『早稲田大学大学院文学研究科紀要』第四三輯・第四分冊、一九九八年、五七―七〇頁。

吉田順一「興安嶺南山地の経済構造―ハラトクチンの経済の分析を手掛かりに―」『北東アジア研究』第7号、島根県立大学北東アジア地域研究センター、二〇〇四年、二五―四一頁。

吉田順一「内モンゴル東部地域の経済構造」、『モンゴル草原の環境変動と遊牧生産の関係に関する研究』（課題番号14252014　平成一四～一七年度科学研究費補助金基盤研究（A）成果報告書　研究代表　東北大学北アジア研究センター助教授　岡洋樹、二〇〇六年三月）、一五二頁。

吉田順一「内モンゴルにおける伝統農耕と漢式農耕の受容」（シンポジウム報告『早稲田大学モンゴル研究所紀要』第二号、早稲田大学モンゴル研究所、二〇〇五年三月、五七―七頁。

王玉海『発展与変革』内蒙古大学出版社、二〇〇〇年。

注

（1）阿拉騰嘎日嘎（アルタンガラグ）「二十世紀初頭における内モンゴル東部地域の遊牧環境について―内モンゴル・ジャライド旗を事例に―」『早稲田大学大学院文学研究科紀要』第四九分冊、二〇〇四年、五―一七頁。

（2）内モンゴルに移住して来た漢人の農耕を指す。

（3）阿拉騰嘎日嘎（アルタンガラグ）「ジャライド旗の農耕受容過程について」『史滴』二七号、二〇〇六年、二二六頁。

（4）漢人農民に開放した土地を開放地と称す。

（5）外旗人とも言う。主にジョスト盟から移住してきて農耕に従事していたモンゴル人。モンゴル語でdouraki kümün或いはdour-a γaǰar—un kümünと言う。
（6）吉田順一「関東都督府陸軍部の東部内蒙古調査報告書」『日本モンゴル学会紀要』（Bulletin of JAMS）第二九号、一九九八年、三三—四四頁。
（7）吉田順一「興安四省実態調査について—非開放蒙地の調査を中心に—」『早稲田大学大学院文学研究科紀要』第四三輯・第四分冊、一九九八年、五七—七一頁。
（8）吉田順一「興安局改編と興安省諸旗実態調査」『東北アジア研究シリーズ(5)東北アジアにおける民族と政治』、二〇〇三年、二七—四十六頁。
（9）興安局実態調査科（第四輯）『興安南省科扎賚特旗実態調査報告書』康徳六（一九三九）年、例言。
（10）『興安南省科爾沁左翼中旗・扎賚特旗実態調査統計篇』の「はしがき」。
（11）井手俊太郎「哲里木盟蒙地の基礎を覗く—興安各省実態調査より—」『蒙古研究』第三輯、康徳六（一九三九）年、二六七—二七八頁。
（12）山根順太郎・村岡重夫共著『主農従牧社会における「蒙古部落の農業的性格」』満洲民族学会、康徳十一（一九四三）年六月。
（13）ボルジギン・ブレンサイン『近現代におけるモンゴル人農耕村落社会の形成』風間書房、二〇〇三年。
（14）吉田順一「興安嶺南山地の経済構造—ハラトクチンの経済の分析を手掛かりに—」『北東アジア研究』第7号、島根県立大学北東アジア地域研究センター、二〇〇四年、二五—四一頁。
（15）広川佐保著『蒙地奉上—「満州国」の土地政策—』汲古書院、二〇〇五年。
（16）満洲帝國協和會地籍整理分會編『土地用語辞典』康徳六年。
（17）『蒙古研究』（三—四）「「蒙地における用語集解」蒙古研究会、一九四一年、一五頁。

(18)王玉海『発展与変革』内蒙古大学出版社、二〇〇〇年、三八頁。
(19)家畜の放牧を寄託することをモンゴル語でsürüg talbiquと言うが、畑の耕作を寄託する意味を表すtariy-a talbiquもこの表現に影響された言葉である。
(20)モーロ古老(一九二五年生まれ、男、外旗モンゴル人)に対する聞き取り、二〇〇五年。
(21)興安局実態調査科(第四輯)、前掲書、三六頁。
(22)土屋定國『興安南省扎賚特旗事情』(満洲帝國地方事情大系L第八号)、満洲帝國地方事情大系刊行会、康徳四(一九三五)年、一二五頁。
(23)『档案史料篇黑龙江省少数民族』、一九八五年、三三〇—三三一頁。
(24)チンギス=ハーンを祖先とし、ジャサグ王と同姓のボルジギド姓を名乗るため、清朝政府より与えられた爵位には最下等爵位親王、郡王、貝勒、貝子、公爵、台吉等あり、そのうち台吉には、四等まであるが貴族集団と見てよい。ここでタイジ身分を持つ男子を指す。
(25)一般人の身分を持つ男子を指す。
(26)ラムジャブ古老(一九二二年生まれ、男、ノトグ人)に対する聞き取り調査、二〇〇四年。
(27)許世昌『東三省政略』蒙務上・蒙旗篇、吉林文化出版社、一九八九年、七五—八五頁。
(28)『扎賚特旗文史資料』(第二輯)一九八八年、一三頁。
(29)興安局実態調査科(第四輯)、前掲書、七三頁。
(30)同右
(31)土屋定國、前掲書、一二五頁。
(32)土屋定國、前掲書、一二五—一二六頁。

(33) 興安局実態調査科（第四輯）『興安南省扎賚特旗実態調査報告』康徳六（一九三九）年、四〇頁の「扎賚特旗各努図克別戸地調査表」に基づき作成。
(34) 興安局実態調査科（第四輯）、前掲書、第四表土地関係表、第五表小作関係表(1)(2)に基づき作成。
(35) 興安局実態調査科（第四輯）、前掲書、第二表農家履歴表に基づき作成。
(36) アユルジャナ氏（一九二八年生まれ、男、ノトグ人）に対する聞き取り、二〇〇四年。
(37) 本書論文参照。
(38) 興安局実態調査科（第四輯）、前掲書、三〇頁。
(39) 興安局実態調査科（第四輯）、前掲書、三二頁。

図1　ジャライド旗開放地略図

（興安局『扎賚特旗・科爾沁右翼後旗開放蒙地調査報告書』付図「扎賚特旗・科爾沁右翼後旗開放略図」1937年により作成）

図2　ジャライド旗におけるモイルト屯の位置
（『扎賚特旗志』1993年・付図「扎賚特旗政区図」より）

内モンゴル東部における伝統農耕と漢式農耕の受容

吉田順一

はじめに

内モンゴル東部には、モンゴル族によって古くから農耕が行われてきた。それを内モンゴルの伝統農耕と称することにしたい。

この地域においては、モンゴル族登場以前においても、遊牧民が彼らなりの農耕を営んでいた。烏桓族について、『後漢書』巻百二十列伝第八十「烏桓鮮卑伝」の烏桓の箇所に、「その土地は穄と東牆によい」とあり、また『三国志』「魏志」巻三十「烏桓鮮卑東夷」に引かれている『魏書』に、烏丸について「耕種は常に布穀の鳴くのをもって時候とする。土地は青穄と東牆によい」と記されている。この穄、青穄について西山武一は、糜子（不粘黍、ウルチキビ）とみなし、また「穄は今日糜子（ミーズ）と呼ばれ、西北辺境に多く作っている」と述べている(1)。糜子と糜子は同じものである。西北辺境には内モンゴルも含まれる。糜子とは、後述するように、内モンゴル東部の伝統農耕における主要作物であり、モンゴル語でモンゴルあるいはモンゴル＝アムと称されて、今もモンゴル人によく食われている。

その後、この地域の南西部に遊牧した奚族も、『唐書』巻二百十九列伝百四十四「北狄伝」の奚の箇所に「多く穄を栽培し、すでに収穫すると山の下の穴倉に貯蔵する」とあり、穈子を栽培していたいことが知られる。ここに収穫した穄つまり穈子を地面に穴倉を掘って貯蔵するとあるのと同様のことは、ごく最近まで内モンゴル東部で行われていた。『新五代史』巻七十四「四夷附録」第三の奚の箇所に、「すこぶる耕種を知っており、年ごとに辺民の荒田を借りて穄を植え、秋に熟れればやって来て収穫し、これを山の下に穴倉を掘って貯蔵する」とある。『五代会要』巻二十八「諸色料銭」下の奚の箇所には、「年ごとに」の部分は「毎春」とある。ここで注目したいのは、奚族が春ごとに穄を播種し、その後他所に移り、秋に穄が実ると収穫のためにやって来た点である。これは、要するに、遊牧の民であった奚族が、冬の牧地または春の牧地のあたりに種をまいた後、そこを去って夏の牧地に出かけたことを意味する。「辺民の荒田を借りて」という点については、今は詮索しない。

やがてこの地域はモンゴル族の遊牧するところになったが、(2)『欽定熱河志』巻七十五「藩衛」一に、清の乾隆帝が一七五四年に詠んだ「荒田」と題する詩があり、そこに「農耕はモンゴルの本業ではない。現在ふつうの日が長く続いているのを承けて、至るところで多く山に依って畑をつくり、種を播き終われば、あちこちに出かけて遊牧と狩猟をし、秋の収穫にはやっと帰って来る。雑草を取る術は講ずることはない。俗に靠天田（天に任せる畑）という」とある。この年乾隆帝は、ジョソト盟、ジョーオダ盟南部、ホルチン諸部すなわち内モンゴル東部のかなりの土地を巡って吉林に至った。そのさいに、この詩を詠んだのである。この詩の内容は、播種した後、収穫まで夏の牧地に行って遊牧したり、山に入って狩猟をしたりして、作物の世話をしないという意味であるから、はるか昔のこの地域で営まれていた奚の耕種を類推させる。このことから、乾隆帝が清朝の治世のおかげでこの地域のモンゴル人が耕作をするようになったかのように述べているけれども、モンゴル族がこの地域で、康熙・乾隆以前からこの種の農耕を行っていたとみた方がよいであろう。ただ「靠天田」がこの時代に広がったということはあるであろう。ここに当時のモンゴル人が耕地の雑草を取らないとあるのは、まさにモンゴルの伝統農耕の方法そのものである。このことについては、後述する。

『欽定熱河志』巻七十五「藩衛一」の「蒙古田」に、その後約三〇年を経た一七八二年のこととして、「モンゴル人は、昔は耕して、種を播きそのままにして去り、天に任せて手に入れると称し、秋にできあがると戻って来て刈り取って収穫した。彼らが耕地を去ったのは理由があり、〔別のところで〕狩猟をしたり遊牧をしたりしていたのである。けれども今は、そうではない。等しく除草を習い、雨を占うことと晴を予測することを務めている」とある。この一文に続けて「ハルハは地が冷たくて耕作をこととすることはできない」とあるから、上のモンゴル人の農耕とは、主に内モンゴルの状態を述べたものであり、特に内モンゴル東部の状況が念頭にあったのであろう。ここに、播種した後、収穫時まで他所に去ることはなく、除草を行ったというのであるから、伝統農耕とは異なるようである。乾隆帝時代は、漢人のこの地への入植が激しくなり、ついに彼らがこの地に入ることを禁じる政策に転じた時期でもあるから[3]、一八世紀中葉から約三〇年を経た一八世紀後半には、早くから漢人の入植が進んだジョソト盟やジョーオダ盟南部においては漢人式の農耕がかなり広がり、その影響で牧地の狭隘化などの状況が生じていたに違いない。それらの理由によってモンゴル人の中に定着化し牧畜を営み、牧畜と並んで漢人の行う農耕を受容して、農作物の種類と収穫を増やして生計を維持する者がかなり現れ、中には完全に生計の基盤をそのような漢式農耕に転じ、その農法に習熟した者も出現してきたと考えられる。上の記事は、そのような段階の初期の状態を述べたものと推測される。

このような状態に陥った地域は、その後ますます拡大したのであるが、モンゴル人の伝統農耕はその後も、内モンゴル東部において簡単に廃れることはなかった。このことは二〇世紀初めごろこの地を訪れた日本人の記録や最近の内モンゴルの旗志の記述からわかるのである(『内モンゴル東部ナマク=タリヤ分布図』参照)。

モンゴルの伝統農耕は、モンゴル高原の遊牧が遅れたものとみなされてきたのと同じように遅れたものとみなされ、軽く扱われてきた。まともに考察されることはほとんどなかった。[4] 内モンゴル東部地域の変容の根幹をなすのは、漢人の進出と農耕化（純農耕地域や半農半牧地域の形成）であるが、この農耕化問題について述べられるときにもっぱら取り上げられてきたのは、漢人の農耕であり、モンゴル人の伝統的農耕について述べることは、表面的かつ形式的であり、決まって原始的で遅れたものだという簡単な言葉で一蹴されてきた。だがこのような扱いは妥当であろうか。

私は、内モンゴル東部地域の伝統的農耕について二〇〇三年、二〇〇四年に実態調査を行った。その結果、この地域のモンゴル人の伝統的農耕は、一顧の価値もないと片付けるべきではなく、十分に検討するに値すると考えるようになった。そしてその考察の基礎の上に漢式農耕の受容について研究すれば、また内モンゴル東部地域の変容についても、もっと奥行きのある見方が可能となるのではないかと考えるに至ったのである。

その場合、二〇世紀初頭までに農耕化してしまっていたジョソト盟やジョーオダ盟の南部、それにジリム盟の一部においてモンゴル人の伝統的農耕が廃れ漢人の農耕が全面的に広まった過程については、史料上跡付けることは今のところ困難であるので、本報告では触れることは避けたい。内モンゴル東部のこれら以外の地域のうち二〇世紀前半に伝統的農耕が廃れた地域については、その過程を調べて明らかにすることはある程度可能であると思うが、本報告では慎重を期して、将来の検討に譲りたい。本報告では伝統農耕が二〇世紀中頃まで保たれ、それが漢式農耕に圧倒されていく過程を知り得る地域についてのみ考察することにしたい。

一、ナマク=タリヤ農耕

1 モンゴルの伝統的農耕に対する従来の見方

内モンゴル東部地域のモンゴルの伝統的な農耕とは、モンゴル語でナマク=タリヤnamuɣ tariy-a農耕（漢語では漫撒子）と称されるものである。漫撒子はモンゴル語化してmantasuと言われることもあるという(5)。あるいはモンゴル＝タリヤmongγol tariy-aとも称されてきた。またウル＝ハヤフür-e qayaquということもあったようである(6)。

ナマク＝タリヤ農耕についてはじめて詳しく記録した例として、二〇世紀初め頃の何人かの日本人のものが挙げられる。それらの記録も、ナマクタリヤ農耕を遅れたものと見る。その一つには、

其農具ノ如キハ単純粗悪ヲ極メ…、其耕作ノ方法ハ多クハ不秩序的ニ随所鋤耕シ、敢テ整然タル畔畦ノ設ケナク、劃然タル畑地ノ限界ナク、而モ肥料ノ施サルルナク、又雑草ヲ刈徐スルコトナクシテ、直ニ播種セラレ、殆ント天然ノ野生ト異ナラス。

とある(7)。この地域のモンゴルの伝統農業を原始的と述べたものも、散見される(8)。

また現在のモンゴル人も、モンゴルの伝統的農業について、例えば色音は、「早期のモンゴル農民は、「漫撒子」農業を主となしたが、その特長は、技術が粗末で、…」などと述べている(9)。

ナマク＝タリヤ農耕は、土を掘り返して畝（＝畦）を盛り上げることをしないし、肥料を施さないし、雑草を取らない、春夏に種を播いた後、何もしないで秋の収穫を待つ。そのため、「幼稚拙劣」とか「技術が粗末」などと、低く評価されてきたのである。だが、このような見方は妥当であろうか。

2　モンゴルの伝統農業に対するあるべき視点

私が何よりもまず指摘したいのは、モンゴル人牧民の行ってきた農耕だという点である。つまり農民の行ってきた農耕ではないのである。そしてこの当たり前とも言えることに気付けば、大いに異なる見方が可能になる。

色音は前述のように、「早期のモンゴル農民は、「漫撒子」農業を主となした」と述べ、ナマク＝タリヤ農耕を行うの

が「モンゴル農民」であると述べた。「早期のモンゴル農民」という言葉の意味はよくわからないが、早期であれ中期であれ、農民と称されるにふさわしいようなモンゴル人がナマク=タリヤ農耕を主にやることはあり得ない。それを主にやるのは、農民ではなく牧民である。モンゴル人が農民に変わったと言えるのは、純農耕か農主牧副の段階になった場合であろう。この段階でナマク=タリヤ農耕をなお主にやるとは考え難い。これらのことはナマク=タリヤ農耕を理解し評価する要点であり、ここのところを誤ると、ナマク=タリヤ農耕に対して誤った評価をすることになる。また、ナマク=タリヤ農耕が遊牧の定着化とともに行われるようになったとする見解があるが[10]、誤っている。この農耕は、遊牧民の農法であり、遊牧民が定着化する前から行われていたものである。

ナマク=タリヤ農耕は、牧民の生業である遊牧に悪い影響を与えないことが基本的な条件として求められた。耕地として選定される場所は良好な牧地から選ばれることは避けられ、夏の最もよい季節に夏営地に出かけて家畜を太らせることに妨げにならないことが重視された。言い換えると、牧畜に邪魔にならないことが求められた。興安局の調査報告において、ナマク=タリヤ農耕を、「牧畜を営むのに障らない農耕」とか「付帯経営」とか述べられたのは、この意味である[11]。牧民は、夏になれば家族そろってゲル・生活用品・家畜を伴って夏秋の牧地に出かける。そして家畜を毎日しっかり放牧してよい草を食わせ、厳しい冬春に備えて家畜を太らせなければならない。このように夏秋は牧畜上重要なので、春夏の交にまとまった雨が降るとただちに、ふつう冬や春を過ごす場所やその付近に作られるナマク=タリヤにおいてできるだけ短い日数で手早く種蒔きを済ませ、夏営地に移動し、短い夏秋の季節の放牧に専念することが求められる。だから肥料も施さないで、初めに種を播き、次に犂入れして、すべてが終わるのである。その後、夏営地からはるばる耕地に戻って除草・中耕をすることも、牧畜の妨げになるから行わない。こう理解すべきなのである。

このように牧畜の妨げにならないという条件を満たす耕作法であったからこそ、ナマク=タリヤ農耕は内モンゴル東部地域の牧民の間に広く受け入れられ行われてきたのである。あるいはそのようなものとして確立されたと述べた方がよいかも知れない。

3　ナマク＝タリヤ農耕の分布

今、ナマク＝タリヤ農耕の分布を調べてみると、内モンゴル東部地域において、純農耕地帯となってしまった地域を含めて、二〇世紀の初め頃までは、広く営まれてきたとみてよい。そして聞き取りや文献の調査によれば、ナマク＝タリヤ農耕は、一九四九年の土地改革と一九五八年以後の人民公社化の前には、広く盛んに行われていた。次頁の「内モンゴル東部ナマクタリヤ分布図」は、ナマク＝タリヤ農耕がかつて行われていたことを資料上知ることのできる土地を旗単位で×印で示したものである。これによれば、内モンゴル東部地域のほぼ全域において、それが行われていたことが分かる。現在吉林省や遼寧省に組み入れられてしまっているが、もと内モンゴル東部地域であったところも含めて、内モンゴル東部地域ではかつて間違いなく全域でナマク＝タリヤ農耕が行われていたと見てよい。私の調査した限りでは、興安嶺西のウジュムチン旗やエヴェンキ族自治旗、バルガ三旗においては農耕が営まれていかった。内モンゴル東部地域はそれらの地域と対照的な状況を示していると言える。

4　ナマク＝タリヤ農耕の方法

牧民の農耕としてのナマク＝タリヤ農耕の方法を、具体的に述べてみる。

（1）播種と犂入れ

ナマク＝タリヤ農耕では、まず種を播く。それから犂で土を掘り返す。かつては犂を使わず、馬に踏ませて種を鎮圧する方法もとられていたようである。[12] また播種後、鎮圧板を引くだけのこともあったらしい。犂には鋳物の犂先が必

内モンゴル東部ナマクタリヤ分布図

吉田順一作図

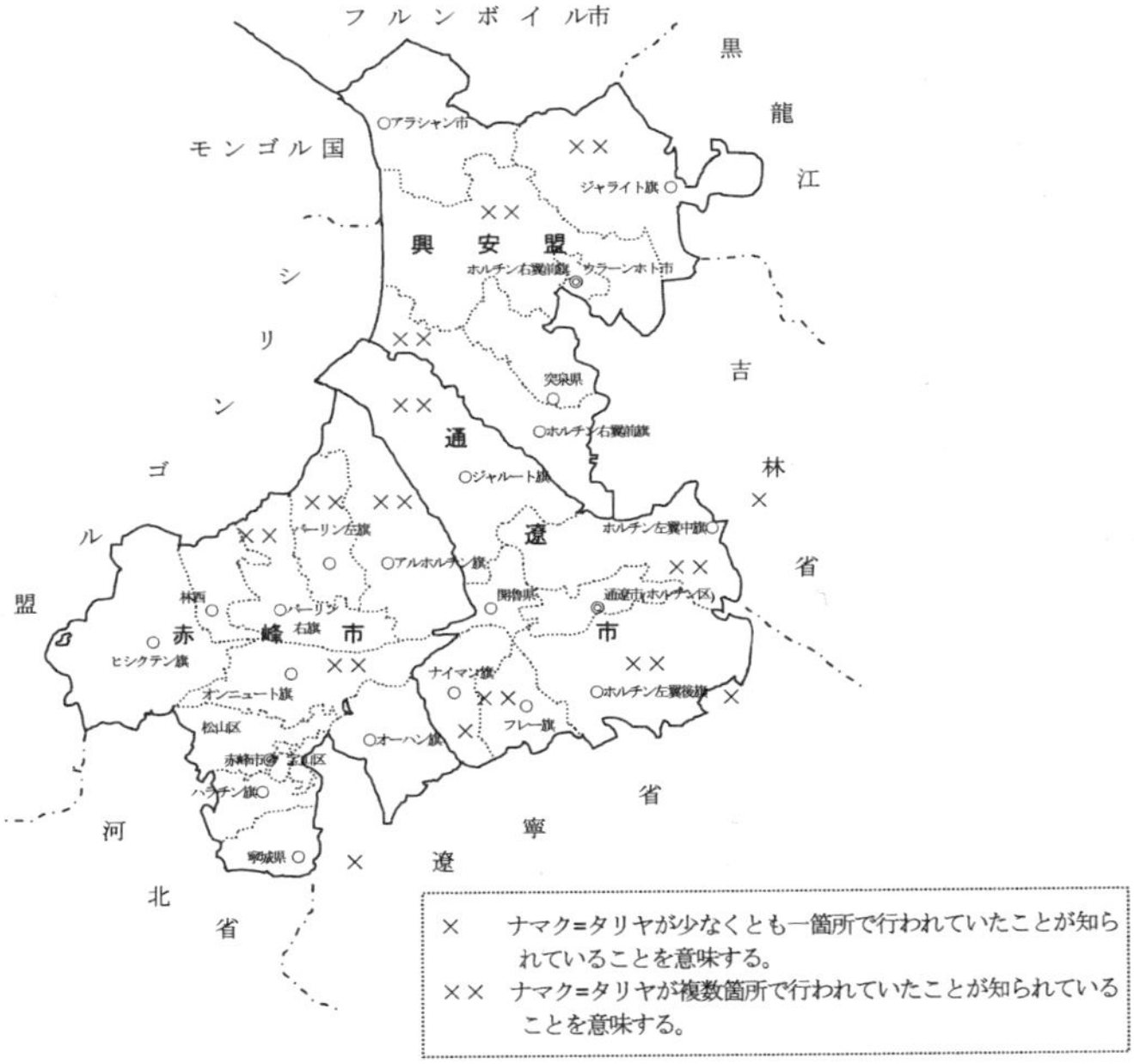

【典拠】

- 鳥居龍蔵『蒙古旅行』、1908（明治41）。
- 関東都督府陸軍部『東部蒙古誌草稿』下、1908（明治41）。
- 関東都督府陸軍部『東部蒙古誌補修草稿』下、1914（大正3）。
- 『東部内蒙古産業調査』2、農商務省、1916（大正5）。
- 関東都督府民生部『満蒙経済事情』9、1917（大正6）。同『満蒙経済事情』16、1918（大正7）。
- 柏原孝久・濱田純一『蒙古地誌』上・中・下、冨山房、1919（大正8）。
- 内海右一郎『図什業図王旗事情』満鉄庶務部調査課、1927（昭和2）。
- 満鉄調査部『興安西省扎魯特旗・阿魯科爾沁旗畜産調査報告』(産業調査資料第58)、1939（昭和14）。
- 興安局『興安西省阿魯科爾沁旗実態調査報告書』(実態調査資料1)、1939（康徳6）年調査、1941。
- 興安局『興安南省扎賚特旗実態調査報告書』(実態調査資料4)、1939（康徳6）年調査。
- 山根順太郎・村岡重夫共著『主農従牧社会に於ける「蒙古部落の農業的性格」』、満洲民族学会、1944（康徳11）。
- Lobsangčoyidan ǰokiyaba˜,Qa.Danbiǰalsan čoqulba, *Mongγol-un ǰang ayali-yin oilaburi*, Kökeqota, 1981.
- 『巴林左旗志』、『巴林左旗志』編纂委員会1985年。
- 『巴林右旗志』、『巴林右旗志』編纂委員会、1990年。
- 『科爾沁右翼前旗志』、『科爾沁右翼前旗志』編纂委員会、1991。
- 『赤峰市志』上、赤峰市地方志編纂委員会 1996。
- Bou ji ming, *Qoručin-u mongγol tariyačin-u amidural*, Liyaouning-un ündüsüten-ü keblel-ün qoriy-a,1999.
- 『扎魯特旗志』、『扎魯特旗志』編纂委員会、2001。
- その他および2003年、2004年における現地聞取り調査から得た資料要であり、その入手が難しい時代に、内モンゴル東部地域全域において広くこれらの方法が行われていたのであろうが、おそらくこれらの方法は、地面を掘り返すことを嫌うモンゴル牧民としては、好ましいものであったはずである。

内モンゴル東部地域における犂の使用法の特徴の一つは犂剜子（リワンツ）（撥土板＝スキヘラ）（toli）を必ず犂先（anjisun-u qosiγu）に付けることである。これによって犂で地面を掘って片側に反転させつつ進み、次にそれによってできた畦に犂を入れて畦を崩しつつ地面を掘り返し、種を完全に土で覆うのである。そしてこのような耕し方であるため、畝ができない。これがナマク＝タリヤ農耕の特徴である。漢人流の壟（šang）（畝）を立てる耕作法は、シャンタイ＝タリヤ（šangtai tariy-a）農耕と称されている。それはともかく、この方法のモンゴル人にとっての利点は、種を土で覆う作業を、犂で耕すのと同時に一挙に行えることである。これによって人手と手間を大いに節約できるのである。

（2）施肥

ナマク＝タリヤ農耕で肥料を使わないのは、一つの場所を二、三年または一、二年程度しか使わないので、その間、地味つまり土地の生産力は年々低下するものの、強く施肥を迫られる程ではないからである。それ以上使い続けると土地が痩せ、作物の収穫量が保証されないから、場所を変えるのである。

漢人の農耕についても、「地力未だ豊なる南満山地帯、東蒙新開放地方及北満地方に於ては肥料を施すことはないが開墾久しきに亙れる南満地方に於ては二年若くは三年に一度宛土糞を施用するのが普通である」[13]とあるし、「新開墾地に於ては、開墾後約十年間は施肥を必要とせざるを普通とす」[14]とある。また二〇世紀初期において内モンゴル東部地域の西南部地方で漢人は休閑農法を行っていて、耕地の三分の一は常に休閑していたが[15]、休閑法を取る漢人農民は施肥することがまれであったという[16]。

ナマク＝タリヤ農耕も、肥料をやる必要のない地力のある土地をいつも使うようにしていたから、肥料をやらないで済んでいたのであって、両者の施肥に対する考え方に、基本的な違いはない。以上の如くであるとすれば、ナマク＝タリヤ農耕が肥料を使わないことを、蔑視することは妥当でないと思われる。このように肥料をやらないで済むならば、肥料づくり、肥料の運搬、肥料の耕地への撒布の手間が省け、人手も少なく済ませることができるのである。

（３）除草・中耕

ナマク＝タリヤ農耕は、ステップに草が生えて、ある程度まで成長した頃に始められるので、表土を犂で反転させた後、草はほとんど生えないとされる。アルホルチン旗バヤンボラク＝ガチャー（一九三九年に興安局が実態調査をしたハラトクチンに当る）での私の調査によれば、最も早く種を播く場合でも、草が四ホロー（指）の長さになった時期である。またナマク＝タリヤ農耕は一つの場所を二、三年または一、二年程度使うが、この年数ならば雑草があまり生えるようにはならないともいう(17)。

雑草を取らない別の理由に、草を抜き取ることへの牧民の抵抗感もあると思われる。草は家畜の餌だからである。ともかく、除草・中耕をしないことによっても、人手と時間が節約できるのである。

（４）作付面積と収穫量

ナマク＝タリヤ農耕が牧民の農耕であり、牧畜に障らない程度に行われるものだという見方の妥当性は、その作付面積・収穫量からも分かる。牧民は、ナマク＝タリヤ農耕によって自家消費用以上に収穫を得ることを望まなかったし、期待もしていなかったからである。「播種量は、一家人口を対比して定められ、たとへ一家の中に余剰労力がありとしても余計な農耕はやっていない。…家計収入は農業によるものではなく、家畜及畜産物売却、林野産物売却等によるものである」のである(18)。従ってナマク＝タリヤの耕地の広狭は、それぞれの牧民の家の家族数の多寡に比例したのである(19)。

収穫を増やして商品として売ることはほとんど行われなかったが、その理由は、そのために耕地を広げれば時間と人手が取られ、夏季に家畜をできるだけよく太らせるという、牧畜の重要な目的を達成するのに悪い影響を及ぼすからである。

以上、（1）～（4）に述べたように、ナマク=タリヤ農耕は、できるだけ人手も時間もかからないようにされているのである。まさに彼らは「農業が主産業ではなくて、牧畜を営むのに障らない農耕を営んでいたのである。[20]

（5）耕作場所

ナマク=タリヤ農耕は乾燥地帯の農耕なので、旧暦の五、六月になって雨が降らないと、種を播くことができないし、とにかく雨との関係で耕作する場所を決めることが求められる。「其耕作ノ方法ハ多クハ不秩序的ニ随所鋤耕シ」と述べたものがあるが[21]、実際にはそのような単純なものではない。

まずナマク=タリヤは、寒い時季を過ごす、比較的あたたかい場所すなわち冬営地や春営地あるいはそれらのそばの、次に述べるような条件を充たす場所が選ばれる。

ハラトクチン（現バヤンボラク=ガチャー）のナマク=タリヤの場所が、ある谷間に固まっている理由を、住民が「あの辺は雨が多いから皆彼処を耕すのだと答えた」とあるように[22]、雨の比較的よく降る場所（このような場所は「雨の道」と称される）や、現実に雨の降った場所が選ばれる。また年毎にその年の雨の降り方の特徴を見て場所を選ぶ。例えば同地での私の調査によれば、雨がよく降る年には、山の方にあるジョーギン=タリヤ（jo-yin tariy-a）つまり小高い乾いた場所を選び、旱魃の年には、川沿いのゴリン=タリヤ（γoul-un tariy-a）またはチーギン=タリヤ（čigig-ün tariy-a）、つまり土壌に湿気の多い場所を選ぶ[23]。雨の降る場所を探して随分遠くに出かけ、他旗に行くことさえあった。私はアルホルチン旗の牧民がオンニュード旗に入ってナマク=タリヤ農耕をしたということを聞き取った。それに対して、オンニュード旗の牧民が他旗の牧民のナマク＝タリヤに家畜を放したりすることはなかったとのことである。モンゴルの牧民は、以上のように、ナマク＝タリヤの場所を適切に選ぶように努めてきたのである。

さて、ナマク＝タリヤに播種して種を鎮圧または覆土し終わると、夏を涼しく過せる牧地に出かけ、そこにおいて暑さを避けて家畜を放牧して家畜がよく太らせ、作物の穀粒が熟したころ、霜が降りるより前に、収穫するためにナマク＝タリヤの場所にもどって刈取りし、脱穀（脱粒）し、それをその附近、あるいは湿気の少ない適当な場所に素掘りの竪穴（ジェールjoɣuri）を掘って収蔵したのである。

アルホルチン旗南部のモンゴル人からの聞き取りによると、作物の刈取り後、そのそばで穂から穀粒を落とす脱粒をするが、それに石製のローラー（bolu）を使う場合、それは重いので牛車などに載せて運んで来た。そして使い終わると、その場に置きっぱなしにした。かつて石製ローラーがあちこちに転がっていたが、盗まれることはなかったという。

5　ナマク＝タリヤ農耕の作物

作物についても、気候に合わせて使い分ける工夫がされてきた。

内モンゴル東部地域の伝統農業における作物は、モンゴルmongɣolまたはモンゴル＝アムmongɣol amuとサガドsaɣadまたはサガクsaɣaɣと称される二つの種類の穀物である。これ以外のものは、この二つに比べれば、新しく取り入れられたものといって差し支えない。モンゴル＝アムとは稷、黍、穈子などと漢訳されるもので、要するに粘り気のないキビ（ウルチキビ）の種類である。サガドとは蕎麦である。地域によって、両方を栽培したり、モンゴルだけを栽培したりしてきた。

モンゴル＝アムについてみると、九〇日のモンゴルと七〇日（または七五日）のモンゴルがあり、また六〇日のモンゴルというのもある。サガドについても同様に三種類ある。このような区別があるのは、種蒔きの時期に雨が降るのが順調か遅いかによって、種を使い分けるためである。収穫時期は秋に霜が降りるより前と決まっているので、アルホルチン旗北部では、その刈り取りの時期から逆算して九〇日前頃に雨が降れば、九〇日のモンゴルの種を旧暦五月にまく。刈り取り時期から六〇日前頃になってやっと雨が降れば旧暦六月に播く。七〇日の種を播くことはもう無理だからである。このように三種類の種が、降雨の時期を見て使い分けされるのである。

ナマク=タリヤ農耕は、三種類の種に応じて、九〇日のナマク=タリヤ農耕、七〇日のナマク=タリヤ農耕、六〇日のナマク=タリヤ農耕と区別されてきた。乾燥地帯なので七〇日、六〇日のナマク=タリヤ農耕を行うことが多かったようである。

以上、乾燥地帯であるが故に、雨の降る時期に合わせて種を使い分け、ナマク=タリヤ農耕も区別されてきたことは、この地域のモンゴル人の伝統農耕に対する評価に関わる。

要するに、モンゴル牧民の行ってきたナマク=タリヤ農耕とは、牧畜の傍ら、牧畜をできるだけ妨げないものとして営まれてきたのであり、一見単純と見えるのも、余計な人手と時間を極力使わないように、可能な範囲で作業が省略された結果であることが分かった。しかし省略は、単なる省略ではなく、そこに合理的な配慮を見出すことができる。作業の手順を簡潔に述べると、まずしかるべき湿気を含み、地力があり、あまり雑草が生えそうもない土地を選んで、降雨後に三種類の種のうち一つの種類を、その年の降雨の時期から霜の降る時期までの日数の長短を計って選んで播き、次いで馬の足や鎮圧板を使って種を鎮圧し、あるいは犂を入れて地表を反転させて種に覆土して耕作を終え、あとは収穫を待つのである。このようにすることによって、作業従事者の数も作業時間も最小限度に抑えることができ、牧畜への影響は最小限度に抑制される。そして二、三年後、地力が衰え、雑草も増える頃には、他の土地に移るから、肥料も除草も不必要なのである。

ナマク=タリヤに使った後、その場所を牧地として使うことに問題はなかったと、聞取り対象者たちは話している。アルホルチン旗での聞き取りによると、ナマク=タリヤにした土地には、二年目に草がよく生える。理由はモンゴル=アムは穂先だけを刈取り、茎は生えたままなので、他所から風で飛んできた草の種がそこに多くぶつかって地面に落ちるからだという。またモンゴル犂は、多年草の牧草の根を切断することができないし、むしろそれらの根によって犂先が痛むので、できるだけ多年草の少ない土地を選ぶ。このことも、ナマク=タリヤが牧地に影響を与えない理由であるという。

二、シャンタイ=タリヤ農耕とその受容

1　シャンタイ=タリヤ農耕

内モンゴル東部地域のモンゴル人は、漢人の行う農耕すなわち漢式農業をシャンタイ=タリヤ šangtai tariy-aと言っている。ジョラク=タリヤ jiruq-a tariy-aとも言われる。シャンšangもジョラクも、うね（畝、畦、壟）のことである。従ってシャンタイ=タリヤとは畦のある耕地という程度の意味となろう。すでに述べたようにナマク=タリヤには畦はない。すなわち畦の有無の違いを捉えて漢人の農業の呼び名としたのである。シャンタイ=タリヤの耕作法は、役畜・犂を使って整地し、施肥し、役畜・犂を使って作條し、播種し、覆土鎮圧する。その後作物が育ってきたときに何回かの除草及び中耕・培土を行い、最後に収穫するというものであり、ナマク=タリヤ農耕に比べて、作業の工程が多い。そのため人手と作業時間をずっと多く必要とするのである。

それだけでなく、シャンタイ=タリヤ農耕で栽培する作物はナマク=タリヤ農耕のそれとは異なる。すなわちシャンタイ=タリヤ農耕では、高粱、粟、小麦、大麦、トウモロコシ、大豆、緑豆、蔬菜類など、多数の種類の作物を栽培す

る。ナマク＝タリヤ農耕はモンゴル＝アム、サガドのみである。地域によって黄米〔ホワンミー。糯黍〔モチキビ〕〕や四〇日のナリムnarimu（小米、粟）も作るが、その歴史はモンゴル、サガドに比べれば新しいであろう。ちなみにホワンミーは中耕を必要としない。逆にモンゴル＝アムを漢族が栽培することもあるが、これも彼らの内モンゴル東部への移住後のことではないかと推測される。要するにシャンタイ＝タリヤとナマク＝タリヤの栽培対象作物は基本的に異なるのである。

このように見ると、シャンタイ＝タリヤ農耕を取り入れると言うことは、これらの作物を取り入れるということも意味する。そしてモンゴル人が農民（農業及び半農半牧の民）となるということは、これらシャンタイ＝タリヤ農耕の作物の主なもの、あるいはかなりの数のものを、自らの重要な作物として栽培するようになり、それらの作業に時間や人手がとられて、牧畜を牧民のように行うことができない状態になるということである。

2　シャンタイ＝タリヤ農耕の受容

（1）革命前

では、内モンゴル東部地域にシャンタイ＝タリヤ農耕はどのようにして受容されたのであろうか。この問題を考える対象として、本報告では、早く漢人が入りこんだ影響を受けてモンゴル人が農民化したジョソト盟や清末の新政以後に開放蒙地とされた地域については取り扱わない。それ以外の地域について見ることにしたい。

この受容に重要な意味をもったのが、ジョソト盟や開放蒙地とは別の内モンゴル東部のステップ地域に入り込んだ漢人農民や、ジョソト盟方面から一八八七年の金丹道暴動のときを頂点として北部に逃れて入った農業経験豊かなモンゴル人であろう。彼らは流入し移住先の土地の農業化に影響を及ぼし、また人口増加ももたらし、牧地の狭隘化の一因となり、その結果牧畜にも影響を及ぼしたのである。それにまた開放蒙地として設定された地域に住んでいたモンゴル人の多くも、開放地とされ漢人農民が流入してきた故郷を離れて、同じ旗や盟の別のところに移住し、移住先のステップの人口増加を招き、移住先の牧地に影響を及ぼしたのである。もちろん開放蒙地の設定自体が内モンゴル東部地域のステップの狭隘化を引き起こしたのであって、これがこの地の牧畜に大きな影響を与えた。牧畜への影響とは、遊牧から定着的牧畜への移行を指している。

これらの内モンゴル東部各地の人口増加に伴う遊牧の定着傾向については、関東都督府陸軍部等の調査によって知ることができる。それによれば、現在の内モンゴル東部地域の境域内（鄭家屯、洮南府、斉斉哈爾ヲ連絡セル線附近ノ地方ヨリ内部）の多くの地域は、二〇世紀初頭までに遊牧が定着的牧畜に移行していた(24)。この状態は、一九二〇年頃までほぼ同じままであったようである(25)。だが定着的牧畜はその後も広がり、そのことはシャンタイ＝タリヤ農耕を受容しやすい状態が広がっていたことを意味した。なぜなら遊牧より定着的牧畜の方が、牧民にとって農耕に関わりやすいからである。

その後一九三〇年代に入ると、満洲国時代となり、内モンゴルの牧地の保全が重視されたから、漢人の流入が引き続き絶えなかったとはいえ、シャンタイ＝タリヤ農耕の普及は抑制されたと見られる。ホルチン左翼中旗では、一九三〇年後半において、東南部や新開河南岸沿いにシャンタイ＝タリヤ農耕が認められたが、南部と中部・北部にナマク＝タリヤ農耕が広く行われていた(26)。

ホルチン右翼中旗の東部（ゴリンバイシン＝ソム）や中部（バージャルガ＝ソム）では、革命後の土地改革の頃まで同旗原住の牧民はナマク＝タリヤ農耕をやっていた。

ジャライト旗についても、一九三〇年代末の時点で、シャンタイ＝タリヤ農耕が行われるようになったばかりであったし、同旗原住のモンゴル人は外来モンゴル人や漢人の移住者に農耕をさせていたものの、まだ自分たちがシャンタイ＝タリヤ農耕を行うことはなかったのである(27)。

これらのことから分かるのは、内モンゴル東部地域の開放された土地や漢人が特に多く住んでいた土地以外の場所では、モンゴル人はなおナマク=タリヤ農耕をよく行っていたということである。だが、それらの場所の中には、漢人や、旗原住のモンゴル人の小作人となっていた他旗からの移住モンゴル人の多い地域もあったから、そのような地域は、全体的に半農半牧地域となってきていたと思われる。だが、旗原住のモンゴル人でシャンタイ=タリヤ農耕を行うようになっていた者は少なかったと考えられる。

（2）革命後

事情が変わったのは、共産党が勝ち、一九四九年に土地改革が行われ、人民公社が設立された社会主義の時代に入ってからである。この時期、大躍進政策によって引き起こされた飢饉の対策として、多数の漢人や南部のモンゴル人を北部が受け入れさせられた。その後いわゆる文化大革命期にも漢人などが多数入ってきた。しかし漢人の場合、たとい彼らがモンゴル人の集落に混住した場合であっても、シャンタイ=タリヤ農耕をモンゴル人の間に広めたとは考え難い。他旗から移住して来たモンゴル人の場合でも、同様である。言えることは、漢族人口とシャンタイ=タリヤ農耕の耕地が増え、地域の総人口中に占める農業従事者とシャンタイ=タリヤの面積が増えたということである。そしてその結果牧地が狭められたということである。

シャンタイ=タリヤ農耕の普及に重要な意味をもったのは、上からの指示・指導であった。そしてその指示・指導は社会主義体制の故に効果を挙げ、シャンタイ=タリヤ農耕が普及した。早いところでは通遼市（旧ジリム盟）南部のフレー旗におけるように、それまで北部（エルセン鎮）や中部（フレー鎮）でナマク=タリヤが行われていたのが、人民公社設置に先立つ初級合作社の段階で、ナマク=タリヤ農耕より収穫が多くなるのでシャンタイ=タリヤ農耕をやるよう指示が出され、合作社員は一律にシャンタイ=タリヤ農耕に移行せざるを得なくなった。アルホルチン旗では、大躍進時代開始の一九五八年に、上部の組織からシャンタイ＝タリヤを行うように指示が出され、指導のために漢人が派遣されて来て政策が推し進められた。またその東隣りの通遼市ジャルート旗のバヤルトホショー＝ソムでもこの時期に上からの指示があってシャンタイ＝タリヤ農耕を行うようになった。同旗のゲルチョロー＝ソムでは一九五八年にはシャンタイ＝タリヤは導入されなかったが、いわゆる文化大革命のときに食料の自給自足政策が出され、上からの指示によって導入された(28)。

以上のように、社会主義時代に入って、上からの指示・指導によってシャンタイ＝タリヤ農耕が広い地域で採用され、行われるようになったことが分かる。その場合、人民公社の生産隊に牧業隊と農業隊が組織され、隊員が牧畜と農業を別々に行うようにされたことが、シャンタイ＝タリヤ農耕を受容しやすくした。なぜならばこの分業体制によって農業隊が牧畜のことを心配しないで農作業に専念できるようになったからである。

人民公社時代以来政策的に進められた家畜飼料の栽培もシャンタイ＝タリヤ農耕の普及を促進した。主に栽培されたのはトウモロコシだが、これはその後一九八〇年代以来、家畜が私有化され、牧地が各家に分配され、牧地の「現代化」が進められる中で、栽培が増え続けている。トウモロコシはナマク＝タリヤ農耕ではだめで、シャンタイ＝タリヤ農耕をせざるを得ないので、モンゴル牧民の間にシャンタイ＝タリヤ農耕が普及するのに重要な役割を果たしたと考えられる。

付言すると改革開放政策が行われている現在、優良作物と称される緑豆やひまわりを栽培するモンゴル人も増え、これらの栽培もシャンタイ＝タリヤ農耕で行われなければならないので、モンゴル人の間にシャンタイ＝タリヤ農耕を広げるのに意味をもっている。

このように土地改革以後シャンタイ＝タリヤ農耕の普及が主として上部からの指導によって推し進められ、人民公社解体後もシャンタイ＝タリヤ農耕を普及させる環境が続き、その結果ナマク＝タリヤ農耕はその背後に退いて行った。

ナマク＝タリヤ農耕は、いわば外力によって衰えたと見ることができるのである。

3　シャンタイ＝タリヤ農耕受容の結果

それでは、シャンタイ＝タリヤ農耕の普及は、内モンゴル東部地域のモンゴル人の経済にどのような影響を及ぼしたのであろうか。

まず、表面上半農半牧に分類されていても、農主牧副へと傾斜した地域が増えてきたと思われる。人民公社の解体後、農業政策と対をなす牧畜政策は、めまぐるしく変化しており、そのような状況の下で、シャンタイ＝タリヤ農耕が半農半牧のモンゴル人や牧畜のモンゴル人に及ぼしてきた具体的な内容や意味を論じるには、なお慎重な調査と観察が必要と思われるが、一応、半農半牧地域において農主牧副に傾斜してきた例を見てみる。

フレー旗のハルゴー＝ソムのホーライゴル＝ガチャーは、人民公社時代には文字通り半農半牧地域であったが、現在モンゴル＝アム、ソバ、ホワンミー（黄米）以外に、トウモロコシ、粟、高粱、黒豆、大豆、緑豆、大麻子、麻など、シャンタイ＝タリヤ農耕の作物の種類と栽培量が増えている。そしてこのガチャーの豊かさが人々を引き寄せ、増えた人口によって耕地が広げられたという事情も加わって、牧地がいよいよ狭まり牧草も悪化し、牧畜が困難となり、現在明確な農主牧副経済に移行した。最近では禁牧政策で山羊・羊の放牧ができなくなり、この状況が続くと、純農業経済に急接近するかも知れない。

シャンタイ＝タリヤ農耕が広く深く浸透して耕地が拡大し、漢人農村の農作物の種類と量に近づき、反比例して牧地が狭くなり、牧畜に割く時間と人手が乏しくなり、家畜を放牧することが難しくなり、羊と山羊を飼わなくなり、役畜としての牛と馬、そしてロバ、ラバ、ブタ、ニワトリ、アヒルだけしか飼わなくなった集落は、純農業化したと見てよい(29)。

おわりに

シャンタイ＝タリヤ農耕が普及してきた中で、ナマク＝タリヤ農耕の命運は尽きたのであろうか。実は人民公社が解体された後、個人経営に戻ったモンゴル人の間で、ナマク＝タリヤ農耕が少し復活しているのである。

内モンゴル東部地域はモンゴル高原の他の地域同様、つねに旱魃の危険にさらされており、雨が降らず、しばしば種蒔きが遅れ、シャンタイ＝タリヤ農耕を行う時機を逸する事態が生じる。そしてシャンタイ＝タリヤ農耕の作物が栽培困難となる。するとナマク＝タリヤ農耕に切り替えざるを得ないのである。私が調査した地域では、フレー旗も含めてほぼすべてが、モンゴル＝アムとサガド、特にサガドのナマク＝タリヤ農耕を、今も必要に応じて行っている。バヤンボラク＝ガチャーでは、なお五、六戸がナマク＝タリヤ農耕だけを行っている(30)。

このようにナマク＝タリヤ農耕は内モンゴル東部地域の自然環境によく適合しているので、今後も簡単に消え去るとは思われない。細々とではあるが命脈を保ち続けるのではないだろうか。

注

（1）西山武一「穀黍穄粱秫考―華北高田禾穀の変遷」『報告長篇』三、一九四〇年、二七頁。西山武一『アジア的農法と農業社会』東京大学出版会、一九六九年、六六頁。

（2）南宋の趙珙の『蒙韃備録』に「かの国（モンゴル人の土地）にもまた一、二黒黍米を産出するところがある」とある。これも穈子である。この記事は趙珙が燕京まで行って得た情報に基づいているから伝聞によるが、黒黍子の産出地のひとつに内モンゴル東部が含まれていた可能性は十分に考えられる。

（3）矢野仁一『近代蒙古史研究』弘文堂、一九一七年、一三九～一四九頁。

（4）専著として、B.Wangjil, *Mongγol ündüsüten-ü ulamǰilaltu tariyalang* (Kökeqota, 1998) があるが、これは資料として使える内容を含むものの、研究と称するに値する水準のものではない。

（5）*Mongγol ündüsüten-ü ulamǰilaltu tariyalang*, p.20.

（6）ナマク＝タリヤという表現の由来についてワンジル氏は、「犂で土壌をちょうど、ひっくり返した甕のように掘り返して耕す。その掘り返した土地は〔掘り返した土塊と下の地面との間に〕隙間（空洞）ができて軟らかくなって、本当に沼沢地〔namuγ γaǰar〕と非常に類似するので、モンゴル人はそれを「namuγ (namuγtu) tariy-a」と称したという」と述べている（*Mongγol ündüsüten-ü ulamǰilaltu tariyalang*, p.20）。

（7）関東都督府陸軍部『東部蒙古誌草稿』中巻、一九〇八（明治四一）年、七二～七三頁。

（8）満鉄社長室調査課『満蒙全書』第三巻、大正一二（一九二三）年、一九一頁など。

（9）色音『蒙古游牧社会的変遷』、呼和浩特、一九九八年、一一四頁。

（10）山根順太郎・村岡重夫共著『主農従牧社会に於ける「蒙古部落の農業的性格」』、満洲民族学会、康徳一一（一九四四）年、二一～二三頁。

（11）興安局『興安西省阿魯科爾沁旗実態調査報告書』、一九四一年、七九頁、一二九頁。

（12）降雨後播種して馬に踏ませれば、種をよく鎮圧することができる。

（13）横瀬花兄七『満蒙に於ける農業経営の研究』、満鉄、大正一三（一九二四）年、八五頁。

（14）柏原孝久・濱田純一共著『蒙古地誌』中、大正八（一九一九）年、三三二頁注。

（15）『満蒙全書』中、一九一頁。

（16）東部内蒙古調査報告編纂委員会編『東部内蒙古調査報告』第四巻、大正三（一九一四）年、第七編「農業」、六八頁。

（17）近年地域によっては、目障りな雑草が生えると取るが、このことが古くから行われていたのかどうかはわからない。

(18)『興安西省阿魯科爾沁旗実態調査報告書』、一二九頁。

(19)『興安西省阿魯科爾沁旗実態調査報告書』、一三三頁。『蒙古地誌』中、五四二頁。

(20)『興安西省阿魯科爾沁旗実態調査報告書』、一二九頁。

(21)『東部蒙古誌草稿』中、七二頁。

(22)『興安西省阿魯科爾沁旗実態調査報告書』、五三頁。

(23) 降雨を予測する術もあって、冬、雪がよく降ると、今年は雨がよく降ると判断してジョーギン＝タリヤを使う。犬の毛の抜け方が、胸の方から抜けると旱魃になると見て川沿いの耕地に種を播き、そういう抜け方でないときには雨がよく降ると推測して山のジョーギン＝タリヤに種を播くという。土地の状態も見る。すなわちボル＝ガジャル boru γaǰarを選んでナマク＝タリヤ農耕をするのである。ボル＝ガジャルとは、雨の道に当たり、土の色が褐色で地力があり、草がそうは生えていない土地をいう。

(24)『東部蒙古志草稿』中、七～八頁。

(25) 永く一定の地に居住し、自給の為に幾何かの糜子を耕作し、牧畜を専業とせる地方、即ち昭烏達盟、哲里木盟の未開放地を云ふ（『蒙古地誌』中巻、一九一九年、五九六頁）。『蒙古地誌』の著者である柏原孝久・濱田純一は、この状態を指して牧主農従地方、牧七八農二三地方」などと称したが、この農とは、上の一文から見てナマク＝タリヤ農耕を指していると見てよい。

(26) 興安局『興安南省科爾沁左翼中旗実態調査報告書』、一九三九年（?）、第二編第五章、第三編第七章など。満鉄『科爾沁左翼中旗第七区調査報告』、刊行年不詳、一九頁。満鉄『科爾沁左翼中旗第九区調査報告』、刊行年不詳、二八頁。満鉄『科爾沁左翼中旗第六区調査報告』、一九三七年。

(27) 興安局『興安南省扎賚特旗実態調査報告書』、一九三九年?、第三編。

(28) ジャルート旗のバヤルトホショー=ソムの中には一九八〇年代にシャンタイ=タリヤ農耕を導入したところもある。理由の一つは人口が増え、ナマク=タリヤ農耕をバラバラやっているのでは食料が間に合わないようになったためとされる。これは、自発的な導入の珍しい例である。

(29) なおジャルート旗北部のように、近年まで農業を重視する政策が実行されていた地域で、最近三年続いた旱魃を経験して、それまでの農業化政策の誤りを認めて、牧畜優先に方向を転じた例もある。興安嶺南山地の、同様の環境を有する他の土地でも、農業化政策の推進には限界があると思われるので、このような政策転換の事例は注目に値する。

(30) 五、六戸に減った理由は、シャンタイ=タリヤ農耕の浸透だけにあるのではなく、モンゴル=アムの栽培を止めて外部から購入する家が増えたことにもある。今も人びとは、モンゴル=アムを栽培するのには本来ナマク=タリヤ農耕の方がよいと考えているという。

近代における内モンゴル東部の都市
——ジョーオダ盟を中心に——

オヨーンゲレル

はじめに

近代内モンゴル東部の都市を述べる前に、都市とは何か、また都市とはモンゴル語のどういう言葉で表現されているのかに言及しなければいけないだろう。都市とは何か、これは簡単には説明できないものだが基本的な概念としては、村落と対照される高密度の街区をなし、人口が密集し、周囲の地方に対する中心地を意味する。

モンゴル語で都市をホト（qota）或はホト・バルガス（qota balγasu）と言う。ホトはもともと夕方、牧場から戻ってくる家畜が泊まる場所である。この意味から三、四の牧民の家が集まったところをもホトとも言うようになった。人口が密集した都市を遊牧生活ともっとも関連がある言葉——ホトで表現するようになったのはいつのことであったのか、これははっきり考証できない。しかし、元代においてモンゴル人が北方の城をモンゴル名で呼んでいた事例がある。例えば大寧路と大寧県衙門の所在地である大寧城のモンゴル名はKöke qota（フフホト）であり、漢語で可岢河套と書かれていた。一三世紀には、人口が密集し、周囲の地方に対する中心地をモンゴル人がホトと表現するようになっていたようだ。これに関する事例が一六世紀にある。一五七〇、八〇年代にトゥメドのアルタンハーン（Altan）は城を築き、この城をフフホト（Köke qotan）と名づけた。おそらく、これはモンゴル人が自分で築いた城にホトと名づけた最初の例であろう。バルガスの語幹はバルガ（balɣ-a）で、土で築かれた塀と部屋を指し、遊牧生活において一般的である非固定的な場所とは異なる、定住的、固定的な場所を意味する。『蒙古秘史』にはbalɣ-aの複数であるbalɣadの形でよく現われる。したがって、バルガスはホトと同様の、或いはホトの更に古い形を表していたと思われる。

ジョーオダ盟は清代内モンゴル東部地方の中南部に位置して、その南は万里の長城に接し、東南にはジョスト盟を越えて柳条辺墻があった。地理的には、燕山山脈の北、大興安嶺の南、遼河の上流域に位置していた。地形は北高南低で、丘陵が連綿として平原が広大であり、水源も豊かで、遊牧と農業に適する。この盟は十一の旗から構成され、オンニョード、バーリン、ヒシクテン、ジャロード、アルホルチン、ナイマン、オーハン、ハルハ左翼などである。

ジョーオダ盟には清代の中期ごろから都市が建てられるようになった。その最大の原因は農耕移民が入り込んだことにあるが、隣のジョスト盟と同様にこの盟の地理的な位置も都市の出現が早かった要因になったと思われる。

本稿では次の問題点を提起したい。

①なぜジョーオダ盟に最初の都市ができたのか。
②当時の都市はどのぐらいの規模を持っていたのか。
③都市はモンゴル社会とどのようなつながりがあったのか。
④都市は東部地方の社会変容にどのような影響を与えたのか。

一、農耕社会への変容

1 前提

清朝初期、満州貴族が華北において耕地を強制的に占領し荘田を設けたため、多くの農民が農地と家を失った。康熙から乾隆にかけて内地人口が大幅に増え、耕地が足りなくなった上、災害が発生し、多くの農民が田舎を離れ、生きる場所を探さなければならない状態であった。

当時、内モンゴルには未開墾の広い牧地があり、故郷を離れた内地漢人農民たちにとっては家を再建する理想的な天地であった。その上、遊牧的牧畜と定着農業という二つの経済がお互いにつながり合い、農耕経済が畜産物の補充を受けるばかりでなく、牧畜も農業産物の補充を欠くことができなかった。

このような前提によって、大勢の漢人農民が内モンゴルに進入し、長城近くのモンゴル各地で耕作をはじめた。

2 清前期の農業

康熙三六年（一六九七）、辺外地方で「或行商、或力田」（商業し、或は農耕を営む）の山東省出身の人々は「数十万之多」(1)（数十万に至る）になった。当時、これらの漢人移民の多くは柳条辺墻から西、西北、長城から北の内モンゴル東部のジョスト盟とジョーオダ盟の南部の諸旗に入った。また、雍正・乾隆の間、直隷や山東などの各省に何年間も続いて災害が起こり、被災者が増えた。清朝政府はこれら被災者の問題を解決するため、ジョスト盟、ジョーオダ盟南部の各旗に「借地養民」政策を実行し、災害地域の漢人移民がこれらの各旗に入って農耕に従事することや商売することを認めた。政府の政策により、多くの災害地域の漢人が流れ込んだ結果、乾隆四七年（一七八二）になると、すでに州県の設置がなされたジョスト盟の大部分の地域とジョーオダ盟の南部において、漢人移民は七四、七二五戸、三三七、一

一九人となっていた。(2)

漢人移民の増加とともに耕地の面積もますます広がり、嘉慶一五年(一八一〇)に至ると熱河より北の地方で「山廠平原尽行開墾」(3)という状態になった。もちろんこの「山廠平原」にはジョスト、ジョーオダ両盟の開墾地も含まれていた。このような漢人農耕移民は、内モンゴルに入った当初、春に来て秋に帰ったり、長城を上がったり下がったりして、流動性が高かったが、農耕生活に慣れてくると、徐々に定着するようになった。定着する農家が増えるにしたがい、農耕の村落が形成された。このような農耕村落が増え、各村がつながる農業地域と半農半牧地域が形成された。清朝政府は農業化したジョスト盟とジョーオダ盟の南部に内地と同じく府庁州県を設置し、内モンゴル東部地方の最初の州県として平泉、朝陽、建昌、赤峰などの州県が設置され、熱河道に管轄させた。乾隆四〇年(一七七五)定着村落は平泉州北部のハラチン右旗に三〇、ハラチン中旗に四一、赤峰県内に一一七、建昌県内に八二、朝陽県内に一〇七あった。(4)乾隆末期、熱河道統轄下のジョスト盟とジョーオダ盟南部に「築場納稼、烟火相望」(脱穀場を作りし、定着家屋が連なる)という農業地区の景観が所々見えるようになった。(5)

3　農業と定期市

農耕の拡大、農耕人口と農耕村落の増加は、内モンゴル東部地方の都市の出現に重要且つ直接的な役割を果たしたと思われる。農業の発展にしたがって、内モンゴル東部の農耕地方において、農産物と畜産物、あるいは内地商品との交換がますます活発になった。もちろん、このような交換は農民と農民の間、農民と商人の間、牧民と商人の間でも行われていたことは言うまでもない。交換する生産物(商品)の数量と品種が次第に増え、その規模も拡大していった。

このような交換は、やがて日常的に行われるようになり、場所も固定化し、それに伴って定期市が生まれた。普通、定期市は村落の中心、あるいは交通の便利なところにつくられる。これは定期市に向かう人々と貨物の集散のためである。ジョーオダ盟では清代初期のこのような定期市は、オンニョード右旗のオラーンハダという山の西で行われていた。この定期市は雍正初年から始まり、オラーンハダ山の西側で行われていたのでオラーンハダ市と呼ばれていた。(6)

二、行政体制の変容

ジョーオダ盟は清代に盟旗が編成された後、農業経済の進展に伴い、行政上の大きな変化を経験した。この変化は清代前期から民国の初めまでのおよそ二〇〇年に設置された庁、県、州などの行政体制に関するものである。このことと都市形成にはどのような関係があったのか、行政体制の変化と都市との結び付きはどのようなものであったのか。こうした疑問から発して、以下行政体制の変化の流れを述べてみたい。

1　清代前期の行政体制と都市

(1) 行政体制

乾隆三九年（一七七四）、ジョーオダ盟オンニョード右旗の農耕地域を管轄するためジョスト盟ハラチン中旗南部の農耕地域を管理していた八溝庁の北方にオラーンハダ庁を設置した。そのため、ジョーオダ盟はジョスト盟につづき庁県を設置し、内地行政体制――府庁州県は内モンゴル東部地方の奥地へ進むもう一つの拠点となった。四年後の乾隆四三年（一七七八）、オラーンハダ庁は赤峰県に変わった。庁を県へ変えたことは大きな変化であるが、今回の問題点ではないのでここでは検討しない。赤峰県は承徳府に管轄され、一三〇年後、すなわち光緒三四年（一九〇八）、赤峰直隷州に格上げされ、新しく設置された林西、開魯二つの県を管轄するようになった。民国期に行われた地方行政改革に伴い、民国二年（一九一三）に赤峰県へと戻された。

（2）都市としての赤峰

ジョーオダ盟のオラーンハダ（赤峰）は、清代前期に設置され、政治的な中心としての地位を確立した都市である。庁から県、州へ、そして再び県に改められる中、中心都市である赤峰は次第に大きくなり、変化にさらされてきた。一方、雍正年代のオラーンハダという市の名前はそのまま使われつづけ、省略してハダとも呼ばれていた。一方、オラーンハダの漢語の翻訳である赤峰という名前も使われ始めた。これは乾隆四三年に庁を県と変える時、赤峰県と名づけたことからはっきり確認される。もちろんこれは単に名前の変化のみならず、支配者の側からみた「ここは漢民族を中心した地域となった」という意識を表していたと思われる。

赤峰は地理的にはジョーオダ盟オンニョード右旗の境域内にある。清代のオンニョードは左、右二つの旗に分けられ、右旗は河の北岸とその支流である英金河流域に、左旗はシラムレン河流域に広がってきた。前述の通り、遊牧と農耕の両方に適する特徴を持つ地域であった。

漢人は長城を越えてジョスト盟のハラチン諸旗を経てモンゴルの奥地へ進みオンニョード旗に入っていた。これは清代の雍正から清末まで続いた。したがって、その時代の赤峰は南が農業地域につながり、北が遊牧地域と接し、遊牧と農業の境界にあたる政治的・経済的な都市であった。

（3）地図から見える一九一四年ごろの赤峰

この地図は一九一四年に赤峰が交易地として選ばれた時、知県の指示下に描かれた地図である。

南はオボー山が東西に走り、北は川が南西から北東へ流れて、都市が山と川の間に位置している。このように赤峰は東西に長く、南北に狭い。一九一四年ごろの赤峰は約東西五里（二・五㎞）、南北三里（一・五㎞）であり、東西の長さ

赤峰県街道図

〔『満蒙調査復命書第四（赤峰県治概況）』（関東都督府民政部調査課、1916年）付図〕

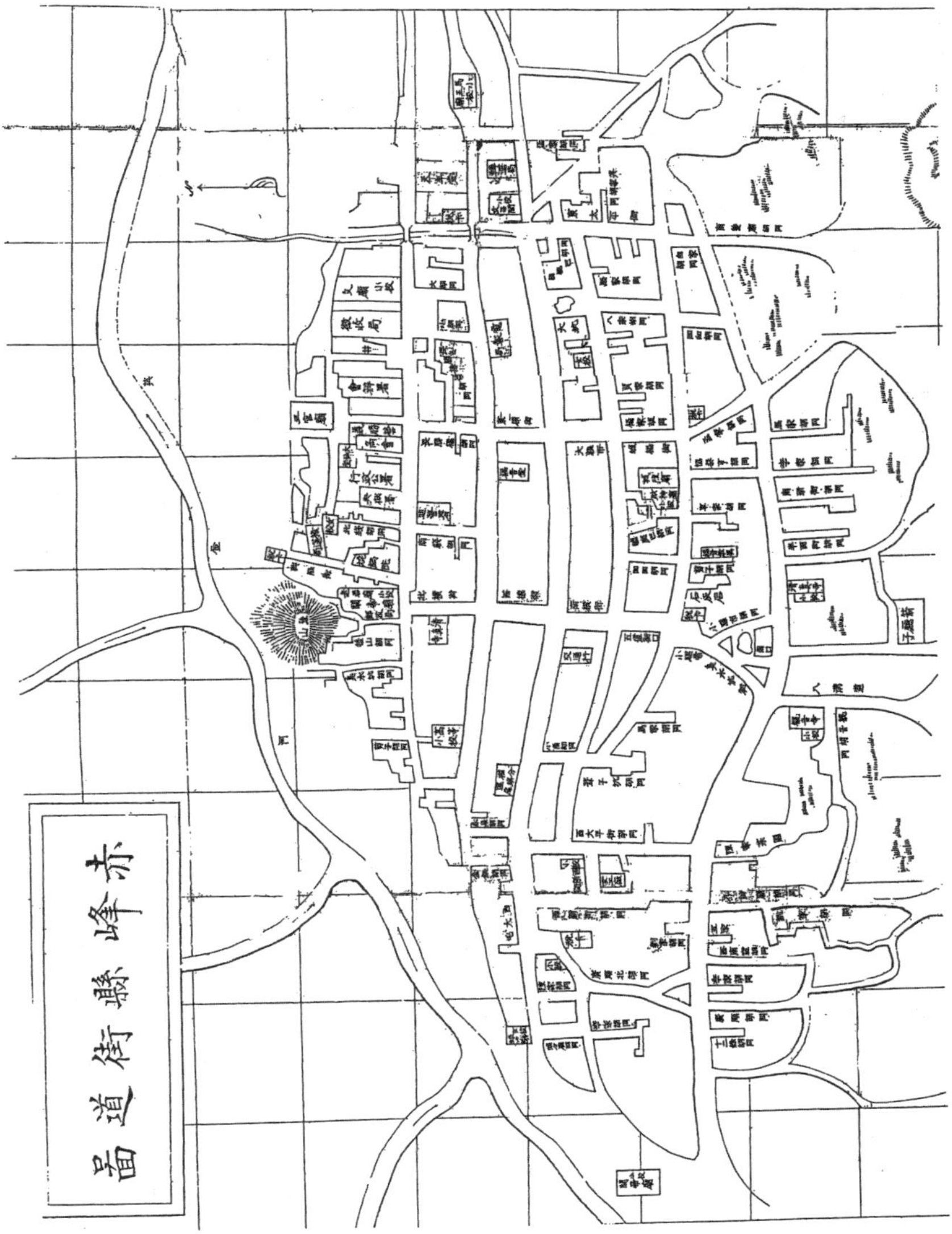

が南北の倍近かった。また、東西方向に六本の広い大通りが並んでいる。これらは北から順に頭道街、二道街、……六道街と名づけられていた。なぜこのように名づけたかははっきりわからないが、都市名の由来とされるオラーンハダという山が東北にあったためではないかと思われる。これらの中、三道街は約五里（二・五㎞）で一番長く、そのほかは大体三里（一・五㎞）であった。南北をはしる街が東、南、西、北の横街と呼ばれていた。二、三道街と西横街は商店街として知られ、商人たちが集まるにぎやかなところであった。(7)

この地図とほぼ同じ時代に書かれた『満蒙調査復命書』第四「赤峰県治概情」には「穀物市場亦三頭街ノ東西二箇所ニ、馬市ハ二頭街ニ開カル。県署ヲ始メ重ナル官公衙ハ多ク頭道街ニ在リ。五頭街、六頭街ハ旅店及住宅多数ヲ占ム。建築ハ多ク煉瓦造瓦葺ノ平屋建ニシテ層楼ハ二道街ニ天主堂及三層ノ住宅聳立シアルノミ」とあって、この地図から見えない情報も残されている。

赤峰の西北部が川に近かったので公共施設として堤防がつくられ、洪水を防いでいた。道路は自然の砂土の道のままで『満蒙調査復命書』には「風起レハ砂塵高ク飛揚シテ天地為ニ晦ク、若シソレ大雨ニ際スレハ満街泥河ト化シテ車輪ヲ没シ殆ンド通行不可能ナラシム」とある。道路のこのような状態は当時の内モンゴルのすべての都市で見られた共通点であった。当時、調査や旅行で訪れた人たちを驚かせた景色であり、当時の政府、民間はともに道路の敷設、補修などをほとんど重視していなかった。

地図からうかがえるもう一つの注目すべき点は学校である。すなわち数多くの小学校が記されているが、その中の大部分は様々な寺に付設されている。この理由については清代前期に遡って見なければならない。雍正・乾隆年間内地の民間信仰が漢人と共に赤峰に入ってきた。そのため、赤峰の町にはいくつもの寺が立てられ、信仰の対象となっていた。その中のあるものは商人や手工業者によって建てられ、あるものは同郷者たちによって建てられ、多くが広くて立派な建物であった。初期の都市にとって、それらは人を集め、組織的に行事などが行われる場所となり、また官署や商店、民間住宅と異なる特別な景観を生んでいたはずである。時代が下って、清末民初になるとこれらの寺のもとの役割が薄らぎ、学校して利用されるようになった。これも近代内モンゴル都市に普遍的にみられたもう一つの共通点である。

2 清末の行政体制と都市

(1) 清末の新政と蒙地開放

光緒二六年(一九〇〇)春、義和団運動が華北地方を中心して全国各地に波及した。八ヶ国連合軍の武力干渉、ロシアの東北侵入など国内外の危機によって清朝支配は崩壊の淵に立たされた。翌年、清朝政府は「辛丑条約」を締結し、一時の安定を望んだが国内外の危機を抑えることができなかった。光緒二八年、清朝の支配層は「変法」詔書を発表し、全国にいわゆる「新政」を押し広めた。

「新政」前、内モンゴルには盟旗制度を中心にして一部分の地域には府庁州県が設置されていた。すでに述べたようにジョーオダ盟ではオンニョード旗内に庁県が設置された(一七七四年)後、清末の「新政」までの一三〇年間、ほかの行政機関の設置はなかった。ところが、清末にかけて、清朝政府は国内外の形勢、あるいはモンゴル内部の変化を考慮し、内モンゴルに対する統治体制が時代にあわなくなったと判断し、検討を重ねた。モンゴル社会の支配者である王公貴族は豪華な生活を追求し、腐敗し衰微の途をたどった。また、ある王公は侵略者に丸め込まれ、買収されていた。さらに全国的に社会矛盾が激化し、社会の不安定な要素がモンゴル地方にも影響を及ぼしていた。清朝にとって、モンゴル地方は以前のような安定した後方ではなく、逆に危機が潜む辺疆となった。

このような背景の中、清末の新政によって内モンゴルで実施された最も重要な政策のひとつは清代前期からのモンゴルに対する封禁政策を廃棄し、蒙地を官墾し、関内に土地のない農民を呼び入れ、農業を営ませ、国家の財政収入を増加させるとともに、盟旗制を郡県制に替え、国防を強めることであった。

（2）新行政体制の開始―ジョーオダ盟における都市の広がり

清末に蒙地の開墾とともに、モンゴル地方で行われたもう一つの措置は新たな府庁州県の設置である。新しい地方政府の所在地にはその地方の中心地、あるいは交通条件が割合に便利なところが選ばれた。

清末に至ってジョーオダ盟の広い範囲で農耕化が進み、州県の設置が増えるにしたがって、林西、開魯などの新しい都市が生まれた。ジョーオダ盟の農業地域と牧畜地域の境界地である赤峰からこの状況を見ると、東北、北への拡大であった。その意味で、新たな県の設置は赤峰の伸張とも言えよう。

①林西

光緒三三年（一九〇七）、バーリン右旗の蒙地開墾が始まり、セブデン廟にバーリン墾務行局が設立され[8]、翌年（一九〇八）、林西県が設置された。県城は県の設置とともに建設されたのではなく、一年の検討を経て、宣統元年（一九〇九）にチャガーンムレン河の上流ゲルスタイ河の平原の林西が県城に選定され、同時に県城の敷地も決められた。宣統三年、県城の周囲に「高さ五尺、厚さ三尺[9]」の土塀が築かれた。土塀は方形で、その一辺が約二里半（一・二五㎞）であった[10]。一九一五年ごろ、町は東西に通じる三本の大通りと四本の小通り、南北に通じる一本の大通りと四本の小通りから構成され、東西の通りは赤峰と同様、北から南へ頭道、二道、三道、四道、五道と呼ばれ、その中、頭道、三道、五道は大通りであった[11]。一九二〇年代に林西の町は「三大街、三小街」に分けられていた[12]。

民国に入ってから、林西の軍事的な地位が重視され、民国元年（一九一二）から軍隊が林西に駐屯し始め、県城の塀を高めるなどの工事も行われた。民国三年、駐屯中の軍隊は再び塀を高くし、さらに県城の四門を煉瓦、石で築いた。

このように林西は清末の官墾の際に県城に選ばれ、城塀が建てられた。その後、通りが東西南北へ広がり、都市としての景観を現した[13]。民国初年、林西では軍事目的に何度も建設がおこなわれた。

② 開魯

光緒三四年（一九〇八）、ジャロード左・右両旗とアルホルチン旗の蒙地開墾が始まり、開墾地に開魯県が設置され、県城として老哈河左岸のジャロード右旗平原のタリーンソボルガが選ばれた。タリーンソボルガはモンゴル語で「草原の塔」を意味し、古い塔が残されていたためこのような地名となったのである。県が設置され、開魯と名づけられたのはジャロード左・右両旗とアルホルチン旗三旗の漢字の名称すべてに同じ「魯」の字が使われ、これらの三つの「魯」のつく地域を開墾するという意味を示していたという[14]。

開魯県城は林西県城と同様、高さが五六尺ぐらいの土城に囲まれ、方形をなしていたが、一辺は一里（〇・五km）余りほどの小城であった。土城に四つの門が設けられ、それぞれ名前が付けられていた[15]。土城には外堀が掘られ、城内の安全を守るための施設となっていた。

一九一二年、開魯県城の内外が戦闘で破壊されたが、一九一四年に立て直され、城内の東門、西門を貫通する一条の大街が商店街として知られていた。『蒙古地誌』には「城内には未だ多数の空隙地が存す」とあり、一九一五年ごろ開魯の町には未利用の土地が多かったらしい。

（3） 清末民初の都市の特徴

清末民初のわずかの十年余りで、ジョーオダ盟ではほかのモンゴル地域と同様、官墾が進むとともに、新しい県が設置され、新しい都市が建てられた。これがモンゴル地方に大きな変化をもたらしたことは言うまでもない。新しい都市の特徴として、次の点があげられる。

①遊牧社会が急速に農業社会へ移行している状況を表現していた。清代前期の長城と柳条辺墻近くで行われていた農業が、この時期には内モンゴルの奥地へ進んでいた。

②内モンゴルの清代前期の都市は農業発展の産物として生まれ、清末民初の都市も同様であった。清末民初に生まれた都市は清代前期の都市の北方への進出を意味すると言えよう。

③清代前期の都市と異なる点としては新しい都市は清朝の対蒙封禁政策が完全に廃棄された後に発展が始まったことを指摘しうる。最初から村や鎮の基礎があったわけではなく、官墾が進む過程で地理上の位置が適当な、或は交通条件がよいところが選ばれ、新しい開墾地の中心と認められ、新地方政府の所在地として選ばれ、町の敷地が定められ、官衙が設立され、町の建設が企画され、都市建設のほとんどが政策的に進められた。

④新しい都市は戦闘によって破壊されることが多かった。これは東部モンゴル地方の社会の不安定さと関連が深かった。

三、都市とモンゴル社会

1　都市の商業と手工業

(1) モンゴル人と商業

都市と商業が切り離せない関係にあることはいうまでもない。清代内モンゴルの都市の商業はどのようであったのだろうか。ここで商業とモンゴル社会のつながりについて述べてみたい。

周知の通り、清代に入ってからの内地商人とモンゴル人の間の商業活動は民間商人とモンゴルの王公貴族の代理者や多少とも家畜をもつ牧民大衆の間でなされていた。茶、穀物、錦布は一部の層の要求する贅沢品という性格を脱し、次第に広汎な需要を見出しつつあった。モンゴル人の生活のなかに商品経済が徐々に浸透してきたのである。

モンゴル人の商品取得は商人たちが商品を持って草原の奥地に入り、直接に牧民たちと交換することによってなされていたが、牧民が自分で家畜をつれて近くの都市に向かうこともあった。このようにモンゴル人とモンゴルの生産物の商業活動とのつながりは、より深くなってきたのである。

（2）赤峰を中心する商業

清代前期の赤峰は帰化城、ドロンノール（多倫諾爾）などのモンゴルの有名な商業都市と比べれば、それほど知られていなかった。しかし赤峰は地方市場として清代中期から発展してきた。その発展の原因を分析すれば、次の点をあげられる。

一つは、農業経済と牧畜経済の境界であったことである。おおまかにいえば、赤峰の南は農業地域であり、しかも農業は北へ進む様相をみせていた。北は遊牧地域であり、さらにオンニョード左旗の烏丹を越えると純遊牧地域になった。豊かな農産物、畜産物が赤峰の商業の源になっていた。

もう一つの要素は、赤峰が四方八方にのびる交通路の中心に位置していたことである。

交通図は簡単に示すと次のようである。

交通図からわかるように赤峰は北のジョーオダ盟の各旗王府と新開墾地、南のジョスト盟の各開墾地とそれぞれ結ばれ、交通の中心として格好の位置をしめしていた。なお図には書き込んでいないが、赤峰から朝陽、建昌を経て錦州、山海関に至り、錦州、山海関はさらに営口と天津につながる。この意味で赤峰はモンゴル、さらに東部モンゴルから東、南の各地への入口になっていたとも言えよう。帰化城、ドロンノールが内モンゴルの西部、中部の商業拠点になっていたとすれば、赤峰は東部地方の商業拠点であったと言っても過言ではない。

民国三年（一九一四）、清末以来の交易地を開く動きと関連して、内モンゴルの西部、中部の帰化城、ドロンノール、東部地方の赤峰[16]、洮南などが交易地として開かれた。先に見た地図は赤峰が交易地に選ばれたときに描かれたものである。これは民国政府が赤峰の商業中心であることを認めたうえで、当時の内モンゴルの不安定な情勢に応じたことをしめしている。

図

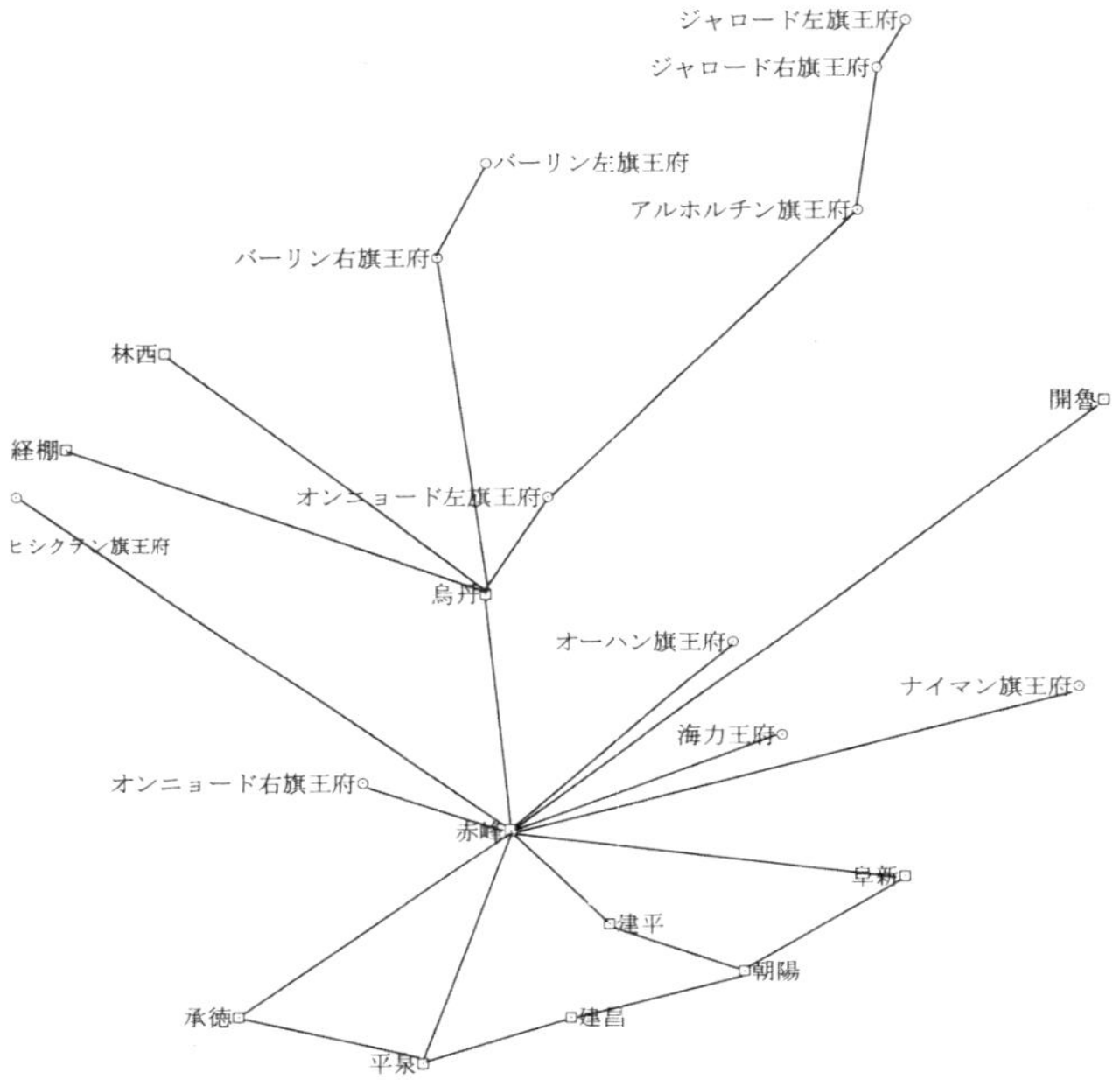

つぎに赤峰の商業について二つの面から簡単に紹介する。

①赤峰の一九一五年ごろの農産物と畜産物の集散量[17]

表に現れている数字は、赤峰を中心したジョーオダ盟の各地、さらには東部内モンゴルの中南部地区の産物の集散状況であるが、民国初年のモンゴル社会の混乱のため、生産物の集散は大きな影響を受けていたと言われている。

②「哈達来的東西」（ハダから運ばれて来たもの）

一九一五年の調査資料[18]に赤峰以北地域の調査旅行に当たった調査員は「哈達来的東西」とい

う一句が「物資品質の佳良なるを表明する」言い方となっていたという注目すべき記録が残されている。

哈達（ハダ）とは、上述の通り赤峰のモンゴル名称の一部分であり、当時一般にこの名称がよく使われていた。この記録は赤峰から各地、さらに赤峰から北へ運ばれ、販売されていた商品が「哈達来的東西」として「ハダから運ばれてきたもの」なら品質に問題がないという高い評価を受けていたことを示している。もちろん、「ハダから運ばれてきたもの」のすべてが赤峰で作られたのではなく、大部分が他から運ばれてきた商品である。当時、品物は主として営口、錦州、天津、北京から赤峰へ運ばれ、輸送手段として、一部分は鉄道（京奉鉄道）に頼っていた。このように赤峰は京奉鉄道を通じて東北地方と京津地方とつながっていたので、他のモンゴル地方の都市より便利だったと思われる。これこそ、先のような評価を受けていた理由だと思われる。

表1　農産物の集散

農産物品目	1915年集散額（石）	販売先と用途
小麦	50,000	朝陽→建昌→錦州
大麦	3,000	馬糧と醸造
高粱	30,000	焼酎原料、食用
粟	30,000	食用
蕎麦	5,000	食用
莜麦	1,000	食用
糜子	5,000	モンゴル人の食用
豆類	10,000	食用と醸造
大、小麻子	12,000	搾油
瓜子	2,000	朝陽→建昌→錦州

表2　畜産物の集散

畜産物種類	集散概数（頭）	販売先
馬	3,400～3,500	直隷と奉天
牛	4,000	直隷と奉天、奉天方面が多い
羊	14,000～15,000	直隷、京津方面

（3）都市の手工業とモンゴル

近代以降、モンゴルの都市では周辺地

域の産物による手工業が盛んになっていた。農産物を原料にする手工業としては焼鍋（酒造）、製粉、榨油（搾油）などがあげられる。畜産物を原料にする手工業としては皮革加工、フェルト製造などがあった。手工業が近代的意味の機械工業ではなかったことは言うまでもない。いずれも人の力によって、在来の方法で作業していたのである。これらの手工業の製品のほとんどは、都市とその周辺の需要を充たしていた。

民国初年、赤峰は新開墾地としてより、手工業地として成熟していた。次の事例はこの点を証明していると思う。

一九一五年ごろ行われた赤峰焼酎と林西焼酎の品質比較(19)

赤峰焼酎	林西焼酎
「アルコール」含有量多シ	赤峰に比シ「アルコール」含有量少シ
漢、蒙人ノ嗜好スル臭気ヲ有ス	反テ好マサル臭気アリ
舌触リ良シ	悪シ、猛烈にピリピリト舌ニ触る
高粱ト若干ノ粟ヲ原料トス	経済上余儀ナク糜子ヲ原料トセリ

2　王公地局と都市

すでに述べたように、ジョスト盟の諸旗とジョーオダ盟南部の旗は清代前期から農耕が拡がり、農耕人口と農耕村落の増加がみられた。これらは清代東部モンゴル地方の最初の農耕地方である。清朝政府は、農耕人口の管理と税務、及び、日を追って紛糾の度合いを増すモンゴル人・漢人間の問題を処理するために、上述の二盟に康熙末期以降、理藩院理事司員を派遣するようになった。乾隆年間になると理事司員の派遣は制度化し、八溝、塔子溝、三座塔、烏蘭哈達（赤峰）の四箇所にそれぞれ派遣され、清光緒年間まで続いた(20)。

理事司員は清代モンゴルに歴史的な役割を果たした。その一つは、理事司員の派遣が開墾蒙旗に対する制度であったことである。この制度は他の盟にまでは広まらず、ジョスト、ジョーオダ盟にのみ長く存在していた。その役割の二つ目は本稿と関連がある。即ち、理事司員が派遣された四箇所の内、八溝、塔子溝、三座塔には、モンゴル側の地租徴収及び土地関連事務の処理機関が設置されず、烏蘭哈達（赤峰）のみに王公地局が設置された点である。

赤峰の王公地局がいつ設置されたかは明らかではないが、この機関が、開墾地の地租徴収などの諸問題を解決するために王公側の働きかけによって設置されたことは明らかである。その意味で、王公地局の設置は赤峰の特殊性を示し、赤峰が清代前期に成立した他の都市と異なることを表している。

開墾が進むにしたがって地局のあつかう問題が増え、旗の重要人物が派遣され、処理に当たり、長期的に開墾地の中心――都市に設定された地局に住むようになった。これは一九世紀以降の内モンゴル東部地方の都市に普遍的にみられた現象である。

この王公地局は、都市の中で唯一モンゴル人の存在が認められた場所であったと思われる。何故なら、王公地局は、開墾地の拡大とモンゴル人、漢人の間の土地問題の増加に伴って、モンゴルの王公貴族によって設置され、モンゴル人が自発的且つ直接的に都市と関係をもった機関であった。都市のように交通が便利で、人口が集中したところは王公側にとって、開墾地の土地問題解決に当たる理想的な場所であったことは言うまでもない。都市の街はもともとモンゴル王公の管轄地であり、使用する際は王公地局に地租を払わなければならなかった。

しかし当時、王公地局に対し、都市の街がどのくらいの地租を払っていたのか、この地租は地租全体の中でどのくらいの比重を占めていたのかについての資料は不十分であり、詳しく論及することができない。ただ、二〇世紀前半の日本人による調査資料の中にいくつかの関連する記録が残されている。

『錦熱蒙地調査報告』に「赤峰ニ於テハ土地取得ハ、一方農耕地ノ開墾ヲ見ラレ、他方街基地トシテノ土地ヲ取得スル沿革トノ二ツノ形ヲ得ラレルモノトス。街基地ニ就テハ農耕地ト同様、ソノ取得方法ニ就テハ紅契ヲ有スルモノ、倒売契ヲ有スルモノ、並ニ当、租、賃契等ノ用益権ヲ有スルモノアルモ、蒙租ト同様ノ知己又ハ房号ヲ負担ス」と述べられている。また、赤峰街の基地に関する文契には「各人旗公署ニ請願シ地価ヲ支払フト共ニ、毎年地基（房号）ヲ王府、印務処ニ納付スベキコトヲ命ゼラレタリ」という記述がある。また、赤峰の町に関する文契には「各人旗公署ニ請願シ地価ヲ支払フト共ニ、毎年地基（房号）ヲ王府、印務処ニ納付スベキコトヲ命ゼラレタリ」とある。賃借料に関する許可書には「一定期間空廠ヲ借入レ、商舗ヲ営み、事業如何に依リ期限経過後ニ於イテ空廠ヲ旗公署に返還スルコトヲ約定セルモノニシテ、借地人ハ租賃ヲ支払ヘリ。一般ニカカル租賃契約ヨリ出発シ、期限完了ト同時ニ、紅契ニ書替へ「永遠為業」権ヲ取得スルニ至リタルモノ多シ」と述べられている[21]。

このような記録からわかるように赤峰の街の敷地は農耕地と同様、モンゴル王公の蒙租徴収地として賃借料を納付すべきものとされ、関連の契約文契が作成された[22]。しかし、これらの資料のみによって、当時東西約二・五キロメートル、南北約一・五キロメートルの規模を持つ赤峰の街がモンゴル王公にどのくらいの賃借料を支払っていたのかをあきらかにするのは不可能である。ただ、「赤峰ノ如キハ単ニ表通リニ面スル商家ノミニ対シ奥行ハ問ハズ」という表現からわかるように、部屋の間数によって賃借料が徴収されていたようである[23]。清末民初において赤峰の賃借料は毎間三吊五百文となっていた[24]。

赤峰や林西、開魯にはそれぞれの王公地局が設置されていた[25]。赤峰ではオンニョード右旗王の土地事務所として、地局は赤峰の主な官署（県公署、警察所）と一緒に頭道街に位置していた。一九一五年ごろ、オンニョード右旗の管旗章京であった鮑喜という人物が局に勤めていた[26]。

終わりに

近代の内モンゴル地方には都市が数多く生まれた。これらの都市の誕生は、経済的、政治的、軍事的、宗教的、地理的なさまざまな要因の影響を受けていた。共通点として、いずれも農地化の進行と切り離せない関係にあったことは言うまでもない。

本稿で取り上げたジョーオダ盟では、清代前期から赤峰が中心都市として発展を始めた。今も赤峰は内モンゴル自治区の重要な都市として様々な役割を果たしている。林西、開魯などの地方都市もそれぞれの機能を果たしている。都市は商業上、近代以降の内モンゴル東部地方の社会でもっとも大きな影響を与えたと思われる。清朝以降、モンゴル人と漢人の交易が商業取引として行われるようになり、モンゴル社会は昔のような単純な、自然経済的な遊牧社会から急速に変化した。モンゴル人大衆の間に商品に対する広い需要が発生し、都市を中心とする商業圏に巻き込まれた。

参考文献

『清実録』一九八七年中華書局影印本
乾隆朝内府抄本『理藩院則例』（中国辺疆史地資料叢刊：清代理藩院資料輯録）
『大清会典事例』（光緒）一九九一年中華書局影印本
李鴻章、黄彭年等纂修『畿輔通志』一九八二年河北人民出版社点校本
和珅、梁国治纂修『熱河志』台湾影印『中国辺疆叢書』本
孫廷弼纂『赤峰県志略』赤峰栄興魁石印局、一九三三年
蘇紹泉編纂『林西県志』内蒙古図書館手抄本、一九二〇年

康清源『熱河経棚県志』一九八二年呼和浩特古豊書斎眷印本
林西県志辦公室編『巴林墾務』林西史料之一、一九八四年
地籍整理局編『錦熱蒙地調査報告』（上、中、下）一九三七年
柏原孝久、浜田純一編『蒙古地誌』（上、中、下）東京冨山房、一九一九年
山田久太郎編『満蒙都邑全誌』東京日刊支那事情社、一九二六年
東亜同文会編『支那省別全誌』一九一七―一九二〇年、第十八巻「直隷省」
関東都督府編『東部蒙古誌』一九一四年
参謀本部編『東部内蒙古調査報告経営資料』一九一六
関東都督府民政部編『満蒙調査復命書』第四、第八、第十、一九一六―一九一八年
朝鮮銀行調査局編『熱河蒙古地方に関スル調査』一九一七年
営口商業会議所編『東部内蒙古赤峰地方概況』其一、一九三一年

童翼著『熱河東部旅行筆記』（民国年間鉛印本）
馮誠求『内蒙古東部調査日記』一九一三年、吉長日報鉛印本
星武雄『東蒙遊記』、東亜図書株式会社、一九二〇年
飯田耕一郎『満蒙の旅嚢』、一九一八年

周清澍「清代内蒙古農業的発展」『内蒙古大学学報』社会科学版、一九六四年第二期

王玉海『発展与変革―清代内蒙古東部由牧向農的転型』内蒙古大学出版社、一九九九年
後藤冨男『内陸アジア遊牧民社会の研究』吉川弘文館、一九六七年
焦世珉「解放前赤峰市街軼事」『赤峰市文史資料選輯』第三輯、一九八四年
張萬有「開魯県的建置原委」『開魯県文史資料』第一輯、開魯県委文史資料工作委員会、一九八六年
閻桂芳「王爺府府第」『赤峰市文史資料選輯』第四輯、『喀喇沁専輯』、一九八六年
烏雲格日勒「略論清代内蒙古的庁」『清史研究』、一九九九―三

注

（1）『清聖祖実録』巻一八四、康熙三六年七月戊寅、一九八七年中華書局影印本。清前期内モンゴルの農業については、周清澍「清代内蒙古農業的発展」『内蒙古大学学報』社会科学版、一九六四年第二期と王玉海『発展与変革―清代内蒙古東部由牧向農的転型』、内蒙古大学出版社、一九九九年八月を参照。
（2）和珅、梁国治纂修『熱河志』巻九十一「食貨」台湾影印『中国辺疆叢書』本。
（3）『大清会典事例』（光緒）巻一五八「户部・户口」（一九九一年中華書局影印本）。
（4）『熱河志』巻五十五、五十六、五十七。
（5）『熱河志』巻九十二「物産二」。
（6）焦世珉「解放前赤峰市街軼事」『赤峰市文史資料選輯』第三輯。
（7）童翼『熱河東部旅行筆記』、民国年間鉛印。馮誠求『内蒙古東部調査日記』、民国二年（一九一三）吉長日報鉛印本。山田久太郎編『満蒙都邑全誌』、東京日刊支那事情社、一九二六年、第五章「熱河特別区域」、四七三～四七四頁、『満蒙調査復命書』、関東都督府民政部庶務課、一九一六年、第四「赤峰県治概情」。

（8）林西県士志辦公室編『巴林墾務』（林西史料一）、一九八四年。
（9）蘇紹泉編纂『林西県志』、内蒙古図書館手抄本、民国一九年（一九三〇）、巻一「地理志」。
（10）『満蒙調査復命書』、関東都督府民政部庶務課、一九一六年、第八「林西事情」。
（11）『満蒙調査復命書』、第八「林西事情」。
（12）蘇紹泉編纂『林西県志』巻一「地理志」。
（13）蘇紹泉編纂『林西県志』巻一「地理志」。
（14）張萬有「開魯県的建置原委」『開魯県文史資料』（第一輯）、開魯県委文史資料工作委員会、一九八六年。
（15）東門は鎮遠、西門は鎮辺、南門は承化、北門は宣威である。
（16）遼寧省档案館档案、jc10、案巻号三七〇五「熱河赤峰県調査商埠情形及奉天省城商埠局簡章」。
（17）『満蒙調査復命書』一九一五年の調査。
（18）参謀本部編『東部内蒙古調査報告経営資料』、一九一六年。
（19）朝鮮銀行調査局『熱河蒙古地方ニ関スル調査』、一九一七年。
（20）内モンゴル档案館所蔵の「ハラチン三旗档案」が開放され、利用が可能になったため、清代東部モンゴルの歴史諸問題が明らかになりつつある。理事司員問題はその一つである。
（21）地籍整理局『錦熱蒙地調査報告』（上中下）、一九三七年、上巻 第二部 熱河省蒙地 第三編 翁牛特右旗（赤峰県）。
（22）『錦熱蒙地調査報告』に、また赤峰街基地について民国年間に作られたいくつかの文契が残されている。
（23）『東部内蒙古赤峰地方概況』其一、営口商業会議所、一九三一年。
（24）『満蒙調査復命書』第四「赤峰県治概情」。
（25）林西では王公地局ではなくて蒙古翻訳局というところあり、開魯では蒙古土地局があった。

(26)『満蒙調査復命書』、第四「赤峰県治概情」、『熱河蒙古地方ニ関スル調査』。

ハラチン・トメド移民と近現代モンゴル社会
―モンゴルジンのハイラトド氏を事例に―

ボルジギン・ブレンサイン

はじめに

十九世紀の半ばから二十世紀にわたる近現代には、どの地域においても国境線によって厳しく仕切られている現代社会の常識を遙かに越える激しい人の動きがあった。移民によって新しい国家が誕生したり、多くの国や地域の姿が変化したりするなど、近現代は実に移民による伝統社会の破壊と新地域秩序の確立の時代であったともいえよう。

おおよそ十八世紀以後から中国本土で起きた人口の爆発的な増加と度重なる自然災害は多くの移住民を周縁社会に送り出し、周縁社会に深刻な変化をもたらした。彼ら移民は中国本土の様々な要素を周縁社会へ持ち込み、広く伝播させたが、それに対する周縁の対応も一様ではなかった。東南アジアに進出した華僑集団が在地社会といかに融合し、在地社会の秩序再編にどう影響したかについては多くの研究が蓄積されており、内陸部に進出した漢人集団の歴史や現地社会がどう受け入れたかに関しても、最近活発な研究がなされている。(1) しかしこれらの研究は移住民を送り出す側からのアプローチが中心を占め、その眼差しはいわゆる中華世界の動向に焦点を当てていることが多い。中国と周縁との関係史においてより重要なのは、こうした漢人集団の進出によって、周縁社会自らの秩序がいかに変化したのか、移民による衝撃が十九世紀末ころから周縁の少数民族集団が直面した様々な局面といかに合流して、複雑な社会史を描き出したかという点を追求することである。

本稿では、漢人集団の入植によって変化してきた近現代の内モンゴルにおけるモンゴル人の社会史研究の一環として、かつての内モンゴル最南端のハラチン・トメド地域—現在の遼寧省阜新市や朝陽市地域—のモンゴル人の移住史を分析したい。ハラチン・トメド地域は一九四〇年代までジョスト盟(2)として内モンゴル最南端に位置し、万里の長城を超えて外藩モンゴルに入植してきた漢人集団の最初の受け皿として、いち早く社会変化にさらされた。およそ乾隆三十年代、つまり十七世紀の末ころにこの地域に入植してきた漢人集団の規模が原住のモンゴル人集団を上回って、人口逆転が生じた(3)。それ以後種々の社会対立が激化し、十九世紀のなかころから多くのモンゴル人が他のモンゴル人地域に移住して、広範囲にモンゴル社会に影響を与えてきた。本稿は、一九九七年に徳山氏によって書かれた『Mongγuljin Qayilatud obuγtan nu tobči teüke／蒙郭勒津海勒図惕氏述略』(内部発行)(以下『述略』と略称する)(4)の記述をもとに、ハラチン・トメド地域を本拠地とするハイラトド氏の移住史を事例として用いる。

一　ハイラトド氏の移住と展開

遼寧省阜新モンゴル族自治県を本籍とするハイラトド氏一族は、北元時代からの有力な氏族で、ダヤン・ハーン時代の右翼三トメン(万)を構成するモンゴルジン・トメンの主力氏族であった。十七世紀の初頭ころに現在の内モンゴル自治区中部のフフホト(呼和浩特)地域からジョスト盟の地に集団移住して、清代のトメド左翼旗を中心にジョスト盟五旗(5)に分散居住してきた。彼らは、その後数世紀にわたってこの地に繁栄したが、十九世紀の末ころから後述する種々の原因によって他郷へ流離しはじめた。【図1】に示しているように、現在ハイラトド氏一族はモンゴル人居住地域を中心に中国に広い範囲で分布するようになり、そのうち、いったんハルハ・モンゴルに移住してモンゴル国の独立運動に中心的な役割を果たした人物まで現れた。

『述略』には、ジョスト盟地域に移住してきたハイラトド氏の人々は、最初は牧畜業を営んでいたが、徐々に半農業半牧畜的な形態に移行し、嘉慶年代ころから純農業に転じ、その後農耕化に伴って貧富の両極化が進み、貧困化した人々が最初に北部地域へ移住したと記されている。

【表1】は『述略』の記述に基づき、一九九七年におけるハイラトド氏の人々の連絡先をもとに作成した一族の分布状況を示したものである。そのうち内モンゴル自治区の政府所在地であるフフホト市に居住する数がもっとも多く、故郷の遼寧省阜新モンゴル族自治県や隣の阜新市及び遼寧省の周辺地域を合わせてもフフホト市に居住する数に及ばないことがわかる。またフフホト市や包頭市など内モンゴル自治区の各地に居住する人々が『述略』に収録されているハイラトド氏メンバー総数の三分の二以上を占め、いまやハイラトド氏の人々の集中して居住する地域は故郷であるかつてのジョスト盟地域ではなく、既にフフホトや包頭市を中心とする内モンゴル自治区各地に移ったということがいえよう。

また各地に移住したハイラトド氏の人々の従事している職業を見ると、内モンゴル自治区のフフホトや包頭市など大都会に住む人々の軍関係に従事する割合がほかの地域に居住する人々より多く、行政関連の仕事に従事する人々の割合も内モンゴル自治区の方が目立つのである。教育分野に従事する人々は、各地とも、もっとも多く、北京を含めてその大多数はモンゴル族学校などモンゴル人学生が集中する学校を職場としている。なお、遼寧省や内モンゴル自治区及び北京を除く中国のほかの地域に移住した数少ない人々の多くも、行政や教育分野で働いている。医療関係で働く人々のほとんども、モンゴル医学を中心とする医療機関で働いているという。「その他」のうちの多くは、農民や牧民となって

表1　中国におけるハイラトド氏の分布状況（1997）

地名		人数	男/女	職　業				
				① 行政	② 軍関係	③ 教育(蒙)	医療	その他
北京		11	7/4	1	3	3（1）		4
遼寧省阜新市		36	28/8	4	2	9（3）		21
遼寧省阜新蒙古族自治県		90	63/27	8	1	12（12）		69
遼寧省彰武県		3	2/1	1		1（1）		1
遼寧省その他の街		18	10/8			8（0）		10
内モンゴル自治区	フフホト市	136	60/76	4	11	14（4）		107
	包頭市	32	21/11	6	3	1（1）	4	18
	バヤンノール、イケジョー、アラシャン盟	6				1		5
	ウランチャブ盟	11	8/3	4	1	2（1）		
	赤峰市	9	8/1	1		2（1）	1	5
	シリンゴル盟	21	17/4	3	1	2（1）		11
	ジリム盟	53	43/10	6	2	12（10）	7	26
	ヒンガン盟	22	17/5	4		3（3）	1	14
	フルンボイル盟	7	7/0	3				4
鄭州市		1	1/0		1			
黒龍江省		1	0/1			1		
陝西省		1	1/0					1
長春市		1	1/0	1				
山東省		3	2/1					3
広東省		2	1/1	1		1		
海南省		1	1/0					1
天津市		1	1/0					
青海省		1	1/0			1		
四川省		1	1/0	1				

表注 ①著者によると、本表はハイラトド氏の通信録であり、通信住所がはっきりしている都市部の人々を中心に統計したもので、農村や牧畜地域、それに遼寧省や内モンゴル自治区以外の地域に暮らす人々については記入漏れが多々あるとのことである。
②職業②の軍関係には公安局など司法関係も含まれる。
③職業③の教育関係の（蒙）はモンゴル族学校などで働く人々を指す。
④教育関係には研究機関で働く人々も含まれている。
⑤軍の医療機関で働く人は軍関係に含めた。

図1　ハイラトド氏の展開

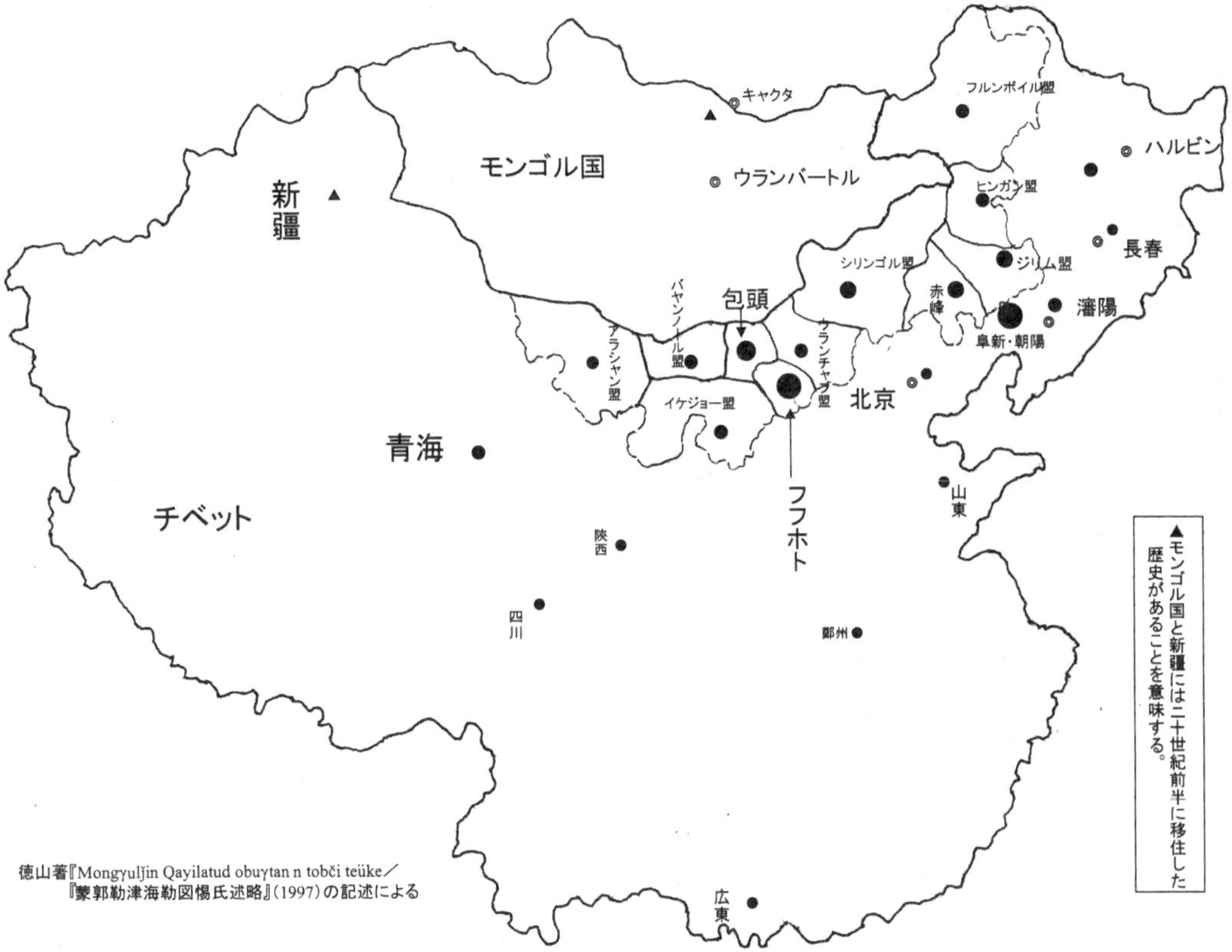

徳山著『Mongγulǰin Qayilatud obuγtan n tobči teüke／『蒙郭勒津海勒図惕氏述略』(1997)の記述による

いるが、『述略』は基本的に連絡の取れる機関で働いている人々を中心にし、各地の村で暮らす人々に対しては充分な調査を行ってないようである。それでも故郷の阜新においては八割以上を農民が占め、内モンゴル自治区でもフフホトや包頭市以外の地域では大多数の人々が村で暮らしている。ハイラトド氏の人々の職業選択を見ると、モンゴル族学校など教育関係や軍関係に傾いていることが明らかである以外に、内モンゴル自治区の広範囲にわたる地域で農業や牧畜に従事する人々が多数いることが窺われる。その中でもジリム盟や清朝時代にジリム盟の一部であったヒンガン盟の田舎に居住する人々に農民が多くを占めていることが記録されている。

二 移住の契機

ハイラトド氏の人々の移住の契機を考える前に、本節ではまずハラチン・トメド地域のモンゴル人が移住行動に出た社会的背景を示しておきたい。

周知のように、中国では一八四〇年のアヘン戦争を近代史の始まりとして位置づけている。近年中国領内の少数民族はそれぞれの民族の『通史』あるいは『革命史』を積極的に構築しているが、それは例外なくアヘン戦争や一九一九年の「五・四運動」を歴史の区切りにするという中国近代史の枠内で書かれている。中国領内の少数民族にとっての近代史が中国本土の歴史の動きと密接に関連していることは否定できないが、当然ながら必ずしもすべてが中国史の枠に当て嵌まるわけではない。モンゴル民族にとっての近代とはいつから始まったといえようか。言い換えれば近代モンゴル社会はいつころから大きく動き出したといえるだろうか。アヘン戦争によって中国社会は半封建半植民地的な性質を帯びて中国の「各民族」の人々は従来の封建的圧迫階級と戦うと同時に列強とも戦うことになったとほとんどの中国の歴史書には書かれているが、例えばアヘン戦争によってモンゴル社会が急激に変化し始めたとは、単純にはいえない。十九世紀の半ば以後に起きた太平天国の乱（一八五一―一八六五）や捻軍反乱（一八五一―一八六八）などアヘン戦争以後の清朝の衰退によって引き起こされた漢民族の民族主義的な暴動の鎮圧にモンゴルの騎馬軍隊が多く動員されたが、それは清朝においてモンゴルに課せられた役割であり、モンゴルにとっては新たなできことではない。アヘン戦争以後に生じたこうした頻繁な軍事動員が重荷となってモンゴル社会を圧迫し、トメド左翼旗では「Ebüged-ün qural／老人会」[6]（一八六〇―一八六四）運動、トメド右翼旗では「八枝箭事件」[7]（一八五七―一八七〇）など、王公への租税をボイコットする動乱を引き起こすに至ったとする記述が一般的であるが[8]、中国本土有事の際の軍事動員がジョスト盟に偏ったものではないことを考えると、これは、無理に「反帝国主義反封建主義」という中国近代史の枠組みに収めようとしたのであることは明らかである。なぜ十九世紀中ころからハラチン・トメド地域でこのようなモンゴル人平民と王公との対立が頻発したのかを考える際に、むしろこの地域における農耕化問題から考察すべきではなかろうか。乾隆四十九（一七八四）年にジョスト盟五旗に移住した漢人農民は五十五万人を超えて[9]、原住のモンゴル人人口を逆転した。これを考えると、十九世紀に入るころのジョスト盟地域は農耕化の進展によって牧畜を営む空間がなくなり、原住のモンゴル人のほとんども農耕民になり終えていたと考えられる。これは『述略』でいうハイラトド氏の人々が嘉慶年代（一七九六―一八二〇）ころから純農耕に転じたとする記述と合致すると同時に、ジョスト盟地域の農耕化がアヘン戦争よりも前に実現していたことを裏付けるものである。

移住民は新たな移住先で権利獲得のためにあらゆる手段を講じ、それに対して原住民は従来の地域秩序を守るために努め、両者の間に必ず衝突が起きるというメカニズムは清代中国の他の地域でも確認されており[10]、土地の狭小化や農耕化に伴う貧困化などの要素を加えると、ジョスト盟地域における各種の社会対立は、外藩モンゴルのその他の地域よりも一層激化していたことが想像される。こうした背景の下に発生した「Ebüged-ün qural／老人会」運動や「八枝箭事件」では、長期間一致団結して王公側と対立した一般モンゴル人は闘争の末、本旗にいられなくなり密かに他旗へ移り住んだ事例が報告されている。例えば、かつてはドルベド旗としてジリム盟の一部であった現在の黒龍江ドルベド（杜爾伯特）・モンゴル族自治県のボルジギン・チャガンショボー氏の族譜によると、彼の先祖はもともとジョスト盟トメド右翼旗の出身で「八枝箭事件」で嫩江流域に移住したとされる。[11] この族譜の記述が事実だとすれば、「八枝箭事件」で一部のモンゴル人がジョスト盟を離れて北部の旗に移住したことが推測される。おそらく彼らはハラチン・トメド地域から生活のために北部を目指した確認できる最初の人々かもしれない。それは乾隆末期までモンゴル各部を清朝政府の命令によって集団で強制移動させていたそれまでの移住と本質的に異なる移住といえよう。

ハラチン・トメド地域のモンゴル人にとって大規模な北上が行われたのは、何といっても光緒十七（一八九一）年の「金丹道暴動」以後である。とりわけ「金丹道暴動」では、当地域のモンゴル人が数万人単位で犠牲となり、その後しばらくの間、前後数十万人のモンゴル人が北部各旗へ避難移住したとされる。[12]「金丹道暴動」では、ジョスト盟地域のモンゴル人社会が根底から揺るがされ、その後一九四七年の土地改革[13]のころまで、生活のためにモンゴル人はいろいろな形で絶え間なく北部の各旗を目指した。十九世紀ころに早々と農耕化したハラチン・トメド地域のモンゴル人の大量移住を受けて、地理的にジョスト盟の北部に位置するジョーオド盟やジリム盟の各旗は、二十世紀初頭ころから急激に農耕化した。その波は、自然地理的条件に阻まれて興安嶺山脈の東南麓でしばらく足止めされていたが、二十世紀半ば以後になると、移住先における農耕化と人口の膨張に伴って、ジリム盟やジョーオド盟に移住して半世紀くらい経っていたハラチン・トメド移民は、移住先のモンゴル人と共に、今度は「東部の農耕モンゴル人」の膨大な集団として興安嶺を越え、内モンゴル西部の人口稀少な地域へと流れて行った。これに関しては別の機会に詳述したいが、とにかく「金丹道暴動」は、ミクロ的にいえば、内モンゴル東部の地域社会の再編に直接的なきっかけを与え、マクロ的にいえば、一九一一年七月二十三日にハルハ・モンゴルの活佛ジェプツンダンバ・ホトクトからロシア皇帝に出した独立支援要請書にも触れられるなど、モンゴル近現代史の始まりといっても過言ではない出来事である。[14]【表1】や【図1】に

図2　ハラチン・ドメドのモンゴル人の移住経路

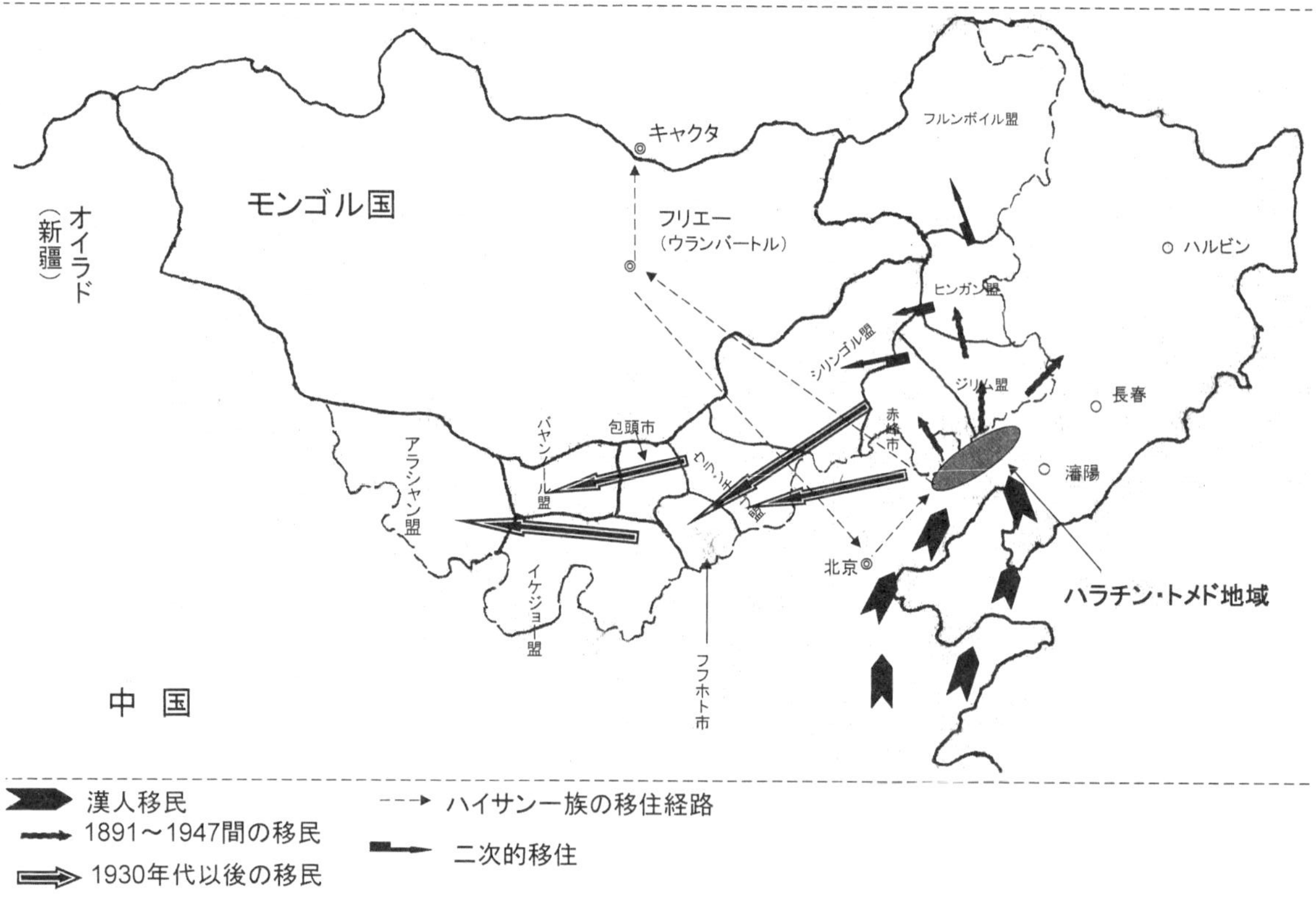

示してある内モンゴル自治区のジリム盟やヒンガン盟に暮らすハイラトド氏の人々に農民の割合が圧倒的に多いことも、この「金丹道暴動」が背景にあると推測されよう。

「金丹道暴動」に象徴される近現代史的な動きと並行して、二十世紀初頭からいわゆる近代化の波、あるいは社会主義や民主主義といった近代的な思想もモンゴルに入り込み、モンゴル民族の衰退に危機感を募らせていたモンゴル人エリート層の行動に影響を及ぼした。その先頭に立ったのもやはりハラチン・トメド地域出身の人々であった。ハルハ・モンゴルの独立を目の前にして、混乱する中国の国内情勢に乗じて衰退する内モンゴルを救おうと一九二五年に設立された「内モンゴル人民革命党」の中心人物の一人である白雲悌や金永昌などはみな、ジョスト盟出身者である。ハイラトド氏出身者の中では、ハラチン右翼旗出身のエルデニビリク（海文遠）は一九一六年に北京の蒙蔵学院で学び、ウランフや多松年など西トメド出身のモンゴル人と共に中国共産党と接触して、もっとも早く中国共産党に入党したモンゴル人の一人に数えられる。(15)『述略』によると、エルデニビリクはその後モスクワに留学し、卒業後モンゴルに滞在していたが、一九三一年十月にコミンテルンの指示によってイフフレー（庫倫）からアラシャン旗経由で中国に戻る途中、アラシャン旗でコミンテルンのモンゴル代表を務めるブリヤード・モンゴル人オシロフらの四人と共に遭難した。亡くなったときエルデニビリクは二十八歳であったといい、彼はハイラトド氏の中で中国共産党にもっとも早く加入し、中国革命に命を捧げた功労者として記されている。

内モンゴルの民族主義運動に参加したジョスト盟出身の人々の一部は、一九三〇年代以後、徳王主導の自治独立運動に参加し、内モンゴル西部地域に活動拠点を置き始めた。その一部は蒙疆政府の最高軍権を握ったジョスト盟出身の李守信の部下で、長年李と共に戦ってきたジョスト盟出身者が多くを占める。彼らは一九四七年の内モンゴル自治政府樹立以後も、そのまま内モンゴルに残って、後に内モンゴル軍区に編入されて、内モンゴルで軍関係の仕事に従事した。〔表1〕に示してあるように、ハイラトド氏に内モンゴルで働く軍関係者が多いこともこれによるものであろう。一方、満洲国に仕えたハラチン・トメド人の多くは、終戦後「東蒙自治運動」に参加し、内モンゴルの独立運動に身を投じた。ジョスト盟トメド左翼旗の場合は、モンゴル人独自の武装組織である「蒙民大隊」[16]を組織して「東蒙自治政府」と歩調を合わせて戦い、内モンゴル自治政府設立大会にも正式な代表を送り込んだ。[17]その後、一九四八年三月には、遼北、吉林軍区に編入されていた「蒙民大隊」が「内蒙古騎兵二師二三団」として内モンゴル自治政府に管轄されたことにより、事実上内モンゴル自治運動に参加してきたモンゴル人の精鋭たちが内モンゴルに派遣され、故郷トメド左翼旗は熱河省に残されたままの形となったのである。[18]このときから内モンゴル自治運動に参加したジョスト盟出身の多くのモンゴル人が、故郷ではなく、内モンゴル各地で重要な役割を果たして現在に至っており、その中に、とりわけ軍関係者が多いのは、こうした経緯によるものである。[19]つまり【図2】にあるとおり、内モンゴル自治独立運動に伴って一九三〇年代から一九五〇年代にかけて、多くのハラチン・トメド出身のモンゴル人が、直接故郷からフフホトや包頭など内モンゴル中西部における政治の中心を目指して移住したのである。また同じ時期に、いったんジリム盟やジョーオド盟に移住し、定住をしていたハラチン・トメドの人々も、内モンゴルの政治の中心が中西部へ移動するに伴って西部への移住を果たした。[20]

一九五五年七月に熱河省の廃止によって、旧ジョスト盟五旗のモンゴル人を遼寧省に編入した。[21]これに対して旧ジョスト盟地域のモンゴル人は、あくまでも内モンゴル復帰を望んだと推測される。当時その引継ぎに参加した内モンゴル自治区側の責任者王鐸は「この地域は経済的および行政的に既に遼寧省とより密接な関係を持つようになったので、遼寧省に編入した方が国家の総体的利益に叶う。したがって各方面の同意を得てから、この地域を遼寧省に編入した」とその自伝で語っており、[22]遼寧省に編入することに対してモンゴル人を「大局に鑑みる」と説得をしていたことがうかがえる。また一九五七年のある会議におけるウランフの発言は、自治区以外のモンゴル人による内モンゴルへの帰属願望を次のように語っている。

……最近の統計によると、自治区以外にまた五〇万人のモンゴル人が生活しており、彼らのうち一部の人は内モンゴルに帰還したいと願っているが、私たちの態度は歓迎しているのである。彼らが来たら民族聯合社における蒙民は増える。蒙民が多くなると民族文化発展に有利である。もちろん我々は運動を起こすことを望んでいない。ただ自らが望むなら移住してきても宜しい。例えば泰来等の辺界地区〔のモンゴル人—筆者〕は、もし移住してきたら、そちらの矛盾もある程度解決できる。……(23)

ウランフのこの発言からは、内モンゴル自治区以外の地域に居住するモンゴル人が内モンゴルに帰還するというのは、その地域を内モンゴルに編入するのではなく、あくまでもモンゴル人住民を内モンゴルに移住させるということであり、つまり中央政府が内モンゴル自治区の行政範囲の拡大にこれ以上応じることは難しく、それでもジョスト盟を含む内モンゴル自治区以外に暮らすモンゴル人は、内モンゴルという名の下で一緒に暮らしたいという願望を絶え間なく表していたことがわかる。(24) ハラチン・トメド地域のモンゴル人はこうした内モンゴルへの帰属意識に駆られて一九五〇年代以後においても、内モンゴルへ移住するきっかけを絶え間なくうかがい続けたと考えられる。特に、一九五八年ころから一九六〇年ころまで続いた大躍進に伴う食料危機でハラチン・トメド地域から少なからぬモンゴル人が直接内モンゴル西部のシリンゴル盟やバヤンノール盟などを目指して移住したことが、筆者のフィールドワークから確認できる。(25)

三　地域エリートの選択

前節では、モンゴル本土に向けて北上し続けたハラチン・トメドの人々の移住とその歴史的契機を一通り考察したが、ではどのような人々が移住を選択し、またどのような人々が故郷に残ることにしたのであろうか。「金丹道暴動」による大規模な移住に関しては、今までの研究で明らかにされているように、漢人社会と接触する内モンゴル最南端のジョスト盟においては、人口の上で大多数を占めるようになった漢人移民が移住先における権利獲得のために暴動を起こし、無差別な虐殺を行ったことにより、多くのモンゴル人は北部を目指して避難移住した。(26) しかし、そうした危機に対して地域エリートたちがどのような選択をしたのかについては、まだ研究されていない。

外藩モンゴルで最も早く農耕化したジョスト盟地域では、土地の狭小化によって大多数のモンゴル人が貧困化して佃戸になりさがる一方、王公やタイジなど少数の支配階級の地主化が進み、やがて富が少数の人々の手に集中するという状況が形成されていった。農耕化で生まれた新たな富裕層たちは外藩モンゴルに与えられた清朝による種々の伝統的な特権のうえに、租税によって新たに蓄積された富によって教育の機会と地方政治を独占するようになった。彼らはジョスト盟内部で、地域ネットワークを構築すると同時に、ジョスト盟各旗の事実上の支配権を掌握する熱河軍閥や奉天軍閥とも、時には衝突しながらも友好な関係を構築することによって、地域の政治経済をリードしていった。ところが、「金丹道暴動」などジョスト盟のモンゴル人社会が深刻な状況に直面した際には、こうした地域エリートたちの行動パターンは一様ではなかった。本節では、十九世紀末から二十世紀の初頭にかけて活躍したジョスト盟地域の名士のうち、ハイラトド氏出身の二名と他一名あわせて三名の人々の選択を提示することによって、移住を選択した人々とそうでない人々の思惑の違いや、移住を選択した人々が移住先で果たした役割などを考察したい。

1 海雲亭

トメド左翼旗―現在の阜新モンゴル族自治県―は、柳条辺墻を挟んで遼寧省の黒山県と隣接している。周知の通り、黒山県は東三省の実力者張作霖の故郷であり、張作霖がまだ黒山県で匪賊として暗躍していた時代から、とりわけトメド左翼旗の人々と密接な関係をもっていた。

ハイラトド氏の海雲亭（モンゴル名はハイロン）は、トメド左翼旗出身で、光緒八年に四品級の地方官爵を得てから、「金丹道暴動」など光緒年間のあらゆる動乱から地域を守り抜いた名士、「民族英雄」（『述略』）として、地元の阜新モンゴル族自治県辺りでその名が知られている。『述略』の記述によると、海雲亭は、張作霖がまだ黒山県で匪賊だったあるとき、盛京の清軍に追われて途方にくれていた張作霖を自分の裏庭に隠して救ったことがあり、それ以後張作霖は命を救った恩を記して海を義父にし、海の長男である海玉衡と義兄弟の誓いを結んだという。この関係を機に、張作霖の部下である呉俊陞や熱河軍閥の湯玉麟らが等しく海雲亭と義理の関係を結んだ。海雲亭の死後、その葬儀には父の代理として張学良が二百名の兵隊を携えて参列したうえ、葬儀を取り仕切ったようである。張作霖とのこのような関係は、海雲亭の邸宅の門に金字で書かれている「望重藩疆―東三省巡閲使児張作霖叩贈」からも充分読み取れる。つまり海雲亭にとっての張作霖は、自らの地位やひいては彼の地元の利益を守ってくれる存在であり、張作霖にとっての海雲亭は、「望重藩疆」とする書にも表わされている通り、東三省の重要な一部を構成し、土地や財政の重要な来源である藩疆―モンゴルとの良好な関係を保つ重要な人脈であった。張作霖はホルチン各旗の王公とも婚姻関係を結ぶなど、その生涯において東部内モンゴルの有力者との関係を非常に重視した軍閥であることは、よく知られている。

海雲亭の生涯やその功績に関しては、中華民国期に書かれた『阜新県志』（巻六雑文十四）に『三区蒙員海公諱雲亭墓碑誌』として詳細に記録されているので、それを引く。

……清封武顕将軍晋封鎮威将軍海公雲亭諱龍者巨族也。以元室勳裔隠居帰化迨夫有、清以来公之始祖遷居卓索図東土默特旗泡子聚将屯歴世相傳。耕読為業、及公之生也。有奇相隆準龍顔慷慨好義迨夫、年将弱冠即分親労既操持家務。復交接賢豪有孟嘗之風焉。公本無志於功名優遊壠畝。而本旗先王爺色知公賢於光緒八年授以四品頂戴。凡旗府要政公佐之終帰盡善。故於十五年以功陞本旗右翼第四参領任職。以来盡力従公無忝厥職、勤労王事同寅協恭、訓蒙人守分安良、対漢族無分畛域①。毎於公餘之暇、猶親家計示郷人克勤且倹、訓子弟学善学良、公之規箴誠為宏且遠矣迨夫。十七年教匪猖獗屠毒生民、公遂同奉軍設法剿撃終帰平滅。秋后由盛京将軍裕按功奏奨。十八年春賞戴花翎、十九年旋升三品頂戴。至二十年公之長君玉衡印寶珍者以佐領升補本旗第四参領。至二十六年拳匪肇起奉軍奔逃牽動大局、盗賊群起蒙漢為之不安②。公以勤撫王民為念南遂潰兵、百姓免淫掠之劫。北駆土匪、萬民獲枕蓆之安。蒙古珍旗全頼以保全者非公之力孰克當此。二十七年遂以軍功加三級。二十九年盗賊蜂起、有直隷練軍軍門楊併、新民府正堂会同剿捕尅日、平静旋由奉天総督増咨、由熱河督統核奏特賞加三品頂戴。至三十一年三月補授管旗副章京、三十三年為保護地方出力、由熱河督統廷保以軍功加三級、公功勲愈大而徳行愈著。輔佐郡王勤政愛民、抱安懐之志、拯四衆於流離懐餓溺之衷、救無辜於法網謙和待人。漢族普沾徳恵廉明勤政、蒙人皆被恩膏③。樹以豊碑者良有以也。至宣統元年、公長少君玉衡得三品頂戴、而公遂退休致政、頤養餘年矣。越二年清帝遜政、共和肇成。民国元年四月公長少君以管旗副章京銜晋頭品頂戴。二年十一月復以都統升用、十二月委任為口北一帯辦理撫綏事宜。四年九月復奉統率辦事処委赴林西一帯辦理招撫。五年四月奉天盛武将軍張聘為行軍署軍事顧問。毎於旋家省親之餘公、即殷殷垂誡曰、竭力従公無恭厥職、當以保護治安維持桑梓為宗旨、公之施恩。於衆者亦雲厚矣、孰意徳功圓満、南極星沉忽於夏歴九月初二日仙逝。蒙漢之人如失保障④、葬之日各省軍警官紳及鄰近戚友執紼相送者僉謂、雖長城己失其盛徳所致。子孫必昌大而玉衡君於九月七日遂同東三省巡閲使張入京接洽蒙古王公。八月二日奉蒙蔵院総裁貢派充招待外蒙王公招待員。當蒙巡閲使張咨行。蒙蔵院由貢総裁呈請大総統於九月一日封輔国公爵、非盛徳昭昭、焉能事於迫封歿後哉。漢蒙籌思保護之恩⑤、憶捍衛之徳爰讃以詞曰、公之秉賦兮。公正純良公之事親兮。至孝無雙公之訓子兮。其道大光公之待弟兮。友愛相将公之恵族兮。敬徳無忘公之睦鄰兮。雍和善良公與戚黨兮。緩急相幇公亦排難兮。揚弱抑強公封朋友兮。信義昭彰公見急困兮。資助衣糧公蓋乃職兮。竭力事王公護地方兮。鄰境獲康公之升遐兮。草野悲傷公之遺愛兮。遠近弗忘公恩普被兮。樹碑墓場公徳常在兮。日月同光。

海雲亭の功績を簡単にまとめると、彼は光緒十七年の「金丹道暴動」の際、すばやく奉天軍と協力して鎮圧に成功し、義和団事件の際にも、地域の利益を守るために活躍した。そして義和団事件を口実に東北に侵入したロシア軍とも、勇敢に戦ったとされる。一九一三年十二月には、口北辺りでモンゴル各旗に対して民国に従うように説得する「撫綏事宜」にも当たり、一九一六年九月には、林西に赴いてバボージャブに対して招撫を試みた。その長男の玉衡は張作霖のためにモンゴル王公と交渉したり、蒙蔵院総裁でハラチン右翼旗ジャサクのグンサンノルブ郡王とも良好な関係を結んでモンゴル王公を宥める庶務に当ったりしていた。つまり海氏父子は常に軍閥あるいは中国当局とモンゴル王公との間のパイプ役を務め、モンゴル王公を宥める役に当たってきたということである。そのために彼らは、常にモンゴル人と軍閥の両サイドからの信頼を維持しなくてはならず、上に引いた碑誌の波線部①～⑤に書かれている通り、口癖のように「蒙漢団結」を訴えなければならなかった。彼らのような地域エリートは、地域を超えたモンゴル民族全体に対する危機意識が薄く、モンゴル人と漢人の雑居という地域の実情から「蒙漢団結」を訴えながら地域の利益を第一に考え、移住を拒んだ人々であった。

ハラチン・トメド地域では、海雲亭と同様にもともとは張作霖の部下として活躍していた人々のうち、李守信のように後に内モンゴル自治軍で活躍するようになった人々も大勢いる。彼らは、戦乱の中で必ずしも明確な民族主義的な意識を持たずに徳王の自治運動に参加し、後に共産党に協力して内モンゴル軍区に編入されていった。

2　ハイサン（海山）

モンゴル近現代史に必ずその名が知られるハイサン（海山）[27]も実は本稿が分析対象にしているハイラトド氏の一員であるという。十七世紀に現在のフフホト地域からジョスト盟地域に移住する際、ハイラトド氏の一部が途中のハラチン右翼旗、中旗、左翼旗辺りで定住したようで、現在その子孫が遼寧省の朝陽市や内モンゴル自治区赤峰市南部地域にも分散居住している。ハイサンは一八五七年に、このハイラトド氏の一員として、ハラチン右翼旗―現在の内モンゴル自治区赤峰市寧城県天義郷の崗営子村―で生まれた。父親のバヤンテムルは七十ヘクタールの優良農地を所有する地方の名士で、十九世紀末ころのジョスト盟辺りでは有力地主と言えるほどの存在であった。『述略』によると、このときハイサン一家は、はるか北部興安嶺の麓近くの突泉県にも「窩堡」を一箇所経営していたという。[28]「窩堡」とは、モンゴル語でいうtariyan tobu（畑のトブ）を意味する漢語である。tariyan tobuとは、つまり畑の脇に建てられた農作業に従事する人々が寝泊りする仮住まいを指す。[29]これは、ハイサン一家がハラチン右翼から数百キロ北にあるホルチン右翼前旗の地で農地を開き、パンチン（榜青）を雇って耕作をしていたことを意味するもので、ホルチン右翼前旗の農地開墾に「金丹道暴動」を脱がれてきたハラチン・トメドのモンゴル人が一翼を担ったことを考えると、ハイサン一家が経営する「窩堡」で働いていた人々の多くもハイサンの故郷であるハラチン地域からのモンゴル人であったことが推測される。[30]後述する阜海の事例でも若干見られるが、こうした一足先に北部へ移住した人々と故郷の地域有力者との間に結ばれる移住先と移住元との有機的なつながりによって、ハラチン・トメド地域から北部各旗へ絶え間なく移民を送り出す有効なパイプが長年機能していたことを、近現代内モンゴルにおける地域社会再編の重要な手がかりとして認識する必要があろう。

ハイサンは幼少期から十四年間にわたってモンゴル文と漢文の教育を受け、外藩モンゴル出身者は科挙を受けられないという清朝の制度から逃れるため馬氏という漢人女性と結婚し、自らの身分を漢人にしたが、科挙制度の廃止でその夢は実現されなかった。ハラチン右翼旗にいた際、ハイサンはハラチン右翼旗の平泉弁事処に勤めたり、管旗ジャンギン（章京）を務めたりするなどしてその才能を買われ、「金丹道暴動」の際は、郵便配達員に変装までして、なかなか会ってくれない清軍の将軍に会い、いち早く清軍の援助を得て暴動の鎮圧に一役をかったという。

ハイサンが故郷を離れた原因を説明するために、『述略』に書かれているエピソードを一つ紹介しなければならない。

当時のハラチン右翼旗では海三（すなわちハイサン）、鮑三と張三[31]の三人の有力者がいて互いに勢力争いをしていたようで、張三は「金丹道暴動」の際の民族対立を利用してハイサンを押さえ、ハイサンは暴動を鎮圧する過程で張三宅にあったモンゴル人から奪った物品を押収し、張を抑えた。それに対して張三は金を使って鮑三に近づき、年齢が近い鮑三を義父に立てて王府を味方にしてハイサンを孤立させた。張はまた「金丹道暴動」の鎮圧で犯人を逃がしたという濡れ衣を着せてハイサンを陥れ、熱河督統府に賄賂を払ってハイサンを誣告した。こうした状況のもと、ハイサンは故郷にいられなくなって、一九〇二年に突泉県にある自家経営の「窩堡」を経由してハルビンに逃がれたという。ハイサンがこれだけの原因で故郷を離れたかどうかは別として、十九世紀末から二十世紀の初頭ころのハラチン右翼旗では、モンゴル人と漢人の有力者がそれぞれ地域の利益分配をめぐって激しい争いを繰り広げ、「金丹道暴動」は両者の対立を一層煽り、「金丹道暴動」を利用して双方が相手を追い落とそうとしてしていたことが伺われる。また暴動が鎮圧されたにもかかわらずモンゴル人側がその恩恵に預からず、故郷にいられなくなっていたことから見ると、ジョスト盟地域で圧倒的多数を占めるようになっていた漢人移住民は「金丹道暴動」を通して地域の支配権を確実に手に入れていたということが考えられる。

ハルビンに着いて間もなく、ハイサンは後述するハラチン中旗出身の皐海の紹介でロシア領事と知り合い、ロシア領事館で四年間働いた。その後ハイサンはロシア人との人脈を使ってモンゴルに赴き、ハルハ・モンゴルの独立運動に重要な役割を果たし、一九一五年に再び中国に戻ったことに関しては先学の研究でよく知られているので、ここで重ねて述べることはしない[32]。ここでは、『述略』の記述とモンゴルにおける最近の研究[33]をもとに、ハイサン一族がハルハ・モンゴルへ集団移住し、キャフタ近くに土地を与えられ、そこの開発を手がけたことが原因で訴訟沙汰になって最後に北京に戻ったことについて若干紹介したい。

ボグド・ハーン政権で内務次官の地位を獲得したハイサンは、一九一二年の秋にボグド・ハーンの詔を受けてモンゴルから「百頭の駱駝隊を派遣して、……親類や家財道具を運ばせ、……五十数人がイヘフリエーに移住してきた」[34]。そしてボグド・ハーンはハイサン一族にモンゴルとロシアの国境沿いにある「キャクタ西部のチャガン・ウス哨所からキャクタ東部の駅站までの六ハロールの地を与え」、その秋にハイサン一族はそこに行って定住した[35]。ハイサンはそこでロシア人を雇って草刈りをさせ、その草をロシア人に売って利益をあげ、ロシア人やブリヤード人、中国人を雇って農地開発まで手掛けていたところ、もともとこの地を領有していたトシェート・ハーン盟のナムスライ王旗がハイサンをロシア人や中国人を雇ってモンゴルで農業を広めようとしていると政府に告訴した。これに加えて、ハイサンは民国政府に内通しているとも訴えられ、結局モンゴルにいることに絶望して一九一五年の年末から一九一六年の年始にかけてロシア領に入り、ハルビン経由で北京に戻った。ハイサン一族が中国に戻る際、一行三十九人であったとキャフタ会談の中国代表でフレーに駐在していた陳毅が一九一五年十一月二十一日に北京に送った電報で触れている。たった三年くらいではあったが、ハイサン一族―内モンゴル最南端のハラチン右翼旗から五十数名―の人々がハルハ・モンゴルに移住して、しかも一気にモンゴルとロシアの国境沿いにまで移住を試みたことは生活向上を求めて異郷を目指すハラチン・トメドの人々の移住史を考えるうえで大変興味深い出来事であろう。中国に戻る際に三十九人だけであったのはハルハ・モンゴルに残った人がいたのか、それとも死亡したり、途中中国に帰還した者がいたのかは不明だが、現在のところモンゴルでハイサン一族の子孫は見つかっていない。一九一七年に死去した後、ハイサンの棺は故郷ハラチン右翼旗に埋葬されたが、北京にいたその一族の者の多くもこのとき故郷に戻ったと『述略』は記している（［図2］を参照）。またハイサンの曾孫に当たる海雲霄（モンゴル名ブヘ）はフルンボイル盟の畜牧局に長年勤め、一九九七年の段階で退職していたという。

3　阜海

阜海は[36]（福海、傅海、富海ともいう）モンゴル名はラシドンドブ、ジョスト盟ハラチン中旗の出身である。通訳として知られ、阜通事、傅通司とも呼ばれていた。父親の阜得勝（モンゴル名ウニバヤル）はかつてハラチン中旗でメイレンを勤めていた。ハイラトド氏出身者ではないが、ハイサンの同郷同世代として、またハイサンの動きにも影響を与えた人物として、そしてまた「金丹道暴動」以後のハラチン・トメド地域の地域エリートたちの行動の一端を解明するために阜海の略歴を簡単に述べてみよう。

少なくとも一八九五年以前に父の阜得勝が先に本旗からロシアに赴いて、チタ市の新聞社で通訳をしていた[37]。その後阜海をロシアの首都の学校に入れて学ばせた。阜海は光緒二十五年（一八九九）年に帰国して、最初はウリヤスタイの将軍衙門で働いていたが、光緒二十六年十二月、父親に会うためにフリエーに行って、そこでフリエーに住むロシアのシシマレフ将軍と知り合い、チチハルのロシア領事館の通訳になった。そこで一九〇三年、阜海はホルチン右翼前旗のジャサクであるオタイ王のロシアに対する借款の仲介役を務め、オタイとの仲を介してホルチン右翼前旗の開墾で同旗に荒地を受領して定住することになった。ホルチン右翼前旗の最初の土地開墾が漢人ではなく阜海のようなハラチン・トメドの人々によって行われたことは前述の通りだが、当時、ホルチン右翼前旗では外旗モンゴル人を受け入れて私的に開墾させることは日常茶飯事であり、その中で阜海が受け取った荒地の場所は、「茶安桃海（査干托海）―チャガントハイ」あるいは「七十戸」で[38]、後に「傅通司村」と呼ばれるようになった。

阜海は一九〇五年に黒龍江当局と関係をつくり、西ブトハ管轄内のチョール河上流のソロン山地域で祥裕木植公司を設立したが、同公司の他の出資者も皆「各旗のモンゴル人」であった[39]。祥裕木植公司は官営という名目であったが、実は黒龍江省側はその経営に関与しておらず、関連の地方志には「林商公司」や「林商」と書かれている[40]。祥裕木植公司はモンゴル人社会における最も早期の民間資金による近代的企業の一つであり、父親の阜得勝はモンゴル近代史上最初の、あるいは第一世代のモンゴル人資本家ともいうことができよう[41]。

一九〇六年閏四月、署黒龍江将軍程徳全は清廷の許可を得て阜海をバルガ旗の役人に抜擢し、翌年四月に阜海は八旗前鋒から驍騎校（正六品八旗武職）にまで昇進した。

一九〇七年五月に黒龍江当局はジャライド旗に墾務行局を設置し、阜海を邦辦に任命した。ジャライド旗も同時に「蒙局」を設置し、阜海に会辦職を兼任させた。一九〇八年三月、黒龍江省がジャライドの既に払い下げした嫩江西岸のハラホショー地方で退役した兵士による屯墾を興した際に、阜海もまた屯墾局の邦辦として赴任し、専ら境界の設定や、モンゴル人の為の生計地の分与などの業務にあたった。

ロシアとの関係を保ちながら阜海は黒龍江省長于駟興など中国側の官憲に関連情報を提供して利益を得ていたようである。その内もっと興味深いのは、ジョスト盟ハラチン右翼旗のハイサンが一九〇五年に事件を起こしてハルビンに潜伏し、「ロシアと結託」して、「時に右翼前旗に赴いて」活動をしていたことや、一九〇六年オタイがハルビンでロシアから五十万ルーブルの借款をしたこと、ロシア官僚のヒトロウオ及びロシア語の通訳のユンドン等が引き続きモンゴル各旗で「モンゴル人との連携」を唱えて遊説していた等々の内容を密告していたことである。(42)

一九〇七年九月に于駟興は阜海が述べたことを東三省総督徐世昌や奉天巡撫唐紹儀に報告した。その結果ハイサンが確かにロシア官僚ヒトロウオのところに潜んでいることを探知したが、防備が厳しい為に逮捕することができなかった。恐らく追及が厳しかった為であろうが、ハイサンはまもなくハルハ・モンゴルへ逃れた。

一九〇七年の冬、トクトフ、バヤンダライらの反墾部隊が張作霖の軍隊に追いつめられてソロン山に逃げ込んできた。黒龍江将軍程徳全はそこで木植公司を営む阜海親子に状況を調べて報告するよう命じた。翌年三月、阜得勝は程徳全に報告する際に、バヤンダライ等は彼の木植公司に出没して、恣に略奪をはたらいていると称した。

一九一二年のオタイ独立事件においては、阜海は正月八日（二月二五日）に王府でオタイに新年の挨拶をした時にこのことを知って、ついに二十三日（三月十一日）に密かに崔慶（青）という漢人に自分の名刺を持たせて靖安県（現在の吉林省白城市）へ派遣し、オタイが「反乱を秘かに謀っている」と報告させた。数日後に彼は家族を連れてソロン山にある自分の木植公司に居を移した。これが東三省側にとってオタイ事件に関する最初の報告であるようだ。

オタイ事件鎮圧後、阜海は再び黒龍江省都統宋小濂によって「宣扶委員」に任命され、敗れて逃亡したり、避難したりしているモンゴル各旗の兵士や民衆を招撫することに当てられた。しかし、オタイ事件において、阜海はオタイと共謀した反乱の主犯として奉天軍に何度も指名手配され、奉天側は阜海を逮捕するよう黒龍江省側に再三要求していたが、黒龍江省は阜海をかばい続けた(43)。奉天側に指名手配されるような事態になったのは、時局の変化に従っていかようにでも変身する阜海の行動による点が大きい。

一九一四年九月、阜海は北京政府の全権代表で前黒龍江都督の畢桂芳の指名によりモンゴル語通訳の身分でキャフタにおける中国、ロシアとモンゴルの三国交渉に参加した(44)。

故郷を離れた阜海は、移住先のホルチン右翼前旗でロシアと東北における中国側の官憲及び在地のモンゴル人勢力の間でうまく泳ぎまわり、複雑な動きを見せた。その善悪はともかく彼の行動は「金丹道暴動」の影響で大量移住してきたハラチン・トメドのモンゴル人集団と密接につながっている。またハルハ・モンゴルの独立運動という内モンゴルのエリートたちにとっての衝撃的な出来事に対しても同じハラチン出身であるハイサンとは異なる行動を取っており、ハラチン・トメドのモンゴル人の移住先における多様性がうかがわれる。

上記の海雲亭、ハイサン、阜海の選択から、民族主義と地域利権の間に揺れ動く地域エリートたちの姿が浮かび上がってくる。

おわりに

本稿では、かつてのジョスト盟トメド左翼旗（モンゴルジン旗）―現在の遼寧省阜新モンゴル族自治県を故郷とするハイラトド氏を事例に、ハラチン・トメドにおけるモンゴル人の移住史の一端をうかがった。近現代において各地のモンゴル人のなかでも最も早く農耕化された彼らハラチン・トメドの人々の移住は、その後のモンゴル社会の変動にどう影響したのであろうか。限りなく中国化されてきた中国領モンゴル人の二十世紀の歩みにおいて、ハラチン・トメドの人々の活動が絶大な影響を及ぼしたことは事実である。それは言い換えれば二十世紀以後の内モンゴルの性格を理解するにはこうしたハラチン・トメドからの人々の流れに注目しなければならないということである。研究手法としてはまず移住先において彼らがどのように活躍したのかを追及すると同時に、移住元にも視線を投じて、どのような人々が移住を選択し、どのような人々が地域利益を第一に置いて移住を拒否したのかを考察しなければならない。本稿は移住元に視点を置いた小さな試みであるが、今後は移住元と移住先の両方を立体的に結びつけながらハラチン・トメド人の移住のダイナミズムを明確に示して行きたい。

注

（1）例えば、斯波義信著『華僑』岩波書店、一九九五が挙げられる。

（2）清朝時代の内モンゴルは、清朝の「盟旗制度」による統治によって、ジョスト盟を含めた六盟四九のジャサク旗によって構成されていた。現在その「盟旗制度」はまだ継続しているものの清朝時代の枠組みは崩壊し、市という行政制度に代替されている。なお、ジョスト盟は一九四二年の満洲国時代にその盟制が廃止された。

（3）『承徳府志』を参照。

（4）Γoulbaγan-a；Toγtanbayar；Aγula；Tungγalaγ；Gereltü, *Mongγulǰin-u mongγul obuγ kiged ayil-un neres-ün sudulul*. Öbür mongγul-un soyul-un keblel-ün qoriy-a（1991）によると、現在の阜新モンゴル族自治県に暮らすモンゴル人のうち十三の氏族に家譜が残されているという。それ以外にハイラトド氏を含む十の氏族にも家譜はあったが、各種の社会動乱でなくしたようで、本稿で検討する *Mongγulǰin Qayilatud obuγtan nu tobči teüke*／蒙郭勒津海勒図惕氏述略（内部発行）は、先祖の言い伝えを頼りに、著者が長年の史料調査と研究に基づいて書き上げた書である。著者の徳山氏は、一九二五年に現在の阜新モンゴル族自治県で生まれ、長年の軍隊生活を経て、内モンゴル自治区フフホト警備区副参謀長、副司令官兼戦備動員師参謀長、師長などの要職を経験して、一九八三年に退職した、内モンゴルで定住したハラチン・トメド出身のモンゴル人の中でも高い地位にいた人物である。退職後はモンゴル史、特にモンゴル軍事史、思想史などの分野で研究に従事し、『元代交通史』などの著書を著した。

（5）ジョスト盟五旗とは、ハラチン右翼旗、中旗、左翼旗、トメド右翼旗、左翼旗の五旗を指す。

（6）「Ebüged-ün qural／老人会」とは、トメド左翼旗の七十余りのモンゴル人村落の老人たちが腐敗と横暴を繰り返すジャサクのサンバルノルサンに反対して起こした租税ボイコット運動であるが、最終的には武力衝突まで発展したという。

（7）「八枝箭蜂起」とは、一八五七年にトメド右翼旗のソクトルト・タイジの所属するソムの二百名の箭丁が王公との対立の末、武力闘争に出てジャサクと対立し、十数年対立した末に王公からの租税を軽減する内容の妥協を得られたという事件である。闘争の末闘争に参加した多くのモンゴル人が地元にいられなくなって他郷へ移住した。

（8）例えば内モンゴル大学編『蒙古民族通史』、内蒙古大学出版社（二〇〇三）および北票市民族事務委員会編『北票市民族宗教志』（一九八七）などが挙げられる。

（9）『承徳府誌』を参照。

（10）山田賢著『移住民の秩序』名古屋大学出版会（一九九五）における嘉慶年代の白蓮教暴動に関する分析を参照。

(11)ボルジギン・チャガンショボー氏はドルベド・モンゴル族自治県出身だが、本人はハルビンに居住しており、族譜は彼の手によって編纂された。なお氏本人もモンゴルの歴史や文化に関する研究に従事し、多くの書物を著してきた存在であることを記しておきたい。

(12)「金丹道暴動」に関しては拙著『近現代におけるモンゴル人農耕村落社会の形成』、風間書房、二〇〇三年二月や拙著"The Complex Structure of Ethnic Conflict in the Frontier: Through the Debates around the 'Jindandao Incident' in 1891"、INNER ASIA,Vol.6-No1, 二〇〇四年三月などを参照。

(13)土地改革とは、中国共産党が支配地域で行った地主の財産や土地を没収して貧困民に分け与えた革命である。内モンゴル東部地域では一九四七年から一九四八年にかけて行われ、そのやり方も中国本土の農村地帯のそれとほとんど異ならない。

(14)ボグド・ハーンからロシア皇帝に当てた書簡には次のように書かれている。

……近年以来、大勢の漢人がいくつもルートに沿って集団をなしてモンゴルに押し寄せ、フレーやあちらこちら住み着いています。もし光緒十七年に我が内モンゴルのジョスト、ジョーオド両盟に入植して農業をしていた漢人が突然叛乱を起して、モンゴルのラマや俗人、男女老弱を問わず無差別に虐殺し、多くの家屋を焼いたのと同様なことが起きれば、実に苦難を極まることになるであろう。…(Очир, Г. Пэрлээ (эм.), 1982, *Монголын ард түмний 1911 оны Үндэсний эрх чөлөө тусгаар тогтнолын төлөө тэмцэл. Баримт бичгийн эмхэтгэл (1900-1914).* Улаанбаатар)

(15)内モンゴル自治区首都フフホト周辺の地域は歴史的に帰化城トメドとして知られてきたが、ジョスト盟のトメド右翼旗と左翼旗とはもともと右翼万戸に属する同じ部族で、清朝の初期ころに分かれたとされる。習慣上フフホト近辺のトメドは西トメドとし、ジョスト盟の方は東トメドと言うようになった。

(16)「東蒙自治政府」時代に設立されたモンゴル人による地域武装組織である。

(17) 一九四七年五月一日に王爺廟―現在の内モンゴル自治区ヒンガン盟のウランホト市―で行われた内モンゴル自治政府設立大会にトメド左翼旗からは包忠愛、アルタン、ダムリンらが代表として出席した。

(18) そもそも民国期からジョスト盟やジョーオド盟は行政や軍事的に熱河省に所属していたことに言及しておきたい。

(19) 巴音図 孟憲平主編『内蒙古騎兵第一師』軍事科学出版社、二〇〇〇年一二月によると、内モンゴル騎兵第一師に属する師団長以上の高官のうちハラチン・トメド出身のモンゴル人が六名を占める。これは内モンゴル自治運動に参加したジョスト盟モンゴル人独自の武装勢力である「蒙民大隊」以外にも多くのジョスト盟出身のモンゴル人が内モンゴルに移住して軍関係で働いたことを意味するものである。

(20) 例えば、木倫『我这大半輩子―木倫自伝』一九九八によると、著者の先祖はもともとトメド右翼旗の出身で、二十世紀の初頭にジャライト旗南部、現在の吉林省鎮莱県に移住した。本人は、一九三〇年代からチチハルの蒙旗師範学校で勉強し、「東蒙自治政府」を経てフフホトに移住し、長年軍関係や医療関係で重要な役職を務めた。

(21) 一九五四年六月一九日に遼西省と遼東省を合併して遼寧省にした。翌年の七月三〇日に熱河省を廃止し、朝陽、建平、凌源、建昌、北票の五県とハラチン左翼旗を遼寧省に編入した。

(22) 王鐸『五十春秋―我做民族工作的経歴』内蒙古人民出版社、一九九二年、三八五頁。

(23) 烏蘭夫「在内蒙古党委召開的宣伝工作会議上的講話」(一九五七年五月二〇日) 呼和浩特革命造反連絡総部批闘烏蘭夫反党反革命集団連絡站編印『毒草集――烏蘭夫反革命言論選編』第二集(一九五五～一九六四年) 内部資料・供批判用、一九六七年一〇月、一八頁。

(24) 例えば、一九五六年にジリム盟に属していたゴロルス後旗の旗制を廃止し、自治県にもせず肇源県に編入したことを受け、ゴロルス後旗のモンゴル人は数千人単位で内モンゴルへ移住した。蒙古族志編写組編『黒龍江省蒙古族志』(送審稿)(一九八二)によると、一九四九年にゴロルス後旗のモンゴル人人口は七〇八八人であったが旗制廃止後の一九五八年には五九七三人に減少した。一割以上のモンゴル人が内モンゴルを目指したのである。

(25) 例えば、二〇〇四年八月に行ったバヤンノール盟におけるフィールドワークでは、ウラド中旗のウラン・ソムの牧民サンジェジャブは一九六一年の飢餓に耐え切れず故郷の阜新モンゴル族自治県を脱出して比較的豊かだと聞いていた内モンゴル西部の牧畜地域を目指した。飢餓に襲われていた故郷からバヤンノールに来たころ牧畜地域の犬猫にまで食料配給していたことに驚き、移住してきたことを幸いに思ったという。

(26) 拙著『近現代におけるモンゴル人農耕村落社会の形成』風間書房　二〇〇三年二月などを参照。

(27) 『述略』では海山と表記しているが、本稿では便宜上カタカナ表記にする。

(28) 突泉県は一九〇〇年にジリム盟ホルチン右翼前旗（俗にジャサクト旗という）の牧草地が開墾されてできた県である。ジャサクト旗の開墾には「金丹道暴動」で故郷を追われたジョスト盟地域からのモンゴル人が多くかかわっていることについては李樹田主編『蒙荒案巻』長白叢書、第四集、吉林文史出版社、一九九〇年一二月に多くの資料が収録されている以外に、拙著『近現代におけるモンゴル人農耕村落社会の形成』風間書房、二〇〇三年などでも触れている。

(29) ボルジギン・ブレンサイン著『近現代における農耕モンゴル人村落社会の形成』風間書房、二〇〇三年、二五八―二六〇頁を参照。

(30) パンチン（榜青）とは一九四七年の土地改革のころまで内モンゴル東部地域を含めた中国東北地域で一般的に見られた農業賃借労働者を指す名称である。

(31) 鮑三はハラチン右翼旗ジャサクの母方の叔父で、張三は張華堂という漢人だという。

(32) ハイサンに関する重要な先行研究には中見立夫氏の「ハイサンとオタイ―ボクド・ハーン政権下における南モンゴル人―」『東洋学報』第五七巻　第一・二号などが挙げられる。

(33) Ж. Болдбаатар, *Чин зүтгэлт гүн ХАЙСАН*, Улаанбаатар, 2002

(34) 上記二七―二八頁。
(35) 同上
(36) 本稿で引用した阜海に関する記述の中で特に明記していないものはバイルダクチ（白拉都格其）著ボルジギン・ブレンサイン訳「阜海と清末―民国初期の東部内モンゴル」、『史滴』（早稲田大学東洋史懇話会）二二号、二〇〇〇年一二月によるものである。
(37) チタで発行されていた最初のモンゴル語新聞『東陲生活』（一八九五―一八九七）で働いていた。
(38) 二つの地名は同じ所を指しており、前者はモンゴル語の自然地理的な名称で、後者は漢語の村落の名称である。
(39) 「奉天行省公署為祥裕木植公司事咨理藩部及黒龍江行省文」、朱啓今『東三省蒙務公讀彙編』巻四
(40) 張伯英等『黒龍江志稿』巻二三
(41) バイルダクチ（白拉都格其）著ボルジギン・ブレンサイン訳「阜海と清末―民国初期の東部内モンゴル」、『史滴』（早稲田大学東洋史懇話会）第二二号、二〇〇〇年一二月。
(42) 同上
(43) 同上
(44) 陳録『止室筆記』

ことばの変容からみた「東モンゴル」
――内モンゴルの言語統合と東部方言――

フフバートル

はじめに

清朝時代からのジョスト盟、ジリム盟、ジョーオド盟を「内モンゴル東部」、あるいは「東モンゴル」と言うなら、内モンゴルにおけるモンゴル語「東部方言」とはそこで話されている諸方言、とりわけ、その代表的な方言であるハラチン方言、ホルチン方言、バーリン方言を指す。その方言の話し手たちが内モンゴル社会に与える影響や果たす役割により、また、他の地域への移住者の数などにより、「東モンゴル」及び「東部方言」を代表する地域も時代により変わってきた。内モンゴル西部など外部からみた「東モンゴル」は、二〇世紀前半まではハラチンのイメージが強かったのに対し、一九四〇年代以降、とくに現在は「東モンゴル」を代表するのはもはやハラチンではなく、ホルチンとなっている。

そのために、内モンゴルの「東部方言」、厳密には、内モンゴルのモンゴル語「東部方言」といえば、まずホルチン方言が取り上げられるであろう。本文でも内モンゴル東部におけることばの変容という視点からモンゴル語東部方言を論ずるにあたり、その時代的代表性を考慮に入れて、一九世紀末から二〇世紀前半についてはハラチンを、その後や現在についてはホルチンを念頭に述べ、バーリン方言についてはとくに述べないつもりである。それは、文中でふれているように、バーリン方言に代表される現在の赤峰市で話されているモンゴル語がもつ「中間性」に留意してみたいからでもある。

内モンゴルの東部と西部の間に興安嶺が横たわり、両側のモンゴル地帯に自然風土と生活文化の違いをもたらしてきた。そのなかで、東部で早くから農業が営まれ、定住化が進んできたことが東部方言に「漢化」や「混合語化」をもたらしたものとして注目され、内モンゴル東部方言のイメージももっぱら漢語への同化が強調される形で膨らまされてきた。しかし、それが問題にされるのは、東部方言を現在の「内モンゴル」、あるいは、「モンゴル語」という人為的なわくの中で見るからであり、そうしたわくのなかで他の地域のモンゴル語と比較するからである。さらにいえば、そうした人為的なわくのなかに入れられたさまざまなモンゴル語＝諸方言を特定のモンゴル語による規範をもって統一しようとするからである。したがって、東部方言が「漢化」されようと、「混合語」であろうと、それが当の東モンゴルの話し手たちにとっては使い慣れてきたモンゴル語であることにはかわりない。そういう意味では、東部方言の「混合語」なるものは、内モンゴルが政治的に統合される一九四〇年代までは他者からとやかく言われるようなことはあまりなかったはずである。だからといって、現在、東部方言の漢語への同化を放置し、それに歯止めをかけなくてもいいのかと言えば、そうではない。それは、内モンゴル東部方言の問題はもはや東部方言自体の問題ではなくなっているからである。

本文では、内モンゴルにおけるモンゴル語東部方言について、近現代におけるその変容の過程を振りかえりつつ、現在の内モンゴルにおけるモンゴル民族の言語統合において東部方言がもつ意義及び与える影響について考えてみたい。

一、方言意識と方言分類にみる内モンゴル東部方言

方言意識からみた内モンゴルの東部方言

戦前、フルンボイルでモンゴル語の調査をしていた日本の代表的な言語学者の故服部四郎氏は、「ハルハ人は内蒙古人を二分して、自分らにとって言葉のわかり易いのをチャハル人、わからないのをハラチン人と称するという」ことを紹介し、「ウジュムチン地方の方言がハルハ方言に非常に近いと聞いていたいが、それを確認しえた」と書いている。(1)そして、ハルハ方言とハラチン方言の違いを逆の立場から語ったのがハラチン出身で、戦前、「蒙疆政府」の公務上シリーンゴルにも滞在していたジャグジド・セチン氏であった。彼は、「外モンゴルで使われている方言と内モンゴル東南部の方言は相当異なる」と書き、「内モンゴルの各地は自らが標準だと思い、一致することはできない。しかし、わたし個人の感覚では、チャハル、シリーンゴル一帯の方言が、内モンゴルでは標準語であると言えるところがある。それに、この方言は外モンゴルのことばにもっとも近い方言である」と述べている。(2)ジャグジド・セチン氏は、戦後、台湾からアメリカに移住した歴史学者であるが、戦前のハラチン・モンゴル人知識層のモンゴル語方言感を書き残してくれたことはたいへん貴重である。

ジャグジド・セチン氏が言う「内モンゴルの東南部」とは自らの出身地であるハラチンを指すものであると思うが、服部氏の紹介にもあったように、ハルハ・モンゴル人にとってハラチン方言がわかりにくいモンゴル語の「代名詞」のようなものであったことは、一九四七年の内モンゴルの政治的統合前後のチャハル地域でも同じであった。西部にわたった多くのホルチン・モンゴル人は「ハラチン」と呼ばれ、現地のモンゴル語とは大きく異なるそのことばなどから「異様なモンゴル人」として扱われていたことが年配者たちの回想からも窺われる。筆者が一九九七年に台湾でインタビューしたチャハル出身の女性は、台湾に移住（政治避難）後、結婚相手としてハラチン出身の政治家の息子を勧めら

れたが、「ハラチンはギタド（漢人）とかわらないから」と思い、それを断ってその後山東省出身の漢人と結婚したと語っていた。

戦前、フフホトにあった蒙古学院では遊牧地から来た生徒たちが、モンゴル語がわからないトゥメド出身の生徒たちをひどくいじめ、モンゴル語が話せなくなった歴史的背景をまったく考慮してくれなかったという。(3) ハラチン出身の内モンゴル大学のチンゲルタイ教授も蒙古学院の出身者であり、入学当初は北京語があまり話せず、とくに現地で話されていた山西方言が聞き取れなくて苦労していたと書いてある。(4) 当時、遊牧地からの生徒たちはハラチン方言に対してどう反応し、どういう意識をもっていたのか、そして、満州国からの生徒たちと西部遊牧地の生徒たちとのモンゴル語によるコミュニケーションの状況はどうであったのか、後に内モンゴルを代表するようなモンゴル語学者になられた同教授にぜひ書いてほしかったところである。

こうした事例などから考えられることは、当時、一般のモンゴル人たちは出身地を離れることがあまりなかったため、「モンゴル人」とは自分たちと同じ生活をし、同じ習慣をもつもので、「モンゴル語」とは自分たちが話していることば、あるいは、それにたいへん近いものでなければならないと考えていたであろう。これは、モンゴル諸族に限らず、共通語や標準語をもたない言語共同体にはよくある現象だとみられている。

実際、モンゴル語チャハル方言の話し手として育った筆者にも最初に出会ったモンゴル語諸方言は、母語としてのチャハル方言との異同の関係から様々な「異様なことば」として映っていた。ホルチン方言は、身近で聞いていたからわかるが、現地の遊牧民たちにはよく理解されないモンゴル語であった。ハラチン方言は、ホルチンとの違いがよくわからなかったが、話し手によってはホルチン方言よりわかりやすかったように思われる。バーリンのことばは、よく聞き取れるが、ハラチン、ホルチンのことばのようにテンポが速くて滑らかでなかった。オルドスのことばは滑稽で、笑って聞いていると時々わからなくなる。アバガ・スゥニドのことばは大柄な男のイメージが映るという具合であった。しかし、その話し手はほとんどが学校教育を通して地元を離れた人たちであったため、実際はいくぶん通じやすいことばで話していたということが考えられる。

世界のモンゴル語の中でみた内モンゴル東部方言

上記の体験から筆者は、「モンゴル」も「モンゴル語」も一つではなく、さまざまであるという強い思いをもつようになっていた。その後長い年月が経ち、一九九五年から三年間、筆者は三つの国（モンゴル国、中国、ロシア）にまたがる「モンゴル」各地で現地調査できる機会を得て、各地のモンゴル語方言を現場で聞くことができた。各地での滞在は短かったが、それまでのモンゴル語研究者たちには政治的な要因により、あまりできなかったことであった。そうした様々なモンゴル語地帯を歩いてみたなかで、内モンゴル東部のモンゴル語はどのように映ったのか、ここに各地のモンゴル語についての印象を簡単にまとめておきたい。

わたしたちの調査は、モンゴル国から始まってモンゴル国で終わった。その間に、内モンゴル自治区ではフルンボイル盟エヴェンキ自治旗のブリヤート人村、ヒンガン（興安）盟のホルチン方言を話す農村、新疆ウイグル自治区では、ホボグサイル・モンゴル族自治県のトルゴード方言を話す遊牧民の夏営地、そして、ロシア連邦のブリヤート共和国ではバイカル湖のほとりの漁村とモンゴル国との国境付近の放牧地などを訪れた。(5) そして、台湾にも赴き、数少ないインフォーマントから戦前の生きたチャハル方言を聞くことができた。(6)

総じて言えば、さまざまなところでさまざまなモンゴル語が、さまざまな生業で使われていたということであった。もともと同じ遊牧民であったモンゴル人の諸方言は相互理解が基本的に可能で、ロシア連邦のブリヤート共和国ですら、内モンゴルとは数百年にわたってほとんど交流がなかったにもかかわらず、相手がロシア語交じりに話しさえしなければ、話がだいたい聞き取れた。ただ、新疆のばあいは、ウルムチでは知識人たちのことばが聞き取れても、遊牧民のことばはしばらく慣れない限り、聞き取れそうになかった。しかし、伝統的な遊牧生活をしていたため、全体の雰囲気がモンゴルとしての文化的共通性を強く感じさせた。そして、モンゴル国ではことばの表現や用語が統一しているため、モンゴル語による交流は内モンゴルのばあいよりずいぶんらくであった。内モンゴルでは、相手がモンゴル人であっても、相手によってまずモンゴル語で話すか、中国語で話すかを選び、モンゴル語で話したとしても、相手のモンゴル語に合わせて表現を調整したりしなければならないからである。

最後になるが、わたしたちが調査のなかで訪れた内モンゴル東部のホルチンの農村は、地理的状況や全体の生活風景などからみて、それまでに見てきたどこよりもモンゴル的な雰囲気が薄く、中国の一般の農村とほとんどかわらないという印象であった。粘土や土れんが造りの壁に囲まれた家の前にはわらが山積みにされ、そこかしこを歩いていたのはブタやロバであった。家財道具や接客の作法などからしても、もしそこで話されていたのがモンゴル語ではなかったら、それがモンゴルの家庭であるとはとても思えないような感じであった。こうしたホルチンの村が東部内モンゴルを代表できるとは思わないが、彼らが話していたモンゴル語には大量の漢語がホルチン方言なまりで混じり、それが本人たちには漢語であるとはあまり意識されていないようであった。

モンゴル国のハルハ方言に次いで、ホルチン方言は、世界のモンゴル語の中では二番目に人口の多い方言で、中国領内では圧倒的に強勢のモンゴル語方言である。ホルチン方言は、内モンゴルではその話し手たちが各地に移住しているため、西部の奥地でも聞きなれていることばになりつつあるが、中国語を知らないモンゴル国のモンゴル人たちやモンゴル語を学ぶ外国人にはもっとも難解のモンゴル語であるに違いない。

方言分類にみる内モンゴル東部方言

モンゴル語の分類については、ロシア連邦のブリヤート語とカルムイク語のことは別として、モンゴル国及び中国領内のモンゴル語方言を国と地域の違いにより、ひとまず、モンゴル国のモンゴル語、中国の東北三省に分布するモンゴル語方言を含む内モンゴルのモンゴル語、新疆ウイグル自治区のトルゴード・モンゴル人及びチャハル・モンゴル人が話す新疆のモンゴル語、そして、青海省と甘粛省に分布するモンゴル語というふうに分けて考えることができる。

しかし、これはあくまでも行政的、地理的な分布などによる大まかな分類にすぎず、言語的事実からみたばあい、この分類で最も大きな問題を抱えるのはおそらく「内モンゴルのモンゴル語」であろう。内モンゴル自治区で話されているモンゴル語は、興安嶺より北のフルンボイル草原地帯に分布するバルガ・ブリヤード方言の特殊性を除き、興安嶺の南一帯に広がるホルチン方言に代表される東部のモンゴル語と、興安嶺より西の高原地帯で話されているチャハル方言に代表される西部のモンゴル語は、言語構造ばかりでなく、生活文化の違いによる用語や表現のずれも大きい。したがって、政治的、行政的な要因による共通性を排除して、言語構造と生活文化といったより自然な状況から考えたばあい、内モンゴル西部地域のモンゴル語は、内モンゴルの東部よりも、モンゴル国のハルハ方言にはるかに近い。

では、モンゴル語の方言分類で内モンゴル東部の諸方言はどのように分類されてきたのか。

モンゴル語の方言分類は、二〇世紀初期から帝政ロシアやソビエトの学者、ルードネェフ（一九一一年）、ヴラジーミルツォフ（一九二九年）、ポッペ（一九三三年）、サンジェエフ（一九五三年）らによって試みられてきた。それまでよく知られていなかった中国領内のモンゴル語方言については、中華人民共和国成立後、前にふれた内モンゴル大学のチンゲルタイ教授をはじめとする中国の学者たちによって分類が行なわれたほか、モンゴル国の学者ロブサンワンダン氏による分類も知られている。これらの分類における東部方言の位置づけはどうだったのか、ここではチンゲルタイ氏とロブサンワンダン氏の分類を見ることにしたい。

まず、チンゲルタイ氏は、一九五五～五六まで行なわれた中国領内におけるモンゴル語方言調査の資料をもとに、第一段階の試みとして中国領内のモンゴル語諸方言を次のように分類した。(7)

1、バルガ・ブリヤート方言（フルンボイルのモンゴル語）
2、東部方言（ジョーオド、ジリム、ジョストのモンゴル語）
3、中部方言（シリーンゴル、チャハル、オルドスのモンゴル語）
4、西部方言（エズネー・アラシャン、青海省と甘粛省のモンゴル語）
5、オイラド方言（新疆ウイグル自治区のモンゴル語）

しかし、チンゲルタイ氏は、その後、バルガ・ブリヤート方言及びオイラド方言に比べ、内モンゴルの諸方言（上記分類2、3、4）間の隔たりが少ないという理由で、モンゴル語諸方言間のバランスを考え、前の分類を次のように改めた(8)。

1、バルガ・ブリヤート方言
2、内モンゴル方言（上記分類の2、3及び「西部方言」のエズネー・アラシャン下位方言）
3、オイラド方言（上記分類の「オイラド方言」と「西部方言」の青海及び甘粛省粛北のモンゴル語）

そして、「内モンゴル方言」をさらに、ホルチン、ハラチン・トゥメド、バーリン、チャハル（チャハル、シリーンゴル、オラーンチャブ）、オルドス、エズネー・アラシャン下位方言に再分類した。

チンゲルタイ氏が一九七〇年代末期に、前の分類を改め、「内モンゴル方言」を設けたということは、上述の理由以外に、内モンゴルの統合が実現されて二〇数年経ったことをうけ、内モンゴルの諸方言もそれなりに隔たりが縮められてきたという認識を示そうとしたのか、あるいは、そういう意識が反映されていると考えてよいのか。ただ、「内モンゴル」という行政区名が「方言」名として使われたことにより、「ハルハ方言」対「内モンゴル方言」という、自然言語対、実体のない「方言」（「内モンゴル方言」自体が言語体系をもたないという意味で）の図式が人為的な境の区分によりつくられていることは事実である。

次はロブサンワンダン氏の分類である。ここでは、内モンゴルとモンゴル国のモンゴル語のみならず、当時のソ連邦のモンゴル系の言語も「モンゴル語」に入れて分類されている。

中部方言

ハルハ下位方言（ほぼモンゴル国全土）

チャハル下位方言（中国・内モンゴル中部）

オルドス方言（中国・内モンゴル中部）

東部方言

ホルチン下位方言（中国・内モンゴル東部）

ハラチン下位方言（中国・内モンゴル東部）

西部方言

新疆オイラド下位方言（中国新疆ウイグル自治区）

ヴォルガ河オイラド下位方言（ロシア連邦カルムイク共和国）

北部方言

バイカル東部ブリヤート下位方言（ロシア連邦ブリヤート共和国）

バイカル西部ブリヤート下位方言（ロシア連邦イルクーツク州）

この四つの方言以外に、これらの方言間の過度的方言（zavsriin ayalguu）が三つある。その中で、中部と東部間の中間方言下位方言として、アルホルチン・バーリン下位方言、オンニョード・ナイマン下位方言をあげている。(9) ロブサンワンダン氏のこの分類は、モンゴル語の話し手の方言意識という視点を入れて考えてもあまり無理のないような分類であると思われる。「東部方言」についての分類は、基本的にチンゲルタイ氏の最初の分類と変わらないものである。

中部と東部間の「過度的方言」としてバーリン方言などをここにあげたのは、むしろ、内モンゴルの東西におけるバーリン方言の中間的な特徴をより鮮明に映し出そうとした試みではないかと思われる。

二、文化の変容にみる近代内モンゴル東部のモンゴル語

内モンゴル東部の言語的状況が反映された資料

現在の内モンゴル東部方言が明朝時代の文献資料に反映されているという記述も見られるが、一八世紀に書かれたという『蒙語老乞大』が東部方言を反映していることは、その内容が日常的な話であること、そして、当時の生活環境が描かれていることからもわかる。それに、この資料はモンゴル文語体の表記が諺文（おんもん＝朝鮮文字）で転写されているために、口語の発音が反映されているところもある。(10)

Köke sudur（蒙古青史演義　一八九一）は、ジョスト盟が生んだモンゴル有史以来の大作家であったインジャナシ（一八三七〜一八九二）の大作である。内容自体は、一三世紀のモンゴルの歴史についてであるが、インジャナシはこの作品を著した動機を書くにあたり、当時の東モンゴルの言語的状況について、次のように語っている。(11)

わが内三盟（内モンゴル東部三盟＝引用者）のモンゴル人たちは、なにしろ、都に近い中原に隣接しているため、漢文漢字に精通する者がすくなからず現れた。とくに、われわれのこのジョスト盟のモンゴル人たちは、中原の中にいるのと似たようなもので、漢文漢字を重んじてきた者はすくなからずいる……

インジャナシはそうした人たちのことを、「中国の五千年の歴史はよく知っていても、自らの本源なる青きモンゴル

のことは何も知らない」と嘆いている。また、インジャナシはあの大作をモンゴル語で書いた時自分の知らない古いモンゴル語を調べるために村中の年寄りを尋ね歩いた苦労にもふれ、こう書いてある[12]。

……特に、われわれのこのジョスト盟のちょっとした教養人たちはほとんどが、漢語の意味なら求めたりするけれども、モンゴル語の意味は知ろうとはしない。そのうえ、北（ar gajar）のことばづかいを直接教えてもらえる賢者がいないため、北のことばの意味を調べることははなはだ難しい。むしろ漢語の意味を調べる方がそれより簡単である……

そのほか、清朝末期のハラチンの生活環境や言語的状況を示す資料として、汪国鈞（Wang Guojun）著『蒙古紀聞』（一九一八年）とロブサンチョイダンの *Mongγul-un ǰang aγali-yin oyilaburi*（一九一八年、蒙古風俗鑑）をあげることができる。ロブサンチョイダンはその本の「家庭しつけの興廃の項」（五七）では、ハルハ四部及びフフノール（青海）などでは、伝統的な家庭のしつけがよく守られていることにふれ、「東モンゴル」については次のように指摘している[13]。

内モンゴル東部四盟では、家庭のしつけはないようなもので、すでに乱れてしまい、現在はラマ教、モンゴルの伝統的なしつけ、満洲人のしきたり、漢人の慣わしといった四種類の習慣が混じりつつある。それは東部四盟の諸旗では同じである。

ここでの「東部四盟」とは、後掲表に見る「四盟」、つまり、東部三盟とシリーンゴル盟を指していると思うが、それは便宜的に当時の行政上の分類を使っているのか、それともシリーンゴル盟についてもそう考えていたのか、検討の余地がある。

ここでは後述するハラチン方言地帯のモンゴル語の現状との関連で、ロブサンチョイダン自身のモンゴル語についても留意してみたい。というのは、西部モンゴルの人たちからみれば、モンゴル人なら誰でも知っていて当然の家畜名称の知識がロブサンチョイダンには欠けていたのではないかと思うからである。その思わぬ違いに一瞬、ハラチン方言ではそう言うかと思うと、それは誤りであると注釈者も指摘している。実際、その類の誤りが注釈者に指摘されていないものもいくつか見られる。例えば、「馬は、三歳のはγun-a、四歳のはdön-e」と書いてあるが[14]、それは馬についてではなく、雄牛についての名称である。この本が一九一八年に完成されたことを考えれば、その時点でもハラチンでは年配の人たちにも放牧の経験をもたない人が多かったのであろう。これに関連することでもあるが、ロブサンチョイダンは当時の内モンゴルのモンゴル人の生業について次のようにまとめている[15]。

ゾスト盟には家畜の群れはない。みんな作物を作って生活している。ジリム盟では半分作物を作り、半分放牧をして生活している。ジョーオド盟では半農半牧で生活している。その他の諸旗はどこも農業を営まず、牧業を営み、遊牧をしている。

以上は、一九世紀末から二〇世紀初期におけるハラチンの生活環境の一部を示した資料であるが、これには現地のモンゴル語がおかれていた文化的な環境も反映されている。

ハラチン右旗王府の言語生活へのアプローチ

ここでは、明治三六（一九〇三）年にジョスト盟ハラチン右旗でモンゴル人の教育に当たっていた日本人女性である河原操子の『蒙古土産』の記述から、ハラチン王府の言語生活の断片を描くことを試みたい。その前に、当時のハラチ

表1　1910年代内蒙東四盟蒙漢比較表

盟	戸数	戸数	人口	人口
	蒙戸	漢戸	モンゴル人	漢人
シリン・ゴル	16,200	0	93,800	0
ジリム	44,766	406,496	276,044	3694,244
ズー・ウダ	19,400	85,600	116,600	615,200
ゾスト	35,120	141,700	210,721	988,400
ハラチン右旗	10,000	75,000	60,000	525,000

(柏原孝久・浜田純一『蒙古地誌』上巻（1919年）,pp.1739～1760にもとづき作成。数値は必ずしも正確ではなく、参考程度——中見の原文)。

ン右旗の民族構成と人口について見ることにしたい。それについて、河原操子は次のように記してある。(16)

領域内の人口は、蒙古人五千戸約五万人、漢人六万戸約四十万人、これ等漢人種は主として山東・山西・直隷の三省より移住し、古きものは二百数十年前、新しきは十数年前に来りし者もありといふ。かくて漢人は、当王府の全地域に散在し、漸次蒙古人を西方に圧迫する形勢にあり。現在蒙古人のもっとも多く群集し、又勢力つよきは、王府のある近傍なるが、ここにてすら尚半数は漢人なり。

ここではさらに広範囲にわたる当時の内モンゴル東部全体のモンゴル人と漢人の人口比率を見るために、表1の資料を参考にしてみたい。(17)この表に掲げられたハラチン右旗のモンゴル人と漢人の人口比率は、河原操子があげたその数字とそれほど変わらないことがわかる。すなわち、モンゴル人の数は旗の人口の一割強にすぎない。一方、一九〇三年当時、王府内のモンゴル人たちの姓名はすでに漢語によるものが多かった。そして、グンセンノロブ旗王の得意な漢詩韻文をはじめ、学堂の命名、毓正女学堂の校則、園遊会の入場券などはほとんどが漢字によるもので、ハラチン王府内の文字言語が基本的に漢語になっていたことが伺える。園遊会の入場券の写真(18)に見られるモンゴル文字と漢字の併用は、現在の内モンゴルの状況に酷似している。すなわち、そのばあいのモンゴル文字は、そこはモンゴル人居住地であるという象徴的な存在にすぎず、情報伝達に必要な内容はすべて漢字で書かれている。

こうした情況は、「ここ（王府の近傍）にてすら尚半数は漢人なり」という河原操子の記述からも判断されるように、当時のハラチン右旗王府では漢語がすでに「公用語」として使われていたことを示すものである。

しかし、一方では王府の中のモンゴル人には漢語に精通する者があまり多くなかったようでもあった。河原操子が作った毓正女学堂学則の原案を漢文に書きなおしたのは、王のグンセンノロブ本人だっただけでなく、彼女が毓正女学堂の開堂式で行った演説を漢語への通訳を通してモンゴル語に訳したのも王自身であった[19]。このような雑業まで自らさばいていくのは、彼に代わってやれる者がいなかったというよりも、グンセンノロブの人格を表すものだったと言えるかもしれない。

ところが、河原操子がハラチン王府に破格の待遇で迎えられた当初、二人の従者を連れて上海まで彼女を迎えに出かけた同王府官吏金氏の漢語について、河原操子は、「その言葉蒙古なまりの北京語」と言い、彼との漢語によるコミュニケーションがたいへん困難だったと書いてある[20]。河原操子自身の北京官話は、彼女がその三年前に横浜の大同学校教師として赴任したころから習い、それが上海でもモンゴルでも大いに役に立ったということである。

ここでは時代をさらにさかのぼり、ハラチン王府の言語的状況を伺わせるある事例を紹介することにしたい。グンセンノロブの父親であるワンドドナムジル王は、京劇をひどく愛好し、大金を投じて王府内で劇場を建て、北京の漢人を監督に招き、モンゴル人に演劇をやらせていた。しかし、漢語がよくできなかった出演者の一人が「飛」（fei）の発音をhuiと発音したため、ワンドドナムジル王は彼を舞台から引き下ろして、暴行を加え、失明させたという[21]。ここで観察されることは、王自身はモンゴル語の音韻体系にも存在しない漢語の発音の間違いに敏感に反応し、それに対して本能的に不快を感じていたようである。しかし、一方では、選ばれてきたにもかかわらず、モンゴル人出演者にとって漢語の発音は難しいわざであったことが伺える。ハラチン王府での京劇の演劇は、ワンドドナムジル王の父であるセベグドルジ王の時代から始まり、同王が亡くなったのは一八八六年であった(22)。

三、内モンゴルの言語統合における東部方言の影響

内モンゴルのモンゴル語が複雑である要因

上に見てきたように、内モンゴル東部では伝統的な遊牧文化を失いつつ農業を営んできた結果、そこで生活してきたモンゴル人たちのことばの漢語への同化が著しく進み、それが現在は内モンゴルにおけるモンゴル語の統合と維持にとってもっとも懸念すべき問題になっている。

では、東部モンゴル語方言の漢語への同化は、いったいどの程度、どういうふうに進んでいるのか。地域により状況が異なるのはいうまでもない。それに、全体について把握し、結論を出すことはたいへん難しい。ここでは一例として、同化がもっとも進んでいると考えられているハラチン方言地域での研究調査を簡単に紹介したい。

中国社会科学院民族研究所のソドバートルは、内モンゴル自治区赤峰市寧城県北部の大城子鎮でハラチン・モンゴル人を対象に、モンゴル語の語彙の使用状況について細かく調査を行ない、それにあたり、研究の動機について次のように述べている(23)。

現代モンゴル語諸方言の話し手たちのなかで、少なくとも一五〇万人のことばが漢語の強い影響下にある。そのなかで一〇〇万人のホルチン人は半分影響され、五〇万人のハラチン・トゥメド人はすでに厳しいな状況に陥っている。したがって、モンゴルの言語文化の将来にかかわるこうした問題について、政策の研究者たち及び社会科学関連諸分野の

研究者が注目して研究を行ない、党と政府の行政機関が重視し、有効な対策を取ることが求められる。

その調査では、現代モンゴル語文章語（書きことば）及び標準音地域（チャハル方言地帯）でもっとも普遍的に使われている基本語彙二〇〇〇語を選び、それを牧畜業、農業、文化など一三の項目に分類し、これらの語彙が現地のハラチン方言ではどの程度使われているかについて分析している。詳細なデーターについては本稿末尾に掲げられた「標準音地域とハラチン下位方言の語彙対照表」を参照されたい。結論は、例えば、牧畜用語については、標準音地域と完全一致する語彙が一〇％、発音が異なる語彙が二二％、異なる語彙が一四％である。つまり、モンゴル語の語彙が四六％を占め、残りの五四％は、漢語が一七％で、その他の語彙はもう使われなくなり、死語となっている。それに対し、農業用語は六九％がモンゴル語で、三一％が漢語からの借用語か漢語である。[24] しかし、アンケートに答えられたのは六〇代や七〇代の人たち、あるいは、小・中学校の教員や生徒たちで、それも個人差が大きかったという。年寄りを含め、日常生活ではほとんど漢語を使っていることもあり、現在はモンゴル語による教育に対する関心も薄れ、モンゴル語学校の閉鎖も間近であるという。[25]

このように、話し手のもっとも多い東部方言の漢語への著しい同化が内モンゴルにおけるモンゴル語を複雑にしていることは明らかである。しかし、ハルハ方言を念頭に内モンゴルの諸方言をその話し手たちの支族構成から見たばあい、内モンゴルのモンゴル語の複雑さの問題はより明白になってくる。つまり、ハルハ方言の話し手たちが「ハルハ」という一支族（Aimag、部）からなっているのに対し、内モンゴルにおけるモンゴル語諸方言の話し手たちは二四部から構成している。ところが、この二四部は清朝時代の内ジャサグ（六盟四九旗）を構成する諸部であり、現在の内モンゴル自治区を構成するモンゴル諸族は、その二四部のほか、チャハルをはじめ、トゥメド（フフホト市）、バルガ、ブリヤート（フルンボイル市）、ホショード（東西アラシャン両旗）、トルゴード（エズネー旗）もある。そのほか、アラシャン盟の

表2　チャハル方言とホルチン方言の基本母音対応表

チャハル方言	例	ホルチン方言	例
中舌、平唇、狭　ɪ	ɪmɑː ヤギ	ɛ	ɛmɑː
中舌、円唇、狭　u	xurgəŋ 婿　usəg 文字	u, ʊ	xurgən, ʊsəg
中舌、円唇、半狭　o	oməd ズボン bos 布 moʧ 肢	u, ə, i	umd, bəs, miʃ
o:	ʤoːləŋ　柔らかい	uə	ʤuələn
後舌、円唇、半狭　ʊ	ʊs 水　gʊβʧəs 服	ʊ, ɔ	ʊs, xɔbʃis
中舌、平唇、中　ə	ər 男　əʧəg 父　əmʧ 医者	ə, i, u	ər, iʃig, umʃ
後舌、円唇、半広　ɔ	nɔxœː 犬　mɔŋgəl モンゴル	ɔ, ʊ	nɔxɔː, mʊŋəl
後舌、平唇、半広　ɑ	gɑxɛː 豚　bɑs また	ɑ, ɔ	gɑxɑː, bɔs

エズネー旗とアラシャン右旗には数多くのハルハ・モンゴル人が住んでいる。(26)

これら内モンゴルのモンゴル諸族は清朝の分割統治により、約三〇〇年にわたって互いに隔離された状態におかれ、その後も内モンゴル自治区が成立するまでは統一されたことがなかった。モンゴル語諸方言の分布には、現在も清朝以前にさかのぼるモンゴル諸部の構成状況が反映されている。現代モンゴル語諸方言が北元（明朝）時代から形成されてきたと考えられるゆえんである。

したがって、内モンゴルにおけるモンゴル語の規範化や言語統合の問題については、こうした支族構成という本源的なことを通時的に考えずに、共時的な視点で「内モンゴル」を見たばあい、問題の要因を求める視線が近現代における東部方言の「漢化」や「混合語」化に集中しがちになる。実際、東部の方言が常に責められているのも現在の内モンゴル自治区におけるモンゴル語諸方言を「内モンゴル」という現代の行政区の中で共時的に見ていることと関係があると思う。つまり、「内モンゴル」というわくのなかで、別の方言と比較しているからであろう。しかし、現在の内モンゴル自治区領内に分布するモンゴル語諸方言は、昔から現在のような共通の政治的、文化的環境の中で並存してきたわけではない。数世紀にわたる清朝の分割統治を経て、それぞれが独自の歴史的環境のなかで形成し、変化してきたのである。東部方言を「異質」のものにしたのは「漢化」だけではない。言語構造自体についても方言間の違いに注目すべきであろう。例えば、ホルチン方言の音韻体系を中国領内のモンゴル語標準音となっているチャハル方言の音韻体系と比較してみたばあい、その違いは、一つの言語の方言関係にしてはけっして小さくないということがわかる。表2はチャハル方言とホルチン方言(27)の基本母音の対応関係を示すものである。

この表の内容からもわかるように、内モンゴルの東部と西部の代表的な両方言の間に、ことばの構造ではもっとも肝心な部分である母音の体系にたいへん複雑な音韻対応関係が認められる。そういう意味で、この表は内モンゴルの東西方言間の構造上の違いを象徴するものでもある。

東西両大方言の話し手人口のバランス関係

二〇〇五年五月一日から実施された「内蒙古自治区蒙古語言文字工作条例」の第三条で、「自治区は正藍旗に代表されるチャハル下位方言をモンゴル語標準音とする」と定めている。内モンゴル自治区政府が「正藍旗に代表されるチャハル下位方言を中国領内のモンゴル語標準音にする」という「八省、自治区モンゴル語文専業会議」の提案を承認したのは一九八〇年であった(28)。

このように、もし、チャハル方言が内モンゴル自治区、あるいは、中国領におけるモンゴル語の統合を目的とした「標準音」であったなら、ホルチン方言をはじめとするモンゴル語東部方言の話し手たちもチャハル方言を学校教育などで学ばなければならないことになるが、現実はかならずしもそうではなかった。少数民族語の標準語や標準音は国家語のように普及できないという事情はあるが、そこには方言間の文化的違いによる語彙や表現の違いなど、発音の規範化を行なうだけではすまないことば自体の問題があるほか、方言間の話し手の人口のバランス関係という大きな問題がある。内モンゴルにおけるモンゴル諸方言の話し手の人口についてはまず次の資料(29)を見ることにしたい。

チャハル・スゥニド・オラド下位方言　　約四六万人。

表3　広義のチャハル方言地域モンゴル人人口分布表

人口：万単位

盟（市）	旗（人口）	盟（市）人口
シリーンゴル	正藍（2,4）正鑲白（1,8）鑲黄（1,6）タイブス（0,4）ウジュムチン東（3,2）ウジュムチン西（3,8）スゥニド東（1,6）スゥニド西（1,8）アバガ（1,9）	18,5
赤峰	ヒシグテン(1,9)	1,9
オラーンチャブ	チャハル右翼前(0,5) チャハル右翼中(0,3) チャハル右翼後(0,3) 四子王(1,2)	2,3
包頭	ダルハン・モーミャンガン聯合（1,1）	1,1
バヤンノール	オラド前(1,0) オラド中(1,9)オラド後(1,0)	3,9
	広義のチャハル方言人口	27,7
	ホルチン左翼中旗人口	29,0

バーリン下位方言　約四〇万人。
オルドス下位方言　約一三万人。
アラシャン・エズネー下位方言 約四万人。
ホルチン下位方言　約一三〇万人。
ハラチン・トゥメド下位方言　約五〇万人。

この分類からもわかるように、標準音の「基礎方言」としての「チャハル方言」も分類法によってその範囲が広がり、話し手の人口も膨らむ。それを「広義のチャハル方言」と考えることができる。(30) いずれにせよ、「チャハル方言」は分布地帯が広い割には話し手の人口が少なすぎる。表3は一九八四年の人口統計に基づく資料(31)をもとに、広義チャハル方言地域におけるモンゴル人の分布状況を筆者がまとめたものである。

この表では広義チャハル方言地域のモンゴル人は二七・七万人にすぎないが、これには数多くの東部からの移住者も含まれている。広義のチャハル方言地域は、実際、オルドス7旗とアラシャン盟三旗を除く西部内モンゴルのモンゴル人分布地をほぼ包括している。この広大な地域に分布するモンゴル人人口が、モンゴル人が最も多いホルチン左翼中旗一旗のモンゴル人人口（二九余万人）にも及ばないということがこの統計でわかる。分類法によっては、アラシャン盟のモンゴル語も含め、オルドス七旗を除く西部内モンゴル全土を「チャハル方言地帯」と見なす見解もあり、チャハル方言の総人口を四〇万人と推定している。[32]一方、ホルチン方言地域の人口については、「二〇〇〇年の統計では二〇八万人である」という報告もある。[33]

これらの統計に年代差があるにせよ、西部内モンゴルのモンゴル人人口が東部のモンゴル人の五分の一程度ということは、西部のモンゴル語を規範にして内モンゴルの言語統合を図るという意味では憂慮される問題である。内モンゴルの東西におけるモンゴル語方言人口のバランスを考えるうえで考慮しなければならないのは、西部における東部からの移住者の人口が把握しにくいこと及び戸籍制度がほとんど制約をもたなくなった近年の流動人口の問題である。

おわりに

二〇〇〇年の秋、NHK大河ドラマ「北条時宗」のロケが内モンゴル西部の草原で行なわれた。現場でのモンゴル語の指導などのため筆者も撮影隊に同行し、シリーンホト市に赴いた。草原でいろいろなシーンを撮影する予定があったなかで、モンゴル人エキストラを集めなければならなかったのは、馬賊集団が中国人商人たちを野外で襲うというシーンと子供たちが村で平穏に遊んでいるというシーンのばあいだった。そこは一九八〇年代の映画撮影で、五〇〇頭の白い馬に乗った兵士たちが風のように草原を貫き、それをヘリコプターで撮っていたところでもあるので、この馬賊のシーンのためにやってくるのも馬をたくみに操る草原の青年ばかりではないかと思っていたが、現場にやってきたのはある専門学校の学生たちで、引率の教員を含め、ほとんどがヒンガン（興安）盟とジリム盟出身の若者たちであった。用意されていた馬自体が観光や撮影用の元気のない馬ばかりだったので、馬賊らしくはなかったが、撮影はなんとかすんだ。

次は、子供たちの番である。そのシーンは前日に撮る予定だったが、やってきたのはモンゴル服を着せられた漢族の子供ばかりで、モンゴル語が話せなかったため撮影ができなかった。翌日にきたのは市内のモンゴル族小学校低学年の生徒たちであったが、引率の女性教員たちに、子供たちが声を出しながら遊ぶように指示してほしいと言ったところ、「ノーンジーヤー」を歌わせていいのかと聞かれた。「ノーンジーヤー」とは、嫁に行った女がホームシックで歌ったという東部の民謡である。相手は子供たちで、とくに一三世紀のモンゴルを描くわけなので、草原の子供らしい遊びを求める意味で、地元出身の先生はいないのか聞いてみたが、相手は黙っていた。それ以上撮影を待たせるわけにいかず、そこでこちらが子供たちに直接指示を出した。「みんな聞いて。男の子たちはこうして馬乗りの格好で走るんだ。そして、女の子も男の子もこんな声を出しながら走り回るんだ」と言って、「ウサギちゃんよ、ぴょんぴょん、お尻の穴がちらっと、長い耳がぴんと、大きな目がぎゅっと」という感じの、擬態語が存分に使われた子供の遊びの歌を教えたところ、子供たちは大喜びで声を出しあい、撮影が終わっても止めてくれなかった。

これは偶然のことであったのか。シリーンホト市は、内モンゴルでは唯一の遊牧地の中心の町である。つい最近まで馬に乗った人やモンゴル服姿の遊牧民たちがよく見られていたこの町でも数多くの東部出身の人たちが地元の子供たちの教育に当たっている。なかにはモンゴル語の教師も多く含まれている。それに、専門学校など自治区規模で生徒募集する学校では地元の若者たちが常に少数派になってしまう。こういう状況は自治区の首府であるフフホトではもっと顕著である。東部出身の若者たちはハングリー精神が強く、大学や専門学校などの入学者の圧倒的な部分を占めるため、西部出身の教員たちが逆に「ことばがわからない」と、学生たちに抗議される事態も発生する。これでは、標準音地域である西部のモンゴル人たちが逆に非標準音地域である東部の言語的影響を受けざるを得なくなる。現在の内モンゴルにおいて、東部方言の問題はもはや東部方言自体の問題ではなくなっている。それはこういう意味においてであった。

参考文献

服部四郎　一九八七　『服部四郎論文集　第二巻　アルタイ諸言語の研究　Ⅱ』　岩波書店　一九八七年

札奇斯欽　一九八〇　『蒙古史論叢』（上・下）学海出版社　台北　一九八〇年

呼和浩特文史資料　第十三『求学歳月—蒙古学院蒙古中学憶往—』呼和浩特市政協文史和学習委員会　二〇〇〇年

フフバートル　一九九九Ａ「モンゴル語の世界を歩いて」　和光大学モンゴル学術調査団『変容するモンゴル世界——国境にまたがる民——』新幹社　一九九九年

———　一九九九Ｂ「忘れられたモンゴル人——台湾の蒙籍人たち」前掲書

内蒙古大学　一九八六　内蒙古大学蒙古語文研究所編『語文学術論文集』（蒙文）第二巻 内蒙古大学出版社　一九八六年

清格爾泰　一九七九「中国蒙古語方言的画分」（上・下）『民族語文』第一期一九七九年一月、第二期一九七九年二月

希・羅布桑旺丹　一九五九「関於現代蒙古諸語言、方言的分類問題」『北京大学学報』一九五九年　第三期

西江大学校　一九八三　西江大学校人文科学研究所『蒙語老乞大』一九八三年

汪国鈞　一九一八『蒙古紀聞』（瑪希　徐世明　校注）内蒙古人民出版社　二〇〇六年

Inǰanasi(1891) *Köke sudur.* Öbür mongγul-un arad-un keblel-ün qoriy-a. 1957

Lubsangčoyidan 1981 *Mongγul-un jang aγali-yin oyilaburi.* Öbür mongγul-un arad-un keblel-ün qoriy-a. 1981

中見立夫　一九八三「グンサンノルブと内モンゴルの命運」（護雅夫　編『内陸アジア・西アジアの社会と文化』）山川出版社　一九八三年

一宮操子　一九四四『新版蒙古土産』　靖文社　大阪　昭和一九年

河原操子　一九六九『カラチン王妃と私——モンゴル民族の心に生きた女性教師——』芙蓉書房　昭和四四年

汪国鈞　二〇〇六『蒙古紀聞』（瑪希　徐世明　校注）内蒙古人民出版社　二〇〇六年

呉恩和、刑復礼　一九六二「貢桑諾爾布」『内蒙古文史資料』（第一輯）内蒙古人民出版社一九六二年
Sodubaγatur 2003 "Qaračin aman ayalγun-u üges-ün sang-un bürildügün", *Mongγul kele bičig*.2003, on-u naimaduγar quγučaγ-a pp.10-19
Sečenbaγatur 2005 *Mongγul keken-ü nutuγ-un ayalaγun-u sinǰilel-ün uduridqal*, Öbür mongγul-un arad-un keblel-ün qoriy-a. 2005
W. Sečen 1998 *Mongγul keken-ü nutuγ-un ayalaγun-u sinǰilel-ün tobčiy-a*, Öbür mongγul-un yeke surγaγuli-yin keblel-ün qoriy-a. 1998
フフバートル　一九九九C「国境にまたがる民族の言語――モンゴル民族の言語問題の現状――」前掲書『変容するモンゴル世界――国境にまたがる民――』
内蒙古自治区測絵局　一九八七　『内蒙古自治区地図』一九八七年
鉄木爾・達瓦買提　一九九七　「察哈爾次方言」『中国少数民族文化辞典（東北、内蒙古地区編）』民族出版社一九九七年

注

（1）服部四郎一九八七、一二二頁。
（2）札奇斯欽一九八〇、五五頁。
（3）呼和浩特文史資料　第十三、一七頁。
（4）呼和浩特文史資料　第十三、二三頁。
（5）フフバートル一九九九A、三七～六二頁。
（6）フフバートル一九九九B、三〇六～三一九頁。

(7) 内蒙古大学一九八六、二九〇～二九八頁。
(8) 清格爾泰一九七九、一月、一三～二〇頁、二月、一〇八～一一二頁。
(9) 希・羅布桑旺丹一九五九、一二三～一三五頁。
(10) 西江大学校一九八三
(11) *Köke sudur*, p.10.
(12) ***Köke sudur***, p.15.
(13) Lubsangčoyidan 1981 pp355-356.
(14) 同、p.115
(15) 同、pp.108-109
(16) 一宮操子一九四四、一三七頁。
(17) 中見立夫一九八三、四一三頁。
(18) 河原操子一九六九、二一六頁。
(19) 同、二〇〇頁。
(20) 同、一五四頁。
(21) 呉恩和、刑復礼一九六二、一〇二頁。
(22) 汪国鈞二〇〇六、四五頁。
(23) Sodubaɣatur2003, p.10.
(24) 同、p.17.
(25) 同、p.19.

(26) 彼らは一九三〇年代初めを中心にモンゴル国での宗教弾圧や粛清から逃れてきた政治避難民の子孫たちであった。そのために、アラシャン盟のホショード方言とトルゴード方言がハルハ方言に同化してきたにもかかわらず、それを認めることはタブであった。

(27) Sečenbaγatur 2005, pp.317-323.

(28) フフバートル一九九九C、三五一頁。

(29) W.Sečen1998, pp.161-170.

(30) 最近このような分類法ができるようになった背景にはこの数十年間、スゥニドなどハルハ方言に近いモンゴル語にチャハル方言が一定の影響を及ぼしているという現状がある。一九五〇年代はモンゴル国の新文字（キリル文字）の導入にあたり、「標準音」の有力な候補であったスゥニド方言が今やチャハル方言の傘下に入ったのは、約三〇年にわたるモンゴル国との政治的、文化的交流の断絶を意味することでもある。

(31) 内蒙古自治区測絵局一九八七

(32) 鉄木爾・達瓦買提一九九七、五五頁。

(33) Sečenbaγatur 2005, p.317.

標準音地域とハラチン下位方言の語彙対照表

用語	語数	完全一致		発音不同		固有語		死語		借用語		総計	
		語数	比率	語数	比率	語数	比率	語数	比率	語数	比率	モンゴル語	漢語と死語
牧畜業	95	10	10.5%	26	27.6%	11	11.8%	34	34.7%	14	14%	46%	54%
農業	71	48	57%								31%	69%	31%
飲食	130	47			44%		13%		14%	35	28%	53%	42%
日常商品	110	47			43%	23	21%		12%		25%	70%	
住居	76	45			59%		11%		16%		15%	64%	
社会関係	149	73	49%			16	11%		15%	38	24%	60%	
身体用語	256	178			69%	39	15%	10	4%	28	11%	84%	
文化芸術	216	72	33%	45	21%	33	15%	0	0%	66	31%	69%	31%
天文地理	180	72	40%	42	23%	37	21%	11	6%	18	10%	84%	16%
動物生物	157	34	22%	49	31%	17	11%		19%	28	18%	64%	36%
資源鉱山	32		33%		43%		9%	14%				86%	14%
政治軍事	171	35	20%	44	26%		1%		2%	86	50%	47%	53%
商業交通	155	29	34%	9	11%	6	7%	6	7%	36	41%	52%	48%
総計	1798	500	28%	458	25%	225	12%	187	10%	428	25%	65%	35%

Sodubaγatur 二〇〇三にもとづき筆者作成。空白は統計数字がないことを示す。

中国東北地域史研究が見てきた内モンゴル東部地域像

塚瀬進

はじめに

中国東北地域（以下、東北）は複数の民族が、多様な社会生活を営む地域である。満洲国が「五族協和」というスローガンを主張したのも、東北の多民族性に配慮したからである。一九世紀後半以降の東北は、漢人、朝鮮人、モンゴル人、満洲人、日本人などの複数の民族の生活空間であり、中国関内の状況が単純に延長・拡大した場所ではない。東北の西部にはモンゴル人が暮らしており、その生活空間は広い。満洲国期の領域で考えるならば、モンゴル人の行政区域であった興安省の面積は、満洲国の総面積の約三分の一を占めていた(1)。したがって東北史を考察する際には、モンゴル人の状況をも視野に入ることに議論の余地はない。では、東北史研究においてモンゴル人はどのように考察されてきたのであろうか。本稿の目的は、第一に、これまでの代表的な東北史研究がモンゴル人および内モンゴル東部の状況をどのように考察してきたのかを検討することにある(2)。第二には、新たな研究の動向を述べるとともに今後の課題について展望することである。

戦後日本における東北史研究は、まず日本史研究者による「満州」史研究として始まった。日本は「満州」、満洲国をどのように支配しようとしたのか、日本側の史料を使って考察が行われた。ついで中国史研究者により、中国の地域史研究の一分野とする研究が行われた。こうした動向を踏まえ、第一節では日本史研究者による「満州」史研究の特長と、そのモンゴル人・内モンゴル東部に対する捉え方について検討する。第二節では中国史研究者による東北史研究の動向とモンゴル人・内モンゴル東部に対する捉え方を検討し、その問題点について考察する。第三節では、近年勃興したモンゴル史研究者による新たな研究動向を検討し、最後に今後の東北史研究が取り入れていくべき内容を述べてみたい。

第一節　日本史研究者による「満州」史研究

近代日本の帝国主義化を考える際に、植民地問題の考察は不可欠である。それゆえ日本史研究者は日本帝国主義史や日本植民地史の観点から、近代日本がどのように「満州」を支配しようとしたのかについて分析を行った。かかる観点からの代表的な研究として、以下の三つの著作をとりあげる

第一には、一九七二年に出版された満州史研究会編『日本帝国主義下の満州』をあげたい[3]。この研究は「『満州国』成立前後における日本帝国主義の『満州』支配の経済的特質の把握をめざし」、「経済統制問題、貨幣・金融問題、移民・労働問題、土地問題の四つ」をとりあげ、これらの政策実施により、「どのような新しい経済的矛盾・問題が発生したか、日本帝国主義はこれらの経済的矛盾をどのように帝国主義的に緩和・解消しようとしたか」を「事実に即して解明しよう」という観点から、満洲国の動向が分析されている[4]。

「満州」とはどの範囲を指すのかについて、「凡例」では「満州とは中国の東北地区のことである」としている。「中国の東北地区」とは、どこから、どこまでなのかについては、とくに記述はない。叙述の内容から類推するに、満洲国が領有した範囲が「満州」であり、「中国の東北地区」だとしているように考えられる。

満州史研究会編『日本帝国主義下の満州』を受けて、一九八六年に浅田喬二、小林英夫編『日本帝国主義の満州支配』が出版された。[5] この研究書は軍事支配、経済支配などの「支配政策の検討を軸」にして、「その収奪とそれが生みだす諸矛盾と対抗に分析の光」をあてている。[6] 前作の『日本帝国主義下の満州』より包括的に満洲国の状況を分析するため、各論文は満州事変期、日中戦争期、太平洋戦争期という時期区分を意識して書かれており、「大恐慌以降の植民地領有の特徴を満州支配の実態分析を通じて検出」することを「ねらい」にしている。[7]

「満州」とはどの範囲を指すのかについて、前作の「凡例」と同様に「満州とは中国東北地区のことである」としており、とくにその範囲については述べていない。時期区分を導入して、時間的な要因を満洲国史研究に取り込んだが、空間的な要因については前作と同様であり、その広がりについては分析されていない。

この二つの研究書では内モンゴル東部（満洲国期では興安西省、興安南省）の動向について、とくに述べてはいない。満洲国期に日本の支配政策により、モンゴル人がどのような状況下にあったのかについては考察の対象外に置かれている。

満洲国期だけではなく、それ以前の東北への日本の進出を考察した研究も出された。金子文夫『近代日本における対満州投資の研究』は、日露戦争から満洲事変間での日本の経済進出の状況について優れた分析をしている。[8] 研究の目的は「近代日本の対外経済進出（主に投資）の特質と問題点について、時期的には一九〇五年から一九三〇年まで、また地域的には満州（中国東北地区）を主たる対象として解明する」ことだと明快であるが、「満州」の範囲については「満州（中国東北地区）」とだけ示している。[9] 叙述の内容から判断するに、「満州」、「中国東北地区」は東三省を範囲にしていると思われる。

この研究も日本が東北をいかに支配しようとしたのか、という観点からの分析であり、支配された東北の動向は日本の支配政策とのかかわりから述べているため、日本の支配が十分にはおよばなかった場所の動向については触れていない。例えば、一九二〇年代の情勢として「満蒙特殊権益の空洞化」を指摘し、具体的な「満蒙特殊権益」として「東部内蒙古に於ける農業及び付随工業の合弁経営権」、「東部内蒙古の特定都市開放の約束」をあげているが、その実態については考察されていない(10)。

日本帝国主義史や日本植民地史の観点からの「満州」史研究では、内モンゴル東部の状況は考察の対象外になっていたと指摘できよう。むろん、いかなる研究でも、すべての問題を論じることはできないが、地理的な分析、空間的な認識がこれらの研究では弱い部分になっているのは否めない事実であろう。

次に、日本政治外交史の観点からの代表的な研究として、鈴木隆史『日本帝国主義と満州　一九〇〇〜一九四五』をとりあげたい(11)。「満州」の定義については、以下のように述べている。「戦前の日本では、中国東北地方を『満州』と呼び、またこれに東部内モンゴル地方を併せて『満蒙』と呼ぶことが通例であった」。「中国固有の領土であるこの地域を『満州』『満蒙』と呼ぶことは、現在では明らかに不適当であろう。しかし独特の歴史的イメージが固着している『満州』『満蒙』という呼称を避けて、当時の日中関係の歴史を叙述することは非常に困難である。したがって本書では便宜上、歴史的呼称として使用する(12)」。

類推するに、「満州」＝中国東北地方であり、「満州（中国東北地方）」＋東部内モンゴル地方＝「満蒙」と考えているように理解できる。こうした理解が適正かどうかは別にして、「満州」と「満蒙」が同じ領域ではないのであれば、叙述中では使い分ける必要があろう。にもかかわらず、第一次大戦後でも「満州経営」という表現を用いており、その区別は不明瞭である。空間的な認識が曖昧な点では、日本帝国主義史・日本植民地史研究と同様である。

また、以上の四つの研究に代表される日本史研究者による「満州」史研究では、東北に暮らす人々を「中国人」と表記しており、「モンゴル人」という語句はほとんど使われていない。あたかも東北にモンゴル人は存在しなかったかのような印象を残す記述となっている。かりに「『中国人』のなかにモンゴル人は含まれる」という認識であるならば、「中国人」という存在の歴史的な形成過程に、あまりに無思慮である。

第二節　中国史研究者による東北史研究

周知のように、日本における近代中国史研究は中国革命の歴史的源泉、その過程の検証に重きが置かれてきた(13)。それゆえ、地域史的なアプローチからその歴史に接近する研究は少なかった。そうしたなか、西村成雄『中国近代東北地域史研究』が出された(14)。この研究は、時期的には義和団事件から東北解放区までの二〇世紀前半期をあつかい、「東北地域社会の変動過程を、政治的変革主体の形成・発展としてとらえ」る観点から行われている(15)。

考察対象の地理的範囲は、東三省(16)(遼寧、吉林、黒龍江)だとしている。しかし固定的な範囲に限定せず、東三省の領域が変化した点には留意している。とはいえ、考察内容は「政治的変革主体の形成・発展」の検証にあるため、東北の地域性の検証は考察の対象外にある。東北の地域的特徴の把握は残されたままであった。

こうした研究動向をふまえ、東北の地域的特徴の検証を課題に掲げ、鉄道敷設との関連から東北経済の動向を考察したのが、拙著『中国近代東北経済史研究　鉄道敷設と中国東北経済の変化』である(17)。東北経済を日本との関わりからではなく、地域の歴史的推移のなかから、その変化を検証しようとした。そして、東北を一律に論じるのではなく、鉄道敷設状況にもとづいて九つの地区に分け、より地域経済の変化を詳細に検証する試みを行った。その際、東北は東三省だと考えた。

鉄道敷設との関連から地域経済の変化を検証したため、農産物の生産、販売をしている人々の動向が中心になり、遊牧が残っていた「非開放蒙地」の動向は考察外になってしまった。またモンゴル人の暮らす蒙地の状況についても取り上げはしたが、東北経済の動向と関連づけて分析することはできなかった。

以上の地域史研究の観点からの研究も、内モンゴル東部、モンゴル人の動向については十分な考察がなされていない。こうした研究動向は、中国における東北史研究でも同様である。

一九八〇年代に出された、王魁喜ら編著『近代東北史』、常城、李鴻文、朱建華『現代東北史』は、とくに東北の範囲についての説明はない(18)。モンゴル人の動向に触れてはいるが、モンゴル人をめぐる情勢と東北史との関わりや、モンゴル人が東北の動向に与えた影響などについてはほとんど考察していない。

一九九〇年代に出版された代表的な研究である孔経偉『新編中国東北地区経済史』は、東北は東三省、熱河、内モンゴル東部を合せた領域だとし、満洲国期の領域を東北だとみなしているようである(19)。また、一九九八年に出された石器時代から中華人民共和国の成立までをあつかった佟冬主編『中国東北史』全六巻は、東北の地理的範囲について、その範囲は各時代で伸縮しているので固定的な範囲の設定はできないが、現在の遼寧、吉林、黒龍江の三省を基本にしていると述べている(20)。具体的な記述のなかでは、内モンゴル東部の状況についても触れてはいる。

日本、中国の東北史研究は東三省を主要な対象としており、内モンゴル東部の状況は付随的にあつかっているに過ぎない。そのため東三省の歴史的推移のなかに、内モンゴル東部の推移がどのように関係しているのか、十分な検討は行われていない。こうした研究状況が存在する原因の一つとして、内モンゴル東部を意味した「東部内蒙古」という語句の歴史的変遷の影響を指摘したい。

「東部内蒙古」は日本人の地理的認識であり、これが生まれたのは日本が内モンゴル東部を勢力圏として意識し始めた、一九一二年ごろだと考えられる。一九一二年一月一六日に閣議決定された「第三回日露協約締結に関する件」には、以下のような説明がある。[21]日本はロシアとの間に「南北満洲ニ於ケル両国ノ勢力範囲」を確定しているが、日本の勢力が「西方ニ拡大シツツアル」にもかかわらず、ロシアと何らの取り決めもしていない。日本は外モンゴルについてはロシアの「特殊利益」を承認しているが、内モンゴルについての協定は存在しない。「内蒙古ハ我勢力範囲タル南満洲ト最密接ナル関係ヲ有スル地域」なので、ロシアと協定を結び、勢力圏を確定する必要がある。そして、外モンゴルが独立を宣言し、これにロシアも賛同していることから、ロシアが「其特殊関係ヲ有スル地域ヲ全蒙古ニ拡張スル」心配があるという新事態を受けて、内モンゴルにおける勢力圏の協定が必要だと閣議は決定した。この日本の目論見は「第三回日露協約」(一九一二年七月締結)により達成された。

ここで確認しておきたいことは、「南満洲」と「内蒙古」は別々に認識されており、日本が勢力圏にしたのは「東部内蒙古」であり「西部満洲」ではない点である。「満洲」と「蒙古」はそれぞれ異なる、別々の地域だと日本側は考えていた。ところが、「満蒙」という語句が生まれたことにより、「満洲」と「蒙古」の区別はあいまいになった。さらに満洲国に至ると、「東部内蒙古」と称された場所は熱河省や興安省などの行政区画に編入され、満洲国の一部になった。そのため「東部内蒙古」という認識は熱河省や興安省という地理的認識に飲み込まれてしまい、モンゴル人が暮らす場所というイメージは希薄化したのではないかと推測する。[22]

戦後の研究は、こうした「東部内蒙古」という語句をめぐる歴史的変遷を考慮の外に置いた点、満洲国の領域を東北だと考え、満洲国期の領域から遡及して過去の東北の範囲を認識しようとした点などから、内モンゴル東部、モンゴル人の位置づけが不明瞭になってしまったと筆者は考える。

第三節　モンゴル史研究の側からの研究動向

内モンゴル東部の動向を視野に入れた東北史研究がほとんど行われてこなかった要因として、モンゴル史研究の立ち遅れを上げたい。日本史植民地史研究者や中国史研究者が依拠できる、信頼度の高い近現代モンゴル史研究の成果は、日本でも中国でも少なかった。そのため、日本史研究者は戦前以来の誤った認識をもとに、「満蒙独立運動」という呼称を使い続けたり、中国史研究者は「中国人」の立場から外モンゴルの帰属について考えたりするなどの弊害が生じていた。

しかしながら近年、近現代モンゴル史研究の進展は目覚しく、モンゴル史研究の観点から内モンゴル東部の状況を考察する試みが行われるようになった。例えば、吉田順一氏は二〇〇三年九月に島根県立大学で開催されたシンポジウムにおいて、二〇世紀以降内モンゴル東部の「モンゴル人の生業のあり方が大きく変わり、それに伴い言語・考え方なども変わってきた」。この変容は「モンゴル人の生き残りの努力のひとつの結果」でもあり、漢化の過程、すなわち東北三省に取り込まれる過程ともみなせる。そしてモンゴル史とのかかわりから、「この変容の意味・内容を正しく把握し、理解し、位置づけることは、モンゴル史において非常に重要であると考えられる。というのは、ここには、モンゴル人の人口が非常に集中しており、内モンゴル自治区の人口の3分の2を占めているからである。その人口は、現在のモンゴル国の人口より、ずっと多い。そういったモンゴル人の集団が、モンゴル高原の一角においてこのように変化してきたということは、モンゴル史、とりわけその近現代史を考察する上で、無視できない条件である」と述べている(23)。モンゴル史研究者によるこうした問題提起は、研究史上の画期として捉えたい。以下では、近年に出された内モンゴル東部の状況に関する研究について見てみたい。

内モンゴル東部の状況が変化したのは、「新政」実施以降に行われた、土地の開放、開墾による影響が大きい。いわゆる「蒙地」の開放について、日本の研究者は戦前に編纂された『満洲旧慣調査報告』のなかの『蒙地』をよく使ってきた。(24)『満洲旧慣調査報告』の水準は高い内容であるため、これを凌駕する研究は難しかったが、近年では档案を使った研究が出されるようになった。王玉海『発展与変革　清代内蒙古東部由牧向農的転型』は、清代における内モンゴル東部の開墾過程を詳細に考察し、そこに暮らすモンゴル人の生活に多大な変化が生じていたことを明らかにした。(25)閻天霊『漢族移民与近代内蒙古社会変遷研究』は内モンゴル全体の社会変化をあつかう研究であるが、内モンゴル東部の変化についても言及している。(26)清末の土地開放、開墾の状況に関する研究は、中国では盛んであり、これら二つの研究書以外に多くの研究論文が出されている。(27)日本では山下裕作氏による研究が出されている。(28)

日本においても内モンゴル東部の社会変容に関する研究が、モンゴル史研究者であるボルジギン・ブレンサイン氏により出された。(29)この研究は、漢人の移住を内モンゴル東部、とくにホルチン左翼中旗のモンゴル人が、どのように受け入れたのかという観点から考察している。内モンゴル東部のモンゴル人は「漢人型の農耕社会の要素を積極的に取り入れながら、押し寄せてくる漢人社会に対抗できるような定住文化を築く」努力を行い、農耕モンゴル人村落社会が生まれ、こうした農耕モンゴル人村落社会に移住してきた漢人にはモンゴル人化する人もいたことを明らかにした。以前の研究では、漢人の移住によりモンゴル人は追われていくという単線的なものであったが、漢人移住に示した内モンゴル東部社会の対応を検出した点は画期的だと指摘できる。また史料面でも①日本人が行った調査報告、②フィールドワーク、③現地での史料発掘という三者を総合的に検討する手法をとっている点も、これまでの研究にない特色である。ボルジギン・ブレンサイン氏は、同様の観点、分析手法を使って、ホルチン左翼中旗だけでなくアルホルチン旗の分析も行っている。(30)

アルタンガラグ氏はジャライト旗を事例にして、一九世紀中ごろから満洲国までの期間における、ノクド人（本旗人）、外旗モンゴル人、漢人の三集団の様相を検討して、遊牧から農耕へと変化していく過程を検証している。(31)ジャライト旗の状況、とくに外旗モンゴル人の役割については、孟根氏も考察を行っている(32)。

この他に内モンゴル東部の状況に限定されないが、満洲国期のモンゴル人の動向、とりわけ蒙地の状況に関する研究として、広川佐保『蒙地奉上―「満洲国」の土地政策―』が出された(33)。この研究は、開放蒙地の権利が満洲国政府に移譲される過程、その過程でモンゴル人王公の持つ封建的特権も解体していくこと、旧来のモンゴル人王公に代わって非王公官吏が台頭した点など、満洲国期のモンゴル人の動向を明らかにしている。やや概説的だが、満洲国による東部内モンゴルの統治について検討した、ボリジギン・セルゲレン氏の研究も発表されている(34)。

また建国初期の満洲国政府によるモンゴル人政策の動向を分析する、鈴木仁麗氏の研究も近年の新たな成果として注目される(35)。中国では金海氏の研究が注目される(36)。

社会変容の側面だけでなく、内モンゴル東部の政治状況に関する研究も進展している。近代におけるモンゴルの政治動向を考える際の大きなポイントは、辛亥革命による清朝の滅亡にある。モンゴル人は清朝に服属していたのであり、漢人が中心となって樹立された中華民国の統治に従う理由は存在しなかった。外モンゴルは辛亥革命を契機に独立を宣言したが、内モンゴルは中華民国の中で新たな方向を模索していた。こうした辛亥革命前後のモンゴルの動向を考察したのが中見立夫氏である。中見立夫氏は外モンゴルのボグド・ハーン政権の動向、ボグド・ハーン政権での内モンゴル人の活動、内モンゴル王公の動静などを考察し、清朝滅亡前後のモンゴル人が直面していた諸問題を明らかにした(37)。

橘誠氏はモンゴル語、ロシア語、中国語の史料を駆使して、ボグド＝ハーン政権が内モンゴルの統合をどのように考えていたのかを分析している(38)。ジュリゲン・タイブン氏も辛亥革命後の外モンゴルと内モンゴルの関係について考察している(39)。

おわりに

本稿では、東北史研究がモンゴル人・内モンゴル東部の状況について、どのように考察してきたのか、その研究潮流の整理を行った。その結果、日本史研究者による「満州」史研究、中国史研究者による東北史研究では、内モンゴル東部どころか、モンゴル人の状況をも十分には分析されてこなかったが、近年に勃興したモンゴル史研究において、ようやく内モンゴル東部の状況が取り上げられるようになったという動向を検証した。

こうした研究動向をふまえ、中国史研究として東北史の考察をしている筆者としては、モンゴル史研究の側から出された成果の摂取に努め、東北史像の豊富化を図りたいと考えている。とはいえ、モンゴル語の文献、史料を活用することは、筆者のような中国史研究者には手にあまる作業である。モンゴル語習得の労から逃げるわけではないが、二〇世紀前半の内モンゴルの状況を検討する史料として、戦前の日本人が残した調査報告は有用だと考えている。[40] これらの調査報告には、戦前の日本人の価値観が投影された側面がないわけではないが、きちんとした史料批判を行うことにより、モンゴル人自身が残した史料よりも詳しい状況を知ることができる可能性がある。

また、モンゴル史、中国史、日本史などと専門領域別に分断されやすい研究者間の交流状況を改め、それぞれの立場の研究者が独自性を保持しつつ意見交換を行い、地域認識を豊富化していくことが重要だと指摘したい。

注

（1）『満洲国現勢　大同二年版』一九三三年、八五頁。
（2）本稿での内モンゴル東部とはジリム連、ジョーオダ盟、ジョソト盟の領域を指す。満洲国期の行政区画では熱河省、興安西省、興安南省を指す。これらの領域は時期により変化しているので、厳密な範囲の設定は無理であるばかりでなく意味もない。内モンゴル、「内蒙古」の範囲が歴史的、政治的に変化した点については、フフバートル「『内蒙古』という概念の政治性」『ことばと社会』一号、一九九九年を参照。

(3) 満州史研究会編『日本帝国主義下の満州』御茶の水書房、一九七二年。

(4) 同右、「はしがき」iii～iv。

(5) 浅田喬二、小林英夫編『日本帝国主義の満州支配』時潮社、一九八六年。

(6) 同右、「はしがき」ii。

(7) 同右、「課題と方法」一五頁。

(8) 金子文夫『近代日本における対満州投資の研究』近藤出版社、一九九一年。

(9) 同右、一頁。

(10) 同右、三一一頁。

(11) 鈴木隆史『日本帝国主義と満州　一九〇〇～一九四五』上、下、塙書房、一九九二年。

(12) 同右、「はじめに」iii。

(13) 並木頼寿「日本における中国近代史研究の動向」『近代中国研究案内』岩波書店、一九九三年。

(14) 西村成雄『中国近代東北地域史研究』法律文化社、一九八四年。

(15) 同右、二九頁。

(16) 同右、三三～三五頁。

(17) 拙著『中国近代東北経済史研究』東方書店、一九九三年。

(18) 王魁喜ら編著『近代東北史』黒龍江人民出版社、一九八四年。常城、李鴻文、朱建華『現代東北史』黒龍江教育出版社、一九八六年。

(19) 孔経偉『新編中国東北地区経済史』吉林教育出版社、一九九四年、一頁。

(20) 佟冬主編『中国東北史』一巻、吉林文史出版社、一九九八年、三頁。

(21) 外務省編『日本外交文書並主要文書』上、原書房、一九六五年、三五九～三六三頁。

(22) 満洲国期に出版された文献中には、「東部内蒙古」という表現は建国初期には見られたが、やがて使われなくなり、初期以降にはほとんど見ることはできない。

(23) 吉田順一「モンゴル研究の過去と将来」『北東アジア研究』七、二〇〇四年。

(24) 満鉄総務部事務局調査課『満洲旧慣調査報告　前篇　蒙地』一九一四年。

(25) 王玉海『発展与変革　清代内蒙古東部由牧向農的転型』内蒙古大学出版会、一九九九年。

(26) 閻天霊『漢族移民与近代内蒙古社会変遷研究』民族出版社、二〇〇四年。

(27) 黄時鑑「論清末清政府対内蒙古的移民実辺政策」『内蒙古近代史論叢』第一輯、内蒙古人民出版社、一九八三年、盧明輝「清末〝移民実辺〟対蒙古社会的影響」『内蒙古社会科学』一九八六年五期、白拉都格其「関于清末対蒙新政同移民実辺的関係問題」『内蒙古大学学報（哲学社会科学版）』一九八八年二期、陳育寧「近代内蒙古地区的〝移民実辺〟及其影響」『西北史地』一九八八年三期、汪炳明「是〝放墾蒙地〟還是〝移民実辺〟」『蒙古史研究』第三輯、一九八九年、杜心寛「清代哲里木盟及其土地関係」『内蒙古墾務研究』第一輯、内蒙古人民出版社、一九九〇年、汪炳明「清末新政与北部辺疆開発」『清代辺疆開発研究』中国社会科学出版社、一九九〇年、馬永山、趙毅「清朝関於内蒙古地区禁墾放墾政策的演変」『社会科学輯刊』一九九二年五期、烏云格日勒「清末内蒙古的地方建置与籌劃建省〝実辺〟」『中国辺疆史地研究』一九九八年一期、蘇徳畢力格「清朝対蒙政策的転変―籌劃設省」『蒙古史研究』第六輯、二〇〇〇年。また、中国での内モンゴル史研究の拠点になっている内モンゴル大学の研究者の成果については、周太平「内モンゴル大学におけるモンゴル近現代史研究の二〇年　文献目録（一九八二～二〇〇二）」『News Letter(近現代東北アジア地域史研究会)』一五、二〇〇三年を参照。

(28) 山下裕作「清末の官辦開墾と抗墾運動」『史峯』五、一九九〇年、同「理藩院から理藩部へ―内モンゴル開発の契機―」『史峯』八、一九九九年。

(29) ボルジギン・ブレンサイン『近現代におけるモンゴル人農耕村落社会の形成』風間書房、二〇〇三年。

(30) ボルジギン・ブレンサイン「近現代内モンゴルにおける民族形成の二重構造」『史観』一五一、二〇〇四年。

(31) アルタンガラグ「ジャライト旗の農耕受容過程について」『史滴』二七、二〇〇五年。また、アルタンガラグ氏はジャライト旗の遊牧について論じた「二十世紀初頭における内モンゴル東部地域の遊牧環境について―内モンゴル・ジャライト旗を事例に―」『早稲田大学大学院文学研究科紀要』四九輯四分冊、二〇〇三年も発表している。

(32) 孟根「清代外旗人在扎賚特旗経済演変中的作用」『内蒙古社会科学』二六巻二期、二〇〇五年、同「二〇世紀初扎賚特旗的蒙古村」『内蒙古大学学報(人文社会科学版)』三八巻二号、二〇〇六年。

(33) 広川佐保『蒙地奉上―「満洲国」の土地政策―』汲古書院、二〇〇五年。

(34) ボリジギン・セルゲレン「満州国の東部内モンゴル統治」『本郷法政紀要』一一、二〇〇二年。

(35) 鈴木仁麗「満洲国建国期の対東部内モンゴル政策」『東洋学報』八七巻三号、二〇〇五年、同「満洲国興安省の初期統治構想とその転換」『史観』一五五、二〇〇六年。

(36) 金海「日本占領時期的内蒙古盟旗制度」『蒙古史研究』六、二〇〇〇年、同「一九三一―一九四五年間日本与蒙古喇嘛教」『内蒙古大学学報(人文社会科学版)』三二巻六号、二〇〇〇年、同「日本在内蒙古殖民統治及其対蒙古民族運動的政策」『蒙古史研究』七、二〇〇三年。

(37) 中見立夫「ハイサンとオタイ」『東洋学報』五七巻一・二号、一九七六年、同「ボグド・ハーン政権の対外交渉努力と帝国主義列強」『アジア・アフリカ言語文化研究』一七、一九七九年、同「一九一三年の露中宣言」『国際政治』六六、一九八〇年、同「グンサンノルブと内モンゴルの命運」『内陸アジア、西アジアの社会と文化』山川出版社、一九八三年、同「モンゴルの独立と国際関係」『アジアから考える3　周縁からの歴史』東京大学出版会、一九九四年。同「文書史料にみえるトクホクの実像」『アジア・アフリカ言語文化研究』四八・四九、一九九五年、同「ナショナリズムからエスノ・ナショナリズムへ　モンゴル人メルセにとっての国家・地域・民族」毛里和子編『現代中国の構造変動7』東京大学出版会、二〇〇一年、同“Babujab and His Uprising Re-examining the Inner Mongol Struggle for independence”*Memoirs of the Research Department of the Toyo Bunko*, No57, 1999.

(38)　橘誠「ボグド＝ハーン政権の内モンゴル統合の試み―シリーンゴル盟を事例として―」『東洋学報』八七巻三号、二〇〇五年、同「ボグド＝ハーン政権の第二次遣露使節と帝政ロシア」『史観』一五四、二〇〇六年、同「モンゴル独立と領域問題―露蒙協定の分析を中心に」『アジア研究』五二巻三号、二〇〇六年。

(39)　ジュリゲン・タイブン「一九一一年のボグド・ハーン政権に帰順した内モンゴル旗数の再検討」『モンゴル研究』一九、二〇〇一年、同「ボグド・ハーン政府軍の一九一三年の内モンゴルへの軍事行動についての一考察」『蒙古史研究』第七輯、二〇〇三年。

(40)　戦前の日本人による調査報告の史料的価値については、すでに吉田順一氏が指摘しており、以下のような研究を発表している。吉田順一「日本人による内蒙古牧畜関係調査報告書五種」『内陸アジア史研究』三、一九八六年、同「興安四省実態調査について」『早稲田大学大学院文学研究科紀要』四三、一九九七年、同「関東都督府陸軍部の東部内蒙古調査報告書」『日本モンゴル学会紀要』二九、一九九八年、同「日本人によるフルンボイル地方の調査」『早稲田大学大学院文学研究科紀要』四五、一九九九年、同「興安局改編と興安省諸旗実態調査」『東北アジアにおける民族と政治（東北アジア研究センターシリーズ第五号）』二〇〇三年。

あとがき

本書は、二〇〇一年七月以来早稲田大学総合研究機構下のプロジェクト研究所のひとつとして活動している〔早稲田大学〕モンゴル研究所が、二〇〇二年度から21世紀ＣＯＥプログラム〝早稲田大学アジア地域文化エンハンシング研究センター〟に参加して行った共同研究の成果の一部である。モンゴル研究所が担った研究課題は「近現代における内モンゴル東部地域の変容」である。

モンゴル研究所は、〝早稲田大学アジア地域文化エンハンシング研究センター〟が開催した毎月の研究会、年一度の公開座談会と国際シンポジウムに参加して研究報告をするとともに、二〇〇三年度から年一回、同センターの後援を得て21世紀ＣＯＥ関連国際シンポジウムを主催し、合計四回開催した。テーマは、毎回「近現代における内モンゴル東部地域の変容」とし、各回四人が報告をし、第3回までは各報告に対するコメンテイターを付し、最後に報告者・コメンテイターおよび一般参会者全体で総括討論を行った。

各回の副題ともいうべきテーマは、つぎのとおりであった。第一回は清代内モンゴル東部のモンゴル人に対する満漢文化の影響、第二回は漢人の内モンゴル東部への入植と開墾にともなう主として経済上の影響、第三回は清朝、張奉政府、満洲国、内モンゴル自治政府の以後の四政権の内モンゴル東部に対する政策とそれが及ぼした影響、第四回は東アジア、モンゴル、中国東北地域（内モンゴル東部地域を除く）などの諸地域からは近現代内モンゴル東部の変容をどのようにみることができるか。必ずしも狙いどおりの報告ばかりを得られたわけではないが、研究課題に何とか迫ろうとするモンゴル研究所の期待に応えて、国内外の多数の研究者が協力をしてくれたことだけでも、画期的なことではなかったかと考えている。

本書は、この国際シンポジウムにおける研究報告を土台とし、それにいくつかの研究を付加してまとめたものである。それらの論文を、つぎのような順番に配置した。

序論では、まず内モンゴル東部地域の範囲とその地域の現状を説明し、ついで内モンゴル東部の地域文化の根幹をなすものは、モンゴル族の遊牧文化と漢族の農耕文化の接触と妥協の産物である半農半牧であるとの考えに立って、半農半牧について論じた。

つぎに、内モンゴル東部に関連する種々の地理的呼称の問題を扱う中見立夫論文を配した。

つぎに、本書は近現代の内モンゴル東部の変容の諸問題を扱うことを主眼としているが、清一代を通じて内モンゴル東部史の根幹をなすホルチン部王族分枝の問題を扱う岡洋樹論文、モンゴル族保護のための封禁政策に関する柳澤明論文を配した。また清代における内モンゴル東部の漢化の問題を扱う杜家驥論文とヒシクトクトホ論文を配した。

つぎに、清末に内モンゴル東部で試みられた諸改革案に関連するバイルダクチ論文とトイメル論文を配した。

つぎに、清朝倒壊後の内モンゴル東部の旗社会における混乱を扱う橘誠論文、張作霖奉天政権の内モンゴル東部政策を扱う松重充浩論文、満洲国の内モンゴル東部政策を扱う鈴木仁麗論文を配した。

つぎに、清末の開放地設定と漢人の開墾に関わる問題を扱うソドビリグ論文 、モンゴル人の農耕受容に関わるアルタンガラグ論文、モンゴル人の伝統農耕と漢式農耕受容の問題を扱う吉田順一論文を配した。また多数の漢人の入植にともない内モンゴル東部に造出された都市の問題を扱うオヨーンゲレル論文を配した。

つぎに、内モンゴル東部のモンゴル人の移住の問題に関するブレンサイン論文を配した。フフバートル論文は内モンゴルの東部方言の位置づけを考えるものであるが、内モンゴル東部のモンゴル人の西方への移住の影響の大きさを問題にしているので、ブレンサイン論文のつぎに配した。

最後に、中国東北地域史研究者が従来内モンゴル東部をどのようにみてきたかを述べた塚瀬論文を配した。

これらの論考によって、近現代内モンゴル東部の変容に関わる問題が、さまざまな観点から取り扱われていると言えると思う。そして内モンゴル東部の変容に関して何が問題とされており、どこに大きな問題があるのかも把握することができる。

しかし本書において松重充浩、塚瀬進も述べているように、内モンゴル東部地域の本格的な研究は近年やっとはじまったばかりである。中国側の研究にしても、一九九〇年にやっと先駆的な研究といえる劉海源主編『内蒙古墾務研究』（内蒙古人民出版社）が現れたに過ぎない。

このような状況であって、これまでの研究の蓄積も多くないから、実質四年三ヶ月程度の今回のプロジェクト実施期間で納得できる格段の研究成果を挙げることは、もともと困難なことであった。それ故、今回の研究は、早稲田大学モンゴル研究所の研究員・客員研究員そして国内外の研究者の協力を得て、内モンゴル東部に対する今後の研究のために、ともかく一歩を進めたものであると言われれば、それでだけで満足しなければならない。そして論文を執筆してくださった研究者や今回のプロジェクトに協力と援助を惜しまなかった方々に、あつく御礼申し上げたい。

なお、表記の不統一やその他の問題点が多々あるが、ご寛恕いただければ幸いである。

最後に、本書は、早稲田大学学術出版補助費の助成を得て刊行されたものであることを記し、早稲田大学に謝意を表わしたい。

吉田順一

執筆者紹介（掲載順）

①生年　②所属・職名　③専門　④主要論著

吉田順一（よしだ・じゅんいち）

①一九四〇年生れ

②アジア地域文化エンハンシグン研究センター事業推進担当者、早稲田大学文学学術院教授、早稲田大学モンゴル研究所・所長

③モンゴル史

④『「モンゴル秘史」研究』（モンゴル文、中国・民族出版社）、「興安嶺南山地の経済構造―ハラトクチンの経済の分析を手掛かりに」（『北東アジア研究』第七号、島根県立大学北東アジア研究センター）、「遊牧民にとっての自然の領有」（『歴史における自然（シリーズ世界史への問い1）』、岩波書店）

中見立夫（なかみ・たつお）

①一九五二年生れ

②プリンストン高等研究所二〇〇六―二〇〇七年度研究員、東京外国語大学アジア・アフリカ言語文化研究所・教授

③東アジア・内陸アジア国際関係史

④*History of Civilizations of Central Asia*, Volume VI（共著、Paris: UNESCO Publishing）、『近代中国東北地域史研究の新視角』（共編著、山川出版社）、「日本的〝東洋学〟の形成と構図」（『岩波講座「帝国」日本の学知』第三巻、岩波書店）

岡　洋樹（おか・ひろき）

①一九五九年生れ

②東北大学東北アジア研究センター地域形成研究部門社会形成研究分野・教授、早稲田大学モンゴル研究所・客員研究員

③モンゴル史

④「道光三年のウリヤスタイ将軍の布告文について」（『東北アジア研究』第三〇号）、「清代ハルハ＝モンゴルの教訓書の一側面―プレヴジャヴ布告文を中心に」（『内陸アジア史研究』第一二号）、「ハルハ・モンゴルにおける清朝の盟旗制支配の成立過程―牧地の問題を中心として」（『史学雑誌』第九七編第二号）

柳澤　明（やなぎさわ・あきら）

①一九六一年生れ

②早稲田大学文学学術院・教授、早稲田大学モンゴル研究所・研究員

③清朝史、東アジア国際関係史

④「一七六八年の「キャフタ条約追加条項」をめぐる清とロシアの交渉について」（『東洋史研究』第六二巻第三号）、「康熙五六年の南洋海禁の背景―清朝における中国世界と非中国世界の問題に寄せて」（『史観』第一四〇冊）、「清代黒龍江における八旗制の展開と民族の再編」（『歴史学研究』第六九八号）

杜　家驥（と・かき）

①一九四九年生れ

②南開大学歴史学院・教授、早稲田大学モンゴル研究所・客員研究員

③清史、満洲・モンゴル民族史

③『清朝満蒙聯姻研究』（中国・人民出版社）、『清皇族與国政関係研究』（中華発展基金管理委員会・五南図書出版公司）、『清朝簡史』（大学歴史叢書、福建人民出版社）

チェ＝ヒシクトクトホ（賀希格陶克陶）

①一九四〇年生れ

②中国中央民族大学モンゴル語言文学系・教授、早稲田大学モンゴル研究所・客員研究員

③モンゴル古典文学およびモンゴル文文献の研究

④『蒙古文文献研究』（中国・民族出版社）、『蒙古古代文学研究』（内蒙古人民出版社）、『アルタン＝ハーン伝訳注』（共訳注、風間書房）

バイルダグチ（白拉都格其）

①一九五〇年生れ

②内モンゴル大学モンゴル学学院・教授、早稲田大学モンゴル研究所・客員研究員

③モンゴル史、内モンゴル地区史

④『蒙古民族通史』第五巻（共著、中国・内蒙古大学出版社）、「辛亥革命與貢桑諾爾布」（『清史研究』二〇〇二年第三期）、「袁世凱治蒙政策芻議」（『中央民族大学学報』二〇〇二年第六期）

トイメル（忒莫勒）

①一九五四年生れ

②内モンゴル自治区図書館・研究館員、早稲田大学モンゴル研究所・客員研究員

③歴史文献研究、近代モンゴル史及び内モンゴル地方史研究

④『建国前内蒙古方志考述』(内蒙古大学出版社)、「<蒙話報>研究」(『蒙古学信息』二〇〇一年第三期)、「土默特地方蒙古語地名初探」(中国蒙古史学会『蒙古史研究』第五輯)

橘　誠(たちばな・まこと)

①一九七七年生れ

②早稲田大学大学院文学研究科博士後期課程

③モンゴル近現代史

④*Түмэн Улсын ёрдийн цааз*(共編、Улаанбаатар)、「ボグド=ハーン政権の内モンゴル統合の試み—シリーンゴル盟を事例として」(『東洋学報』第八七巻三号)、「外モンゴル自治政府の再興とその歴史的意義—臨時人民政府との関係を中心に」(『史学雑誌』第一一三編第一〇号)

松重充浩(まつしげ・みつひろ)

①一九六〇年生れ

②日本大学文理学部・教授

③中国近現代史

④「戦前・戦中期高等商業学校のアジア調査:中国調査を中心に」(『岩波講座「帝国」日本の学知』第6巻、岩波書店)、「植民地大連における華人社会の展開—一九二〇年代初頭大連華商団体の活動を中心に」(曽田三郎編『近代中国と日本—提携と敵対の半世紀』、御茶の水書房)、「張作霖による在地懸案解決策と吉林省督軍孟恩遠の駆逐」(横山英・曽田三郎編『中国の近代化と政治的統合』、渓水社)

鈴木仁麗(すずき・にれい)

①一九七六年生れ
②早稲田大学教育・総合学術院・助手
③内モンゴル近現代史
④「満洲国興安省の初期統治構想とその転換―満洲国の「特殊性」の問題をめぐって」(『史観』第一五五冊)、「満洲国建国期の対東部内モンゴル政策―関東軍による政策決定過程とその初期理念」(『東洋学報』第八七巻第三号)、「偽満洲国的興安省與菊竹実蔵―談『経蒙談義』」(『衛拉特研究』二〇〇五年第二期、中国・新疆維吾爾自治区社会科学界連合会)

ソドビリグ(蘇徳畢力格)

①一九六二年生れ
②内モンゴル大学モンゴル学学院・副教授、早稲田大学モンゴル研究所・客員研究員
③中国近現代史、モンゴル近代代史
④『晩清政府対新疆、蒙古和西蔵政策研究』(内蒙古人民出版社)、「試論晩清辺疆、内地一体化政策」(『中国辺疆史地研究』二〇〇一年三期)、「関于姚錫光及『籌蒙芻議』」(『内蒙古大学学報(蒙文版)』二〇〇四年四期)

アルタンガラグ(阿拉騰嘎日嘎)

①一九六七年生れ
②早稲田大学文学学術院・客員研究助手
③近現代モンゴル史
④「ジャライド旗の農耕受容過程について」(『史滴』第二七冊)、「二十世紀初頭における内モンゴル東部地域の遊牧環境について―内モンゴル・ジャライド旗を事例に」(『早稲田大学大学院文学研究科紀要』第四十九輯第四分冊)、

“Монголын өндөрлөгийн байгаль орчиныг түүхчилэн судлах учир”（アユーダイ＝オチル・岡洋樹編『東北アジア研究シリーズ（英文）七号―モンゴル　歴史と民族の諸問題』、東北大学東北アジア研究センター）

オヨーンゲレル（烏雲格日勒）

①一九六九年生れ
②内モンゴル大学モンゴル学研究中心・副教授、早稲田大学モンゴル研究所・客員研究員
③内モンゴル近現代社会史、内モンゴル近代都市史研究
④『十八至二十世紀初内蒙古城鎮研究』（内蒙古人民出版社）、「清代辺城多倫諾爾的地位及其興衰」（『中国辺疆史地研究』二〇〇〇年第二期）、「二十世紀以前的呼倫貝爾及其商業貿易」（『内蒙古大学学報（蒙古文）』一九九八年第一期）

ボルジギン＝ブレンサイン（布仁賽音）

①一九六三年生れ
②滋賀県立大学人間文化学部・助教授、早稲田大学モンゴル研究所・客員研究員
③モンゴル近現代史
④『近現代におけるモンゴル人農耕村落社会の形成』（風間書房）、“The Complex Structure of Ethnic Conflict in the Frontier: Through the Debates around the 'Jindandao Incident' in 1891”（*INNER ASIA*, Vol.6-No.1）、「九世パンチェン＝エルデニの東部内モンゴル歴訪と奉天当局の対応―モンゴル、チベット、中国三者関係の構造をめぐる事例研究として」（『日本モンゴル学会紀要』三一号）

フフバートル

①一九五八年生れ

②昭和女子大学人間文化学部・助教授
③モンゴル学、社会言語学
④『モンゴル語基礎文法』（たおフォーラム）、"The History and the Political Character of the Name of 'Nei Menggu'(Inner Monglia)"（*INNER ASIA*,Vol.6-No.1）、「国境にまたがる民族の言語―モンゴル民族の言語問題の現状」（分担執筆、和光大学モンゴル学術調査団『変容するモンゴル世界―国境に跨る民』、新幹社）

塚瀬　進（つかせ・すすむ）
①一九六二年
②長野大学産業社会学部・助教授
③近現代中国東北地域史
④『満洲の日本人』（吉川弘文館）、『満洲国―民族協和の実像』（吉川弘文館）、『中国近代東北経済史研究』（東方書店）

翻訳者紹介（掲載順）

柳澤　明　→執筆者の項参照

永井　匠（ながい・たくみ）
①一九六六年生れ
②早稲田大学第二文学部、早稲田大学オープン教育センター、専修大学法学部、神奈川大学経営学部等の講師
③一四～一七世紀モンゴル史

④ "16 ǰaγun-u segülči-yin üy_e-yin baraγun γurban tümen mongγul-un tuqai qoyar kitad material"（Oyirad sudulul 55，新疆維吾爾自治区社会科学界聯合会）、「隆慶和議をめぐるアルタン＝ハーンと右翼モンゴル諸王公との関係について」（『日本モンゴル学会紀要』三三号）、「隆慶和議と右翼モンゴルの漢人」（『史観』第一四五冊）

アルタンガラグ　→執筆者の項参照

ボルジギン＝ブレンサイン　→執筆者の項参照

江場山起（えば・やまき）

① 一九六三年
② 早稲田大学文学研究科博士後期課程
③ 清代東西交渉史
④「一七～一八世紀在華イエズス会士の世界図及び中国図に見る尺寸法の変遷」（『天空地球ユーラシア―古地図が描く世界の姿』、横浜ユーラシア文化館）、「清代火砲の科学技術史―康熙朝におけるイエズス会士フェルビーストの火砲鋳造に関する歴史的評価―」（『歴史民俗』創刊号）、「フェルビースト『熙朝定案』について」『満族史研究』第二号、二〇〇三

フフバートル　→執筆者の項参照

鈴木仁麗　→執筆者の項参照

Eastern Inner Mongolia in the historical studies on Northeast China

TSUKASE Susumu

A Postscript

YOSHIDA Jun'ichi

Profiles of Authors and Translators

Table of contents in English

Tüimer（tr. by EBA Yamaki & YANAGISAWA Akira）

Social structure of Eastern Inner Mongolia in the early 20th century: The case of North Γorlos Banner of Jirim League

TACHIBANA Makoto

Zhang Zuolin's Fengtian Provincial Government and its policies toward Eastern Inner Mongolia

MATSUSHIGE Mitsuhiro

The establishment of the "Manchukuo" and the "autonomy" in Xing'an Province

SUZUKI Nirei

The Evolution of the "Mongolian tax" and landownership rights under the Mongol banners: The opening of pastoral lands in the South Γorlos Banner

Sodubilig（tr. by Kökebaγatur & SUZUKI Nirei）

Farming among Mongols in the first half of the 20th century: the 'Household lands（erüke-yin tariy-a）' of the Jalayid Banner

Altanγaraγ

Traditional agriculture in Eastern Inner Mongolia and the acceptance of Chinese agriculture

YOSHIDA Jun'ichi

Cities in the Juu-Uda League (Eastern Inner Mongolia) in the modern era

Oyungerel

Mongolian immigrants from the Qara?in and Tumed areas within modern Mongolian society: The case of the Qayilatud family in the Mongγolǰin Banner

BORJIGIN Bürinsayin

Linguistic change in 'East Mongolia': Language unification and eastern dialects in Inner Mongolia

Kökebaγatur

Social and Cultural Change in Eastern Inner Mongolia in the Modern Period

Table of Contents

本書は早稲田大学学術出版補助費の助成を得て出版されたものである。

平成19年3月30日初版発行　《検印省略》

アジア地域《ちいき》文化《ぶんか》学叢書《がくそうしょ》Ⅷ

近現代内《きんげんだいうち》モンゴル東部《とうぶ》の変容《へんよう》

編　者　©モンゴル研究所

発行者　宮田哲男

発行所　㈱雄山閣

〒102-0071　東京都千代田区富士見２－６－９
ＴＥＬ　03-3262-3231㈹　FAX 03-3262-6938
振替：00130-5-1685
http://www.yuzankaku.co.jp

組　版　創生社

印刷・製本　吉田製本工房

Printed in Japan 2007
ISBN978-4-639-01975-6　C3020